U0743709

冯尔康文集

徽学研究

冯尔康 著

南开大学历史学院◎编

天津出版传媒集团

天津人民出版社

图书在版编目(CIP)数据

徽学研究 / 冯尔康著；南开大学历史学院编. --
天津：天津人民出版社, 2019.9
　(冯尔康文集)
　ISBN 978-7-201-15062-8

　Ⅰ.①徽… Ⅱ.①冯… ②南… Ⅲ.①文化史-徽州
地区-文集 Ⅳ.①K295.42-53

　中国版本图书馆 CIP 数据核字(2019)第 156352 号

徽学研究

HUIXUE YANJIU

出　　版	天津人民出版社	
出 版 人	刘　庆	
地　　址	天津市和平区西康路 35 号康岳大厦	
邮政编码	300051	
邮购电话	(022)23332469	
网　　址	http://www.tjrmcbs.com	
电子信箱	reader@tjrmcbs.com	

策划编辑　韩玉霞
责任编辑　韩玉霞
装帧设计　明轩文化·王烨

印　　刷　河北鹏润印刷有限公司
经　　销　新华书店
开　　本　710 毫米×1000 毫米　1/16
印　　张　19.5
插　　页　4
字　　数　330 千字
版次印次　2019 年 9 月第 1 版　2019 年 9 月第 1 次印刷
定　　价　180.00 元

版权所有　侵权必究
图书如出现印装质量问题，请致电联系调换 (022-23332469)

前　言

我对徽州史以及现在学术界说的"徽学"研究有兴趣,有两个机缘。第一个机缘,是将近六十年前的20世纪60年代初,我写作关于清中叶江南地租形态的研究生毕业论文,导师郑毅生天挺教授要我找一个地区作比较,我即遵从教导,在两个邻近地区选择,一个是浙江的杭、嘉、湖,与江南的苏、松、常、太,这是明清时期赋役最重的六府一州,有共同特点;另一个是皖南,与苏南同属于两江总督辖下。我就选定皖南做比较,于是阅读宁国、徽州等府的方志,对在徽州租种山地的"棚民"尤为关注。我由于不愿延长学习期限,因此来不及进行苏南、皖南的地租形态比较,论文就没有运用皖南的史料。

及至十年内乱过后,我与学界同仁一样得以正常开展史学研究,遂拾起旧日关注的清代地租形态史,把对皖南史的研讨,写出《试论清中叶皖南富裕棚民的经营方式》(《南开大学学报》1978年第4期)。此后我对徽州史有所留意,于1991年刊出《古代宗族乱以名贤为祖先的通病——以明人〈新安萧江宗谱〉为例》《明清时期扬州的徽商及其后裔述略》(2000年)等文。

另一个机缘,是2014年安徽大学徽学研究中心邀约我为特聘研究员,我自该中心成立以来就是学术委员会委员,情谊所在,就答应了。不过熟虑之后感到,我虽对徽学并不陌生,但毕竟没有认真下过功夫,现在应承聘任,要给研究生上课,就不能吃老本。于是我进入徽学研究角色,在徽州宗族史和徽州女性史两个领域下了力气,终于写出几篇文章,现汇成本卷,并将文章区分为徽州宗族史、徽州女性史、徽州·徽学三组。我的有关见解,说来简单,不过是一得之愚,这就是:

对清代徽州贤媛的独立谋生能力与历史识见的认知:传统社会女子独立谋生能力及其技能;从清代徽州贤媛吟咏社会、历史的诗赋中,认识到她们对时事的感受,对乱世的痛恨,对安定生活的向往;对民艰的同情与济贫愿望,追求公正世道;对历史的浓厚兴趣,臧否帝王外儒内法的政治思想纲领,主张

1

以智慧和事功作为评论历史人物的标准；讴歌历史上杰出女子，为女性争取应有的历史地位。

我从徽州名族的内部、外部（社区）、文化建设及与徽商关系诸方面作出较全面的研讨，得出的结论是：明清时期的徽州"名族"，是中古士族的遗绪，是士族文化的延伸。中国家庭、家族极其关注文化教育，形成中国文化的优良传统，这要归功于士族的身体力行与倡导，同时也应归功于科举制，中古以降的名族、望族赓续士族传统，使得注重家族文化教育成为传统社会主脉。当代学术研究认为，徽商有着"贾而好儒"的品质，然而何种社会因素使其形成此种特性呢？我想到徽州名族高度重视文化，观念深入人心，形成文化传承基因，或者说名族成员血液中就有文化因子，为徽商承继下来。

（2018 年 11 月 19 日初稿，2019 年 5 月 21 日删订）

编者按

为避免文集各卷内容重复，敬请读者垂注：

一、作者为"冯尔康文集"10 卷本所作的自序《学无止境，是我治学的座右铭》，置于文集的《社会史理论与研究法》之卷首。

二、作者历年著作之总目《冯尔康著作目录》，以及《冯尔康文集总目录》，置于文集的《师友述怀·序跋札记》之卷末。

以上 3 篇内容，不再一一列入文集每卷之中。读者如有需要，可以参阅。不便之处，敬请谅解。

目　录

解　题

常建华

冯先生的徽学研究主要体现在明清时期徽州宗族、徽州女性、徽商以及徽州文献方面,也涉及徽州棚民与天主教传教问题,宽泛地说属于徽州社会与文化的范围。先生早在 20 世纪 60 年代初就曾关注徽州问题,1978 年发表了有关皖南的第一篇学术论文,不过收入本卷有关徽州宗族与女性的主题论文,则是写于 2014 年过了 80 岁以后,可谓老当益壮,学术生命常青!

本卷收入 19 篇论文,先生将其分为三组,以下做一简介。

一、徽州宗族史

(一)4 篇论文关于明清徽州名族的研究,集中发表于 2016 年

以往中国谱牒学研究已经注意到中古时期盛行的名族志,宋以后名族志衰落,明代是名族志出现最后的朝代,而且集中在徽州,即《新安名族志》《休宁名族志》。然而学术界虽然从谱牒学、文献学的角度探讨过这两部书,遗憾的是对于书中记载的"名族"缺乏深入研究。冯先生的这组论文,无疑具有重要的学术价值。

《试论明清徽州名族是中古士族遗绪》一文提出,明清徽州的"名族"所指何意?与其类似的中古"士族"二者有何异同?该文作了比较,得出的结论正如题目。具体来说,作者为明清时期徽州名族这样定义:"历世久远的血缘群体,在贤明仕宦绅衿主导下从事文化建设,形成宗法性仁让敦厚的人际关系和社会风尚,成为民间楷模,并以此不同于一般的宗族。"中古士族则有五项特征:一为高级官宦世代相承的血缘群体,二是门第婚姻成为士族维持高贵地位的辅助手段,三是高度重视文化教育并有着优异的文化学术成就,四是为人仰

1

慕的优雅闲适的生活方式,五是士族为特权等级、高尚宗族。比较名族与士族的同与异:均是世系绵延的血缘群体;世代高官与官宦衿士代不乏人;婚姻重门阀与良贱不婚;编纂族谱一在出仕与联姻,一在凝聚宗族;重视文化教育,主导思想有所不同;内部组织结构相同;居地与郡望。

总结性的看法是:名族与士族在构成宗族重要成分方面基本相同;名族与士族在与皇权关系中地位相差较大,在出仕上,士族出任高官,长期掌握朝政,名族官宦无常,绝不能操纵政权;明清徽州名族是中古士族遗绪及名族在中国宗族通史中的位置:具有某种贵族性的士族是构成政权的主要成分;名族与同时存在的其他地区望族是政权基层秩序的保障力量,获得朝廷允许的某种乡里"自治权"和族内管理权;士族在文化教育方面对历史影响巨大,中国家庭、家族极其关注文化教育,形成中国文化的优良传统。

《构成明清徽州名族的诸种因素》一文,旨在说明明清徽州名族长期存在的原因以及特色,讨论的问题有:致力于培养仕宦科举人才并由其营造俗美声誉,名族在社区建设中提升自身品质,名族成员的文化贡献、明清之际思想活跃与树立家族名声,徽商睦族惠乡光大宗族及徽州,严禁良贱通婚维持名族荣誉,名族在解决族内外纠纷中延续。最后特别强调两点:名族代替政府从事社会公益事业和建立地方稳定的社会秩序,关于传统社会伦理道德所建立的社会秩序的理解。

《明清徽州名族的内部建设与生存状态》一文,从六个方面论述明清徽州名族的自我建设:村落选址、建设、聚族而居与人丁兴旺,祠堂设立、管理与祠祭,祖墓建设与隆重墓祭,名族世代延续的记录——族谱,名族成员编辑家族及地方文献以强化名族意识,兴办族学;概述徽州名族生存状态是:名族从事内部建设形成族内风俗修美的生活环境,各个名族目标一致地共同营造社区和合的环境,名族共建府县社会治安环境。

《明清徽州名族对社区的建设及其积极作用》一文,探讨名族对社区的种种建设及其与民众生活的关系,说明社区建设对社会、对名族自身的意义。作者强调:有"社"之村落、地区,是真正的"社"区。名族的社区建设体现在以下各方面:宗族设立社"会"管理社务,社区崇祀诸种神灵,举办盛大社祭,开展有益生产的公益建设,举办多种内容的救助活动,建设佛道寺观,疏解纠纷,稳定社区。名族从事社区建设的原因与意义,主要是:名族本身需要良好的社区生活环境,建设社区是作为民间楷模的名族应有的内涵和必备条件;名族从事族内和社区建设,是代替政府从事公益事业,并以此获得某种自治权。

(二)3篇论文从不同角度论述了徽州的宗族问题

《宗族与村落建设述略——以明清徽州为例》一文,也探讨宗族的社区建设。冯先生自谓该文"一则说明村落建设的种种内容,二则交待宗族与村落建设的内在联系以及同地方政府的关系"。文中从村庄选址、整体规划、居民住宅、公共建筑(分为生产建设类、信仰类、教育类、生活类四大类),论述了宗族村落建设及其内涵;接着论述村落建设的组织者,包括:从宗族请求政府对社区"立法"看其主导作用,宗族规约对村落生产、商业建设的规范与指导作用,宗族负责筹划、安排村落群体文化娱乐生活,藉此说明了宗族对民间生产及生活秩序建立的作用。最后总结说:宗族是族人村落及其社区各种公共生活的组织者、管理者,宗族起着某种中介的作用。

《古代宗族乱以名贤为祖先的通病》一文,以明人《新安萧江宗谱》为例,鉴于该书杂糅了徽州江氏、郑氏、合肥郑氏或者还有合肥褚氏的世系;其宗谱所载萧江先世世系明晰,然而错误百端,遂将萧江氏作为古人乱认祖先的典型宗族看待。于是决疑辩难,对该谱深入考证,证明其记载族源不明,伪造始祖辉煌历史;易姓始祖事迹于史无据,显系作伪;江与郑合谱,令人不明原委。考证过程引人入胜,令人信服!不仅如此,还分析了古人乱认祖先的通病及其社会原因,指出作谱乱认祖先,有多种办法。联宗合谱是常见的形式,买谱、卖谱,是冒认祖先的另一种方法。还有一种常用的手法,是自我作伪,即自认是某人子孙,写在谱上。撰写谱牒乱认祖先的原因是:为着出仕和晋升,为了通婚的需要,受传统门第观念的影响。还有一个客观原因,就是对祖先的无知。

谱牒的史料价值何在,先生对谱牒的体例、书例及其全部内容分析后指出:"最大缺陷是乱认祖先和伪造先人的显赫业绩,亦即族源不确实,先世世系混乱,传记与事实不合。"尽管如此,萧江宗谱的世系表保存了江氏及郑氏宗族史的资料。"说明一部乱认祖先、讹误甚多的谱书,也有它的史料价值,可供学术研究采用。"

《当代的州郡谱》是为黄山市政协文史委员会编《徽州大姓》所作的序,认为该书是一部徽州宗族史和姓氏学的专著,写出徽州居民的迁徙、宗族与村落、仕宦、经商、文化教育各种活动以及知名人物。同时提出,此书也有三点可以讨论之处:一是得姓渊源和远古、中古世系排列,有没有必要花那么大的精力?须知有许多宗族是弄不清楚的,排出来的世系也未必准确;另一个是写作

3

范围问题,与徽州只是同姓氏的明清以来的大名人,写进书中,就令人产生"借才"的置疑;有一些篇在写到某人时,名下加"公"字,大约是表示尊敬;有的在讲到某人的世代时,云"某世祖""某世孙",如果是本家族的人写文给本家看,自然不妨称"公",称"某祖",可是给包括外姓的广大读者阅览,则不宜这样写了。

二、徽州女性史

这一组论文5篇,取材于傅瑛主编的《明清安徽妇女文学著述辑考》一书,主要论述了徽州贤媛的生存状况以及思想观念。长期以来,有关明清时期徽州女性的史学叙述,大多是将其作为封建宗法的牺牲品看待,特别是关注节妇烈女,事实上徽州女性多有识字才女,对其研究也较为薄弱。冯先生对于清代徽州女性的探讨,揭示出她们生活较为独立的另一面。

冯先生也使用"贤媛"一词探讨徽州女性。所谓徽州贤媛,是指父家和夫家任何一方是徽州籍的女子。徽州贤媛中许多人并不生活在徽州,而是侨居在江浙经济文化发达地区。"贤媛"往往是才女,《清代徽州贤媛的治家和生存术》一文,讨论的问题有:女承子职赡养老亲,不婚或晚婚;靠文化艺术知识承负维持家庭的使命;维系家庭,光大门庭;江浙的生存环境为徽州贤媛提供了有利的条件。总之,认为徽州才女独立解决生计难题,江浙社会为她们独立谋生提供了相对有利的生存环境。《清代徽州贤媛出色的社会历史见识》一文,论述清代徽州贤媛诗赋所表达的对时事的感受、民生的关切、历史的认知:感受战乱痛苦向往太平生活,伤时愤世追求公正世道,主张仁政的政治思想,为女性争取应有的历史地位及评价标准。作者特别强调了清代徽州贤媛论史、论政的特点,赞誉她们的识见难能可贵。

《清代徽州才女的文学创作生活及其作品表达的感情世界》是一篇长文。学术界对于清代徽州才女已有一定研究,先生的继续研究原因有二:"首先是为全面明了徽州才媛的生活和生存问题,她们诗赋书画的创作与生活的结合状态,创作生活与现实的社会生活关系,也即在娘家、夫家及其家族、姻亲间的生活状况和创作,闺阁友朋、师傅的酬唱生活,独自谋求生存中的智慧与能力及其诗词中的记录。她们生活究竟是怎样的,从多样性的实际生活中去认知她们的写作。其次,方法论上多角度观察徽州才女的思想状况……还希望具体了解清代徽州才媛的全面思想状况及与写作的关系,试图理解她们丰富多彩与颇具意义的文化生存方式,理解她们的精神世界,理解她们在其观念主导下的诗词创作所表现出的社会生活,反映出的创作理念。"该文论述的主要问题是:为女子吟诵唱赞歌,记录娘家生活及其延续的诗作,夫家生活的欢乐与忧伤,闺阁酬唱联谊道情。认为清代徽州才女具有四个特点:一是清代徽州才女辈出,诗词绘画创作成为她们生活的重要内容,为徽州女性史、妇女文学史增添光彩;二是徽州贤媛凭藉文化知识和艺能,独立解决生计生存问题;徽州才女对社会、历史有出色见识并富有同情心;清代徽州才女思想处于前近代阶段,较为开放,难能可贵,但从观念上走向近代社会尚有一个长过程。

《清代九旬女史孙旭媖顽强的生活态度》,是 2016 年在天津广播电台的演讲稿。孙旭媖,字晓霞,生活在康雍乾时期,享年约 90 岁。其父亲是秀才,徽州歙县人,移居江苏无锡。她从父亲学得文化,会写诗、懂医术,因家境贫乏,决心不婚,在家养活父母。冯先生赞扬她憎恶社会贫富不均而又积极生活的态度,认为能够给后人认识古代女子谋生史开启思路。

《明清安徽女性文学是厚重文化积淀的表征》一文,是傅瑛主编《明清安徽妇女文学著述辑考》的序言,该书九卷,分地区辑录了 654 位明清安徽女性文学作家的传记资料及其代表作,尽可能著录其亲属史事以资参考,是一部大型资料与研究并存的著述。冯先生赞誉该书"汇百多家历史文献资料,给明清两代两性关系史、社会生活史以至政治史研究提供方便,可谓功德无量"。并以安徽合肥女子许燕珍为例,说明傅教授的《辑考》辑录了许燕珍的大量资料,《辑考》为许燕珍立出专题,先是给出她的小传,接着罗列十种有关许燕珍及其家世的资料文献,最后选录许燕珍诗词二首。"傅教授关于许燕珍的辑考,"用力极勤,搜求颇富,资料翔实,诚为文选佳作,既彰显皖省女性文学先贤,又为学术界提供足资利用的研究资料"。正是《辑考》的资料性与学术价值,使其成为冯先生研究清代徽州女性主要依据的资料,傅瑛教授可谓遇到知音。

三、徽州·徽学

《试论清中叶皖南富裕棚民的经营方式》是改革开放初期的论文,当时先生的学术兴趣在研究农村阶级关系,将皖南富裕棚民作为考察对象,注意到富裕棚民向山主交纳货币地租,富裕棚民与业主基本上是契约关系,富裕棚民少许雇工生产,部分地为出卖而生产;强调富裕棚民的经营方式孕育着资本主义萌芽的因素,富裕棚民是资本主义租地人的先驱。

《清代前期安徽天主教史三题》是先生所作地区天主教史之一,以往对于清代安徽天主教传教情况研究薄弱,先生利用《清中前期西洋天主教在华传教活动档案》《耶稣会士中国书简集——中国回忆录》《欧洲所藏雍正乾隆朝天主教文献汇编》《在华耶稣会士列传及书目补编》等资料,考察在安徽的西洋传教士和安徽人神职人员在外省的传教活动,探讨安徽天主教徒在外省的情况。注意到徽州天主教不兴盛,推测是这里宗族势力强大、理学观念强烈所导致,笔者认为这是值得探讨的问题。

徽商是明清时期最有名的商人,尤其以扬州的盐商最为著名。《明清时期扬州的徽商及其后裔述略》一文,首先利用清代历修《江都县志》制作了六个表格:《徽州祖籍江都人功名、善举表》《祖籍徽州人侨寓、入籍仪征表》《徽州祖籍扬州人仕宦表》《祖籍徽州的扬州人家族举例表图》《在扬州的秦晋徽人分籍科举统计表》《在两淮的秦晋徽人科举职官统计表》,探讨徽州人经商扬州及定居简况;又从兴办学校、开展学术文化活动、修建祠庙三方面,论述盐商协办文教事业与开展文化活动;再从协助建设慈善机构、商人个人义举、社会公益事业中盐商与土著的结合三方面,讨论盐商协办地方公益和福利事业。指出在一定条件下,商人、移民是社会变革的活泼因素。

文书与族谱是徽州最具代表性的文献,现存明代族谱绝大部分是徽州的,而今存徽州契约文书数量巨大。作于 2013 年的读书笔记《从反映社会风貌观察徽州契约文书的史料价值》,旨在探讨徽州契约文书的社会史资料价值,认为:契约文书揭示买卖双方(尤其是土地房屋买卖双方)交易行为中的心态和社会风气,契约文书记录个人、社会诚信度状况,契约文书含有社会人际关系、社会群体、等级和社会结构某些因素的记录,契约文书表达契约当事人与政府的某种"合同"关系。有意思的是,先生认为徽州契约文书所反映的清代社会买卖风情遗风未熄:"今世农村出卖宅基地给人(成为"小产权"),而后要求加价;有人花钱买楼之后,得知卖方因行市关系而减价,遂要求一同减价。此类现象,是传统社会找赎风习的延续,观念类同。"

本卷收录的 2 篇书序,可以视为学者之间的交流。《感受"徽学"》是为卞利教授所著《徽学与明清徽州社会史研究》所作序言,肯定了著者对于建构徽学学科的努力,并与其就徽学概念展开讨论,强调契约文书对于徽学的重要性,还对一些问题的行文等提出自己的看法。《喜读一部徽州人口史专著》是为胡中生教授所著《明清徽州人口与社会研究》所作序言,认为该书在一个不大的领域从事整体史研治,对历史学而言是非常有意义的探索;关注徽州人口分流,抓住了徽州人口史的主要问题,这是完成论题目标的关键所在。

《搜集徽学研究资料点滴谈》强调:"徽学因有文书而成为专门之学,而研究也正在蓬勃开展,我想,徽州文书的搜集仍然是需要大力进行的,其实,这也是徽学研究的一项任务。"

四、关于明代徽州宗族研究的一点联想

拜读冯先生徽州宗族研究使我产生了一个联想。冯师提出"明清徽州名族是中古士族的遗绪"的观点,这是通过比较明清徽州名族与中古士族特征后的看法,证诸明代徽州的两部名族志,理由充足。不过,冯师对于《新安萧江宗谱》的研究,揭示了古代宗族乱以名贤为祖先的通病,可见明代徽州宗族建构宗族历史,打造"名族"的具体事例,令我联想到,名族志有无建构祖先辉煌历史的动机或者成分呢?如有,明代宗族也将自己与中古士族联系在一起了。因此,我们在这里以《新安名族志》记载的萧江氏宗族为例做一考察,从一个侧面判断该书记载的倾向性。

明代戴廷明、程尚宽等撰《新安名族志》,成书于嘉靖时期,该书后卷载有江姓,在介绍徽州各县江姓各族之前,总说了江之得姓经过:

江出嬴姓,伯益之裔。玄仲受封于江,因以为氏,郡号济阳。

又有萧江氏,本姓萧,唐宰相遘之仲子曰祯,以为护军兵马使,广明间伐巢有功,封柱国上将军,镇守江南,驻兵于歙黄墩,谋复唐业不克,遂指江为誓,易姓江焉,郡号兰陵。[①]

可见新安萧江氏以萧祯为始迁祖,萧祯令子孙改姓江,他又是萧江氏易姓的始祖。冯先生《古代宗族乱以名贤为祖先的通病》文中指出:

查两唐书和新旧五代史,没有萧祯的传记,徽州地方的府、州、县、镇志,我涉猎了多部亦无记载,南宋淳熙年间编纂的《新安志》,未见关于萧祯的任

---

① 戴廷明、程尚宽等撰:《新安名族志》,朱万曙等点校,黄山书社,2004年,第520页。

何文字,明代弘治时期修辑的《徽州府志》同《新安志》一样无有萧祯的只言片语。

看来萧祯有可能只是萧江氏谱牒中才有的名字,明嘉靖以前正史与地方文献中均无此人物。冯师考证后认为可以获知:"所谓萧遘之子萧祯抗击黄巢活动的不可靠""萧祯是萧江氏家族经过长期传说而编造出来,并形成文字记载,以之为始迁祖,易姓始祖"。

《新安名族志》所记歙县上临河、婺源县旃坑萧江氏家族时都提到萧江得姓的历史,其中婺源旃坑的记载还有唐宰相遘之前的历史:

本姓萧,汉丞相何辅高帝定天下,以功封文酂侯,世袭侯爵,至萧衍有天下,是为九梁。高祖武皇帝唐初有萧瑀者,历官宰相,太宗甚见宠,因赐诗曰:"疾风知劲草,板荡识忠臣。"其后显耀相继,世称"八叶金貂"。①

据冯先生《古代宗族乱以名贤为祖先的通病》一文考证:萧江氏与许多萧氏宗族一样,以萧何为始祖。尊萧何的现象,最迟产生在南齐,唐宋时期许多学者认为兰陵萧氏出于萧何。兰陵萧氏是否为萧何遗胤,在历史上存在着疑问。冯师再加申述和补充:

萧望之不是萧何的遗胤,自认为是望之后裔的人自然更与萧何不相干。齐、梁皇室既是出自兰陵萧氏,萧望之只是先人居于兰陵,他的裔孙未见回归,如果有萧整、萧道成、萧衍那些血胤,他们之间联系的最大可能,是萧望之迁徙杜陵时,有族人留在兰陵,而这族人或者是齐、梁皇室的祖先,如此而已。

新安萧江氏不是兰陵萧氏为萧何后人说的制造者,萧江氏只是跟着学舌,但该族"族源不明"。冯先生还指出萧江氏谱系:

上续萧何,中缀"八叶宰相,名德相望,与唐盛衰"相一致的兰陵萧氏②,以为宗族涂饰光辉色彩。

可见从萧何到萧祯之间的谱系,也是移入到萧江谱牒的。

至于萧江谱系的江与郑合谱等问题,经冯师严密考证,可知更是建构所为,我们就不再赘言了。

由上可知,《新安名族志》记载的萧江族源与谱系,不少是历史上萧姓不断叠加造成的,也是宋以后特别是明代萧江氏有意建构的,作为嘉靖时期编

---

① 《新安名族志》,第 528 页。
② 《新唐书》卷 101,《萧瑀传·赞》,中华书局点校本,第 13 册,第 3963 页。

篡的《新安名族志》，将萧江氏提供的祖先事迹与历代谱系收入，认可徽州萧江宗族"名族"的地位。其实收入萧江谱牒的名贤，绝不是孤立现象，《新安名族志》郑佐序开宗明义："名族志之义有二焉：尚世也，尚贤也。族衍于世，世沿于贤。"①该序还说："尚世以统宗，尚贤以延世。"②冯师揭示的萧江氏"乱以名贤为祖先"，应是《新安名族志》所收名族的通病。《新安名族志·凡例》谓："名族实迹，其忠孝、节义、勋业、文章，有关世教者，不拘隐现存殁，悉在所录。"③萧江氏为了成为名族，确实在建构与名人的联系，建构"名族实迹"。④即使是徽州最著名的汪、程两大姓，其历史也是晚近建构的。章毅《迁徙与归化——〈新安名族志〉与明代家谱文献的解读》一文指出，休宁县汪、程二氏都存在着三个层次的祖先，"渡江祖先——本地始祖——分派祖先"。其中本地始祖是真实的历史人物，渡江和分派祖先多是虚拟的名称。他们具有各自不同的象征意义。⑤

总而言之，冯先生所著《徽学研究》，是一部富有启发性的徽学专书，尤其是对于徽州社会史、文化史的研究，具有一定的推动作用。

---

① 《新安名族志》，第 1 页。

② 《新安名族志》，第 2 页。

③ 《新安名族志》，第 15 页。

④ 《新安名族志》提到萧江氏谱牒修纂情况是：婺源旃坑派北宋时江总"修辑江氏谱"，明江元辅"集有《家专录》(疑为《家传录》)"；祁门浯嘉潭一支出婺源旃坑派，明代熙祖、自洪父子"同修统宗谱"，绍"与婺族倡立中平总祠及萧江统谱"。分见该书第 528、530、537 页。

⑤ 田澍等主编：《第十一届明史国际学术讨论会论文集》，天津古籍出版社，2007 年。

试论明清徽州名族是中古士族遗绪

清代嘉庆年间编修徽州府志,担任人物、掌故写作的龚自珍提出并实践写作《氏族表》的主张。他的《徽州府志氏族表序·义例》云:"载大宗,次子以下不载,夫宗法立而人道备矣;次子之子孙,官至三品则书,不以宗废,贵贵也;其以立言明道,名满天下则书,不以宗废,贤贤也。自今兹嘉庆之世,推而上之,得三十世以上者,为甲族;得三十世者,为乙族;得二十世者,为丙族。"①他以氏族传世多寡为主,兼及有无高官、名贤作为标准,将氏族区分为甲、乙、丙三级。他的这种分类标准,令笔者联想到南北朝时期士族的品级划分及其原则,就将明清徽州名族与中古士族联系起来,再思及两者其他相同和相异之处,遂有前者为后者遗绪的想法,进而联想到徽州名族的社会属性、在中国宗族通史中的位置与历史地位。兹将浅见绍述于次,敬祈方家指教。

一、何谓名族及将其纳入中国宗族通史中研究课题的提出

龚自珍所说的徽州氏族,在明清时代徽州人的观念中是"名族"②,徽州史上先后出现不只一种名族志,有的县有名族志,甚至休宁东门邵氏的族史亦名《龙源名族志》。③另外从宋代到当世,徽州名族史在地方志中的专题表述,不绝如缕。"名族志,志名族也。"④名族志是叙述名族历史的图籍。那么何谓明清徽州名族?为何联想到士族?名族在中国宗族通史中有何地位?

(一)何谓明清徽州名族

徽州"名族"及其应具备的条件,需要从编纂名族志的作者及其同时代人

---

① 龚自珍:《徽州府志氏族表序》《与徽州府志局纂修诸子书》,载《龚自珍全集》,上海人民出版社,1975年,第231、334页。

② 名族,在徽州或别称为大姓、旧族、大家、故家、故族、巨室、甲族等。

③ 曹嗣轩编撰:《休宁名族志》卷2,胡中生等点校,黄山书社,2007年,第292页。

④ 戴廷明、程尚宽等撰:《新安名族志》,程光显《序》,朱万曙等点校,黄山书社,2004年,第15页。

的认知来考察。歙县人、江西布政使左参政郑佐于明世宗嘉靖二十八年(1549)在《新安名族志·序》写道:"名族志之义有二焉:尚世也,尚贤也。族衍于世,世延于贤……吾新安婚姻问家世,派系征谱牒,则犹沿袭成俗,不失前古遗意。故其为族也,有殊邑联宗、数村一姓之蕃。其为婚姻,有贫不偶富、贱不偶贵之异。其先代坟墓之存者,远肇齐梁,近自唐宋,百年十世者勿论焉。此其尚世之不系于世禄,他郡罕及之也。""名族而责之实也,则见其前开后承,或以明道集成而功存著述,或以效忠尽节而迹秉丹青,或惇孝友以导俗兴仁,或乐恬退而修德守约,或政治旴烨于当时,或文章传诵于后世。"①。他将名族特征归纳为"尚世"与"尚贤"两点。尚世,不只是世禄,更要世系绵延不衰,族大人众,标志在于有千年祖坟、万千人丁;尚贤,有开创之贤人,还要有后继的贤人,前后辉映,即由有业绩之官人、学者做到孝悌忠信、阐明学理、伦理。

另一位作《序》者祁门王讽同样强调贤人的作用,所谓"故族之名,名于人也"。并具体地说出明贤的价值:首先,贤人以其立德立功立言光耀家国,即"在一家光一家,在一国光一国,在天下光天下。世称旧族,其流风遗韵,直可擅誉望于一乡,而同天地于悠久者,其上者岂不以立德在希圣,立功在辅世,立言在名道,而光在天下古今者"。其次,贤人"以忠孝节义张正气,官守言责以垂政声,诗文纪述以列词苑,而光在一国者"。复次,是功名爵位的传承:"以科名爵位世续书香而光在一家。"②深入说明名族饮誉乡国,为国家天下增光彩,且能悠久传世。万历朝兵部左侍郎歙县人汪道昆(1525—1593)在《太函集·论巨室为庶人楷模》中说:"巨室,即所谓大家,固庶民之纲纪也。"③指明名族是伦理道德的楷模,起着庶人表率作用,以此不同于一般民人和家族,也就是说名族重视人伦纲纪,是其必备品格。关于名族实践纲常伦理的意义,明朝人的《陈俗》予以高度评价:"族必有俗,族之大小惟视其俗之如何。俗美矣,即有小族亦可言大;俗不美,即有大族乃所以为小,大小之分不系乎人力之众寡厚薄,而系乎其俗。"④族之大小,不在于人数多寡与爵禄,关键在仁厚敦让,孝

---

① 《新安名族志》,第1—2页。
② 《新安名族志》,第7—8页。
③ 汪道昆:《太函集》,胡益民等点校,黄山书社,2004年,第168页。
④ 转引自康建华:《〈16世纪初徽州的宗族与习俗〉补正——以〈珰溪金氏族谱为例〉》,见安徽大学徽学研究中心编《明清契约文书与历史研究国际学术研讨会论文集》,2013年11月;该文由《安徽大学学报》张朝胜编审推荐给笔者。

悌忠信,与人为善,有美俗者即为大族、名族,否则非是。

到清代,乾隆朝军机大臣休宁人汪由敦(1692—1758)在休宁古林《黄氏族谱序》中写道:"……其族又多聚处而亲睦,病相急,死相葬,婚嫁相馈,遗有无,相周恤,不然者以为非我族类。"①原来族人之间讲究亲情,互助互救,富能济贫,不这样行事,就不被宗族、族人接受,是以人人自我约束,行为端正,风俗醇厚,是美好的社会风尚令宗族兴旺发达,历世绵延。清季,绩溪邵氏将老谱祠规、前贤宗规及当下应行之事汇编成新祠规,其中有"族讲"一条:"每季定期由斯文、族长督率子弟赴祠,择读书少年善讲解者一人将祠规宣讲一遍,并讲解《训俗遗规》一二条,商榷族中大事体。各宜静听遵行,共成美俗,实为祖宗莫大之光;应置纪善籍一本,每岁终将本族之有大善者由公核实纪籍,以示风励。"②设立族讲制度,定期开讲祠规和乾隆朝协办大学士陈宏谋编辑的《训俗遗规》,年终进行善事登记,令人向善,学做好人。以此美化风俗,形成美俗。邵氏的"美俗"与汪由敦的"亲睦"、金氏《陈俗》后先辉映。

综合众多明清时代人士的徽州名族论述,对名族的含义作出界定,似乎可以用历世久远、贤能治家、文化立言、礼仪美俗、门第婚姻二十字五个方面来描述。历世久远,家族渊源,远者两晋六朝,近者唐宋,历时数百年、上千年,传世几十代,族群繁衍,众达千丁万户,散布徽州各村镇、府县城关,乃至外迁全国各地,及至清明扫墓,有千丁祭祀之盛。贤能治家,家政井然有序,屡屡出人才,涌现明贤、仕宦,延续家声。文化立言,重视文化教育,开办书院,组织文会,研讨经史,在各种文学艺术领域多有成就。礼仪美俗,是族人之间按照宗法性伦理、规范行事,以祭祖仪式、颁胙、饮胙及族讲等形式教化族人,孝悌和睦,形成优良风尚,成为社区民众效法的楷模。门第婚姻,严禁与贱民婚配,讲究主仆名分,以保持族人血缘的纯洁性,维护名族社会地位。在这五项之中,历世久远、人丁众多、良贱不婚是名族的基本条件与外部特征(外在表现);贤能治家是宗族成为名族的根本保证;文化立言、礼仪美俗之讲究礼法是名族的精神内核。归纳名族的这些特征,是否可以给明清时期徽州名族以这样的定义:历世久远的血缘群体,在贤明仕宦绅衿主导下从事文化建设,形成宗法

---

① 汪由敦:《松泉集》卷10,《黄氏族谱序》,上册,中华书局《四库全书》本,第270页。
② 邵俊培:绩溪《华阳邵氏宗谱》卷首,《新增祠规》,光绪三十三年叙伦堂刊本,冯尔康主编:《清代宗族史料选辑》,天津古籍出版社,2014年,上册,第418页。

性仁让敦厚的人际关系和社会风尚,成为民间楷模,并以此不同于一般的宗族。

(二)魏晋南北朝隋唐士族特征

笔者的中古历史知识贫乏,仅就所知,认为中古士族有五项特征:

一为高级官宦世代相承的血缘群体。北魏孝文帝于太和十九年(495)下诏定姓族,规定汉人士族的"郡姓"层级:"凡三世有三公者,曰'膏粱';有令、仆者,曰'华腴';尚书、领、护者,为'甲姓';九卿,若方伯者,为'乙姓';散骑常侍、太中大夫者,为'丙姓';吏部正员郎,为'丁姓'。"凡得入者,称为"四姓"①。成为士族的条件是连续三代有高中级官员;因需要三代连续任职,所以成为世代簪缨之族,又由于士族拥有恩荫权,起家官清贵,品秩高,甚至以六品为起点,比较容易保持世代为高官。

二是门第婚姻成为士族维持高贵地位的辅助手段。士族门第高贵,婚姻讲求门当户对,而其高门第为人羡慕,向往与之联姻以提高社会地位者甚多,到南北朝后期衰微中的士族靠卖婚维持生计,作为维持士族地位的一种手段,要卖婚又要拿架子,往往让新贵碰钉子。唐朝政府为打击旧士族,规定婚姻财礼的数量,限制旧士族的受财。唐高宗(649—683在位)限制超级士族间的通婚,下令禁止陇西李宝、太原王琼、荥阳郑温、范阳卢子迁、清河崔宗伯等七姓十家不得互相嫁娶,但是这种禁止反倒提高了旧士族的身价,因此收效有限。唐文宗(826—840在位)要把公主嫁给士族,还怕人家不乐意,因而愤恨不平地说:"民间修婚姻,不计官员而为阀阅,我家二百年天子顾不及崔、卢耶?"②

三是高度重视文化教育并有着优异的文化学术成就。唯有重视文化教育,提高成员文化品质,才能累世出仕。生活在膏粱之族的琅琊王僧虔(426—485)说:"或有身经三公,蔑尔无闻;布衣寒素,卿相屈体。或父子贵贱殊,兄弟声名异,何也?体尽读书数百卷耳"。③深知士族保持长盛不衰就在于读书掌握文化。琅琊王氏之度支尚书王筠认为有文化,代代有文章传世,是王氏家风,要求子弟"仰观堂构,思各努力"④。《南史》作者李延寿总结王氏历史,称其先

---

① 《新唐书·柳冲传》,中华书局点校本,第18册,第5677页。以下所引"二十四史",均为中华书局点校本,不再——注明版本,只注明册数及页数。

② 《新唐书·杜中立传》,第17册,第5205页。

③ 《南齐书·王僧虔传》,第2册,第599页。

④ 《南史·王筠传》,第2册,第611页。

世"并举栋梁之任,下逮世嗣,无亏文雅之风。其所以簪缨不替,岂徒然也!"①
说到陈郡谢氏,李延寿云:"自晋以降,雅道相传……人各有能,兹言乃信。"②
高度重视文化,"王谢"之家才能出现王导(276—339)、谢安(320—385)、谢玄
(343—388)、谢灵运(385—433)、谢道韫、王羲之(303—361)等政治家、军事
家、文学家、思想家、艺术家,成为书圣、山水诗创造者。

四是为人仰慕的优雅闲适的生活方式。士族具有特定的风范、门风,以表
现其独特身份。南北朝末年颜之推(531—约591)说,当时南方士人穿着香料
熏过的衣服,在光脸上搽红粉,乘坐长辕车,脚登高靴,坐在织有方格图纹的
绫罗垫上,倚在多种颜色丝线织成的靠枕上,周围陈列古玩珍宝,从容出入,
神采飘逸的姿态简直像神仙。③卫玠(286—312)被"看杀"的故事,适足反映士
族的丰采。《晋书》说他五岁"风神秀丽",七八岁时在京都(洛阳)"乘羊车入
市,见者皆以为玉人,观之者倾都"。他是有名玄学家,"好言玄理",有见识,在
永嘉之乱前说服母兄,奉母南迁。为人道德高尚,理解与原谅他人,"常以为人
有不及,可以情恕,非意相干,可以理遣,故终身不见喜愠之色"。卫玠不仅人
长得秀丽,为人风雅有识量,受人仰慕。他到建邺(南京),"京中人士闻其姿
荣,观者如堵"。玠劳疾遂甚,永嘉六年(312)卒,时年二十七,时人谓玠被看
杀"。王导说他"风流名士,海内所瞻"④,道出他被"看杀"的客观原因。这种优
雅闲适风度是士族的必备条件。士人讲究穿着、仪容、气度、语言、饮食,否则
就不配做士族。

五是士族为特权等级、高尚宗族,具体情形下详。

总之,士族拥有食邑与依附民,具有一定意义上的贵族性,它是以文为主
的高官、高等级、高层群体联姻的三位一体血缘群体。

(三)思考徽州名族与士族联系问题

缘于龚自珍将名族内部区分为三个层级,令笔者想到名族与士族既然都
是血缘群体,名族与有六个层级的士族有无承绪关系;进而想到士族由官位
决定,名族之为名族也离不开仕宦因素;士族文化成就辉煌,名族紧步其后;

---

① 《南史·王弘传》论赞,第 2 册,第 583 页。

② 《南史·谢灵运传》论赞,第 2 册,第 546 页。

③ 颜之推:《颜氏家训·勉学》,王利器点校,中华书局,1993 年,第 148 页。

④ 《晋书·卫玠传》,第 4 册,第 1068 页;《资治通鉴》,中华书局,1956 年,第 6 册,第 2790 页。

士族生活方式为世人仰慕，名族美俗为庶人楷模。两者既然有这些相近、相似之处，就有必要思考这两个不同时代的宗族有无关联，是何关联这一历史课题了。

名族自然不是士族，与豪族、小族也不相同，那么它在中国宗族通史的宗族分类上属于哪种类型呢？若考察宗族结构式，它处于何种位置，也就是说在中国宗族通史中它处于哪种位置？接下来就需要明了它的社会历史地位了。

二、名族与士族的同与异

明清徽州名族与中古士族处于不同的历史时代，社会背景多有差异，特别是与它们密切相关的选官制度迥异，一个是九品中正制，另一个是科举制，因此它们不可能完全相同，名族也不是士族的复制品，事实上，历史上的任何一种现象、团体、人物都是不可能完全复制的。名族与士族是两种宗族，但是又有许多相近、相似的成分，有共同点，亦有差异，是同中有异、异中有同。这里使用抽象观察方法探讨名族与士族表象上的同与异，以为下一目的分析奠定基础。

(一)世系绵延的血缘群体

名族、士族都有血系数十世、历时数百年历史。琅琊王氏、陈郡谢氏都是同东晋、南朝相始终的著名士族，博陵崔氏、范阳卢氏、清河张氏、闻喜裴氏、荥阳郑氏、陇西李氏、杜陵韦氏、天水赵氏，以及南方土著士族朱、张、顾、陆等氏，无不有数百年的传承。

明清徽州名族，如同郑佐所说的"尚世"，有的是东晋以来家族的延续。汪由敦在前引《黄氏族谱序》中还说："吾徽著姓巨族，视他郡特盛。代序远者二三千年，近亦数百年。族之人多者数万，少亦千计。……今世称甲族者，所在多有，顾往往不如吾徽之盛。"龚自珍(定庵)据其历世标准，开列出徽州大姓洪、吴、程等十五个，民国间休宁人许承尧认为不只是十五个，他说："吾徽最重宗法，定庵言大姓甲于全国，固非夸也。惟所标举十五族，不知何据？若以吾许姓计之，自迁徽祖儒公至承尧，得四十四世，谱系井然可征。是十五族外，犹有遗漏矣。"[①]《新安名族志》所收传世久远的名族八十八个。

---

① 许承尧：《歙事闲谭》，李明回等校点，黄山书社，2001年，第255页。

(二)世代高官与官宦衿士代不乏人

士族中的甲族(膏粱、华腴、甲姓、乙姓)尽为世代仕宦高官,低等士族也拥有世代中层以上官员。确定士族的原则业已明白无误地表明,士族就意味着仕宦,特别是高级官员家族,平民宗族与士族沾不上边。士族的官宦历史不必赘言。

明清时期,徽州举业兴旺,官员众多,令人瞩目。以明代中后期的歙县为例,许承尧说:"吾歙京朝官,以晚明为极盛。……同时以进士官部曹及守令者约三十人。……此诚他县所希,皆由进士出身也。"这些歙县官员是:武英殿大学士许国;兵部左侍郎汪道昆;户部侍郎方弘静;礼部右侍郎张一桂;南户部侍郎吴仲明;工部左侍郎毕懋良;户部尚书程国祥;进士应天府尹方良曙;大理知府程道东等等。①清代的徽州,有"连科三殿撰,十里四翰林"之说。②殿撰是状元首任官职,翰林系中进士者的荣誉官选,大学士不乏翰林出身者。此种俗谚,反映清代徽州人科举出仕者多。

在出仕方面,士族必定有官做,且多高位;名族,亦有官员而兴旺,但不是世代出官宦和高官,不过它有衿士和读书人,有强劲的官宦预备队。

(三)婚姻重门阀与良贱不婚

前已说明士族实行门第婚姻,相互嫁娶,世代联姻,谢安在书圣王羲之儿子中为侄女"咏絮之才"的谢道韫选婚,最后选中王凝之,就是显例。

名族门第婚姻,主要是强调婚姻的门当户对,坚守良贱不婚原则,对与贱民婚配的族人处以开除出宗的惩罚。歙县蔚川胡氏《蔚川胡氏家谱·规条》中的"重婚姻"规则:"婚姻,宗族之门楣所系至重,故婚娶者不但取其阀阅,尤当择良善。……族女字人……苟利其赀财,以致阀阅不称、良贱不伦者,众议罚其改正,违则削其宗系。"③徽州彭城钱氏《家规》的《正婚姻》云:"凡嫁娶须择门楣相对、家世清白者,断不可草卒(率)了事,致辱门庭。违者,革出祠外。④不得入祠,革出祠外,意味着削谱除宗,处分极其严厉。

---

① 《歙事闲谭》,第 345—347、355 页。

② 《歙事闲谭》,第 355 页。

③ 歙县《蔚川胡氏家谱》卷 2,道光《规条》,1915 年线装活字本,《清代宗族史料选辑》,下册,第 1772 页。

④ 钱坤:《徽州彭城钱氏宗谱》卷 1,《家规》,光绪十年刻本,《清代宗族史料选辑》,下册,第 1765 页。

（四）重视族谱编纂，目标有所不同：一在出仕与联姻，一在凝聚宗族

郑樵在《通志·氏族略》中说："自隋唐而上，官有簿状，家有谱系，官之选举必由于簿状，家之婚姻必由于谱系。"[①]"簿状"，即"姓氏簿状"，是一种关于宗族史的谱书；"谱系"，亦为一种谱书。两者相通，都是宗族谱系专著。簿状，政府用以选官，所谓"有司选举，必稽谱籍，而考其真伪"[②]，因此严格要求谱牒资料的准确性。士族成员据以被举出仕；谱系，是士族联姻的考察资料。谱系之作，在中国古代史上出现四种类型，即帝王诸侯世谱，通国氏族谱（百家谱），地方宗族谱（州郡谱）和家族谱。士族制最盛行的两晋南北朝时期，相应的是着力于通国氏族谱的编纂，其次是关注州郡谱。员外散骑侍郎贾弼之奉晋武帝之命主持修谱，乃搜集各族宗谱，审核考订，编撰《百家谱》《姓氏簿状》[③]。梁武帝诏令北中郎咨议参军王僧孺知撰谱事，改定《百家谱》，他乃撰成《十八州谱》七百一十卷、《百家谱集钞》十五卷、《东南谱集钞》十卷。[④]两晋南朝，贾氏的贾弼之、贾匪之、贾渊祖孙父子"世传谱学"。王氏在王僧孺之外，王俭等都修纂谱书，因而贾氏、王氏两个家族成为谱牒学世家。唐人柳芳讲，六朝"官有世胄，谱有世家，贾氏、王氏谱学出焉"[⑤]，就是说的这种情形。看来两晋六朝之编修谱牒，主要是为实行九品中正制的选官之用，次则为选婚。

徽州名族着力于自家文献建设，编纂多种类型文献，有一个一个家族的宗谱；宗族人物传记的先德录，如《潭渡黄氏先德录》；家族聚居地的村镇志，如《橙阳散志》《岩镇志草》；汇集徽州府或某一县名族史的名族志；汇集徽州府名族人士文论的文献志，如程敏政的《新安文献志》[⑥]，程瞳的《新安文献志补》[⑦]，程廷策的《续新安文献志》、汪洪度的《新安女史征》。[⑧]在这些类型文献中最值得留意的是宗谱与名族志。名族族族修谱，且多不断续修。何以反复修纂？歙县棠樾鲍氏乾隆续修宗谱，发凡起例云："谱牒之作，盖子孙录其先人，

---

① 郑樵：《通志·氏族略》，浙江古籍出版社"十通"本，第439页上栏。

②⑤《新唐书·柳冲传》，第18册，第5677页。

③《南齐书·贾渊传》，第3册，第907页。

④《南史·王僧孺传》，第5册，第1462页。

⑥《歙事闲谭》，第842页。

⑦《新安名族志》，第49页。

⑧《歙事闲谭》，第32页。

务尽其实,所以尊祖收族也。"①清初汪琬为休宁张氏宗谱作序,认为该谱有三善:"阙疑一也,尊祖二也,收族三也。"②编修宗谱,记录家族世代延续状况,令族人各自明了自身及与他人的血缘关系,在祖宗的旗帜下凝聚成为一个整体,所以修谱起着收族与惇伦彝的教化作用。州郡谱与士族制基本上是孪生物,唐代以后,州郡谱就很少有人制作了,而在徽州,元明清时期却屡次出现,元代陈栎编纂《新安大族志》③,明代戴廷明、程尚宽等撰《新安名族志》④,曹嗣轩编撰《休宁名族志》⑤。名族志书写名族忠孝节义事迹,提倡名族美好社会风尚及其成员修养,从而提升徽州在全国州郡地位,同时因名族风俗惇厚,有利于社会安定,朝代延续。⑥总之,以凝聚族人,激励自身上进,提高名族素质和社会地位。⑦

(五)一以贯之重视文化教育,但士族、名族主导思想有所不同

前面交待士族特征,已见其深知文化教育对家族的作用,不仅如此,他们同时关注全社会的教育事业。晋元帝(276—322)尚未正式登基,录尚书事王导上书建议恢复因战争而停办的学校教育,令朝臣子弟就学。⑧淝水之战前后,尚书令谢石(327—388)亦因战乱学校遭到破坏,"上疏请兴复国学,以训胄子"⑨。当然,他们关心的是贵胄与士族子弟的学业。

明清徽州名族极其注重教育,这从科举出仕者众多显现出来。由于投入

①歙县《棠樾鲍氏三修宗谱》,《重编宗谱凡例》,乾隆二十五年刻本,《清代宗族史料选辑》,下册,第1554—1555页。

② 汪琬:《尧峰文钞》卷26,《休宁张氏世谱序》,《四库全书》本,《清代宗族史料选辑》,下册,第1638—1639页。

③《新安大族志》,或名《新安大姓志》,未刊。

④《新安名族志》,朱万曙等点校,黄山书社,2004年。

⑤《休宁名族志》,胡中生等点校,黄山书社,2007年。

⑥ 婺源人监察御史洪垣(1507—1593)在《新安名族志·序》讲到立宗法意义:"夫宗法立,则人知所自出,尊祖敬宗,体统正,而朝廷重名族行,则人知所自保,宪宗述祖,风俗厚而国脉长。"见《新安名族志》,第3页。

⑦ 徽州名族书写的名族志,罕见于同时期的其他府州,因而成为徽州的特异现象,并且到2005年尚有黄山市政协文史资料委员会编《徽州大姓》问世(安徽大学出版社)。名族史还记录在地方志中,甚至被单独立卷。南宋淳熙《新安志》卷一《州郡》内有姓氏内容,道光《休宁县志》卷20以《氏族》立目,内设姓氏、始迁省项和祠堂三目,罗列279间祠堂名称、地点和建立时间。同治间编纂的《祁门县志》卷九《舆地志》开设祠堂栏目,记叙175个祠堂。1944年胡光钊编纂《祁门县志氏族考》,出了单行本。徽州人之关注氏族史,是有传统的。淳熙《新安志》信息,由胡中生研究员提供。

⑧《晋书·王导传》,第6册,第1748页。

⑨《晋书·谢石传》,第7册,第2088页。

文化教育事业,徽州名族成员的文化学术研究成就斐然,从三个方面表现出来:一是多学科全面发展。以近现代学科分类说,徽州学人对哲学、文学、艺术、史学、方志学、考古学、文献学、图书馆学、工艺美学及数学、天文学、医学等领域,即人文学科、自然科学、医学和工程科学,都有涉猎,均有成就,这就充分表明徽州是文化名郡,在全国的府郡中,跻身于南北二京、苏州、松江、常州、扬州、杭州等文化名城之列。二是有在全国学科中占居重要地位的学派,就是经学中的皖派(徽派),成为清代汉学发展到高峰期的标志,还与吴派共同促成扬州学派的诞生。诗赋中有新安诗派。三是在一些不大的学科中,徽州学人占有一席之地,像医学有"新安医学",书画界有"新安画派"。

在文化教育方面,名族与士族的主导思想有所不同。南北朝时代,士族对于儒道佛均有兴趣,当然儒学是主流,不过许多士族人士是道教信仰者和支持者。清河崔浩支持魏太武帝反佛崇道,与北朝著名道士寇谦之(365—448)关系密切。王羲之一房"世事张氏五斗米道"①。创造南天师道的庐山道士陆修静,出身于吴姓大士族。吴郡士族顾欢(420—483)著《夷夏论》,倾向于道教。晚年生活在隋唐之际的道士王知远(530—635),琅琊士族出身,是茅山道教的重要人物。有知识的道家注意天文历法,研究炼丹术和医药学。因此,道教具有中古时代知识团体的某种性质。可以说,南北朝时期思想文化比较多元,有益于文化的发展。

名族笃信儒家理学,徽州是"东南邹鲁"之区,新观念难以产生和传入。江登云、绍莲不无自豪地在《橙阳散志》写道:"(徽州)元明以来,英贤辈出,则彬彬然称'东南邹鲁'矣。"②他们意味中的"东南邹鲁",体现在两个方面,一为思想观念方面崇尚儒家理学,如同著作《易经读本》《知鱼集》的乾隆朝进士程埙所说:"吾乡山水甲天下,理学第一,文章次之。"③二是表现在人们依照理学伦理行事。徽州是朱熹故里,名族特别推崇他,他的《家礼》成为行动指南,借以营造良风美俗。

(六)内部组织结构相同

士族世系绵延,人员增多,于是宗族规模较大。如清河张氏、濮阳侯氏有

① 《晋书·王羲之传》,第 7 册,第 2103 页。
② 《歙事闲谭》,第 602 页。
③ 《歙事闲谭》,第 186 页。

近万家成员,河东汾阴薛氏"世为强族,同姓有三千家"①。几千家、几百家的宗族,内部血缘关系复杂,分出许多房,房下又分出支派。"彭城刘氏",是汉代楚元王的后裔,南北朝时分为四大支,为彭城绥舆里、安上里、从亭里三支和吕县一支。琅琊王氏丞相王导一支,所谓马粪巷房,子孙贵盛,属于膏粱、华腴士族;王导的侄子、书圣王羲之一支,曰乌衣房,家道不振,远不及王导房。宗族房支的区分,表明宗族壮大和内部结构复杂,也反映宗族的分化和房分的重要。

前引汪由敦言徽州名族"人多者数万,少亦千计"。《橙阳散志》云:"吾徽有千百年祖坟,千百丁祠宇,千百户乡村。"②可知名族拥有数千、数百子弟。绩溪城西周氏于乾隆间重修祠堂,到工地干活的族人,"日指以千计,凡岁八稔而祠成"③。每天有一二百名男壮劳力出工,想见周氏宗族成员之众多。与历史上的宗族相同,子姓多,就分出门支,以程灵洗族裔而言,分出歙县虹梁、潜口、宣明坊、表里、冯唐、褒嘉坦、岩镇、竭田、方村、临河、岑山渡、竦口,以及休宁汉口、婺源高安、祁门善和、黟县南山、绩溪中正坊等等分支。④许氏出自唐朝守睢阳的名将许远,后梁时避乱到歙县,历经宋元明,"族裔繁衍,间析居郡邑,及侨寓江淮",分出九派,统宗祠祀奉许远为显祖,和支派九祖为不祧祖。⑤黟县鹤山李氏自始祖"肇趾于斯,越十数传而子孙蕃衍",分出四大房。⑥徽州名族修谱,往往是"会修""统宗谱",会修是不在一个村落、地区的同宗族人联合编写宗谱,统宗谱就是汇集各个支派族谱编写宗族全谱。《休宁名族志》编辑者曹嗣轩,著有《曹氏统宗谱》,该族分出休宁曹村、南街、草市、祁门曹村诸支派。⑦

(七)居地与郡望

传统社会人户以"地著",政府用户籍治理,人有籍贯。具有血缘关系的

---

① 《宋书·薛安都传》,第 8 册,第 2215 页。

② 《歙事闲谭》,第 606 页。

③ 周赟等修:《绩溪城西周氏宗谱》卷首一,《重建宗祠记》,光绪三十一年敬爱堂木活字本,《清代宗族史料选辑》,上册,第 291 页。

④ 《新安名族志》,第 19—85 页。

⑤ 《歙事闲谭》,下册,第 1049 页。

⑥ 李世禄纂:《黟县鹤山李氏宗谱》卷末,康熙《添祥公冬至会序》,1917 年木活字本,《清代宗族史料选辑》,上册,第 439 页。

⑦ 《新安名族志》,第 565—567 页。

11

人,要成为群体,需要居住在一起,是为聚族而居,因此宗族同特定地区联系在一起,著籍于某地,所以某一宗族,就用著籍地区作为标记,琅琊王氏、太原王氏,都是王氏,地域不一,是为两个族群。士族一定有郡望,在姓氏之前,冠以地名,以为该士族的符号,如泰山羊氏、余姚虞氏、弘农袁氏、清河崔氏。地望一经形成,长期不变,即使迁徙,仍然冠着原先地望。侨置州郡亦然,如兰陵萧氏。随着时间的推移,有的士族成员因迁徙改变郡望,成为新士族。如王方庆是琅琊王导十一世孙,《旧唐书·王方庆传》说他是雍州咸阳人,因他的曾祖父王褒于北周时徙居咸阳,子孙就在这里著籍,所以他的家谱——《王氏家牒》不再冠有"琅琊"字样。①裴守贞,祖先原是河东闻喜人,后来才属籍绛州稷山,他的《裴氏家牒》也不加闻喜老地望②。地望的变化,反映旧士族的分化,其中的一部分以新士族的面貌出现,新的地望正表现这一状况。新旧地望表明,士族同原籍关系的密切程度多有不同,有的士族远离家乡,游离于城市,同乡土关系不密切。

明清徽州名族是真正地在著籍地聚族而居。《橙阳散志》在前引"千百户乡村"之后,又说徽州"一乡数千百户,大都一姓,他姓非姻娅无由附居,且必别之曰'客姓'"。接着说:"城市诸大姓,亦各分段落。"③明白无误地道出徽州名族千百户聚居在一个大村落或几个村庄,即使在城中亦聚族而居。科举制按照县、省分配各级功名中式名额,名族读书人要想中式,必须保持籍贯(或在他处寄籍),否则无由读书仕进。出自乡里,退则回乡,是为"告老还乡""归田"。明代万历间大学士、徽州歙县城里人许国,因功赐建石牌坊于居里,休致,赐驰驿回原籍。④侍郎汪道昆晚年在天都太乙宫主盟白榆社,请苏州名画家周公瑕加盟⑤,以娱晚景。名族扎根地域,离不开乡土,它的力量也正在基层,在乡里拥有权威,发挥建设家乡的作用:不仅管理内部事务,兼管村社建设和春祈秋报活动。前述乾隆间重建的绩溪周氏祠堂,内有文昌阁、土地庙、文会所、能干祠等建筑,文会所是族内部分成员为培养读书子弟组建的;能干

---

① 《旧唐书·王方庆传》,第 9 册,第 2896 页。

② 《新唐书·艺文志》,第 5 册,第 1497 页。

③ 《歙事闲谭》,第 606—607 页。

④ 《明史·许国传》,第 19 册,第 5774 页。

⑤ 《歙事闲谭》,第 175—176 页。

祠是为纪念对宗族事务做出贡献者建设的;文昌阁和土地庙两所建筑是为全体族人信仰所用,它们设在祠堂内,表明宗族管理村民的土地神、文星信仰及其仪式,意味着宗族主管村民信仰事务。

黟县鹤山李氏为祭祀社神特别在道光十年(1830)集资建立利济会,"以备迎神銮卫事宜,一应会规悉有成议"。为会能够持久,先后"呈请前邑宪张及今邑宪谢批准立案,各存在案,庶几业可世守"①。名族主管村社祀事,同时借重文会措办族内、族际重要事情。由于各村自办的文会,"以名教相砥砺"②,读书人会依据主流意识办事。绩溪汪氏有需要向政府写呈文,就由文会撰拟呈词,如族内有节孝子孙,由文会撰文,向政府申报嘉奖;族中若有不得不向政府申报的事情(如打官司),尊长、乡约与文会共同经办:"本族倘有不得已公事,必致呈公,乡约正副、尊长并文会,秉公呈治,不得徇私推诿。"族人之间、族人与外族人之间的纠纷,文会参与调解,免得到官厅废财破家。方士庹的《新安竹枝词》有句:"雀角何须强斗争,是非曲直有乡评。不投保长投文会,省却官差免下城。"③事实表明,名族强化组织,加强管理,在文会协助下,实现自我管理,维持与稳定社会秩序,成为一般宗族的楷模。

三、明清徽州名族是中古士族遗绪及名族在中国宗族通史中的位置

有了前面两个子目的陈述,可以进入明清徽州名族是中古士族遗绪话题的讨论了。主要是分析名族、士族异同与认定名族是士族遗绪的道理,将涉及到名族、士族各自与皇权(政权)的关系,进而了解名族在中国宗族通史中的地位,以及由名族是士族遗绪,联想到宗族文化对中国文化教育事业的影响。

(一)名族与士族在构成宗族重要成分方面基本相同

抽象地观察,各个家族世系绵延数十世,时间长达数百年;士族与名族均崇尚文化素养,高度重视文化教育,士族以文化传承,名族亦然;士族、名族内部,由于人丁众多,依据血系区分出门派;各个家族热衷于编纂族谱,士

---

① 民国《黟县鹤山李氏宗谱》卷末,同治《利济会序》,《清代宗族史料选辑》,上册,第440页。
② 《歙事闲谭》,第602页。
③ 《歙事闲谭》,第207页。

族重视编纂通国谱与州郡谱,名族注重编修宗谱,兼及撰修地区名族志;士族、名族均坚守门第婚姻原则,反对失类婚姻;士族、名族都离不开郡望乡贯,以标明郡望与籍贯显示注重根基。血系绵延而人丁兴旺、血系分明、有聚居地是形成宗族的先决条件,族谱明析族人派系,起到保障宗族凝聚的作用,强调文化教育是宗族发展兴旺的必要条件,在这些构成宗族重要成分方面,名族与士族基本相同。因此才可能思考名族与士族的关联、名族是士族的遗绪问题。

(二)名族与士族在与皇权关系中地位相差较大

考察士族、名族与中央集权制的皇权关系,需要高度重视九品中正制与科举制的作用。这里不妨简单勾勒中国皇权集权史,以及九品中正制、科举制与皇权、士族、名族权利的关系。周朝是典型的分封制与宗法制时代,周天子只能管辖畿甸臣民,不能直接统辖诸侯领地,权力有限;秦汉实行郡县制,皇权下到全国州县,但是丞相制与皇帝分权,官员的选用,汉代行察举制,魏晋南北朝发展为九品中正制,察举制、九品中正制都是选举制,皇帝必须尊重举主的选择,举主地位高,士族高层为举主,他们自己举荐自己,保证士族出仕,保持士族地位。到了唐朝,实行三省制,正式取代丞相制,百官直接对皇帝负责,从而强化皇权,同时实行科举制,选官的权力就集中到皇帝手中。科举制成为皇权集中的重要辅助制度。有九品中正制的保障,士族地位稳定,不是皇帝能够随意摆布的。东晋南朝对士族尤为尊重,才有"王与马共天下"之说,士族内部事务,皇帝无能过问,只得听由士族做主。

齐武帝宠信的中书舍人纪僧真是武吏出身,要求改为士族,武帝不好做主,让他找士族首领济阳江斆、陈郡谢瀹商议,结果纪僧真在江斆面前碰了钉子,这才明白:"士大夫故非天子所命。"①侯景向梁武帝要求娶琅琊王氏、陈郡谢氏女子为妻,武帝告诉他,王、谢的门第太高,不是你能够匹配的,你可以在江南朱、张士族以下的宗族中去找配偶,气得侯景说我将来把江南的士族女儿都配给奴仆。②纪僧真不得进入士族行列、侯景的向高层士族求婚之愿落空,充分表明皇帝不能干涉士族内部事务及庶族与士族政治地位的巨大差

① 《南史·江斆传》,第 3 册,第 943 页。
② 《南史·侯景传》,第 6 册,第 1996 页。

距。至此需要明了在君主专制社会里士族的社会等级与宗族结构中的社会位置。简单化的中国君主社会历史上社会等级结构式是:皇帝—贵族与官员(特权等级)—庶人(平民)—奴隶(贱民),士族成员属于高级官员行列,处在特权等级上层。中古宗族的简单社会构成,其结构式为;皇族(尊属、疏属)—士族(甲族之膏粱、华腴、甲姓、乙姓与低等士族之丙姓、丁姓)—平民宗族(豪族、寒门),士族是仅次于皇族的特权宗族。士族的宗族社会地位与社会等级地位相一致,是特权等级中的宗族。

　　明清徽州名族生活在科举制下,能不能科举出仕权在皇帝,作为"天子门生"的进士能不尽忠皇帝吗?能不绝对秉命皇帝吗?靠仕宦衿士支撑门面的名族只能处于忠诚服从的臣民地位,像士族那样与皇帝抗衡,想都不敢想,想的是尽忠。明太祖颁布《大诰》,命学校生员诵读讲解,并从中出题测试生员,更向民间颁发,令民人到京城讲读。这项制度的贯彻,徽州名族成员努力执行,婺源枧溪方林卿,"有耆德,国初为朝京父老,背诵《大诰》,面听宣谕,欲擢之,辞以疾归"①。歙县南市程叔翁,洪武间"被旨赴京,讲读《大诰》,赏赉有加"②。方、程二人进京讲读《大诰》,是响应朝廷号令,以实际行动配合朝廷贯彻政令,所以他们本人也为皇帝看中。康熙帝颁布教化民间的圣谕十六条,官方奉命执行,名族立即响应。歙县汪氏要求子弟遵行:"恭逢圣天子谆谆教民敦化,所颁圣谕十六条见奉各宪府主县主实力举行,严敕各乡朔望宣讲,凡两族子孙务宜仰遵。"③名族并将对族人忠君纳粮的要求写进规约。歙县蔚川胡氏道光以前《谱规》:"先达谓人贤族斯贤。凡我后人须幼学壮行,在家为孝子悌弟,出仕则忠君爱民。所谓穷则独善其身,达则兼善天下。异日载之,自足为宗谱光。"④强调做官者忠君,绩溪邵氏《家规》进而开导众人纳粮当差以效忠朝廷:"忠上之义,担爵食禄者固所当尽,若庶人不传质为臣,亦当随分报国,趋事输赋,罔敢或后。区区蝼蚁之忱,是即忠君之义。《传》曰:蝼不恤纬而忧王室,野人献芹犹念至尊。名列于谱者省之。"⑤名族要求族人做忠于君上的蚁民(小

---

①《新安名族志》,第 126 页。

②《新安名族志》,第 38 页。

③《歙县汪氏崇本祠条规》,《崇本祠条规》,康熙三十年刻本,《清代宗族史料选辑》,下册,第 1962 页。

④ 歙县《蔚川胡氏家谱》卷 2,道光壬午所录《谱规》,1915 年线装活字本,《清代宗族史料选辑》,下册,第 1696 页。

⑤ 光绪绩溪《华阳邵氏宗谱》卷 18,《家规·忠上》,《清代宗族史料选辑》,下册,第 1964 页。

民、顺民），联系它致力良风美俗的营造，充当了乡里治理者角色。

（三）明清徽州名族是中古士族遗绪

鉴于明清徽州名族处在君主专制社会晚期的科举制时代，中古士族则在君主专制社会中期九品中正制时代，都是世系绵延历时数百年，都致力于本身及社会文化教育事业，为自身凝聚与出仕需要均进行族史的撰写，都为坚守门第婚姻而强调门当户对。在这些基本要素方面两者相同，是以名族具有士族的浓重味道，或者说类似；但是有一个较大差别，就是在出仕上，士族主要出任高官，长期掌握朝政，名族官宦无常，不要说控制朝政，连地方政权也难于操纵，因此不能将名族等同于士族。要之，处在不同时期、不同选官制度下的名族与士族是两个事物，由于两者表象的类似与实质的相近，因而笔者认为名族是士族的遗绪，一定意义上的延续，士族文化的传承。

（四）名族在中国宗族通史中位置

宗族在其内部有房支结构，在宗族之间同时有着不同类型、不同社会层级之别，简单地说有特权阶层宗族与平民宗族之分，而历史上各个时期有一个或两个主要宗族，纵观宗族发展史，宗族的嬗变大体是：先秦皇族与贵族—秦汉世家—两晋南北朝士族—隋唐新士族—宋代官员宗族—明清官员衿士宗族；宋代以降宗族民间化、民众化，清代平民宗族趋于发展，到了近当代，宗族摆脱宗法因素，成为民众家族群体及俱乐部式的宗亲会。

明清徽州名族从实质上说是官员衿士血缘群体，它也有隶属的世仆庄户，出仕者也有一定程度的免役权，但绝不同于士族，与政权的关系，概括地说：先秦周王宗室及同姓贵族宗族是政权核心力量；具有某种贵族性的两晋南北朝隋唐士族是构成政权的主要成分；明清徽州名族与同时存在的其他地区望族是政权基层秩序的保障力量，获得朝廷允许的某种乡里"自治权"和族内管理权。

（五）士族历史影响巨大，尤其在文化教育方面

中国家庭、家族极其关注文化教育，形成中国文化的优良传统，这要归功于士族的身体力行与倡导，同时也应归功于科举制，名族、望族赓续士族传统，使得注重家族文化教育成为传统社会主脉。

当代学术研究认为徽商有着"贾而好儒"的品质，然而何种社会因素使其形成此种特性呢？笔者想到两点，一为徽州名族高度重视文化，深入人心，变成文化传承基因，或者说名族成员血液中就有文化因子，为徽商承继下来。二

是名族美俗、好义的影响,前已说明士族讲求优雅生活方式,名族重在构建人际和合关系的良风美俗,徽商的乐善好施,尽力回报宗亲、故里和新居地是美俗的传承。

(2016 年 1 月 6 日草就,载《历史教学》2016 年第 3 期下)

构成明清徽州名族的诸种因素

明清徽州名族,在中国宗族史上颇具特殊性,笔者认为它是中古士族的遗绪。名族历史源远流长,具有人口多、世代长、重文化、多绅衿、睦族睦邻的特点;凝聚力强,关注族内、社区建设,社会秩序稳定;为社会贡献人才,是文化教育事业发展的一种力量。①全面论述明清徽州名族是大题目,笔者另有考察,这里仅仅论及构成明清徽州名族的诸种因素,以明了它长期存在的原因,在一定意义上说也是对徽州名族的特点有所说明。

明清时期徽州名族的构成、延续,是致力于文化教育,造就仕宦绅衿,在他们主导下实现宗法性伦理,又得力于贾而好儒的徽商经济支持,进而建立符合主流社会要求的孝友睦族睦邻人际关系,建设族内和社区公益事业,稳定区域社会秩序,以文化学术的杰出贡献而提升自身素质和社会知名度,坚持良贱不婚原则而保持名族声誉,并在族内、族际纷争刺激下努力去除自身机体内的赘瘤而持续发展。

一、致力于培养仕宦科举人才并由其营造俗美声誉

明代后期歙县祊塘吴氏感到社会地位在下降,但是觉得有希望,因为有先人的良好基础,善继善述,就会通过科举再发达:"今虽不能科甲以荣门,即共今日之裔而要其后日之成,将来斯文万万不可胜计者,端在以默定其必然者矣。"②科举出仕者,光宗耀祖,是营造和确保名族地位的重要因素。

(一)利用集体力量培养家族人才及途径

名族多设立书院学塾,用集体力量,或已经成为仕宦者的社会影响力和

---

① 士族遗绪,不只是徽州名族,其他州郡或亦有之,如江南苏、松、常诸府的望族,不过徽州名族可能更为典型。

② 戴廷明、程尚宽等撰:《新安名族志》,朱万曙等点校,黄山书社,2004年,第373页。

财力,或商人的资财开办族学。①办学目标是育人:学会做人,养成正人;谋取功名的读书人,归根结蒂就是培养科举人才,出仕做官,为此而有相应的教学内容与方法。

休宁茗洲吴氏要求儿童入学,举行释菜礼,以懂得尊师重道。这是从形式讲,至于学习内容,"须多读经书,师友讲究,储为有用,不得冒名鲜实,不得纷心诗词及务杂技,令本业荒芜"。家塾中应研讨"实心正学……二三同志虚心商兑体验,庶有实得"。特别要学习朱熹著作和理学思想:"我新安为朱子桑梓之邦,则宜读朱子之书,服朱子之教,秉朱子之礼,以邹鲁之风自持,而以邹鲁之风传若子孙。"②即要求子弟研习以经书为内容的正学,不得分心于杂学,唯因正学有益于科举,而杂学妨碍正学。绩溪东关冯氏强调品德教育:"稍识字义,即宜以《小学》、(明代侍郎吕坤)《呻吟语》、(乾隆朝协办大学士陈宏谋)《五总(种)遗规》及先哲格言等书,常常予之观看。"与吴氏一样反对子弟杂学:"弹词、小说最坏心术,切勿令其入目,见即立刻焚毁,勿留祸根"③,各个名族均关注于品学兼优。"举业发圣贤之理奥,为进身之阶梯",是其时人们的共识,茗洲吴氏就是希望子弟中有人能学出来,通过科举进身:"培植得一个两个好人作将来楷模,此是族党之望,实祖宗之光,其关系匪小。"④绩溪城西周氏的设置文会上京户,同样是深明此意:"自是大比之岁,贤能有书,后起者骎骎日上,将来汇征之吉,正未有艾也。"⑤休宁叶亨建书院,聘请塾师教育子弟,他的家临近书院,因自号"泮东居士"⑥,热切期望就学的子弟能够游泮水,获得功名。

(二)科举仕宦者众多,官员遍布朝内外

明清时期,徽州举业兴旺,中甲科乙科者众多,因而官员甚伙,令人瞩目。

---

① 为省篇幅,没有具体交待名族所建立的学塾、书院名称及情况;基于同样原因,后文对祠堂、族谱的兴修,文化学术成就的具体内容,均未详加说明。

② 吴青羽:《茗洲吴氏家典》卷1,《家规》,雍正十三年刊本,冯尔康主编:《清代宗族史料选辑》,天津古籍出版社,2014年,上册,第419页。

③ 冯景坊等编辑,绩溪《东关冯氏家谱》卷首上,《冯氏祖训十条》,光绪二十九年活字本,《清代宗族史料选辑》,上册,第706页。

④ 《茗洲吴氏家典》卷1,《家规》;《清代宗族史料选辑》,上册,第697页。

⑤ 周赟等修《绩溪城西周氏宗谱》卷20,《文会》,光绪三十一年敬爱堂木活字本,《清代宗族史料选辑》,上册,第437页。

⑥ 《新安名族志》,第421页。

以明代中后期的歙县为例，许承尧辑录其时与京师歙县会馆有关的京官，有嘉靖进士、武英殿大学士许国；进士、兵部左侍郎汪道昆；进士、户部侍郎方宏静；进士、礼部右侍郎张一桂；进士、南户部侍郎吴仲明；进士、工部左侍郎毕懋良；进士、户部尚书程国祥；等等。他又说："吾歙京朝官，以晚明为极盛，见于前卷所录歙馆捐册中。其同时以进士官部曹及守令者约三十人，尚未及录。此诚他县所希。"①弘治间程敏政汇集的《新安文献志》，万历四十二年（1614）重订本的加工者，计有光禄寺少卿洪文衡、监察御史毕懋康、刑部主事吴国仕等九位徽州人京官②，可见其时徽州京官之多。再以明代歙县岑山渡程姓科举中式、出仕者为例：程材，弘治九年（1496）进士，汀州府推官，著有《三礼考订》《忧时奏议》；程廉，嘉靖四年（1525）乡荐文魁，著有《易义补说》；程默，亦为嘉靖四年经魁，任绍兴府同知；程然，正德十一年（1516）经魁。程烈，嘉靖八年（1529）进士，工部主事，著有《水部集》。③一个村落短期内产生多名科举人才，令人瞩目。

清代的徽州，有"连科三殿撰，十里四翰林"之说，殿撰是状元首任官职，有三殿撰，即有三名状元，为乾隆三十六年（1771）休宁人黄轩，三十七年（1772）歙县人金榜，四十年（1775）休宁人吴锡龄。四翰林，都是歙县人，为同治十年（1871）进士榜之岩镇洪镔、郑村郑成章、潭渡黄崇惺、西溪汪运镛，四人居处相距不过十里，同科为庶吉士④。

清代的歙县官员，许承尧在《歙事闲谭·清代歙京官及科第》中著录北京歙县会馆观光堂题名榜，罗列甲科名单及其官职，以官职而言：大学士有四：徐元文、程景伊、曹振镛和潘世恩。尚书7人：徐元文、徐乾学、程景伊、曹文埴、曹振镛、潘世恩、吴椿。侍郎21人，都御使7人，内阁学士15人。状元五人：徐元文、金榜、潘世恩、洪莹、洪钧；榜眼2人：江德量、洪亮吉；武榜眼1人：鲍友智；探花8人；此外传胪5人；会元3人；解元13人。在大学士4人中，曹振镛是歙县人，徐元文著籍苏州昆山、程景伊籍贯常州阳湖、潘世恩籍属苏州吴县，后三人是祖籍徽州。据许承尧著录的名单，笔者统计清代歙县科

---

① 许承尧：《歙事闲谭》，李明回等校点，黄山书社，2001年，第345—347、355页。
② 《歙事闲谭》，第842页。
③ 《新安名族志》，第39页。
④ 《歙事闲谭》，第355—356页。

举出仕的京官、进士人数,进士 296 人,歙县籍 127 人,占总数的 42.84%,徽州府之外籍贯 169 人,占总数的 57.16%。①著籍他乡的原歙县人,究与著籍本县者有别,这是应当注意到的,不过著籍他乡者对歙县仍然认同,如洪亮吉,常州阳湖籍,乾隆五十五年(1790)榜眼,他的一甲二名及第匾,悬挂在歙县洪源洪氏祠堂;隶籍扬州江都的贡生、经学家汪中,原籍家在歙县古唐,手书自号"古唐倦翁"②。他们不忘本根,保持着与故里的联系,许承尧将寄籍他处的进士、大臣计算在歙县之内,有某种道理。歙县有三名状元和以百计数的进士,表明它是科举发达大县,正是名族重视教育,着力培养人才的结果。

(三)官绅衿士惇伦彝教育族人形成美俗

官员绅衿向族人施行教化,有三种方法,一方面是以自身的行为实现宗法性伦常,即用自家的行动感化族人,跟着他做人行事;另一方面是制定家训、族规,教育并强制族人遵行;再就是利用族人集会宣讲伦理。这三个方面,使得族人自觉自愿或半自觉自愿按照伦常去为人做事。

名族建宗祠、修祖坟、撰家谱家训、订族约者,多有从秀才到进士的功名,或是无功名的读书人,他们做这些事情,是实践自身的理念,并以此带动族人。修谱立家规的程昭,十四岁中秀才,以"博学行义,蜚声庠序",成化二十二年(1486)参加廷试,而乃兄病故噩耗传来,考虑母亲年逾八旬,急需侍养,遂放弃考试,朝廷特授予文林郎,返乡侍亲,母殁,哀泣逾越常人,"族党称其孝",学府将其事迹上报。他以身作则,不忘从事宗族伦理建设,"立家规以训子姓,辑宗谱以教族属"。他在董干建宗祠,祭祀程灵洗等先人,他的事迹被传播。③他是实行宗法性伦理的典范,又用建造宗祠带动族人参与宗族活动,用立家规、修宗谱教忠教孝。其他人虽不像他那样典范,但多系注重自身修养的有学行之人。程资,正德十二年(1517)进士,福州按察司副使,撰著家族文献《程氏支派谱》之外,著有《朱程问答》《尊德性斋集》④,由书名可知,他笃信程朱理学,并身体力行。蒋贯,嘉靖八年(1529)参加廷试,南京户科给事中,"家居倡义",率众建祠之外,捐田数亩助祭,"示孝思也"⑤。江山,庠生,"笃志理

① 《歙事闲谭》,第 348—355 页。

② 《歙事闲谭》,第 18 页。

③ 《新安名族志》,第 61 页。

④ 《新安名族志》,第 74 页。

⑤ 《新安名族志》,第 597 页。

学"，著《敦俗礼教》《家谱集》。①一些没有获得功名的读书人，如吴还，"性至孝，善属诗文"，修复祖坟，建宗祠，定宗约，并有修渠筑路善行。②

许多家族设有族讲，由有功名的人、读书人宣讲伦理教材，令其深入人心。绩溪仙石周氏每年正月族人聚会，由读书人宣讲族谱所录祖训家规，男女族人都要出席听讲，接受伦理教育，以便懂得如何做人，如何防范不良行为的发生。③婺源长溪余氏利用新年祠堂祭祀宣讲祖训："每岁正旦集长幼序行第，庆贺神主，次叙团拜之礼。族长开读祖训，幼辈拱听于阶下，实有益心身之语也。"④

官绅、书生以建祠、修谱、族讲凝聚族人为一个群体，从而明析族人之间的昭穆关系；又以祖训族规阐明礼法，以便族人依礼法相处；同时以自身的孝行、善行，为族人仿行的榜样，以期达到族人在思想上和行动上做到尊祖敬宗，尊卑有序，父慈子孝，兄友弟恭，一本族人和睦相处，令仁兴义让，形成修美的社会风气。他们在族内确实起到化民成俗的作用。许多记载说到风俗变化的事例，如黟县余允恭立家规，"遵用文公家礼，俗多化之"⑤。歙县吴贵，"孝友无双，表正风俗"⑥。建宗社祠宇的方瑗，为人"果断公直，俾乡党不祀于有司，抚恤孤寒，故内外均仰其德化"⑦。所谓化俗、正风俗，是说感化族人自觉摒弃不规范的俗礼，去掉不文明的野礼，实现主流意识的礼仪，特别是宋元以来流行的朱熹家礼，如此整齐风俗，促使"俗美"⑧成为主流，族人尊守礼仪，讲求公共道德，孝行善行形成风俗。

化俗，正人君子感化作用，还要借助许多民人易于接受的方法，将礼仪伦

---

① 《新安名族志》，第 537 页。

② 《新安名族志》，第 368 页。

③ 绩溪《仙石周氏宗谱》卷 2，《凡例》，宣统辛亥善述堂刻本，《清代宗族史料选辑》，下册，第 1825—1826 页。

④ 余章耀等修《婺源长溪余氏正谱》卷首，《祖训》，道光二十八年宝善堂刊本，《清代宗族史料选辑》，上册，第 423—424 页。

⑤ 《新安名族志》，第 151 页。

⑥ 《新安名族志》，第 371 页。

⑦ 《新安名族志》，第 108 页。

⑧ "俗美"，出自正德四年(1509)毕济川主修、毕郁纂修《新安毕氏族谱》中的《陈俗》："族必有俗，族之大小惟视其俗之如何。俗美矣，即有小族亦可言大；俗不美，即有大族乃所以为小，大小之分不系乎人力之众寡厚薄，而系乎其俗。"此书，上海图书馆藏；转引自常建华：《故家文献：程敏政的宗族论与人才观》，《安徽史学》，2013 年第 1 期，第 106 页。

理简单化、具体化为其一。歙县程昂,是"笃于孝友,父疾三月,衣不解带"的孝子,他亡故当天,程新菴祭奠词云:"孝友为家庭之准,信义为乡间之珍。"①把做人准则归结为四个字,在家内讲究"孝、友",在社会注重"信、义",父慈子孝、兄友弟恭,家庭就会和睦兴旺,在社会讲诚信义让,受人尊重,大家都如此,人人欢欣,社会就欣欣向荣。简单化、具体化,令人便于记忆,便于践履。

通过多种方式进行教化。用实物进行教育,即为一种常见方法。实物有祠、墓、匾、图。黄氏在歙县潭渡有孝子祠,崇祀见于《唐书·孝义传》的孝子黄芮,孝子祠迟至成化年间(1465—1487)才建造,为的是用祖先的孝行教育后人行孝。②孝子庐墓,有的绘制图画,长期保存,用为名族教育资源。休宁江村洪氏有先祖洪子劬庐墓图,明清之际徽州知名人士为之题词者甚多,康熙十五年(1676)进士、给事中许承宣题诗,有句"乡国尊至行,芳声动天地"。说明庐墓的孝子在郡国受到高度的尊敬,人们讴歌孝行之声动达天地。他见画面人物形象,追慕古人高风亮节,感动得涕泪横流——"想见古人风,展卷纷涕泗。"③洪氏以有此先人而自豪。

教化是说理性,令人自觉实行,然亦辅助以强制性,即使不那么情愿,也要执行。如宗族干预族人丧葬,按服制举行丧礼。若家庭有人亡故,应报告族长、房长,以服长为丧主。所谓"赴状推服长为丧主,得长长亲亲之义"④。关于强制性的族规,后文将有较多说明,此间从略。

教化,一经被人接受,见诸于行动,世道风行良善美俗,人就成为正人,更涌现大量的被人称道的善人、义民、义士、君子。

(四)名族社区的良风美俗受到官府和民间赞扬

官府对名族的赞赏,给予荣誉,对个人表现在聘请为乡饮宾,列名旌善亭,竖立牌坊,奖予匾额,对集体为村落命名。歙县程宗仪以赈饥被旌表为"义民",屡次聘为乡饮宾。同族程宜,被有司旌名"善人"⑤。绩溪张镇夏,有功于改建庙学,聘为乡饮宾,录名旌善亭⑥。宋代,迁居表里的第二代程仁真,好善乐

① 《新安名族志》,第 29 页。
② 《歙事闲谭》,第 326 页;《新安名族志》,第 153 页;黄芮传记见《唐书·孝义传》。
③ 《歙事闲谭》,第 212 页。
④ 《歙事闲谭》,第 608 页
⑤ 《新安名族志》,第 38 页。
⑥ 《新安名族志》,第 346 页。

23

施,输粟供军需,朝廷征授迪功郎,力辞不就,遂表其间,"表里"村的得名就源于此①。国子助教程安仁在南宋初年迁居婺源县东,其子程文谋,"捐剂施贫,众赖全活",邑宰许应隆表所居为"种德坊"。这就是种德坊名称的来源②。受表彰的名族及其成员,无不以为人正直、义举多端而名著乡里,这是受旌表的名族及其个人的荣耀,也是社区的美谈。

各名族成员之间,即所谓乡人、里人、乡邻对他族成员的楷模行为、义行有着敬佩、认同的感情与见解,歙县表里程敬宗,巨富好礼,民谚:"云西乡大户程敬宗,无官自有禄千钟;不求不忮且谦恭,我辈何谁步其踪。"③歙县褒嘉坦程富亮、德甫兄弟遇荒年,对冻馁求贷者,不要借券,即施以钱米,"乡邻称其义"④。歙县方元俊、元杰、道容、道德,倡建宗祠,联属睦族,立家规,里人称他们为"四君子"⑤。

要之,宗族以集体的力量和官绅富人用个人的财力兴办族学,涌现众多功名人士,为官作宦,或为隐逸,运用儒家伦理,特别是以朱子家礼施教,接受教育的族人,依据礼仪行事,令乡里成为礼仪之邦,被官府和民间双双认可。名族,不是自封的,是以其内部建设的完善,行为的符合于主流社会伦理道德要求,而成为名副其实的名族。

二、名族在社区建设中提升自身品质

名族着力进行族内外农田水利、道路桥梁建设和救助活动,尽力捍卫乡里,承应职役,在社区建设中提升自身品质。

(一)从事族内外农田水利道路桥梁建设和救济活动

名族成员捐助个人财力修渠、筑堰,或者向县衙建议兴修水利,得到批准,出任督工。所有河渠堤坝堰塘修竣,与他人共享,以利农田灌溉和农业生产。

交通事业,即使在封闭的农业社会,也为经济发展和民众生活所必需。名

---

① 《新安名族志》,第24页。
② 《新安名族志》,第73页。
③ 《新安名族志》,第25页。
④ 《新安名族志》,第27页。
⑤ 《新安名族志》,第111页。

族开凿山麓为通衢,设渡口渡船及维修产业,建桥梁,筑路亭,便利行旅。

设置义庄、义田、义宅、义仓、义冢,以长期施善;另有临时性的赈济,施粥施粮,治病施药,施棺收骨。施行对象既有族人,也有乡邻,长期性的救助多是面向族亲的。义行,直接关系族人、邻人的生命、生存,同时有助于形成良好社会风俗。鉴于即将具体述及徽商的义行,这里不必征引各项事例。

(二)捍卫乡里

一个地区不可能长期无动荡、无战事,全国性战乱、邻近地方骚乱,会波及徽州全境或局部地区。面临此种局势,徽州名族多组织武装,捍卫乡里。其实,徽州两位地方英雄和神灵程灵洗、汪华都是因为保境安民而被民间崇拜和历朝肯定的,可以说徽州名族有自行保卫家乡的传统。是以乾隆、嘉庆间先后印行的歙县人江登云、绍莲父子的《橙阳散志》说:"武劲之风,盛于梁陈隋间,如程忠壮、汪越国,皆以捍卫乡里显。"[1]

元末大乱,徐寿辉部至徽州,程太乙聚众保乡里,击退敌军,为防备敌军再至,且耕且守,明朝建立,旌表为"褒嘉里"。这就是褒嘉坦名称来历[2]。同时期,歙县方义远,"领袖乡里,捍御群盗,人藉安宁。"[3]祁门左田黄汝贤,"杀红巾军,宅被焚,卜居和村",后裔复迁左田。[4]婺源汪叡,"元季与弟同起乡兵保州里",明朝召用为左春坊左司直郎。[5]休宁程兴,集义兵保障乡里,明朝授予将士郎。[6]明代中期,绩溪许本玉因毗邻的浙江地区有战事,被官府委任防御,乃昼夜巡逻,境内安宁。[7]明末战乱,黟县鹤山李氏邀集松岭、榆村、湖洋川等村庄四十余姓,组成"六关","联众姓以资捍卫,即古者守望相助之意也"[8]。太平天国战争中,徽州受战祸破坏极其严重,清军与太平军对垒,民间组建乡勇参战,如咸丰三年(1853),歙县诸生鲍宗轼出私财,组织、训练乡兵二百人,驻

① 《歙事闲谭》,第602页。
② 《新安名族志》,第26—27页。
③ 《新安名族志》,第111页。
④ 《新安名族志》,第179页。
⑤ 《新安名族志》,第219页。
⑥ 《新安名族志》,第58页。
⑦ 《新安名族志》,第480—481页。
⑧ 李世禄纂:《黟县鹤山李氏宗谱》卷末,《添祥公会序》;1917年木活字本,《清代宗族史料选辑》,下册,第1929页。

守西干。①绩溪人吴定洲组织"义练"军,归附清军指挥,"遇贼战,颇有功",亲自"举大刀往来驰突,毙贼甚多"②。名族及其成员的捍卫乡里,一定程度上保障社区的安宁,为族人乡人的安居乐业创造条件。

(三)担负职役

明清时期,职役主要是教化功能的乡约、治安职能的保甲,明代另有赋役系统粮长制,为纳粮多的富民专差,此外政府工程,签派富人督办。名族成员多承担工程督造、粮长和乡约,恪守职责,为官府尽责,受地方官欣赏。

为振兴文教,多人参与学宫的营造和维修。黟县汪天赐、天生六兄弟督造黟县黉宫,被举为乡饮大宾。③婺源汪立,以才德受县官信任,命督造文庙,连续三十年被举为乡饮大宾。④休宁程良,督造儒学,受聘乡饮宾。⑤绩溪县城吴祐孙,洪武间捐田七亩,增建儒学。⑥程瓒督建休宁鼓楼,"公谊膺赏",为乡饮宾。⑦黟县许复昇有才干,陈县令聘任督理廉惠仓,颇有业绩,受到张知府嘉奖。⑧祁门程珊,奉法守公,县令用其董理赈务,"所活甚众"⑨。

粮长制,按照制定者明太祖的说法是让"田多的大户管着粮少的小户"⑩。每纳粮一万石左右为一个粮区,纳粮多者推举粮长,由他们代替政府收税,并将税粮解送京城——南京,以此保证如额如期征税。徽州名族的富人根据制度要求,充当粮长。洪熙元年(1425)有司金点粮长,所谓"税甲一乡、德冠众庶者方任其役",休宁北村保民推荐程仲芳。他出任后,守法奉公,官员视之为贤明之士。⑪休宁仙林程端甫,洪武四年(1371)为乡约正,孙程员兴,充任万石长,以义行闻于户部,赐冠带,辞而不受。⑫婺源新溪万石长程顺同,督运税粮

① 《歙事闲谭》,第 638 页。
② 《歙事闲谭》,第 638—641 页。
③ 《新安名族志》,第 241 页。
④ 《新安名族志》,第 224 页。
⑤ 《新安名族志》,第 62 页。
⑥ 《新安名族志》,第 415 页。
⑦ 《新安名族志》,第 62 页。
⑧ 《新安名族志》,第 480 页。
⑨ 《新安名族志》,第 81 页。
⑩ 《御制大诰续编·水灾不及赈济》。
⑪ 《新安名族志》,第 58 页。
⑫ 《新安名族志》,第 65 页。

到南京,士大夫见其儒雅,赠以诗文①。婺源施村万户长施垌,代贫户输纳钱粮②。休宁资口岭朱荣,为徽州六县的总粮长,"服劳国事,官称其能"③。

名族成员进行的地方水路、交通建设,本是政府职能范围的事务,所以实质上是代替办事;富民充当职役,为官府效劳,在经理的公务中,有的是兴文教,办救济,以致代替贫民纳粮,都是为地方做事,是服务桑梓,还免得不良人员充当职役,假借名目,鱼肉乡民,所以最终得益者是族人乡人。宗族之成为名族,不仅是内部建设完善,为他族楷模,理应提高要求,对地方事务做出贡献,从事公益事业,使所在地区有美好环境,使族人与他人和好相处。因此,对社区的建设,正是名族提升自身素质的应有内容,建设有成效,宗族才能真正成为名族。

名族进行族内、社区建设,完善了自身,也是为社区确立社会秩序。王日根、曹雯在《秩序的确立:〈新安名族志〉的编撰与意义》中说,"素行善事的家族,包括建设桥渡路井、学校、书院、救济、守御、水利事业等,可以减轻政府社会管理的负担,通过宗族自我管理实现社会秩序的有序化。"④说得很好,不再赘言。

三、名族成员文化贡献、明清之际思想活跃与树立家族名声

徽州名族成员在文化学术领域有着杰出的贡献,在晚明士人结社风潮中,徽州士人积极参与,政治思想活跃,大大地树立家族名声。

(一)明清之际政治思想活跃的文人结社

明代后期,士人结社风行,几乎流被全国,而以江南地区为兴盛,徽州士人多参与其间,并自行建立以徽州人为主体的团体。所结社团,在明清易代之际颇有政治倾向——思明反清,显现汉民族气节,金声、江天一举兵抗清,就不是偶然出现的了。

明末具有政治色彩的社团,以活动在江南、反对阉党的复社名气最盛,主

---

① 《新安名族志》,第 76 页。
② 《新安名族志》,第 679 页。
③ 《新安名族志》,第 440 页。
④ 《安徽史学》,2009 年第 1 期。

事者为苏松人,徽州士人投入。崇祯十一年(1638),南京出现声讨阉党余孽阮大铖的浪潮,吴应箕起草的《留都防乱公揭》,众人签名,徽州吴名世、吴霖、吴文礼三人响应,列名其间。在《复社姓氏录·前录》有徽州 15 人名录其中,为吴德鉴、程允晋、朱泰阳、黄鼎、殷周祚、汪鼎调、吴文礼、吴文英等人。出现在《复社姓名·后录》的有 28 人,为吴中、汪灵承、鲍太庚、黄汝瑚等人。列名《复社姓名录·补录》21 人,有吴霖、项时琦、汪沐日、江天一(文石)、许芝(应为许楚)。[①]复社成员郑为虹,歙县人,居扬州,明朝浦城令,在仙霞关为清朝所害。[②]成员汪沐日,歙县人,崇祯六年(1633)举人,兵部武选司主事,明亡后到福建为僧。[③]江天一,诸生,参加复社之外,另与汪氏族人结古在社、同言社。顺治二年(1645)金声抗清,江天一为参事,及至兵败城破,金声因江天一有老母,令其逃亡,江天一回家拜别母亲、祖庙后,追随金声,谓共事者应始终如一,被俘至江宁,犹作家书,慰问母、弟,而后慷慨就义。[④]

徽州人在本地组织社团,如白榆社。原本是侍郎汪道昆组建的文人结社,进入清朝以后,著作《青岩集》《遗民集》等书的复社成员许楚(1605—1676)于顺治十一年(1654)重构白榆社,作诗《甲午七夕偕旧游诸子重修白榆社事分得七言古体》,写道:"皇家养士三百载,儒术鼎盛神宗朝。隆万之间奠蓄泄,昆仑劈破争嶕峣。其时得士比汉武,娄江济南持斗杓。中原坛坫推七子,俨追大历如承蜩。……天下怜才号无匹,太函一顾身扶摇。归来开社白榆麓,名流麟至纷舟辀。"[⑤]讲述明代中后期文坛雅事和汪道昆创白榆社史之外,对明朝流露出歌颂、怀念态度。

结社是士大夫的活动,参与者是名族成员,比如吴氏在明代是最富有家族(下详),在朝为官者多,参与复社活动的也多。

(二)文化学术的高度成就

明清时期徽州人的学术造诣与工艺制作成就,有四个特点:其一,多学科全面发展。以近现代学科分类说,徽州学人对哲学、文学、艺术、史学、方志学、考古学、文献学、图书馆学、工艺美学及数学、天文学、医学等领域,即人文学

---

① 《歙事闲谭》,第 1016—1017 页。

② 《歙事闲谭》,第 188 页。

③ 《歙事闲谭》,第 429—430 页。

④ 《歙事闲谭》,第 176、179、182、270—271 页。

⑤ 《歙事闲谭》,第 175—176、571、1051 页。

科、自然科学、医学和工程科学,都有涉猎,均有成就,这就充分表明徽州是文化名郡,在全国的府郡中,跻身于南北二京、苏州、松江、常州、扬州、杭州等文化名城之列。其二,有在全国学科中占居重要地位的学派,就是经学中的皖派(徽派),成为清代汉学发展到高峰期的标志,还与吴派共同促成扬州学派的诞生。诗赋中有新安诗派。地方文献的建设,如《新安文献志》《新安名族志》,在全国同类题材、体裁文献中都是少见的,弥补这种类型图籍的缺略。其三,在地位不张的学科中,徽州学人占有一席之地,像医学能有"新安医学",书画界有"新安画派",制造业的精品徽墨、歙砚、徽盘,无不非常难得。戏剧界的徽班进京。其四,名族中的绅衿、绅商是徽州文化的创造者、促进者。各个学科中的研究者、著作家,不只是个人行为,是名族高度重视文化的风气使然,是家族传承,所以医学中不乏良医世家。

名族成员活跃于文化学术领域,多方面做出独特贡献,在结社、在政治生活中经受磨炼,锻炼品格,展现高风亮节。他们的行为与业绩,提升本族声誉,同时打造徽州文化之乡、东南邹鲁的形象。

四、徽商睦族惠乡光大宗族以及徽州

俗话说大徽州小徽州,徽州之所以称"大",乃因"无徽不成镇",徽商和徽州人官员学者光大了地理范围的徽州概念。徽商之所以有这么大的影响,这么大的神通,除了富可敌国的财力,更在于贾而好儒,亦商亦官亦学,声名广被,也在于他们睦族惠乡,无后顾之忧,得以全力谋求事业的发展。这里不必多讲徽商史,重点观照其对母族母邦的回馈,明其对家族、故里及所在地建设的巨大作用。

(一)亦商亦官亦文亦学的徽商

《橙阳散志》说出徽州人经商原因及经营地域之广与从业者之众:徽州"田少民稠,商贾四出,滇、黔、闽、粤、豫、晋、燕、秦,贸迁无弗至焉,淮、浙、楚、汉,其迩焉者矣"[1]。徽商在明朝前期业已兴起,中叶以后有较快发展,"自国(清代)初以来,徽商之名闻天下"[2],康乾时期达到鼎盛。徽商经营的物资是

---

① 《歙事闲谭》,第 601—603 页。

② 《歙事闲谭》,第 603 页。

盐、茶、木及典当业。盐列首位,以经营淮盐、浙盐为主。

徽商中有许多巨富,且多以家族面貌出现。歙县人、万历间太常寺卿吴士奇在《征信编》写道:"吾县多富贾,我吴宗亦稍自给。……近国有大役,宗人有持三十万缗佐工者,一日而五中书之爵下。嘉、隆以来,淮海以南,富于财者,贾则山西高氏、宋氏、韩氏,歙县吴氏、汪氏,田则三吴徐氏、杨氏、董氏,迭为消长云。"①可知在明代后期,歙县吴氏、汪氏是全国性的巨商。到清代巨富为江氏。乾隆间嘉鱼县令、歙县程埙,了解本乡及外间情形,说徽州本地人不富有,"所谓素封,皆乡人之业薮于淮南北者"②。是淮盐商人富有。

巨商,仍然属于商人行列,不过江登云父子已经敏锐地认识到有的富商已经成为"缙绅巨族"。他们在《橙阳散志》写道:"商居四民之末,徽殊不然。歙之业薮于淮南北者,多缙绅巨族。其以急公议叙入仕者固多,而读书登第,入词垣跻贳仕者,更未易仆数,且明贤才士往往出于其间,则固商而兼士矣。"③商人能成为士人,先决条件之一是在外乡取得商籍、寄籍资格,从而能够参加科举,进入仕途。也即"四翰林"之一的黄崇惺《郡志辨证》说的:"吾州人多客游在外,往往即寄其地之籍,以登第仕宦"。④徽商中颇有一些绅商,略举一二例。

歙县岑山渡程氏一支,在淮南业盐而移居扬州、淮安,形成程氏分支。程大典到扬州江都经营盐业,子程量入(1612—1694)成为一名总商;孙程𪩘,亦为总商,捐献得五品顶戴;曾孙程文正,康熙三十年(1691)进士,工部主事⑤,著有《仕庄集》,使得该家族正式进入官绅行列;玄孙程梦星(1678—1747)出生在岑山渡,康熙五十一年(1712)进士,编修,著《今有堂集》《茗柯词》,延揽文士著述,"为诗坛盟主数十年"⑥。程梦星的族侄程晋芳,乾隆三十六年(1771)进士,任职吏部主事、编修,与修《四库全书》,著《勉行斋文集》《勉行斋

---

① 《歙事闲谭》,第 109 页。
② 《歙事闲谭》,第 186 页。
③ 《歙事闲谭》,第 603 页。
④ 《歙事闲谭》,第 585 页。
⑤ 李斗:《扬州画舫录》,中华书局,1960 年,第 345 页;参阅桑良之:《商人、官吏、学者程梦星叔侄》,桑良之博客。
⑥ 《歙事闲谭》,第 50 页;嘉庆《江都县续志》卷 6《人物》,第 197 页,成文出版社"中国方志丛书"本,华中地方第 394 号。

诗集》《尚书今文释义》《周易知旨》。袁枚说他"独惓惓好儒,罄其资,购书五万卷"①。扬州之岑山渡程氏,还有程嗣立,康熙间诸生,乾隆初举博学鸿词科不赴。②男性如此,女性亦然,扬州程氏女诗人辈出。程碧霞的《看菊有怀》云:"几日别知己,看花又一年。虽然隔幽谷,长自念岑川。"③抒发怀念故土岑山渡感情。程云(? —1770),著有《绿窗遗稿》。④

李斗《扬州画舫录》谓扬州江氏"世族繁衍"⑤。所说的江氏,是歙县江村江氏在扬州江都落户的一支,源于江演与儿子承瑜、承玠的移徙。江演,歙县江村人,国学生,考授州佐,到扬州经营盐业,迅速起家,江承瑜成为一名总商。江承玠,入籍江都,步入仕途,任至两浙江南盐驿道,成为亦商亦官的家族。而到江承瑜之子诸生江春(1720—1789)接掌两淮八大总商之时,最为兴旺。他"练达多能,熟悉盐法",担任四十年总商。乾隆帝南巡,江春屡次接驾,报效极多,得到君主欢心,御驾两度过其花园,赐御书"怡性堂"扁,赐内务府奉宸苑卿、加布政使秩衔。江春精于诗,著《黄海游录》《随月楼读书集》。广结宾客,建随月读书楼,请人选时文付梓行世,名《随月读书楼时文》。⑥江春堂弟、江承玠之子江昉,候选知府,"性好学,气度渊雅",著作《晴绮轩诗词集》《练湖渔唱》,与江春"同为物望所归"。江春嗣子江振鸿,乾嘉间候选道,著《莺花馆诗抄》。⑦在扬州的歙县江氏尚有江兰、江闿两个家族,都出自歙县江村,似与江春同宗。江兰之父业盐,是富商。江兰,乾嘉间历任鲁抚、兵部左侍郎;女儿江秀琼,著《椒花馆诗集》。⑧江闿,康熙二年(1663)举人,解州知州,著《政在堂文》;子江恂,亳州知州、署徽州知府;孙江德量(1752—1793),乾隆四十五年(1780)榜眼,监察御史,著作《泉志》。⑨

---

① 《歙事闲谭》,第 52、70 页;《光绪江都县续志·选举》,成文出版社"中国方志丛书"本,华中地方第 26 号。

② 《歙事闲谭》,第 50—51 页。

③ 傅瑛主编:《明清安徽妇女文学著述辑考》,黄山书社,2010 年,第 419—420 页。

④ 《明清安徽妇女文学著述辑考》,第 425 页。

⑤ 《扬州画舫录》,第 274 页。

⑥ 《歙事闲谭》,第 247、618 页;《扬州画舫录》,第 274 页;参阅朱宗宙《略论清代两淮盐商江春》,《盐业史研究》,1991 年第 3 期。

⑦ 《歙事闲谭》,第 248、619 页;《扬州画舫录》,第 274 页。

⑧ 《歙事闲谭》,第 247、615 页;《明清安徽妇女文学著述辑考》,第 454 页。

⑨ 《歙事闲谭》,第 246、310—313、614、616 页;《扬州画舫录》,第 275 页。

在扬州的歙县程氏、江氏,均系盐业巨头,族人中又不乏出仕为官者,多有不同等级的功名,能吟诗作文,是文人,甚而钻研经学、博物学、钱币学,成为学者,女族人亦以工诗名于世,这样的家族融合亦商亦官亦文亦学为一体,绝不是单纯的商人。徽商贾而好儒,已成学界共识,不必赘言,值得注意的是他们是儒家伦理的信奉者和实践家。歙县程豪,经商于湖北,为人"崇礼让,尚节义",在经营地麻城,"遇岁凶歉,设粥济饥",金知县"嘉其行,扁之曰'贾中儒味'"①。"贾中儒味",值得玩味,表明贾而好儒的商人接受儒家做人伦理并从行动中表现出来。

(二)心系桑梓义举义行

传统社会离别家乡者之心系故里是天经地义的,徽州人更是如此。前述洪亮吉榜眼扁张挂在洪垣洪氏祠堂、汪中自号"古唐倦翁",分别以实物、以心情表达念念不忘故乡。侨居者中这类事例甚多,具有丰富的内容。往返故里,原籍寄籍两边居停。他们会经常返乡扫墓。原籍歙县而居住浙江的汪启淑,乾隆中,仅携带姜杨瑞云"三次归歙扫墓"②。程梦星出生在岑山渡,康熙五十五年(1716)在徽州,而后往扬州。江春于乾隆二十九年(1764)到江村,在步云桥西的凌云台下建造增福阁,遍植荆树棠花。③商人兼诗人叶天赐(1723—?),歙县蓝田村人,在扬州经营盐业,"奉母命修宗谱,并为母请旌建坊"④。他正因往来徽州,才与族人合作修家谱,并为母亲申请建立牌坊。方士庹在不时往返徽州扬州中,深入观察家乡社会情状,才能写出《新安竹枝词》。⑤在外乡的徽州人,对家乡记忆深刻,乡情长存,更表现在从事家族、家乡各个方面建设和经济支援。

对宗族的感情,见诸于物质方面的是建宗祠、修家谱、济贫,与对族人、乡人均有益的修桥筑路、兴办文教、救济贫乏诸事。歙县汪柳华,在湖阴经商,"率族彦建宗祠,以敦崇其本"⑥。江春"建宗祠,整书院,养老周贫"。嗣子振鸿

---

① 《新安名族志》,第21页。

② 《歙事闲谭》,第521页。

③ 《歙事闲谭》,第613—614页。

④ 《歙事闲谭》,第700页。

⑤ 歙县环山人,侨居广陵,"时返故里",《新安竹枝词》刻于乾隆十四年(1749),见《歙事闲谭》,第205页。

⑥ 《新安名族志》,第193页。

在嘉庆八年(1803)徽州大饥中,捐资赈济。江昉"于乡间祠墓,尤多捐助"①。歙县方藩理在湖北襄阳一带经商,命儿子恩贡生方矩(1729—1789)在乡里,代他"缮祠宇,葺社墠",平整山岭道路,选择墓地安葬高曾祖以来没有下葬的浮柩,以及族人中久厝未葬者移葬墓园。②在扬州盐荚起家的潭渡人黄晟,乾隆四年(1739)返乡扫墓,适有盐商黄以祚返乡改建三元桥,因"遽逝"而停工。黄晟秉命于母亲徐氏,出资数千两,并请从叔楚兰主持营造,历时四年,于八年(1743)竣工。黄氏族人以铨、景光等人亦出资,共用银一万四千两。③他兄弟四人,以义行被誉为"四大元宝"。老四黄履昊,官刑部、汉黄德道员,乾隆中,"捐资置田于邑(歙县)之东乡梅渡及西乡莘墟等处,给族中四穷"④。康熙间江演修叶贝岭新路,独自承担费用,聘请无锡吴菘规划设计,江承元等人董率工事,历时三年蒇事(1694—1696)。⑤

　　原籍歙县洪桥郑鉴元(1714—1804),祖父郑廙、父为翰在扬州以盐荚起家,所至仪征、江宁、扬州,皆占籍。他总司醝事十余年,诰授通议大夫、候选道。喜读《孝经注疏》,"居恒以诚训其子弟,于孝义之事,恒乐为之"。在岩寺修造洪桥郑氏宗祠,上律寺远祖郑海宗祠,置香火田,三次添祭田;修族谱;亲族中无力婚葬者,多予资助。同时在江宁建设祖父宗祠,在扬州住宅建"亲乐堂",与族亲依时祭祀。另外,修京师扬州会馆,捐金数千。⑥歙县宋良铣为扬州巨商,"睦族敦伦尤恺挚",修缮本族家祠,造村庄水口亭阁,用费一千数百两。⑦方士庹"孝友睦族",乾隆六十年(1795)歙县饥荒,出千金助建惠济仓。⑧经济赞助的同时,徽商不忘故里的文教事业发展,如对徽州紫阳书院的常年经费支持。徽州有两个紫阳书院,乾隆时,一个已废,一个经费不足,总商歙县鲍志道(1745—1801)念及乡梓,求得两淮盐政的同意,每年从淮南杂项中拨银3720两资助设在徽州城里的紫阳书院,又出己财3000两,修复书院房舍;同

　　①《歙事闲谭》,第248、618—619页。

　　②《歙事闲谭》,第962—964页。

　　③《歙事闲谭》,第830页。

　　④《歙事闲谭》,第831页。

　　⑤《歙事闲谭》,第630—631页。

　　⑥《歙事闲谭》,第883—884页。

　　⑦ 宋德泽辑歙县《宋氏族谱》卷11,《世德·太学生恩授寿官良铣公传》,康熙五十九年秉德堂刻本,《清代宗族史料选辑》,下册,第1886页。

　　⑧《歙事闲谭》,第209页。

时捐出 8000 两银子存放在两淮官库，收利息援助城外的紫阳书院，"由是两书院不复告匮，而(徽州)六县之来学者，咸给其求，自宋以来，于斯为盛"①。江兰"尤笃于乡党，捐置绿猗文社、鹏扶文社田产"②。希望乡梓多出人才。此外，歙县佘文义，经商致富，捐银四千两在岩镇水口处建造石桥，感动得人们称此桥为"佘公桥"③。

(三)回馈地方与报效朝廷

徽商同样关注所居地的经济文化和社会救济事业。歙县方壮福，捐资重建会稽永丰桥;方泰福捐资重建会稽东浦桥。④明代后期在杭州申请到商籍的歙县吴宪，与当地知名人士共建紫阳书院，立期会研讨文章。天启朝宦官当政，各地为魏忠贤建立生祠，杭州魏祠图谋吞并邻近的紫阳书院，吴宪令子吴瑗与同学诸生数百人毁坏其祠，砸碎魏忠贤像，保全了书院。吴宪因此被捕入诏狱，崇祯朝魏忠贤被诛，吴宪得以返回杭州。⑤休宁文昌坊程欢，府学生在湖北行商之处，遇到荒年，死者相见于途，乃买地建义冢收尸安葬，曹知府立碑记其义行。⑥

在扬州的徽商，对当地的回馈是多方面的，特别是同报效朝廷的捐献联系在一起，用费巨大。郑鉴元，输军饷一万两以上。⑦业盐于淮的原籍歙县汪应庚(1680—1742)，笃于宗谊而外，大力在地方行善。雍正九年(1731)江北海啸大灾，在伍佑、卞仓等盐场设粥厂赈饥民三个月。十年、十一年扬州江潮泛滥，民众逃难，乃出银安定难民，另运米数千石发放。对随同而来的瘟疫，设药局为患者治疗。十二年(1734)再次运米数万石赈饥，从而存活九万余人。同时运米接济扬州邻近的兴化、丹徒。用五万余两白银建府县学宫，二千两制作祭祀孔子用的祭器、乐器，为府学、县学用银一万三千两买田为学田，收租供修缮。出资帮助士子参加乡试费用，成为惯例，士人称为"汪项"。乾隆三年(1738)扬州旱灾，众商捐银十二万七千两，汪应庚独捐四万七千两救灾，公家粥厂关闭

① 嘉庆《两淮盐法志》卷 55《碑刻·徽州紫阳书院岁供资用记》，同治九年扬州书局版。

② 《歙事闲谭》，第 615 页。

③ 《歙事闲谭》，第 457 页。

④ 《新安名族志》，第 115 页。

⑤ 《歙事闲谭》，第 1041 页。

⑥ 《新安名族志》，第 61 页。

⑦ 《歙事闲谭》，第 883 页。

后,独立展赈八间粥厂一个月,据说九百六十四万余口受惠。七年(1742)维扬水灾,汪应庚捐银六万。此外兴复平山堂、栖灵寺、慧音寺,修建欧阳文忠祠、五烈祠,增修扬州贞节祠,设扬州徐宁门外义冢,维修扬州雷塘石桥、仪征育婴堂,为救生船捐田百亩做维修基金。[①]扬州府城水沟淤塞,乾隆二年(1737年)淮南总商创意修浚,休宁马曰琯自任其住宅所在的广储门至便益门段的疏通,其余十四段众商公修。总商鲍志道重修扬州新城街道。[②]四大元宝之一的黄履昂,改扬州虹桥为石桥,其子为蒲筑长堤春柳一段,以荃筑桃花坞一段。[③]前述宋良铣修造仪真南门䃩石桥。[④]

(四)徽商行义原因与作用

徽商大力支援家族家乡,究其原因,自然有家族、故里观念因素,不过任何地方在外行商的人都有这种理念,徽商有什么特别的呢?唐力行、张翔凤的《明清以来苏州与徽州妇女的比较》,认为"徽州是一个宗族世界,宗族文化及其核心新安理学乃是区域文化的主要特色"。商人在外经营,家庭婚姻可能发生变化,因此要借助乡党为耳目和聚族而居的宗族舆论制止妻子改嫁,所以"不惜以重金修纂族谱"及制定家规。正是这种情形,造成守节的普遍性,以致徽州才女创作表现出道学气。[⑤]此道出了宗族文化盛行下徽商因维护家庭需要而特别支持家族的重要因素,此其一。其二,从经济原因考虑,始终保持与故族、故乡的密切关系,有利于维护本身利益,设若经营不利,可以退回家乡,此为留有后路;徽州是名郡、家族是名族,用作社会资源,便利在外地从事贸易,发展事业,即使在经商地入籍,也是为科举考试,谋图绅、商两业的发达。入籍外乡的徽商,并不脱离徽州,徽州仍然是他们的根基,他们是两头跑,两头利益都占着,程梦星、江春本人及其家族成员不就是这样吗?当然利益都占着,不能白占,对两边都要有回报,所以用大量的金钱投向家族家乡和经商地区的社会公共事业。其三,是徽商本人故族故乡的观念萦纡脑际,以绅商姿态

---

① 《歙事闲谭》,第453—454页;嘉庆《两淮盐法志》卷42《捐输·灾济》、卷56《杂记·桥梁街道、育婴堂、救生红船》。

② 嘉庆《两淮盐法志》卷56《杂纪·桥梁街道》。

③ 《歙事闲谭》,第831页。

④ 康熙歙县《宋氏族谱》卷11,《世德·太学生恩授寿官良铣公传》,《清代宗族史料选辑》,下册,第1886页。

⑤ 收入唐力行:《徽学研究论稿》,黄山书社,2014年,第586—610页;《徽学》第3卷,第67—90页。

出现在故土、故人面前,是很荣耀的——荣誉感得到满足。

商人是进行徽州公共设施和族人救助的主力。徽州人之富名声在外,但是外地人分不清是商富抑或普遍民富,本地人自然清楚,诚如前述程埧所言,不是农富而是商富。徽州的公共水利交通建设,动辄需银成千上万两,若靠农民就难以办成了。试想,郑鉴元两处建设宗祠,置祭田,修族谱,赞助族人婚丧,是大量银钱促成他的大手笔。佘文义用四千两银子建设岩镇水口石桥。是商人成就了徽州公共设施和祠堂。

商人义行可以说是一举三得,有力支援徽州名族进行内部和社区的建设,加以完善,光大家族;提升徽州在外地的知名度,维持名郡地位;有益于商人本身事业的发展和荣誉。

五、严禁良贱通婚维持名族荣誉

徽州世仆制盛行,名族严格维系主仆名分,役使奴仆,严防良贱通婚,也不许成员与贱民结交,对违反者族谱除名,禁止世仆参与社区活动,这些措施,都是为保护名族声誉和地位。奴役世仆是社会等级制度下的不人道行为。

严格主仆名分与役使世仆。程庭在《若庵集·春帆纪程》说徽州风俗:"主仆攸分,冠裳不容倒置。"①主仆名分,明确等级身份,确认良、贱地位,关系至为重大,就如同冠与裳,不得颠倒。可见徽州名族极其讲究主仆名分,不容错乱。《新安竹枝词》有言:"相逢那用通名姓,但问高居何处村。"②不必通名报姓,只需知道你居住在那一个村庄就明了你的身份了。原来主仆不能居住在同一个村庄,各自聚居,世仆居住的叫"下村",是相对于主家的上村而言了。这种情形,连雍正皇帝都知道:"徽州府则有伴当,宁国府则有世仆,本地呼为'细民'……又其甚者,比如二姓,丁、户村庄相等,而此姓乃系彼姓伴当、世仆。"③主仆各有住宅区,严格区别开来,故而只要报出居住地名,听者就会知道你是良民抑或是贱民,不同村庄居民身份界限分明,可见良贱区分之严格程度。这种区分是为役使伴当和防止婚姻失类。世仆服役,婺源等处的三田李

---

① 《歙事闲谭》,第258页。
② 《歙事闲谭》,第208页。
③ 雍正帝:《上谕内阁》,雍正五年四月二十七日谕,清朝官刻本。

氏《家法》，有一条"待庄役"："各庄火佃每遇正月朔日，无分晴雨，男妇黎明齐赴中堂廊下叩头贺正，毕，祠内值年者给与点心酒饭而回。""横坂居人每遇清明节须往正四公墓上洒扫洁净，以便各房子孙祭拜。值年者给予点心酒食，事毕方退。"①火佃，就是佃仆，是主户的依附民，要为主户服役。除了充当坟丁，在主家婚嫁丧葬诸事中，要无偿听候差使，做吹鼓手、轿夫。②作为依附民的伴当，不能报考出仕，不能与大姓平等相称、同坐共食③，以及参加平民百姓的社区活动，不能出席社区祭典："一乡之中，建立社坛，岁时祈报，下民厮役，不得与焉。其良贱最易区别。"④如若贱民中有人"稍紊主仆之分"，名族中"始则一人争之，一族争之，既而通国争之，不直不已"⑤。名族为控制庄仆，动用群体的力量，非达到目的不可。

"良贱千年不结婚，布袍纨绔叙寒温。"这是《新安竹枝词》的话，注释："俗重门第，贫富不论。"⑥《橙阳散志》云："婚配论门户，重别臧获之等。"⑦徽州名族婚姻论门户，千百年不变，此类家训族规甚多。歙县《蔚川胡氏家谱》《规条》中的"重婚姻"规则："婚姻，宗族之门楣所系至重，故婚娶者不但取其阀阅，尤当择良善。……族女字人……苟利其赀财，以致阀阅不称、良贱不伦者，众议罚其改正，违则削其宗系。"⑧三田李氏《祖训八则》："谨嫁娶……尤不可贪利，将女字下户。"⑨名族坚守良贱不婚的原则，并有相应的执行措施，对与贱民婚配的族人处以开除出宗的惩罚，如同蔚川胡氏的"削其宗系"严惩。休宁江村洪氏亦然："支裔有不忠不孝烝淫败类及婚姻庆吊与奴隶辈相为侪伍者，一概逐出。"⑩犯者不得入祠与削谱，就不再是家族的成员，因此族人不敢与贱民婚配。名族如此厉行良贱婚姻之禁是维护自身身份，设若有成员与贱民通婚，便沦入贱类，将遭到社会的指责和耻笑，不仅是笑话当事人，连累及于宗族，诚如蔚川胡氏族规所言，事关"宗族之门楣"，不能让人为此而蔑视本宗

---

① 光绪《三田李氏宗谱》卷末，《家法》，《清代宗族史料选辑》，下册，第 1863 页。

② 前述雍正帝上谕还讲到："彼姓(主姓)凡有婚丧之举，此姓(世仆)即往执役，有如奴隶。"

③⑦ 潘文舫辑《(新增)刑案汇览》卷39《刑律斗殴·道光五年四月题准案》，光绪十二年印本。

④⑤ 《歙事闲谭》，第 605 页。

⑥ 《歙事闲谭》，第 208 页。

⑧ 歙县《蔚川胡氏家谱》卷2，道光《规条》1915 年线装活字本，《清代宗族资料选辑》，下册，第1772 页。

⑨ 光绪《三田李氏宗谱》卷末，《祖训八则》，《清代宗族史料选辑》，下册，第 1816 页。

⑩ 雍正休宁《江村洪氏宗谱》卷 14，《祠规》，《清代宗族史料选辑》，上册，第 652 页。

族。宗族反对婚姻失类,也是致力于自我完善,以保持名族地位。

名族与徽州世仆制长期延续。徽州世仆希望摆脱贱民地位,如顺治二年(1645)黟县蔡村"仆匪"宋乞暴动①。康熙间祁门县贱民抗争,被视为严重社会问题——"越分挑梁者比比,是为厉阶"②。雍正五年(1727)上谕开豁世仆伴当,执行中遇到绅衿、名族阻挠,祁门周姓为李姓世仆,嘉庆十四年(1709)按雍正朝开豁令为良民,但怕李姓不依,照旧服役,道光元年(1821),李姓的李应芳强迫周觉春充当吹鼓手,闹出人命案。③名族为维护自身地位,不放弃役使依附民特权,阻碍他们独立运动,起了负面社会作用。

六、名族在解决族内外纠纷中延续

同任何事物一样,名族在生存过程中碰到许多需要克服的问题,会有族内、族际种种纷争,甚至死人,打官司,它同时也在多方设法预防、解决那些纠纷,而延续其名族地位。

(一)族内外纠纷严重到打官司

许多名族发生家人争财、争坟山、争家族管理权、争祠堂、争村名与地方控制权的事情,有的族内、族际无法解决,打官司了结。

家族内部为财产上诉。歙县许汝贤与弟汝弼在苏州经营盐业,后来许汝贤返乡,儿子许铁前往,跟从叔父许汝弼做生意;许汝弼立乃兄之子许钰为嗣子,而后生子许金,客死在外,许铁代许金经营;许钰听人说许金不是许汝弼亲生子,谋图驱逐他而继承许汝弼产业,许金控告,许钰败诉气死。许金又上诉,说许铁占其家财,许铁抱持宁让人负我我不负人的忍让态度,以己产予之,许金再次上告,许铁将家产尽行给予,于是贫穷到极点,才算了事。④绩溪东关冯景坊有东关亭祖遗基地被有服侄运鸿霸占,到官求理,运鸿希图架害,反而使杨县令误以案外之十四都彬坑众山责罚冯景坊抗粮,后有新知县程兰阶察明原委,将基业断归原主。⑤

---

① 《歙事闲谭》,第 826 页。

② 同治《祁门县志》卷 5《风俗》引康熙县志。

③ 《(新增)刑案汇览》卷 39《刑律斗殴·道光五年四月题准案》。

④ 《歙事闲谭》,第 154 页。

⑤ 光绪绩溪《东关冯氏家谱》卷末下,《书家谱后记》,《清代宗族史料选辑》,下册,第 1897 页。

争坟山与盗葬的官司屡屡发生。绩溪东关冯氏新安统宗始祖坟前被歙南鸿飞外门同姓不宗的冯安镐等人盗葬，互相控告，东关族人群起往争，才使得拖延多年的案件了结。①学术史上有名的人物婺源戴震，因豪强族人侵占祖坟，于乾隆二十年(1755)告到官厅，该人向县令行贿，反而要处罚戴震，他遂离乡赴京，所以《清史稿·戴震传》说他"避仇入都"②。

家内族内的争斗。歙县溪南吴氏的"黄山狱"是一件大案。事情发生在天启六年(1626)，其时魏忠贤当政，宦官肆虐，索敛钱财，在此背景下，出现黄山狱。遭殃的是吴养春家族，而吴养春家内不和，欺凌族人，有以致之。吴养春家族"富甲一县"，有黄山地二千四百亩。万历间朝政有"三饷"之需，前面提到的吴氏捐输三十万两，朝廷赐予五个中书舍人官衔，吴养春是获得者之一。黄山狱告发人是吴养春家族仆人吴荣，他侵占吴养春之弟吴养泽产财，与主人姜通奸，被判死刑，脱逃，归附宦官，在吴孔嘉唆使下告发主人；吴孔嘉与吴养春是同族，其父与吴养春共同"议村事"，意见不合，遭吴养春等人侮辱，活活气死。吴孔嘉为报父仇，发奋读书，中天启五年(1625)探花，授职编修，所以支持吴荣。吴荣告发的是黄山旧案。③原来在万历朝，吴养春兄弟不和，为黄山地产及收入打官司，官员审判后题请，将一半入官，但万历帝留中未批，至此吴荣旧案重提，朝廷下令逮捕吴养春父子等人，三人死于监狱。崇祯帝登基后平反，恢复吴养春中书舍人衔。事件暴露：吴养春兄弟不和，竟至兴讼；在村落事务上与族人不协调，以致死人；为仆人中伤，反映主仆矛盾。④可见吴氏家族内部冲突重重。

族际官司。发生在明清之际的歙县许村许氏、任氏争祠案，是名族间争夺祠堂经年不决的案件。许氏出自唐朝守睢阳的名将许远，后梁时避乱来歙县，居许村，后裔繁衍，散于各地，分出九支。在许村建立统宗祠，奉显祖许远及九派始祖。族内不断出现节义文章流炳史乘人物，于是建纪念的先贤祠。及至万历年间统宗祠倾圮，骤难修复，乃扩充先贤祠寝室，暂时移奉统宗祠不祧神

① 光绪绩溪《东关冯氏家谱》卷末下，《书家谱后记》，《清代宗族史料选辑》，下册，第1897页。
② 《清史稿》卷481《戴震传》，中华书局1977年版，第44册，第13198页。
③ 关于黄山旧案及整个黄山案，很抱歉，笔者不了解全部案情，这里仅仅涉及吴氏家族内部纠纷的事情。
④ 《歙事闲谭》，第431—434、109页；或云"一日六中书"，同书，第109页。

主。任氏系梁朝新安太守任昉的后裔。任昉受历代官方推崇、民间爱戴,北宋元丰年间,官方将任昉故居附近的昉寺改为任公祠,与许村相近。任公祠亦因年久失修,众人因崇敬任昉,将任昉塑像移至许氏先贤祠。然而任氏中有人捏造先贤祠为其家庙,于是二姓"聚讼公庭,为时十载"。许氏为解决争端,设法先修任公祠,使任昉像复回原处;次修本家祠堂。①笔者在这里不是要判断许、任争祠的是非,而是说万历间歙县有两个名族诉讼公庭,表明名族之间有纷争。其他的族际纠结屡有发生,如绩溪梁安高氏与他族有多种案件,所谓:"外侮迭至,结讼连年。幸族之仗义者不惮艰危,上下执辨,卒得申理。"②

村名与姓氏之争不止一端,有程、黄地名"篁墩""黄墩"之争。③还有"郑、汪争里名事"④。地名的由来,与居住此间宗族关系密切。地名与某姓氏相一致,表示其地与某族的关系更密切,是某族的根基。事关宗族地位,不得不关注,不得不争取对己有利的解释。

(二)宗族防范、解决冲突的多种方法

祖训族规教育族人自爱、制约族人行为;家法处置不良行为者;调解族内纠纷;主动关注和睦邻族事务;族际协议防止与解决纠纷。

教导族人守本分,尊祖敬宗睦族。绩溪东关冯氏《家戒》讲述做人原则:"百行奚先?曰忠与孝。五伦孰重?曰君与亲。纲常须正,伦理在明……致家和而族睦,使俗厚而风淳。"⑤休宁金正佑,倡导族人修缮颓圮的祠堂,希望进家庙的人,"毋以众暴寡,毋以富欺贫,毋以强凌弱,贫穷患难婚姻死丧相救相助,如葛藟之固其本根,则上可以对宗祖,而下真无愧于子孙矣"⑥。特别强调贫富族人的和洽,不可产生嫌隙。

教育族人和睦公平分家。婺源长溪余氏《祖训》谆谆教导族众析产要公平合理,要听从贤明族长公断:"兄弟伯叔分产析业,务在公平,配搭阄取,毋贻讼端。"如若发生争执,"必须听从贤明族长公议释判,毋得遽尔闻公,以失族谊"⑦。

---

① 《歙事闲谭》,第278、1049—1050页;《新安名族志》,第252—254页。

② 光绪绩溪《梁安高氏宗谱》卷11,《祠堂记》,《清代宗族史料选辑》,下册,第1898页。

③ 《歙事闲谭》,第325页。

④ 《歙事闲谭》,第326页。

⑤ 光绪绩溪《东关冯氏家谱》卷末下,《家戒》《家规》,《清代宗族史料选辑》,下册,第1896—1897页。

⑥ 乾隆《休宁金氏族谱》卷23,《事略》,《清代宗族史料选辑》,下册,第1886—1887页。

⑦ 余章耀等修《婺源长溪余氏正谱》卷首,《祖训》,道光二十八年宝善堂刊本,《清代宗族史料选辑》,下册,第1896页。

族人要爱护宗谱,绝不允许出卖。名族为防止卖谱,对族谱的发放、保存作出严格的规定。歙县蔚川胡氏特制定《谱规》,每年祠堂祭祖时,保存者携带族谱,经过查验,再领回去;如若保管不善,致使损坏,或者私改内容,祠堂将"重罚不贷";尤其"戒无私鬻。违则遍告同宗,呈公追究,并削其人世系,屏诸他乡"①。对卖谱者处罚极其严厉,因为名族的地位令人羡慕,小族的人会买名族谱而冒充其成员。

祠堂调解族人争端。祖训族规多有告诫族人不可轻易兴讼的内容,说明打官司会受人愚弄,破财荡产,害处不可胜言,有争端在祠堂调解,事情过于严重再去官厅判理。族长的处事,要本着情与理相结合的原则,让涉事人都心服口服,以完满了结为理想。祠堂调解,绩溪许余氏谓之为"鸣祠品理",原造请求族长评理,俗语谓之"开祠堂门",只有"事关宗祠,方与公道品论,勿使成讼,庶与家训所谓息争讼者相符,切不可各为其党"②。

惩戒违犯伦理道德的族人。许余氏的《宗祠规约》对家法、国法作出界定,明确家法内容,不得违犯国法,其文曰:"作奸犯科,国家有例,犯国法者鸣官治之,非家法所当治也。家法祇以祖宗前杖责为止,杖责以上非宗祠所可预。闻乡蛮宗党往往有活埋、活葬惨情,妄谓家法尔尔。不思治人家法,自己已罹国法,即家法杖责、跪香、革逐,亦必悖伦逆理、盗卖祀产等情,有关宗祠乃可。非关宗祠者,宗祠为之排解,不得妄施家法,开宗族以强欺弱之衅。"③家法手段是杖责、跪香、革逐,如若置族人于死伤,则是宗族犯了国法,是野蛮宗族行为,应当警惕。许余氏是争取做文明宗族。绩溪梁安高氏对不良族人的惩处精神大体同于许余氏:"家法不过杖责与驱逐二条。若罪不止此,即非家法所得而治矣。假使泥家法之名,因而置人于死,如打死及活埋之事,此行家法而僭国法也。"杖责罚跪的情形是:成人得罪父母尊长;窃取族内物件;在族外有奸淫事迹;与族内妇女笑谑;聚赌。逐出革胙的对象:悖逆不孝;盗卖宗谱及祖坟地基,砍卖切近祖坟的林木。④

---

① 民国歙县《蔚川胡氏家谱》卷2,道光壬午所录《谱规》,《清代宗族史料选辑》,下册,第1679页。
② 光绪《绩溪县南关许余氏惇叙堂宗谱》卷10,《宗祠规约》,《清代宗族史料选辑》,下册,第1898页。
③ 光绪《绩溪县南关许余氏惇叙堂宗谱》卷10,《宗祠规约》,《清代宗族史料选辑》,上册,第424页。
④ 光绪绩溪《梁安高氏宗谱》卷11,《家法》,《清代宗族史料选辑》,下册,第1550—1551页。

上述宗族规约,对待子姓是规劝晓谕与惩罚相结合,希望族人自觉做符合伦理道德的人,有纠纷在族内调解,不得已才去打官司。

宗族处理族邻关系,有着睦邻、协商原则,调解纷争,尽量避免事态扩大。歙县义城朱氏祖训"和睦族邻"之道,主要是息事宁人。深知处人处事不容易,讲求怎么处置争端:盛气凌人不可,一味卑逊退让人难以忍受,不过还是以谦让为宜,故云:"以刚与烈处邻族,断难服其心,心不服则必忿;以柔与懦处邻族,自足摄其志,志既摄则易平。"①原则如此,具体怎么做?笔者尚未见到徽州名族的有关规范,而徽州邻郡池州之仙源杜氏有所说明,可以帮助我们理解宗族睦邻的具体做法。杜氏《家政十四条》讲到族长与外界事务的关系:"如邻姓有庆,公家理应致贺。"②目的是与邻族保持正常关系。大约徽州名族也会如此。

未雨绸缪坟山协议。坟山争端屡有发生,明智的族人未雨绸缪,对可能引起争端的相邻祖坟各立界牌,合议互不侵犯。黟县李姓、江姓祖坟在二都东山金钱堆,江天佑、江天赐、李元秀等人,"恐后二家子孙人心不一,是以托凭亲友议立合墨"。康熙五十二年(1713)合议:"二家以后均不得开穴扦葬,以及私鬻情事。此外,余山照原各管各业,二家不得侵越界至,如敢侵越,将此合墨赴公理论,甘罪无辞。"③绩溪唐厚甫、王春庆、汪程氏三家未葬墓地相连,旁边是吕永庆、吕元庆两家的,经协商,五家各出钱共同建设墓区,绘图明示各穴位姓氏,将来照穴位安葬。由于安葬时间必定前后不一,将要下葬者,必须早日知会其他四家,下葬时,四家齐到,眼同开蔽。五家为此于光绪二十八年七月达成协议。④绩溪胡氏宗祠与周氏宗祠立合议书合作保护坟山。两族祖坟来脉,被人采石伤害,遂买地保护龙脉。后有汪灶旺在附近买地开垱打矿,两姓会同察看明确,经公理论,用银六两将该山地买断,"永远不得取石"⑤。

① 宣统《古歙义成朱氏宗谱》,《朱氏祖训》,《清代宗族史料选辑》,下册,第 1540 页。

② 池州《仙源杜氏宗谱》卷首,《家政十四条》,光绪二十一年刊本,《清代宗族史料选辑》,下册,第 1770 页。

③ 民国《黟县鹤山李氏宗谱》卷末附,《李江两姓合墨》,《清代宗族史料选辑》,下册,第 1892 页。

④ 王集成纂《绩溪庙子山王氏谱》卷十三,《冢像略·合议据》,1935 年排印本,《清代宗族史料选辑》,下册,第 1892 页。

⑤ 光绪《绩溪城西周化宗谱》卷 20,《合议》,《清代宗族史料选辑》,下册,第 1891 页。

尽管有明智者协议维护、防止坟山纠纷,然而兴讼不绝。江登云父子说:"顾其讼也,非若武断者流,大都坟墓之争,十居其七。比年此风亦稍息矣。"①所说乾嘉时期祖坟之争案件减少,应是明智者的努力稍有效应。

名族族内、名族之间争竞事实表明,一个宗族要想成为、维持名族不容易,自家要争气,要加强自身的有益肌体健康的建设,要同他族建立正常关系。

歙县人、江西布政使左参政郑佐于嘉靖二十八年(1549)在《〈新安名族志〉序》写道:"名族志之义有二焉:尚世也,尚贤也。族衍于世,世延于贤。"又说"尚世之不系于世禄。""名族而责之实也,则见其前开后承,或以明道集成而功存著述,或以效忠尽节而迹秉丹青,或惇孝友以导俗兴仁,或乐恬退而修德守约,或政治晔烨于当时,或文章传诵于后世。"②他将名族条件,或者说名族特征归纳为"尚世"与"尚贤"两点。尚世,应有官绅,但不一定世世代代都有,而必须世系绵延不衰,族大人众;尚贤,有开创之贤人,还要有后继者,两者前后辉映,做到孝悌忠信、阐明学理、伦理,为有业绩之官人、学者。他以名族之人述说名族之事,他的见解为笔者所重视。本文研讨官绅士人、商人对建设、维护名族中的作用,认为他们是名族建设的推动力、支撑者,是名族之成为名族的基本因素。其实,即使没有功名的读书人,往往有以天下为己任的责任感,就如同明末休宁会理人程智,"幼以圣贤为分内事,深究《易》理,至忘寝食"③。"以圣贤为分内事",关注天下事是责任,也是一种荣誉感,关心本族事业、声誉,比较自觉地投入家族、社区建设,至于有身份的官绅、举贡生员更不必说了,他们更能以自身的社会资源有力地树立家族正面形象。贾而好儒的徽商、绅商,以财力支持家族,与官绅士人共同推动家族和社区公共事业的建设,推动宗族建祠堂、修家谱,设义产,修水利,开道路,完善互助、救济民生、公益事业,令族人在尊祖敬宗的一本观念主导下具有凝聚力。绅衿士人、绅商力求提升自身素质,讲求文学创作和学术研究,成为诗人学者,并以此增强宗族的名族形象;多方设法预防、解决不时出现的族内、族际种种纷争;同时严禁良贱通婚,防止名族地位下降;巩固、提升家族在地方上的地位,形成社区

---

① 《歙事闲谭》,第605页。

② 《新安名族志》,第1—2页。

③ 《歙事闲谭》,第14页。

稳定的社会秩序,从而为主流意识所认可,所称赞。

行文至此,本可搁笔,然有两点,似有赘笔之必要:

其一,名族代替政府从事社会公益事业和建立地方稳定社会秩序。名族在地方上兴修水利,建筑道路,兴办学塾,从事某种程度的社会救济,贫则义田,居则义屋,葬则义冢,灾则赈济。要之,民间的谋生和生老病死,名族设法自行解决,甚至民间纠纷,也尽力化解。如此等等,减轻政府行政成本和公共设施投入的压力。修渠筑路应是政府职责,但是政府无力做,名族自为之,就以从事社会公益事业来讲,政府不得不给予名族自理"自治"的权利。政权不下县,就给了名族在社区有所作为的施展空间。

其二,对传统社会伦理道德所建立的社会秩序的理解。前文说到名族俗美使得乡里成为礼仪之邦,似有肯定民间接受君主专制社会忠孝节义伦理道德及其建立的社会秩序之意。对民间与忠孝节义伦理关系之分析,宜于区分时代予以客观评论,在明清时代,民间接受它,有益于社会稳定,而社会稳定,在承平时期,是众人向往的,因此民间实践忠孝节义伦理,应予同情之理解;以后世人来看忠孝节义、"饿死事小,失节事大"伦理,自然是不道德的,应予摒弃。不过不能单纯看是非,还需要兼顾当时人的理解和取舍。

(2015 年 12 月 9 日初稿,载《安徽大学学报》2016 年第 2 期)

明清徽州名族的内部建设与生存状态

　　明清徽州名族是中古士族的遗绪,是士族制消失后的活化石——典型遗存,需要作出深入的研讨,以利于完整地研治中国宗族通史。笔者已对徽州名族形成的诸种因素、名族对徽州本地以及徽商营销地区的社区建设贡献、徽州名族是士族遗绪等专题作出初步探索,本文主要分析名族内部建设及表现出的生存状态。

　　乾隆、嘉庆间先后印行的歙县人江登云、绍莲父子的《橙阳散志》说徽州民风:"家多故旧,自六朝唐宋以来,千百年世系,比比皆是。重宗谊,修世好,村落家构祖祠,岁时合族以祭。贫民亦安土怀生,虽单寒亦不肯卖子流庸。婚配论门户,重别藏获之等。"又说:"宗有谱,族有祠。"①由此可知徽州人重视宗族的内涵在于两大方面:明久远之世系,借助族谱、祖坟而认知;重族谊,族人修好互助,组建宗祠,进行管理。细分为六条:明世系;修族谱;建宗祠;葺祖坟;重祭祀;另外一条是有文化传统,即世族文化,移民文化,主仆名分等级观念,保持名族身份地位。是以本文研讨的名族内部建设,涵盖宗族成为社会群体的诸要素,即祠堂、祖坟、族产、族谱、族学等方面,具体明了徽州名族的组织机构及其负责人社会状况,祖坟建设与维护,宗族历史文献的编纂,宗族公共产业的经理,培养宗族人才的族学开办,聚族而居的村落建设,它所特有的名族志与文会更予关注。

一、村落选址、建设、聚族而居与人丁兴旺

　　古代宗族都是聚族而居的,生活在一个、数个村落或城镇,然后才能组建成社会群体,所以讨论徽州名族史,就从村落建设开始说起,以明了其族望、地望和生存发展。名族成员聚族居住在一个村落或若干村庄,以及城厢

的一隅。①聚居地出于始迁祖的选择。名族志、族谱都说某族先祖至新安,爱其山水,遂落户其间。那么他是如何选择居地的呢?在传统的农业社会,要考虑两大因素,即有适宜耕种的大片原野和水源丰沛。南宋初年鲍荣在歙县棠樾建别业,裔孙鲍居美更欣赏此间"山川之胜,原田之宽,足以立子孙百世大业",遂从歙县西部迁此定居,而后形成至今享有盛名的鲍氏棠樾村。②冯定居住歙县,长子延普经过白沙街,"爱其山环水秀,遂筑室而家焉,以姓为村曰冯,今总名曰'冯村'"③。因为聚族而居,村庄的名称往往从居住者姓氏或特殊事迹而来,如祁门"叶家埠",系元代叶天应开辟荒地,沿溪伐石成市,造桥,往来行人称赞他,遂名此地为叶家埠;④又如歙县沙溪凌荣禄,用秘方制造佳酿,唐僖宗光启初(885)贡献朝廷,赐金帛归,遂名里社为"皇富"⑤。

选址之后,随着族人的繁衍,宗族需要考虑街巷、公共设施的布局,民居及族人生产、生活、文化教育等公共设施的建造,这一切的建设成功,族人就可以在此安居乐业,生息繁衍,人口日增,宗族壮大。

在村落发展过程中,有的成员因出仕、经商等原因移徙他方,甚而千百里以外的异乡,自建宗祠,往往保持与本根的联系。

对于村落建设与宗族发展的关系,拙文《宗族与村落建设述略——以明清徽州为例》⑥作了专门叙述,此间不再着墨。

二、祠堂设立、管理与祠祭

祠堂(宗祠)是宗族的组织形式,同时是宗族的象征,所有的名族在其形成发展中无不致力于祠堂的建设,并借助于祠堂管理,开展族务,经理家族事业,进而壮大自身。

---

① 宗族民众在城厢也是聚居,如程姓居住在徽州府城河西者,建有程氏宗祠,见戴廷明、程尚宽等撰:《新安名族志》,朱万曙等点校,黄山书社,2004年,第36页。

② 参阅黄山市政协文史资料委员会编:《徽州大姓》,安徽大学出版社,2005年,第374页。

③ 冯景坊等编辑绩溪《东关冯氏家谱》卷末下,《书家谱后记》,光绪二十九年活字本,冯尔康主编:《清代宗族史料选辑》,天津古籍出版社,2013年,上册,第276页。

④《新安名族志》,第426页。

⑤《新安名族志》,第556页。

⑥ 文载朱炳国主编:《家谱与地方文化》,中国文联出版社,2008年。

(一)族族有祠;名族的标志

家族成员增加到需要有较大的空间祭祀祖先和议事，又有经济实力和热心人，就会建造宗祠。名族建设祠堂，往往不是一间，而是多所，形成总祠(统宗祠)和分祠(支祠)。前引《橙阳散志》云徽州人，"宗有谱,族有祠"。侨居扬州的歙县环山人方士庹，时返故里,作《新安竹枝词》,谓"归来不用买山钱,村有官厅户有田"。官厅,就是祠堂。①可知村村有宗祠。这类关于祠堂的记载,查阅徽州地方志屡见不鲜,康熙《徽州府志》卷2《风俗》,引嘉靖《徽州府志》:"家构祠宇,岁时俎豆其间,小民亦安土怀生。"②万历《祁门县志》卷4《风俗》:"宗谊甚笃,家有祠,岁时俎豆,燕好不废。"③嘉庆《黟县志》卷3《风俗》:"徽州聚族,最重宗法。"④常建华依据嘉靖《徽州府志》卷21《宫室》的资料,列表统计出歙县有各姓祠堂61所,休宁36所,婺源49所,祁门29所,黟县11所,绩溪18所,总计213所。⑤笔者据常氏表计算,其中程氏在各县建立的宗祠21所,占总数的10%。《新安名族志》记载修祠事例甚多,以歙县程氏而言,苏田程胜于洪武(1368—1398)间为万石长,其四世孙程萱,倡建宗祠。⑥祁门程村程邦祥、邦文等人修复失火的宗祠,题匾曰"复初",以识不忘,割田入祠奉祀。⑦

他姓亦然,早在宋代,歙县中村洪度"构家庙以报本,而宗族俱孝"⑧。歙县王干洪彦仁等"重建宗祠,并整王干社宇"⑨。丰溪汪道震同侄兰、湖等建祠祀始祖。⑩寒山方瑗"建宗社祠宇"⑪。罗田方元俊等倡建宗祠。⑫官塘叶彦忠、彦宽堂兄弟率子侄创立宗祠。⑬峻街,江彦杰立孝思祠以祀先人,造祭器,正

---

① 《歙事闲谭》,第206页。《新安竹枝词》,刻于乾隆十四年。
② 康熙《徽州府志》卷2《风俗》。
③ 万历《祁门县志》卷4《风俗》。
④ 嘉庆《黟县志》卷3《风俗》。
⑤ 常建华:《明代宗族研究》,上海人民出版社,2005年,第58—67页。
⑥ 《新安名族志》,第56页。
⑦ 《新安名族志》,第81页。
⑧ 《新安名族志》,第503页。
⑨ 《新安名族志》,第505页。
⑩ 《新安名族志》,第199页。
⑪ 《新安名族志》,第108页。
⑫ 《新安名族志》,第111页。
⑬ 《新安名族志》,第419页。

宗社。①徐村,徐俛助资建海芝公祠。②岩镇,潘黄立小宗祠。③他如曾任县令的黟县石山黄崇,"率族众建立宗祠于东岳山麓"。④黟县古筑,孙万倡意族众建造宗祠。⑤休宁约山黄锦、镇兄弟率诸子创建宗祠。⑥南街叶亨以族大派迁,恐其久而分离,建宗祠,春秋祠祀萃聚。⑦万安街,王氏合族建藤溪宗祠。⑧元代,婺源桃溪潘淇,建家庙,四时祭祀。⑨梅溪吴思宪,建祠立祭于董村,又置祭田于铜埠故里。弘治间,吴昶等人在董村旧址重建祠堂。⑩明代吴孟子孙,"肇立宗祠,以妥先公,以昭后裔。"⑪明代后期,浉坑江烜率族众建中平江氏统祠。⑫庆源詹仁,建宗祠,置祭田。⑬桃溪,潘珍建宗祠,复祖坟。⑭祁门浯嘉潭江绍,倡立中平总祠。⑮北塔,南京户科给事中蒋贯率族人建祠。⑯绩溪仙石周氏从宋代迁此,因人力、财力的不足,到康熙五十八年(1719)始建成宗祠,置放祖先牌位,但在太平天国战争中被毁,光绪二十年(1894)竭蹶经营,复建成功,"遂奉栗主以妥先灵"⑰。

　　祠堂为一组建筑群,修建自然不是容易的事,如绩溪城西周氏宗祠肇建于嘉靖年间,到乾隆初年已经二百年,老旧难于维修,势必重建,但是筹集经费有困难,而寻觅理想的经理人更不易。众宗人议论多年,乃商议出公举人才的办法,不论行辈、年齿,以能力为准,推出若干人分工办事,他人不得干扰。于是举出四十人,分别担任总理、协理、参理、分任。集资的方法有四项:族户

---

① 《新安名族志》,第 521 页。
② 《新安名族志》,第 613 页。
③ 《新安名族志》,第 636 页。
④ 《新安名族志》,第 180 页。
⑤ 《新安名族志》,第 492 页。
⑥ 《新安名族志》,第 173 页。
⑦ 《新安名族志》,第 421 页。
⑧ 《新安名族志》,第 580 页。
⑨ 《新安名族志》,第 640 页。
⑩ 《新安名族志》,第 407—408 页。
⑪ 《新安名族志》,第 372 页。
⑫ 《新安名族志》,第 530 页
⑬ 《新安名族志》,第 284 页。
⑭ 《新安名族志》,第 642 页。
⑮ 《新安名族志》,第 537 页。
⑯ 《新安名族志》,第 597 页。
⑰ 绩溪《仙石周氏宗谱》卷 2,《祠堂记》,宣统三年善述堂刻本,《清代宗族史料选辑》,上册,第 277 页。

48

按人口出钱;依据税粮多少交钱;富裕者自愿捐输,以给其先人立牌位作回报;如果这三项来源不够用,就动用宗族公产地租。按照筹划,历时八年,于乾隆四十一年(1776)将祠堂修成,建筑有享堂、寝堂、厨房,还有文昌阁、文会所、能干祠、土地庙,祠基较旧址扩充四之三,用银多达16800余两。祠堂修成二十多年后,当年的主事人大多故世,该族想到后续事务,公举接理祠务十人,以便宗族正常地持续开展活动。①休宁金氏,在乾隆以前,宗祠多年没有大修,六十三世金有琤倡议修缮,与公助、受威诸人估计需要费用八百两银子,祠堂公产可以提供一半费用,另一半收取族内部分成员组建的祭祀社神"会"之公积金。经费有了着落,众人深知督办工程的人员非常重要,"非公干勤强兼者,不足以胜任。"众人推举金有琤为首的十二人,他们不推辞,尽心尽责,历时三年修葺成功。②

绩溪城西周氏、仙石周氏、休宁金氏重建或修缮宗祠,反映出对祖先祭祀的诚挚情怀,更是对名族地位的维护,希望世代保持。宏伟壮观的祠堂建成,是村落的地标,是望族的标志。

关于徽州名族的建设宗祠,需要特别明确的是其数量之多,在全国府县中处于领先地位。常建华的研究指出:"徽州宗祠的数量之多、规模之大,在全国位居首位。"他引述嘉靖时休宁人吴子玉《沙溪凌氏祠堂记》的载笔:"环海之广,大江之南宗祠无虑以亿计算,徽最盛;郡县道宗祠无虑千数,歙最盛。"之所以祠堂最多,因徽州"多旧族大姓"③天启六年(1626)吏部左侍郎兼翰林院侍读学士汪辉在《休宁名族志叙》所述与吴子玉大意相同。汪辉说:休宁"名族累累",而其他州郡,"不过亦一二大姓特闻","邑里聚落,星罗棋置,其较大也,以故姓氏彪炳著闻,俱信而有征"④。所谓他处州郡少传世之大族,江南不过一二而已,不完全符合事实,但徽州大姓多确实如此。

(二)族长与祠堂管理人员的产生

祠堂是族人祭祖的场所,谁来组织祭祀和管理族务,势必要有负责人,甚

---

① 周赞等修《绩溪城西周氏宗谱》卷首一,《重建宗祠记》《刻祠谱记》,光绪三十一年敬爱堂木活字本,《清代宗族史料选辑》,上册,第290—291页。

②金门诏纂修《休宁金氏族谱》卷23,《事略》,乾隆十三年活字本,《清代宗族史料选辑》,下册,第1887页。

③《明代宗族研究》,第77页。

④ 曹嗣轩编撰:《休宁名族志》,胡中生等点校,黄山书社,2007年,第1页。

至要有一个机构,才能完成其使命,于是有宗子、族长及其助手,他们是怎样产生的,如何行使权力?

1.实行虚拟宗子制和能人主持族务

宗族是血缘群体,周代产生宗法制的宗子制,嫡长子为宗子(宗主),群子听命于他。宗法制与分封制配合实行,秦汉以降,废除分封制,宗法制不能完整实行,通行的是变异型宗法制,或保留宗子制的外衣,然因宗子不能赡族,无能为力。休宁茗洲吴氏《家规》:"宗子上奉祖考,下壹宗族,当教之养之,使主祭祀。如或不肖,当遵横渠张子(载)之说,择次贤者易之。"①可知宗子由大宗嫡长子(长房长子)充当,只是祭祖仪式中的主祭,并不能掌管族中事务,其年幼时,族里要教导他,家庭经济不好要资助他,培养他能够胜任,设若不成器,就要撤换他。这是虚拟宗子制,实际是由宗族的其他尊长担任族长和能人主事。晚清绩溪南关许余氏《宗祠规约》,讲到族长主行事务,特别指出:"一族之中事务颇繁,论名分固当以族长居先,论事务又当以贤能为正。若一一推诿族长,恐其懦弱则遇事不能支撑,愚蠢则主事多所偾败,故以贤能为主,不可拘定斯文族长。"意思是尊重族长,但理事要依靠贤能之人。安徽婺源、江西浮梁三田李氏家法中关于家长之规定:"为家长者,视听言动一以正直,不可轻信妇人、仆隶之言。""家长不幸有过,举家随而谏之。"②家长应行家长之道,端正修养,秉公理事,不得胡乱行事。

2.协助族长主理族务的贤能人士由推举产生,并以配享宗祠酬其劳绩

前面说的休宁金氏修缮祠堂,权威人士金有琤主事,任用金受威等人助理,表明能人在宗族事务中的主导地位。有的家族制定祠堂公举主事人规则,如绩溪南关许余氏《惇叙堂家政》:"一族虽以族长为主,而理财必由合族公举正直精明之人为祠董,或加一二人副之,以司出纳。如其诚心经理,使公堂丰足,合族受惠,百年后于报功祠立神主以祀之。俗所谓'能干祠'也。倘或侵公肥己,无功有过,虽终身管理祠堂,没后不许滥入。"③被公举经管财务的办事

① 吴翟撰《茗洲吴氏家典》卷 1,《家规》,刘梦芙点校本,雍正十三年刊本,黄山书社,2006 年,第 17 页。
② 李廷益、李向荣修《三田李氏宗谱》卷末,《家法》,光绪十一年木活字本,《清代宗族史料选辑》,上册,第 462 页。
③ 光绪《绩溪县南关许余氏惇叙堂宗谱》卷 8,清光绪十五年刻本,《清代宗族史料选辑》,下册,第 1773 页。

人,俗称"能干",为奖励他们,在祠堂设立能干祠,给予身后的祭祀荣誉。绩溪黄氏设有族长、分长,另设专人——"司值",轮值管理祠堂具体事务,因族内区分三个门派,故每派派出一人,三人共同理事,三年轮换。司值的产生是"各分长集议,每分公举殷实老成者一人接管司值",由族长认可。设若司值有舞弊情事,族长、分长罚胙一年,分长负责赔偿。被举荐的司值,"不得推委强霸"。此外,设有"能干",而且人数众多,以至有四十多人,主要任务是稽查办事人收租办祭是否有误;经理各村派丁事务,派丁是为祠堂服役,应当合理;查察上丁进主,不得有差错。至于能干本人,分出三班,每班服务三年,必须"各尽心竭力,方无愧能干之名"。"倘有不遵,以不孝罪论。"①

　　绩溪梁安高氏本拟建筑能干祠、特祭祠,因无地基,就在祠堂寝堂楼上设能干龛、特祭龛,表明该族有能干,而特祭是给祠堂捐钱者的荣誉,捐钱,早期定例是三十两,清季则须一百二十两。②有的祠堂事务人员,系指派或拈阄确定,如休宁江村洪氏《祠规》的办法:"管办祠事,每岁以二人督理,自长而下依序顺行挨执,不得推诿。"③或如康熙年间歙县汪氏祠祭首事的拈阄产生法,《崇本祠条规》云:"每年首事阄分开载祠簿,轮流经管,永以为规。"④绩溪城西周氏宗祠,一贯推举"能干"办理事务。嘉靖朝建祠时能干出力,乾隆朝重修宗祠,继续由能干经营。能干是公举的,也有富裕族人自愿向祠堂捐献而成为"能干",这就是《刻祠谱记》中所说的"新捐能干户"。能干只是宗族办事人员的一种,周氏为谋求持续发展,由五房分长与阖族斯文于嘉庆十年(1805)共同"厘定章程",规定借助与培植下述几种人员:"文会上京户,所以培人文";"新捐能干户,所以谋善后";"至修祠户之立,更为春秋修其祖庙之资,此尤继述之大者。"⑤可知房长、斯文、文会户、能干、修祠户在宗族中占据重要位置,拥有管事、议事权。宗祠内建立"能干祠",就是酬劳族务管理人于

　　① 咸丰绩溪《黄氏家庙遗据录》卷1,《祠制·能干查制、换班规则》,《清代宗族史料选辑》,下册,第1750—1751页。

　　② 高富浩纂修绩溪《梁安高氏宗谱》卷11,《进主毁主例》,光绪三年活字本,《清代宗族史料选辑》,下册,第1546—1547页。

　　③ 雍正休宁《江村洪氏宗谱》卷14,《祠规》,《清代宗族史料选辑》,上册,第651—652页。

　　④《歙县汪氏崇本祠条规》,《崇本祠条规》,康熙三十年刻本,《清代宗族史料选辑》,上册,第414页。

　　⑤《绩溪城西周氏宗谱》卷首一,《刻祠谱记》,《清代宗族史料选辑》,上册,第291—292页。

身后的——祠内配享,永久纪念。①

上述金氏、许余氏、黄氏、高氏、江氏、周氏等经理宗族事务的能干、被特祭者,表明众人推举宗族祠堂管理人,以及自愿与事者不是个别现象。

3.族长和祠堂理事人员应依照公议产生的宗族规则行事

前引汪氏《崇本祠条规》,为《歙县汪氏崇本祠条规》一部分内容,是由众人议定:"崇本宗祠公议载簿条约,分颁两族各派,凡我族属务宜恪遵,以正彝伦,以敦风化。"并在康熙三十年(1691)一月"两族集祠议刊通传"②。是公议决定刊刻遵行,非某个人或几个人的私意所决定。休宁江村洪氏在康熙五十八年(1719)族众公议制定《祠规》,洪昌在《祠簿序》写道:"吾家宗祠既成,即集众公议,酌立祠规,以为世世法守。庶几家安本分,人尽醇礼,而春秋禋祀,致其丰洁,共以一诚相接于祖宗,而祖宗惠福无疆,我洪氏子孙其永有赖也已!"③绩溪邵氏祠规也是族中各派代表共议形成的,不过该族谓此为合议。其《祠规合议》云:"立合议邵宗祠派下人等,缘本祠越主事毕,公议重订祠规,以期通族亲睦,勉为盛世之良民,作祖宗之令子。顾立规难,行规尤难,一或有不肖者,任意阻挠以行其私,则祠规破坏,百弊丛生,通族之人莫不并受其害。爰集族众将祠规公同核定,缮列粉牌,悬挂祠内,俾有遵循,用垂久远。并立合议一样四纸,各存一纸附列条款,永远存照。……倘有违祠规者,即应集众会议,依规办理,不得畏难退缩。"④

到了清末,朝廷宣布预备立宪,本来就实行族务合议法的绩溪邵氏更议出族人选举负责人的办法。光绪三十三年(1907)的《新增祠规》:"本祠首事人等宜仿国家新定选举法,由族众投票公举,以得票多寡为去取准绳。一经选定,不得推诿。一年一次,善则留任,不善则不举。如肯任劳怨而公直者,谓之善,如毫无建白而诡谲者,谓之不善。其被选者只论公正,不论有无功名;选人

① 绩溪黄耀廷等辑,清咸丰元年叙伦堂刊本,《清代宗族史料选辑》,下册,第1750—1751页。光绪《绩溪城西周氏宗谱》卷20,《能干会》:"能干祠之设,所以报功亦以劝后也。吾族自乾隆癸未重建宗祠,当曰能干勤苦经营十有余载,理宜立祠特祭,是以公建此祠,敬设重建宗祠能干神主,与有明始建宗祠能干及接力能干神主一同特祭。每逢春冬宗祠祭毕,即于能干祠设席特祭……嘉庆十年岁次乙丑(1805)春分前一日阖族公订。"《清代宗族史料选辑》,上册,第429—430页。

②《歙县汪氏崇本祠条规》,《崇本祠条规》,康熙三十年刻本,《清代宗族史料选辑》,上册,第413—416页。

③ 雍正休宁《江村洪氏宗谱》卷14,《祠规》,《清代宗族史料选辑》,上册,第651—652页。

④ 光绪绩溪《华阳邵氏宗谱》卷首,《祠规合议》,《清代宗族史料选辑》,上册,第416页。

者必平日省事正派,方准列名投票,以防弊端。至被大众留任至五年之久者,其为正直勤劳可知,应列入纪善籍,以表劳勋。异日修谱当立传以表章之。"①如此选举族务首事,克服宗族群体的宗法因素。

总起来看,徽州名族祠堂的管理,传统的宗子制是外形,实质是由众人遴选、推举的贤人、能干、斯文主持族务;同时实行分权、轮流管理法,族长不能集中权力,为所欲为;族规亦为多人协商的产物,并非某个或某几个权威的愿望强加给族众,多少体现出众人参与宗族事务的精神。由此可知,族长、分长以外的祠堂经理人,与血缘尊长关系不大,宗族的宗法色彩并不那么浓重。

(三)享堂神主与进主

祠堂管理族务,是就其本质而言,然而立祠本意是祭祀祖先,所以主体建筑是享堂和寝堂。

祭祖是向祖先神主(牌位)表达敬意,然而祖先众多,而且人品不一,享堂容纳不下所有祖先的神主,人品不端者亦不受人待见,于是有立神主的原则。《歙县汪氏崇本祠条规》设有"进主则例",内有"进主必须查核人品,倘生前过犯有乖名教者,毋许擅进,以肃祠规"②的条文,表明为祖先立神主是极其严肃的事情,不是所有的先人都能有牌位享受子孙供奉。歙县许村许氏,奉唐代英烈睢阳许远为始祖,后裔唐末避乱移徙歙县篁墩,二世祖知稠迁居武山(后来的许村),族人繁衍成九派,外迁甚多,所建宗祠名统宗祠,以许远为显祖,并奉九派始祖,永为不祧之主。③前述乾隆间绩溪城西周氏重建宗祠,即整合宗族,奉安始祖、始迁祖神主于大堂正中,其他祖先牌位依据昭穆置于左右,又因族人分五支,令按派分别立牌位,不至于混乱。④元末汪同在婺源大畈建造知本堂,奉得姓初祖、渡江祖、迁居大畈祖,他们的神主放置享堂中间,左右按昭穆安放十余位祖先牌位,四时祭祀,以合族群,知本堂就成为大宗祠;另建永思堂,供奉高祖以下四世祖,是小宗祠。⑤绩溪华阳邵氏《家规》:"宗祠之建,所以妥先灵而萃族涣,故自始祖以下咸祀。宗族时代增多,就实行亲尽则祧的

① 光绪绩溪《华阳邵氏宗谱》卷首,《新增祠规》,《清代宗族史料选辑》,上册,第418页。
② 《歙县汪氏崇本祠条规》,《崇本祠条规》,《清代宗族史料选辑》,上册,第414页。
③ 《歙事闲谭》,第1049页。
④ 光绪绩溪《城西周氏宗谱》卷首一,《重建宗祠记》,《清代宗族史料选辑》,上册,第291页。
⑤ 赵汸:《知本堂记》,收入《汪氏重修统宗谱》,转引自常建华:《明代宗族研究》,第39—41页。

原则,以便新近过世的先人神主奉入祠堂,如同义成朱氏道光八年(1828)议定:"先义公、祥轻公、仲敏公、伯珍公、伯珩公、伯玉公四世男主女主循旧供奉,永、社、廷、鳌、睦、继、时,以上七世循亲尽则祧之礼。"①绩溪梁安高氏安放神主办法是:寝室中间正座最上第一层奉得姓始祖,二层奉统宗始祖考妣,三层奉一世宗祖考妣,四层奉二世祖考妣,五层奉三世祖考妣,六层奉四世梁安始迁祖考妣,七层奉五世祖考妣,六世、七世起,以左昭右穆原则循序排列,第八层奉历代毁主总神位,第九层奉历代失名总神位。②总之,大宗祠堂奉祀始祖、始迁祖等远世祖先,重要祖先神主不祧,小宗祠供奉高曾祖祢四世先人。

(四)祠堂祭祀

祠祭是宗族的重大活动,祭祀定时日,祭品应丰洁,有主祭及其助理,严肃的祭仪,祭仪完毕后举行族人相见礼、颁胙、饮胙,是一个完整的程序,是宗族首脑向族众进行惇彝伦、序昭穆伦理教化手段,也是宗族力量向世人的展示。祭礼的主持人,大体上有两种情形,一是遵循传统礼仪,由宗子承担,另一种是有较高功名的人出任。

歙县汪氏崇本祠例行大祭为春、冬二祭,春祭在二月十五日,冬祭在十一月十五日。届期,首事照例预备祭品,洗涤祭器桌椅。③主祭由有功名和德高望重的前辈出任,他人不得觊觎,这就是族规所定的:"每祭以两族齿德俱优并有名器者主之,其余不得搀越,以崇祀典。"祭礼依程序进行,"礼生各宜严肃,毋得造次失仪"。祭毕颁胙、饮胙,在祠内按辈分年齿序坐,与祭、与宴者,应虔诚肃穆,"雍容循礼,毋得喧哗。违者,公罚银叁钱,作修葺祠宇之用"。颁胙,每户均有,体现祖宗福荫;另外给八旬以上老人,表示尊老;"乡绅举贡监生员与祭颁腥胙一斤,以重士子,以鼓后学。"④绩溪黄氏特别看重礼生在祭仪中的重要性,要有大小功名才能做礼生,并在礼生册登记,有变故,也应写明。⑤休宁

---

① 宣统《古歙义成朱氏宗谱》,《义成朱氏重修宗谱规条》,《清代宗族史料选辑》,下册,第1538页。

② 光绪绩溪《梁安高氏宗谱》卷11,《进主毁主例》,《清代宗族史料选辑》,下册,第1546—1547页。

③ 汪氏族规:"司年照料祠宇,修理渗漏……如司事失于检点,溷交下首,公罚银壹两修葺祠宇。""祠宇内外毋许堆贮私己豆麦柴薪杂项作贱,违者,将所贮之物公罚归祠变价修葺之用。""朔望看祠仆人预期洒扫,司事者清晨诣祠焚香。如有违失,司事者罚银叁钱修葺祠宇。祠仆不洒扫责十板。""冬春二祭祭仪载明祠簿,嗣后值年者必须照式备办,务必丰洁,以尽尊祖敬宗之意。如苟简菲薄,祭器不备,众议罚银贰两以作修祠之用。"见《歙县汪氏崇本祠条规》,《清代宗族史料选辑》,上册,第414—415页。

④ 《歙县汪氏崇本祠条规》,《清代宗族史料选辑》,上册,第414—415页。

⑤ 咸丰《黄氏家庙遗录》卷1,《祠制·礼生注册》,《清代宗族史料选辑》,下册,第1750页。

江村洪氏,每年元旦入祠谒祖,理事备办祭祀诸物务必丰洁,以尽诚敬之意。祭日,裔孙毕集。祭毕,众人序尊卑团拜,每人给祚肉一斤,大巧饼一双;不到者,罚银三钱。①以颁胙和罚银,强制族人与祭,而礼敬族长和斯文。

晚清绩溪县南关许余氏祠祭亦分为春分、冬至两次,照朱子《家礼》行三献及侑食礼,主祭三人,为宗长(宗子),系长房长子;为族长,是班辈最长者;为年齿最长者。主祭以宗子为重,族长陪祭。对与祭礼生规定严格:必需有顶戴、文武荫袭,或者有正式捐纳功名,以及乡饮宾、乡约,而且其人必需品行端方名望素著者,"若猥琐陋鄙邪僻之徒,适足玷辱宗祠,贻笑外人,概不准与祭"。"不谙礼体"者"亦不在与祭之列"。祭仪中宣读祝词者,需字义明通之人,整饬衣冠高声朗读。祭毕的颁胙,因太平天国战争使得祠产收入甚少,不得像战前那样进行,唯给老人胙,为的是多人参加,显得热闹。②禁止品行不端的人为礼生和参加祭祖,为的是怕他们玷辱宗祠,更怕被外人笑话。因为祭祖是极其严肃的礼仪,那样的人与祭,就是违礼,失去祭祀的本意。

无论由何种人主持祠堂祭礼,宗族强调的是礼仪的便于实行和与祭者的诚敬态度。歙县义成朱氏《祖训》"谨循礼节"条云:"吾等士庶家自有士庶之礼,向来祖制所遗,皆本文公家礼,而少为之参订。虽行之难云尽善,要亦行之可以无弊。故数百年来,卒未有易之者,盖礼不取乎文,贵取乎实;不重其末,乃重其本。本即实也。"实行朱子家礼,重在从内心自觉遵行,而不在于形式,因此,"祭祀以敬为本,一切祭品祭器祭献之节皆末也"③。

(五)祠堂经济建设——祠产及其管理、用途

祭祀需要备办祭品、散胙礼品、饮胙食品,是一笔不小的开支。没有田产出息,祭祀很难持续进行,即使勉强举行,也只能草草了事,不像样子,让人家看笑话。"无田不祭",得有田产收租,供给用度。族人明乎此,热心族务又有财力者捐献田业。宋太祖乾德二年(964),歙县沙溪凌道,置茔田地山,后裔一直保持此产业。④歙县葛山,南宋度宗咸淳四年(1268)进士汪绅,联合潜川汪全

① 雍正休宁《江村洪氏宗谱》卷14,《祠规》,《清代宗族史料选辑》,上册,第651—652页。

② 光绪《绩溪县南关许氏惇叙堂宗谱》卷10,《宗祠规约》,清代宗族史料选辑,上册,第424—428页;下册,第1751页。

③ 宣统《古歙义成朱氏宗谱》,《朱氏祖训》,《清代宗族史料选辑》,下册,第1541页。

④《新安名族志》,第556页。

购置笑塘膳茔田。①元代休宁博村吴亨,编辑宗谱只是他从事家族活动的一项内容,他同时修祖坟,置茔田,从事祭祀。②明代,歙县上路汪景栴,建宗祠,置祭田,立家规数十条。③休宁芳塘汪天禄置祭田以敦族。④明世宗嘉靖间,歙县许村许寿宁妻余氏,早寡,用搓麻所得收入,"买祭田入家庙"。⑤婺源疆溪,臧廷芳妻程氏,早寡,捐祠墓入祀田。⑥婺源临溪张应,捐祀田,以备子孙长远祭祀之用;张旺真,增祀田,以昭孝心。⑦康熙末年,休宁江村洪景文捐田五十九砠为宗祠祭田,同时期,有人在建祠时以捐田顶作修祠应交费用,有无后"输田入主以享祭祀者",有祠堂购置的,这几项得田四十二砠,总共一百零一砠,这些田都是沃土。⑧绩溪黄氏祠堂及族人捐献的钱、进主钱、人丁钱,暂不作祭祀之用,存贮起来,以便添置"田产"⑨。休宁茗洲吴氏原有祭田不多,吴任廙、任席、维佐等深感祭祀经费不足,于康熙二十三年(1684)各捐赀权子母,经过二十余年积累,购置新祭田,不过仍不敷所需。《家典》以表彰此三人,希望族人继续捐献。⑩太平天国战争以前,绩溪县南关许余氏祠堂的田产,在四个完粮户头内,需要交纳税粮银十五两三钱。它的祠田当在一百亩以上。⑪黟县鹤山李氏有两支,均立会置备支祖祀产,长房的李世禄考虑到"会产无多,祀典将历久而难继,乃输英洋一百元以为倡",希望族人效法,令"祀典永垂弗替,而敬老育贤诸善举亦可次第举行"⑫,等等,不再罗列。

宗族有了祀产,管理和保存不散失,成为严重关切的事情。捐田的洪景文特地写作《宗祠祀田记》,强调"此田为宗祀攸关,尤非寻常可比者"。为此

①《新安名族志》,第 186 页。

②《新安名族志》,第 401 页。

③《新安名族志》,第 190 页。

④《新安名族志》,第 208 页。

⑤《新安名族志》,第 472 页。

⑥《新安名族志》,第 327 页。

⑦《新安名族志》,第 339—340 页。

⑧ 雍正休宁《江村洪氏宗谱》卷 14,《宗祠祀田记》,《清代宗族史料选辑》,上册,第 593 页。

⑨ 咸丰绩溪《黄氏家庙遗据录》卷 1,《祠制·礼生注册》,《清代宗族史料选辑》,下册,第 1750 页。

⑩ 雍正《茗洲吴氏家典》卷 2,《祭田议》,《清代宗族史料选辑》,上册,第 545 页。

⑪ 光绪《绩溪县南关许余氏惇叙堂宗谱》卷 10,《惇叙堂祠产引》,《清代宗族史料选辑》,上册,第 547 页。

⑫ 李世禄纂《黟县鹤山李氏宗谱》卷末,《添祥公会序》,1917 年木活字本,《清代宗族史料选辑》,下册,第 1929—1930 页。

提出轮流掌管办法,永远保持,不得变卖:"后世子孙即有公用急需,勿得妄动祀田,如弃田是绝祖宗之血食也。"祀田租谷在族内轮流掌管,祠首收贮,以供祭祀之需。每岁轮值为首者,备物致敬,务必尚其丰洁,以自尽其奉先思孝之心。期盼祀田"永传不替"①。歙县蔚川胡氏有祀产,与洪氏一样关心于它的长期保存,在道光以前的《规条》中设有"守祀产"专条,针对徽州社会多讼的情况,禁止为打官司出售祭田,以及不肖族人盗卖祠产,"今后各族支子孙务宜世守祀产,以永孝思。其田地土名字号税亩须载于谱,世世不致迷失"②。绩溪南关许余氏有宗祠田地店屋,自诩族人对祠产的"捐助甲于他姓",而且从祠产的类别与用途,区分出合祀之产,分祭之产,以及专祀令威公之产三类;有四种纳粮户,为祀报本楼之产,清明祭墓之产,岁除新正拜祖散胙给胙之产,斯文老人之产。在《惇叙堂祠产引》文献中,开载完粮户头,以昭郑重。③

祀田而外,族人聚钱放贷生息,用作支祠,或特定祖先的祭祀。"黟县族各有众厅,族繁者又作支厅,富庶则各酿钱立会,归于始祖或支祖,曰'祀会厅',为会惟旧姓世族有之。"④该县鹤山李氏为保证祭祀的持续进行,一些热衷于慎终追远者,在康熙中期组成"添祥公冬至会",捐献银钱,利息专门为冬至祭奠先人李添祥的费用。⑤

古语"穷乡村富公堂",反映祠堂往往拥有众多财产,绩溪许余氏从而说道:"公堂富则虽众户贫寒,或助或借,缓急有恃。"⑥祠堂的财力,除却祭祀开销,有余者还用来救济族中贫户。

(六)祠堂类别

前面交待了祠堂的基本情况,涉猎统宗祠与支祠、能干祠、特祭祠,此外祠堂还有多种类型,如名人专祠、贤人祠、某祖祠及女祠。

---

① 雍正休宁《江村洪氏宗谱》卷14,《宗祠祀田记》,《清代宗族史料选辑》,上册,第593页。

② 民国歙县《蔚川胡氏家谱》卷2,道光二年所录《规条》,《清代宗族史料选辑》,下册,第1771页。

③ 光绪《绩溪县南关许余氏惇叙堂宗谱》卷10,《惇叙堂祠产引》,《清代宗族史料选辑》,上册,第547页。"咸丰以前,令威公生日,祠内演戏。"

④ 嘉庆《黟县志》卷3《风俗》,同治九年本。

⑤ 民国《黟县鹤山李氏宗谱》卷末,康熙《添祥公冬至会序》,《清代宗族史料选辑》,上册,第439—440页。

⑥ 光绪《绩溪县南关许余氏惇叙堂宗谱》卷8,《惇叙堂家政》,《清代宗族史料选辑》,上册,第459页。

名人祠最主要的有两个,即程灵洗的世忠祠、汪华的忠烈祠。程灵洗、汪华是中古时代徽州历史上英雄人物, 口碑相传中又被演绎成地方保护神,纪念他们的祠庙,不仅是程氏、汪氏家族的祠堂,同时是地方民众信仰的保护神祠宇,建设、维修也是地区民众共同出力。世忠祠、忠烈祠有总祠和行祠。就《新安名族志》所载,宋代,黟县南山程士龙,"建横岗、忠烈等庙"。南宋嘉定十五年(1216),太学生汪�,以程忠壮公(程灵洗)存殁功绩具奏,请建庙祀,诏赐额"世忠"。四传汪永茂,施田于庙。①元代,歙县向杲吴新,"建汪王庙门屋"。歙县荷花池程仕征、仕进兄弟于明朝初年,"析篁墩地建世忠祠堂"。成化间出任县令的绩溪仁里程传"尝建世忠祠"。黟县横冈,吴景阳、景行"一门捐财鼎建汪公忠烈祠"于里居水口之滨。②

歙县棠樾鲍氏在嘉庆初年建立清懿堂,俗称女祠,系门厅、三进建筑,最后部分为寝堂,木钩、石作、砖雕较该族男祠敦本堂精美。祠祀五十九位贞烈女性。③歙县呈坎前罗于弘治十一年(1498)建宗祠,在祠内南侧建造女祠,与男祠不同的是坐东朝西。万历间,后罗建立东舒祠,亦专设女祠。乾隆年间前罗兴造一善祠,内部的女祠,二进规模,长18.55米、宽9.25米,至今保存。潭渡黄氏亦建有女祠。④

(七)宗族内部各有职能的小团体

各个名族内部,产生一些小群体,属于祠堂,但有相对独立性。团体有文会、冬至会、利济会、财神会、桥会、学塾,等等,各有特点。凝聚族人的宗会,如歙县南市程相,"合宗结社";绩溪仁里程传,设"立宗会"。他们都是为了长期维系宗族,与志同道合者组建族内之"会",共同努力做促进工作。⑤婺源詹仁不只是建宗祠,为了不时追念先人,与具有同样信念者组建"时思堂会"⑥。

为开展村社活动的族会,如祁门左田黄氏原有"左田族社会",一度无人问津,嘉靖十九年(1540)黄瑜倡复,重新活跃起来。

---

①《新安名族志》,第194页。

② 分别见《新安名族志》,第37、86、82、368、414页;世忠祠、忠烈祠的研究,参阅《明代宗族研究》,第83—93页。

③《徽州大姓》,第376页。

④《徽州大姓》,第228页。

⑤《新安名族志》,第38、86页。

⑥《新安名族志》,第284页。

为祭祖建立的社,如祁门左田黄氏原先有清明祭扫会,停顿之后,黄永安复兴。①

保护生态环境,江学海等人于万历间组建金瓯社,"放生设禁",放生池设在练溪桥口,乾隆二十七年(1762)重新开展活动,在练溪"沿岸植桃,为桃花坝"②。

维护地方治安组织,如"六关"。明末社会动荡,徽州遭受战争蹂躏,黟县鹤山李氏邀集松岭、榆村、湖洋川四十余姓,以资捍卫,名曰"六关",李氏为此设置敬翼会产业,作为活动经费。③

学塾、文会后文专论;族内还有经济互助、行善管理宗族某些事务的组织,在笔者其他文章中作了交代,这里从略。

三、祖墓建设与隆重墓祭

徽州人与其府县人同样看重祖坟,但是由于有千年祖墓,以此自豪,修建、维护不遗余力,以致借助佛教寺庙护持坟茔;墓祭更是隆重,充分表示慎终追远的孝行,体现名族实现孝道伦理。

(一)祖坟:名族资源与标志

村落是传统时代人们立足于社会的根基,政府更有籍贯制度,将民人与籍贯牢固地绑在一起。人们看重家乡,而作为家乡成员,祖坟是不可缺少的依据。古代,客死异乡者的亲属千方百计将遗骸运回故里,安葬祖坟山,以致有许多孝子千里搬运父亲遗骸回乡的动人故事,明清史上徽州就不乏其人。④祖坟是认证籍贯的凭证,清代,徽州人移居江苏仪征,入籍的条件,朝廷的规定是:"(人户)于寄籍之地,置有坟庐二十年者,准入籍出仕。"⑤仪征县执行中具体的条文是"其客户、外户有田地坟墓者二十年,准其入籍,俱为民户;无田地者曰'白水人丁'"⑥。外地人在客居地有坟墓是入籍的基本条件,可知祖坟对

---

① 《新安名族志》,第179页。

② 《歙事闲谭》,第614页。

③ 民国《黟县鹤山李氏宗谱》卷末,《添祥公会序》,《清代宗族史料选辑》,下册,第1929—1930页。

④ 如歙县岩镇人程岩注经营盐业于辽阳以远,不久死,子士章历尽艰辛寻回遗骸安葬。《歙事闲谭》,下册,第1043页。

⑤ 《清史稿》卷120,《食货·户口》,第13册,第3480页。

⑥ 康熙《仪征县志》卷10,《民赋》,清刻本。

于人户的重要。

修建坟墓。《橙阳散志》云,"吾徽有千百年祖坟、千百丁祠宇、千百户乡村,他处无有也。"①千百年祖坟的存在,是罕事。《新安竹枝词》所歌咏的:"鼓吹喧天拥不开,牲牷列架走舆台。问渠底事忙如许,唐宋坟头挂纸来。"②主旨是说墓祭的盛况,但云"唐宋坟头",示其古老,与"千年祖坟"同意。清代后期歙县人黄崇惺撰著的《郡志辨证》谓,"徽人最尚风水,冢墓鲜有遭发与平为耕地者,而古墓存者甚少……"③徽州有千年古墓,但就人们的重视态度而言保存不多。史料记载有古墓史的事例,如巴播,南朝梁武帝时自丹阳迁休宁二十四都林川,卒葬林田蜻蜓头,其子孙"葬是都者二十世,各置守墓之人,迄今千余年,其子孙犹执仆妾礼,此又他族所无者"④。晋代程元谭始迁歙县,后人为其造墓,明朝初年,率东程任叟"力复元谭公墓地"⑤;荷花池程仕征、仕进兄弟"协复始祖元谭公墓"⑥。无疑,歙县不同村庄的程氏族人致力于兴复始迁祖墓。五代间人汪㳘,因乱世不仕,教子诗书,敦睦邻里,同妻俞氏十二娘合葬歙县古唐岭侧,至其第二十一世孙汪兰,壮游四方,七十岁返乡,约在正德、嘉靖间维修汪㳘墓。⑦北宋人郑海之墓在莲塘蒲,名"八大脑坟";其子再能,财产甲于州邑,人称"郑半州",家坟铁坞岭。⑧

徽州有古坟,从家族兴建寺庙一事得到验证。早在宋代,人们就捐建佛塔,请寺院协助维护祖坟,徽州人亦然。宋徽宗崇宁年间,程安尚迁居歙县率口,子敦临捐资,"徙斋祈寺于夹山,后人立祠于寺,割田以奉香火,自宋迄今(明代后期)不废,益盛"⑨。宋代,婺源符竹汪源,立祠于大田,奉祀乃父道安,并"建大田寺,招僧侍值香灯"⑩。王氏在歙县岩镇的刘家山祖坟,南宋景炎间被毗连葬者打毁,青龙山本墓失利,王旺一独资移葬小岩冲口。元代,王氏以

---

① 《歙事闲谭》,第 606 页。

② 《歙事闲谭》,第 206 页。

③ 《歙事闲谭》,第 593—594 页。

④ 《新安名族志》,第 429—430 页。

⑤ 《新安名族志》,第 64 页。

⑥ 《新安名族志》,第 37 页。

⑦ 《新安名族志》,第 184 页。

⑧ 《新安名族志》,第 455 页。

⑨ 《新安名族志》,第 53 页。

⑩ 《新安名族志》,第 223 页。

小岩冲口祖坟近古岩寺,乃于寺内建祠宇,设置迁岩镇始祖位座,将佃户舒姓拨归寺院为金业户,至明代遵行。①这是与寺院结合守坟。宋代,祁门善和程伯源、伯彦,母殁,庐墓,筑祠其下,朝廷赐额"报恩庵"②。可能亦建有寺庙。南宋,歙县葛山汪绅捐资建"上佛堂",福佑一方丰稔。③汪文显,重建大夫祠于金紫院。④从宋代宗族祖坟与寺庙关系来看,记载中的率口程氏、符竹汪氏确有宋代祖墓。

前述徽州名族建设祖墓,已经涉及程氏的维修祖坟。维护祖茔,包括设置墓户、修葺、巡山察界、绘制坟茔图册、禁止盗葬与盗伐林木。名族祖坟,备有坟丁看守,绩溪许余氏训公以上四代有四墓户,祀产由四墓户管年人措办祭仪,供给餐饭。⑤维修,保持祖墓完好,不致坍塌平毁,名族无不致力于此。三田李氏《家规》:"祖宗坟茔若有年远圮没残露者,子孙当以礼修葺,更立石深刻氏讳及地名年月,勿致湮灭。"⑥歙县蔚川胡氏所录道光二年《规条》,有《修坟墓》专项:"坟墓乃祖宗所凭依之域。若平塌浅露,须于祭奠之日率众择土培之,不致暴露平没,启人窥伺。"⑦盗卖祖坟、盗葬,是自身莫大罪过,宗族定不饶恕。休宁江村洪氏康熙间《祠规》:"各祖墓山地,不许不肖者盗卖丝毫;其上蓄养荫木,不许擅伐。虽有枯树,亦听其自倒,其既倒之树收取入众公用。违者逐出宗祠,仍行呈处。"⑧既禁止盗卖,亦不许盗伐林木,否则开除出宗,同时送官惩办。蔚川胡氏《修坟墓》有同样内容:"凡塚上木植坟茔疆界,不时经理巡视,以防不肖之侵犯。若支下私伐邱木者,重罚之;侵葬者,倍罚改正。倘恃强不遵,族长呈公理论。其各处祖坟四至,税亩字号土名山向,画图载谱,则考核有据矣。"⑨特意制作族规山图,以为考核证据。绩溪城西周荣等生员、监生为禁止破坏祖坟、盗葬、盗卖呈请县令立案,嘉庆二十二年(1817)获得批准,于祖坟维修后竖立《禁碑》。知县禁令称:"倘有无知棍徒、

---

① 《新安名族志》,第 569 页。
② 《新安名族志》,第 79 页。
③ 《新安名族志》,第 186 页。
④ 《新安名族志》,第 189 页。
⑤ 光绪《绩溪县南关许余氏惇叙堂宗谱》卷 10,《宗祠规约》,《清代宗族史料选辑》,上册,第 426 页。
⑥ 光绪《三田李氏宗谱》卷末,《家规》,《清代宗族史料选辑》,上册,第 486 页。
⑦ 歙县《蔚川胡氏家谱》卷 3,《规条》,1915 年线装活字本,《清代宗族史料选辑》,上册,第 651 页。
⑧ 雍正《休宁江村洪氏宗谱》卷 14,《祠规》,《清代宗族史料选辑》,上册,第 652 页。
⑨ 民国歙县《蔚川胡氏家谱》卷 2,《规条》,《清代宗族史料选辑》,上册,第 651 页。

不孝派逆,胆敢在于该处坟山盗葬及戕荫取柴,许该族指名禀县,以凭严拿究惩,决不宽宥!"①

(二)墓祭与挂钱之盛行

名族墓祭,主要是清明节的扫墓,亦有十月间墓祀,曰"送寒衣",中元节祀先,焚冥衣,荐新米饭。

清明扫墓,分为两种,一是合族的祭始祖墓,另一为祭分支祖墓。绩溪许余氏族规:每年清明扫墓,凡发祥之祖由合族祠首虔备牲仪,合族同往。各房由各房公堂举办,各家私墓不论远近清明必至。②绩溪梁安高氏的清明祭祀,在五天内分头祭扫祖坟:第一日往四都汉饶公及凤巢祚公并五官坟墓,第二日赴西门岭五八公及二宜人并往高坑二府君墓,第三日至十二都外坑三十、三三公墓,第四日往青石塘三十公孺人及三三公孺人并往翚岭下胡八塘三六公墓,第五日往歙东项村六一公墓前祭扫,到者照例给胙,不到不给。③清明扫墓,礼仪隆重。江绍莲在《橙阳散志》写道:徽州人"墓祭最重,曰'挂钱',亦曰'挂纸',举于清明,表示增封也。族祖则合族祭之,支祖则本支祭之,下及单丁小户,罔有不上坟者。故自汉、晋、唐、宋迄今,诸大族世代绵长,而祖墓历历咸在,无或迷失,执此故也"④。说明隆重的墓祭,向世人昭示:祭祀者有千年、数百年祖先,在本地有根基,验证他是名族。而且墓祭是在野外进行的,人多热闹,比祠祭更显眼,更让人羡慕,所以墓祭是向世人展示其名族地位。

徽州人看重墓祭,从外迁者返乡扫墓得到验证。外迁者多能保持与家族的联系,前述修建祠堂,已有此事例。有的外迁颇有岁月,仍不忘本根,乃至形成回乡扫墓的习惯。休宁金氏族人迁居江西永新,已长达九世,"支丁蕃衍,以读书耕田世其家,"他们定例,每三世派遣士人二人到休宁祭扫,其中金光弼一再归来搜墓。⑤绩溪许余氏族规中有"拜祖留餐"一条⑥,反映外地族人回乡扫墓的现象有普遍性。外迁者到祖居地上坟,从而明确与本根关系,是认同,

① 光绪《绩溪城西周氏宗谱》卷19,《禁碑》,《清代宗族史料选辑》,上册,第487—488页。
② 光绪《绩溪县南关许余氏惇叙堂宗谱》卷8,《惇叙堂家礼·祭礼》,《清代宗族史料选辑》,上册,第474页。
③ 光绪绩溪《梁安高氏族谱》卷11,《祭扫例》,《清代宗族史料选辑》,上册,第475页。
④《歙事闲谭》,第609页。
⑤ 乾隆《休宁金氏族谱》卷23,《事略》,《清代宗族史料选辑》,上册,第358页。
⑥ 光绪《绩溪县南关许余氏惇叙堂宗谱》卷10,《宗祠规约》,《清代宗族史料选辑》,上册,第427页。

是名族具有社会地位,对远近族人具有吸引力。

(三)笃信坟山风水兴讼不绝

族规那么严禁盗葬盗卖,无非是此类现象严重。文献中屡有坟山兴讼的记载。王勿翦《知新录》云:"地讼之为累,在新安为尤多。"①《橙阳散志》中说:"顾其讼也,非若武断者流,大都坟墓之争,十居其七。比年此风亦稍息矣。"②他说乾嘉时期祖坟之争案件略少一点,可知前此频繁,时下只是减少而已。

兴讼的基本原因,是笃信坟山风水说,外族人羡慕某族坟山风水好,企图占有;本族人或认为祖坟发达某房而不利本房,要求迁葬;或无葬地而偷葬祖茔地;或堪舆不得嘉壤,乃在祖茔上打主意;或盗卖得利;还有为援助支派而参与讼争,如绩溪冯氏一支,因新安统始祖定公坟前被歙南鸿飞外门同姓不宗军派冯安镐等抽脚盗葬,互控在案,东关冯氏要求支派,因不忍坐视,往彼处协助料理。③

坟山争端屡有发生,明智的族人未雨绸缪,对可能引起争端的相邻祖坟各立界牌,合议互不侵犯,如李姓、江姓祖坟在金钱堆,康熙五十二年(1713)合议:"二家以后均不得开穴扦葬,以及私鬻情事。此外,余山照原各管各业,二家不得侵越界至,如敢侵越,将此合墨赴公理论,甘罪无辞。"④但是明智者少,觊觎者众,即使明智的宗族深知打官司终归是负担,然而有时不得不兴讼、应讼,于是坟山争执案件累累。

祖坟山林争讼,名族竟然出现盗卖祖山的不肖子孙,是名族之累。

四、名族世代延续的记录——族谱

徽州名族着力于自家文献建设,编纂多种类型文献,有各个家族的宗谱;宗族人物传记的先德录;家族聚居地的村镇志;汇集徽州府或某一县名族史的名族志;汇集徽州府名族人士文论的文献志,以凝聚族人,激励自身上进,提高名族素质和社会地位。本节专叙名族的修谱及其作用。

---

① 《歙事闲谭》,第930页。
② 《歙事闲谭》,第605页。
③ 光绪绩溪《东关冯氏家谱》卷末下,《书家谱后记》,《清代宗族史料选辑》,下册,第1897页。
④ 民国《黟县鹤山李氏宗谱》卷末附,《李江两姓议墨》,《清代宗族史料选辑》,下册,第1892页。

(一)族必有谱:创修、续修

汪世清在李明回等校点的《歙事闲谭》的序中讲到徽州族谱数量与状况:《中国古籍善本书目》著录的族谱五百八十五部,一百二十三姓氏,其中徽州的四十一姓氏谱一百七十五部,占总谱数的29.9%。一百七十五部中,程姓三十部,汪姓、吴姓各十八部,黄姓十二部,胡姓八部,方姓七部[①]从这份统计数据得知徽州族谱之多,在全国善本族谱中无疑占据首列位置,表明徽州各个家族撰著家乘之多。笔者不必从现存徽州各个宗族所编写的族谱来证实名族致意于家乘著录,仅就《新安名族志》的记叙,明了编修家族史的状况,其中有族谱、族规、家族人物传记、画像等。为简便,兹用图表以明之。

《新安名族志》著录修辑宗族史文献简表

族姓	县	村	制作人	编纂	《新安名族志》页码	备注
程	歙县	槐塘	程孟	编程氏诸谱会通、外谱、世忠事迹源流录	20	元末明初
程	歙县	堨田	程耀	辑宗谱	33	明代
程	歙县	唐贝	程珽	集宗谱	33	明代
程	歙县	方村	程暹	修辑家谱	33	明代
程	歙县	托山	程加厚	编家谱并图	34	宋代
程	休宁	汉口	程玩	编统宗谱60卷	42	明代
程	休宁	汉口	程节	续编家谱16卷	42	明代
程	休宁	会理	程天径	庆源录	44	明代
程	休宁	陪郭	程敏政	程氏世谱、新安文献志、休宁县志	47	明代
程	休宁	富溪	程瞳	编新安学系录、休宁县后志、新安文献志补	49	明代
程	休宁	陽村	程远甫	著家训、乡会录	50	明代
程	休宁	陽村	程思暹	编墓祭录	50	明代
程	休宁	陽村	程思孟	瓜瓞图	50	明代
程	休宁	浯田	程永宁	编家乘	57	明代
程	休宁	浯田	程相	编宗谱六卷、刻昭潜录	57	明代

[①]《歙事闲谭》,第4页。

族姓	县	村	制作人	编纂	《新安名族志》页码	备注
程	休宁	浯田	程文郁	刻家传文献集	57	明代
程	休宁	临溪	程尚武	修家谱	59	明代
程	休宁	东关口	程寿	修本支谱	61	明代
程	休宁	文昌坊		文昌坊程氏谱序	61	明代
程	休宁	文昌坊	程昭	立宗规辑宗谱	61	明代
程	婺源	高安	程致和	修谱	68	明初
程	婺源	高安	程质	参编星源志、世谱	69	明代
程	婺源	香山	程镗	刻家传续家谱	71	明代
程	婺源	韩溪	程资	程氏支派谱、规约、婺源姓图	74	明代
程	婺源	中平	程宗祥	会统宗谱	78	明代
程	祁门	善和	程复	编族谱	79	南宋
程	祁门	善和	程昌	编本宗谱	80	明代
程	绩溪	中正坊	程通	编坊市谱	85	明初
程	绩溪	仁里	程以易	与修会通谱	86	明代
程	绩溪	仁里	程传	编程氏谱略、程氏志略、绩溪县志	86	明代
程	绩溪	仁里	程儒	程氏世肖录、绩溪文献诗	86	明代
鲍	歙县	鲍屯	鲍琚	编谱系	92	明代
鲍	歙县	大址村	鲍泰甫	修谱系	93	明代
鲍	歙县	新管	鲍明伦	追像二亲	97	明代
方	歙县	联墅	方纲	序宗谱	101	南宋
方	歙县	临河	方巨川	序《源流世谱》	103	南宋
方	歙县	岩镇	方岩	著宗谱续编	110	明代
方	歙县	罗田	方邦望	著宗祠礼节	112	明代
方	歙县	磻溪	方宏中	家谱五卷	120	明代
方	婺源	方村	方振文	著积善家训	124	元代
方	婺源	大麓	方裕	续编家谱	125	明代
俞	歙县	岩镇	俞德成	修家谱	134	明代
俞	婺源	丰洛	俞长轴	著世谱纪源	141	明代

族姓	县	村	制作人	编纂	《新安名族志》页码	备注
俞	婺源	大源坞	俞胡保	编家谱作序	145	明代
余	黟县	城西	余允恭	立家规	151	明代
黄	歙县	潭渡	黄道辅	助彦康修谱	154	明代
黄	歙县	虬村	黄原泰	修家谱	160	明代
黄	歙县	虬村	黄早	倡修家谱	160	明代
黄	歙县	石岭	黄道生	修会通世谱	167	明代
黄	休宁	五城	黄云苏	著宗支一览图、修会通谱	169	明代
黄	休宁	五城	黄天禄	修宗谱	169	明代
黄	休宁	约山	黄镒	重修家谱	173	明代
黄	祁门	左田	黄逸	著左田家谱	177	宋代
黄	祁门	左田	黄熙	著左田家训	177	明代
黄	祁门	左田	黄绍五	著左田家谱	178	元代
黄	祁门	左田	黄实	著报本录	179	?
汪	歙县	古唐	汪遇庆	修宗谱	184	明代
汪	歙县	岩镇	汪云龙	修宗谱	187	咸熙五年?
汪	歙县	潜口	汪颢	编汪氏流芳集	188	元代
汪	歙县	松明山	汪惠师	修宗谱	191	明代
汪	歙县	碣田	汪辅	续编家乘	193	明代
汪	歙县	黄墩	汪宥、楫	同校宗谱	194	明代
汪	休宁	石田	汪松寿	著汪氏渊源录	203	元代
汪	休宁	藏溪	汪尚琳	编校宗谱	216	明代
汪	休宁	富昨	汪楚	著祭规、保墓规、族约,补宗谱	216	明代
汪	休宁	汉口	汪景清	编刻西门宗谱	217	明代
汪	休宁	汉口	汪尚和	著家训、汪氏足征录	217	明代
汪	婺源	符村	汪幼凤	重修星源旧志	228	元代
汪	婺源	石井	汪清	修会元世谱、庆元录	230	明代
汪	婺源	石井	汪哲德	重修家乘	230	明代
汪	祁门	井亭	汪俨	著讷斋家训	231	明代

族姓	县	村	制作人	编纂	《新安名族志》页码	备注
谢	歙县	岩镇	谢庭懋	修宗谱	261	明代
查	休宁	西门		有家谱、宦像赞手卷	268	明代
夏	休宁	南门	夏齐	绘画母像朝夕赡事	272	明代
詹	婺源	庆源	詹潭	修复祖墓、撰家训	284	明代
詹	婺源	庆源	詹悬生	编扫墓规、世系图	284	明代
詹	婺源	庆源	詹仁	编家谱	284	明代
詹	婺源	庆元	詹铼	会修统宗谱、立诸墓碑石	284	明代
胡	歙县	路口	胡缙	佩先人玺、像、家谱迁居	286	南宋
胡	歙溪	路口	胡恕	刻新碣图录、释家训	290	明代
胡	歙溪	路口	胡光祚	重修宗谱	292	明代
胡	祁门	城东	胡福	克复占谱	310	明代
臧	婺源	疆溪	臧护	续修谱牒	327	明代
张	歙县	黄备	张寿	修谱牒	330	宋代
张	歙县	绍村	张珹	编刻宗谱	331	明代
吴	歙县	向杲	吴新	修宗谱	368	元代
吴	歙县	向杲	吴积德	修宗谱	368	明代
吴	歙县	向杲	吴还	定宗约立祭法录祀原	368	明代
吴	歙县	岩镇	吴宽	协族修谱	371	明代
吴	歙县	澄塘	吴靖	纂家谱	376	南宋
吴	歙县	澄塘	吴龙旗	修家谱	375	南宋
吴	休宁	城北	吴雷泰	重修家乘	390	?
吴	休宁	城北	吴津	率族延程确斋重修家谱	390	明代
吴	休宁	石岭	吴筠	修谱牒	391	明代
吴	休宁	吴田	吴琼	编吴氏家录19篇	397	明代
吴	休宁	临溪	吴仁福	修宗谱	400	北宋
吴	休宁	博村	吴亨	辑谱牒	401	元代
吴	婺源	赋春	吴肃轩	著家乘垂	408	明代
叶	休宁	陪郭	叶强宗	编刻世谱	423	明代

族姓	县	村	制作人	编纂	《新安名族志》页码	备注
戴	婺源	河村	戴大有	编辑家谱	466	元代？
戴	婺源	河村	戴孟威	续编支谱	466	明代
戴	婺源	桂岩	戴安义	修家谱、著家学传	468	明代
孙	歙县	石际		代有伟人，悉载家谱	484	明代
孙	休宁	坑口	孙宗然	著宗规仪式	486	明代
孙	休宁	草市	孙廷瑞	著谱系十卷	486	元代
孙	休宁	阳湖	孙文秀	建双亲堂奉祀亲像	487	明代
洪	歙县	丰乐	洪永寿	倡辑家乘	518	明代
江	婺源	洪椿	江显	修家乘	534	明代
江	婺源	虎溪	江原敬	著复族传	535	明代
江	婺源	虎溪	江孟俊	著世德录	535	明代
江	婺源	虎溪	江浩等	修家谱	535	明代
江	祁门	浯嘉潭	江自洪	修统宗谱	537	明代
江	祁门	浯嘉潭	江绍	倡修萧江统谱	537	明代
江	祁门	浯嘉潭	江山	著家谱集	537	明代
凌	歙县	沙溪	凌大东	编沙溪宗图	556	南宋
曹	婺源	大鳙	曹云	会修统宗谱	566	明代
王	歙县	岩镇		端拱统宗谱、图家谱	569	宋代
王	歙县	岩镇	王彦荣	修刊统宗谱"丁未谱"	569	明代
王	歙县	岩镇	王斌	修刊统宗谱"己未谱"	570	明代
王	歙县	岩镇	王宠	修刊统宗共谱	571	明代
王	婺源	古池	王仲义	著王氏箴规、修本宗谱	584	明代
王	婺源	古池	王奎	续修统宗惇叙图、王氏文献录	584	明代
王	婺源	中云	王宗涛	重修宗谱	585	明代
王	婺源	范溪	王介轩	续惇叙图、谱序	586	明代
王	婺源	范溪	王汝潜等	编本房家乘、作序传	587	明代
蒋	祁门	白塔	蒋琬	编族谱文	596	宋代
潘	婺源	桃溪	潘应龙	编桃园宗谱	640	元代

族姓	县	村	制作人	编纂	《新安名族志》页码	备注
潘	婺源	桃溪	潘规	修族谱	641	元代
潘	婺源	桃溪	潘迥	重修谱牒	641	元明之际
潘	婺源	桃溪	潘珏	修族谱	642	明代
金	休宁	朱紫巷	金音保	修宗谱	648	明代
冯	绩溪	冯村		家乘载宋科甲题名碑	660	?
佘	歙县	岩镇	佘安裕	修谱牒	687	宋代
齐	婺源	冲田	齐喧	修家谱	697	明代
仰	祁门	东溪	仰文鉴	著家政编	699	明代

表注:

(1)著录各姓氏家族文献,依书中页码前后为序;

(2)受书中资料限制,有的年代不准确;

(3)有的仅知有族谱,而不知编纂人;

(4)与族谱相关的家族文献列入表内,多有漏列者;

(5)有同于《休宁名族志》者,如程天径之《庆源录》,亦见《休宁名族志》卷一《程·会理》,第81页。

表中程氏等族谱牒文献与古籍善本中徽州各姓所存情况基本一致,从不同侧面表明徽州名族热诚于自家谱系的编纂。需要说明的是,《新安名族志》记录不全,如表中的程瞳编著还有《程氏世谱补订》十卷、《程氏贻范集补》二十卷、《续宗谱辨考》《徽州府通志》等谱书、志书;另有程岩友的《世系图》一卷,程岩长的《新安孝行录》,程富春的《富溪程氏宝藏集》,程常的《程氏本宗谱》五卷、《新安程氏会谱》二十卷、《世宗录》四卷,程昊隆的《先德录》,程浚的《富溪程氏祠规》七卷等。[1]再说《新安名族志》记叙内容时间上止于明朝嘉靖年间,此后续修家谱很多,尤其在清代,如歙县棠樾鲍氏,在上述表中未见其修谱,然至乾隆二十五年(1760)修宗谱,已经是续修了,并且制订《重编宗谱凡例》。[2]其创修是在清代,抑或是在明代而文献漏载,笔者尚不能确知。再如

① 程瞳编著:《新安学系录》附录二,《富溪程氏书籍考》,王国良、张健点校本,黄山书社,2006年,第324—330页。

② 乾隆歙县《棠樾鲍氏三族宗谱》,《清代宗族史料选辑》,下册,第1554—1555页。

清华胡氏在乾隆二十七年(1762)编修宗谱,已经是第七次修谱了①,同治十三年(1874)第九次修纂②,显然在明代以及顺康雍间屡次兴修。休宁青山张履升,于康熙间修成《休宁张氏世谱》。③

族谱表显示徽州名族修纂族谱众多,另有三点值得一述:

其一,谱书有三种类型,即统宗谱、宗谱(本宗谱)、支谱。聚居一地或附近的宗族成员修纂的谱书为本宗谱。以远祖、始迁祖为共祖的宗人,散处各地,各自编写了族谱,若将各门派族谱汇总,编纂成统宗谱(会通谱),明代就出现《新安程氏统宗世谱》、新安《许氏统宗世谱》《张氏统宗世谱》《新安黄氏统宗世谱》等统宗谱,绩溪梁安高氏,原来"有各派分修之谱而无合族统修之谱,有各自缮写之谱而无同出刊印之谱",到同治十一年(1872)族人始议统修刊印统宗谱,光绪三年(1877)始克蒇事。④光绪间,绩溪周氏竹里老祠续修统宗谱,邀约仙石派参加,该派因原名"石歇"村名不雅,不好意思参与,后来改名仙石,自行修谱。⑤支谱,宗族内的各支派编辑的房谱。

其二,族谱有抄本与印本之别,族谱修成,本应刻印,以便各门派,乃至个人保存,但刊刻费用较高,动辄数百两银子,有的家族一时凑不足,只好抄写一部或几部存留,及至续修,经费充足了,始行刻印。如清华胡氏,"旧谱皆前人手录",到第七次编修成功,因族人缴费领谱,需要者多,遂行刻板印刷。⑥

其三,修谱同时制定、汇辑宗族规约。歙县蔚川胡氏在道光二年(1822)修谱序言云:"谱也者,纪祖宗之文献功德,作子孙之法守规模。"⑦修谱时往往汇辑祖训、族规、先前谱例,以致制订新的宗族规范。光绪间绩溪高氏修谱时,"谨辑先世所传祖训家法条著于篇"。就是汇集规约,期望族人遵行。⑧

---

① 《清华胡氏宗谱》卷首,《乾隆壬午七修凡例九条》,1917 年刻本,《清代宗族史料选辑》,下册,1678 页。

② 民国《清华胡氏宗谱》卷首,《同治甲戌九修凡例十三条》,《清代宗族史料选辑》,下册,第 1678 页。

③ 汪琬:《尧峰文钞》卷 26,《休宁张氏世谱序》,《四库全书》本,《清代宗族史料选辑》,下册,第 1639 页。

④ 高富浩纂修绩溪《梁安高氏宗谱》卷 11,《家政叙》,光绪三年活字本,《清代宗族史料选辑》,下册,第 1548 页。

⑤ 宣统绩溪《仙石周氏宗谱》卷 2,《祠堂记》,《清代宗族史料选辑》,上册,第 276 页,

⑥ 民国《清华胡氏宗谱》卷首,《乾隆壬午七修凡例九条》,《清代宗族史料选辑》,下册,1678 页。

⑦ 民国歙县《蔚川胡氏家谱》卷 2,道光二年《璜蔚赠族修谱序五》,《清代宗族史料选辑》,中册,第 1209 页。

⑧ 光绪绩溪《梁安高氏宗谱》卷 11,《家政叙》,《清代宗族史料选辑》,下册,第 1548 页。

下面将绍述名族族谱等文献的内容特点及与所表现的名族特性。

(二)族谱是名族世代延续的记录与名族表征

很多宗族修谱,都说是为"明世次、序昭穆",诚然,谱牒书写族人及其血系关系。家谱记录本族每一个族人,不分老少,凡男性及其配偶必载,有的宗族对族女亦予著录。方法是按成员的门派、辈分、行次登录,关照到血缘辈分高下、年龄长幼,不令紊乱,从而使族人得知祖先、父兄、叔伯各系何人,自身在瓜瓞图中的位置。为保证辈分的准确及易于识别,宗族制订辈字,要求族人按辈字起名。绩溪仙石周氏制作男性辈字,要求取名辈字放在名字的上面,其辈字为"安全景福,保大延芳",自三十五世起用"安"字;"忠孝笃义,成家之光",自五十世由"光"字起用。该族同时为妇人订出辈字:"凤仙宝秀,梅菊荷香(三十五世'凤'字起);卿云珠玉,姊妹娥芳(五十世'芳'字再起)"。有了辈字还不够,取名要把夫名放在上头,排行字在下面,如夫名"安和",则妇名"和凤"。以此,在其故世后书写木主、墓碑,一见而知为三十五世安和之妻。族女的排行字是:"和平美顺,娇惠淑贞;妫姜宜子,兰桂薇音。"该族认为妇人有排行,婆媳名字不会重字,不会有"尊卑同名"之误,而族女有排行,"虽远嫁,相见问名即知尊卑"①。妇人起名有辈字,虽仍体现出男尊女卑,但为妇女起名,不再仅仅是"某(夫姓)某(父姓)氏",妇人有了名字,多少体现自身的尊严,总比没有辈字和名字好。

人丁兴旺与世代延续的记录。名族修谱有着不断续修的特点,即有创修,更有续修、重修,在初修基础上接续编写,如修谱表中的虎溪汪氏、浯嘉潭汪氏、桃溪潘氏、路口吴氏、左田黄氏、仁里程氏,都是三四次编修谱书,无不表明宗族随着时间的延续,族人的增殖,势必一再重修谱牒,更有规定出续修时间者。新安徐氏定例:"凡修谱定期每六十年,今我徐氏永以甲子年为规,须于二年之前各族有志者预行遍订,叠发传启,汇齐修梓,庶甲子告成,可无愆期,望各族后贤共勉之。继往开来,均有重赖。"②确定六十年一修谱,以甲子年为编写年份,并在两年前就作续修的准备。绩溪仙石周氏明确修谱时间,三十年

---

① 宣统绩溪《仙石周氏宗谱》卷 2,《仙石周氏善述堂排行》,《清代宗族史料选辑》,下册,第1824—1825 页。

② 徐有炜修:《新安徐氏宗谱》卷首之三,《凡例》,乾隆二年刊本,《清代宗族史料选辑》,中册,第1254 页。

小修,六十年大修:"宗谱三十年接页,为小修;六十年重编,为大修。逾期不修即为不孝子孙,务必按期举行勿怠。"①清华胡氏宗谱七修于乾隆二十七年(1762),至同治十三年(1874)第九次修纂,间隔一百一十二年,实现六十年一修谱的理想。修成的统宗谱、本宗谱、支谱之间,既有延续性,又有延展性,即记载的是宗族子子孙孙世代绵延的状况,是宗族延续、发展的表现。名族必备的基本条件是世代延续、人丁兴旺,不断续修的族谱予以验证了。名族将纂辑宗谱视为宗族建设的重要事务,有条件就及时编修,条件不足去创造,再不行也等待时机,总是将修谱挂在心间。徽州名族产生那么多谱书,就是在建设、保持名族愿望中实现的。

(三)族谱明世系与惇彝伦的教化作用

谱牒之"明世次、序昭穆",是修谱目标的起点,终极目的是尊祖敬宗收族,希冀族人在一本观念主导下实现宗族的团结与发展。就此婺源庆源詹氏乾隆谱序云:"人道亲亲也,亲亲故尊祖,尊祖故敬宗,敬宗故收族,夫族何以收,收之于谱牒也。"②婺源查氏光绪谱序同样写得明白:"夫谱者,所以辨上下、正名分、别亲疏、明内外、修族敬宗以联一本之谊者也。"③名族修谱,特别强调传承祖先深仁厚德,维持名族簪缨不替,这就是祁门倪氏谱序所云:"族之有谱,盖纪先世之爵土所由分、姓氏所由得,与夫宗派之递衍所由析。究其归,则前人之累仁积德与后裔之迈迹亢宗,胥于是乎系焉。故阀阅代传,簪缨世系,后嗣子孙有文足经邦、武可定国,建非常之业,成不世之勋者,无不可光昭前烈,彪炳谱牒也。"④

族谱的教化作用,表现在多方面。族人上谱,明了自身在谱系中的位置,接受尊长教育,懂得尊卑和做人行事。族人上谱,实即有了族籍,隶属于宗族,参加宗亲活动,出席祠墓祭礼,享受颁胙饮胙待遇,宗族有集体福利,亦可获取,若同族外人产生纷争,会受到宗族保护。有了族籍的族人,作为宗族成员,

---

① 宣统绩溪《仙石周氏宗谱》卷2,《凡例》,《清代宗族史料选辑》,中册,第1255页。
② 婺源《庆源詹氏宗谱》,《序一》,清乾隆五十年享叙堂活字本,《清代宗族史料选辑》,中册,第1078页。
③《婺源查氏族谱》,《序》,光绪十八年凤山孝义祠支众同校订,《清代宗族史料选辑》,中册,第1253页。
④ 倪望重等重修《祁门倪氏族谱》,《崇本堂支谱序》,光绪二年刻本,《清代宗族史料选辑》,中册,第1078页。

应受家规约束,要按伦理行事,如祭祀必须参与,应对宗族在经济上有所贡献。族人,要按照伦理规范做人行事,特别是不得有违背伦常的大错,否则记过,甚至族谱除名,开除出宗,逐出本村,如对忤逆不孝者,康熙间歙县汪氏就有严厉的族规:"派下有忤逆不法者,轻则两族集祠斥责,重则呈公究治,令其自新。倘仍前不悛,逐出宗祠,永远毋许复入,以正伦常。"①

　　修谱编辑、制订宗族规约,重要的是在于正面教育族人,惩治在其次。族谱表中的撰谱人,本身多为特立独行者,为族人立则,以感化宗人。程复,南宋人,以学行名于世。②歙县汪景清编刻宗谱,他的儿子汪缙倡立宗祠,捐田设立义廪,散给贫穷族人;另一个儿子汪恒,有孝行,父母病故,两次庐墓;汪恒的儿子尚和,"锐意圣学",与王阳明、湛若水交游,创柳溪书院,作《家训》外,著《紫阳道脉录》。③这是一个书香门第,自身行孝道,修谱同时致力于义行、办学。元人吴琼,早年热衷科举,不利,退至紫阳书院讲求理学,后出任江潭副使,移植孝睦庵于亲墓前,作庐墓诗十二首。④成为理学伦理的实践者。歙县吴还,号宗阳山人,著有《社林遗风》《湖海纪咏》,修建祠墓同时,捐资疏通渠道以利农业生产,筑印墩以防范水淹村落,修道路以利行人,另将己田开辟成道路,乡人乃把他营造的事业,名为"宗阳衢""宗阳里"⑤。婺源潘规,元朝至正十四年(1354)岁饥,发粟平粜,以利平民存活。⑥歙县佘安裕,生活在南宋末年,预感世道将巨变,考虑到宗人散处各地,而宗谱已经数世未修,将来族人难于相认,乃尽力修撰成功,"世泽得有所赖"⑦。修谱者系官员、有功名的士人、义行显著者,他们有威望,服众,故能修谱,能成事,能化导民俗,形成名族的美俗;修谱人中有宋朝人、元朝人、明朝人、清朝人是继承宋元先人的传统,一以贯之,修谱不绝,美俗传承,名族持续发展。事实表明,制作家谱,是名族伦理建设的一种主要手段,其热衷宗族活动的成员孜孜以求,是情理中的事情。

①　康熙《歙县汪氏崇本祠条规》,《崇本祠条规》,《清代宗族史料选辑》,上册,第415页。

②　《新安名族志》,第79页。

③　《新安名族志》,第217页。

④　《新安名族志》,第397页。

⑤　《新安名族志》,第368—369页。

⑥　《新安名族志》,第641页。

⑦　《新安名族志》,第688页。

五、名族成员编辑家族及地方文献以强化名族意识

族谱编纂之外,从《新安名族志》著录修辑宗族史文献简表反映徽州名族书写多种类型文献,以及"名族志"本身,它们共同构成名族全方位的历史。考虑到名族数度修纂名族志,故特予专题论述。

(一)族谱之外的六类家族文献

(1)规约,是规范宗族活动法则和族人行为准则,文献较多,有家规、宗规、族约、宗祠礼节、宗规仪式、家训、释家训、祭法、祭规、保墓规、扫墓规、箴规、录祀原、家政编,等等。

(2)传记,有家传、流(留)芳集、报本录、家学传、世德录、复族传、墓碑。

(3)族源与世系,有庆源录、星源志、渊源录、星源旧志。

(4)图像,包括图画、图谱及实物,有宦像及像赞、印玺,世系图、瓜瓞图,谱系、宗支一览图。

(5)史志,记述族史,有足征录、志略、家录。

(6)地方史志文献,即村镇志、府县志一类图书,有休宁县志、绩溪县志、绩溪文献诗,表中所列甚少,而其他史籍记录不少,不妨稍事补充,如万历后期成文的洪玉图的《歙问》;雍正中黄凤六修家谱,取乃父黄生所撰家乘末卷,益以里中杂事成《潭滨杂志》;乾嘉间江登云、绍莲父子的《橙阳散志》;《歙浦余辉录》;[①]雍正间成书的余华瑞《岩镇志草》,等等。

这六种文献中的前四种,完善的族谱多有这种内容,但是有的是单独成书,或者被收入文集,而没有收进族谱。

族谱与这六类文书,能够从各个方面将名族史呈现出来。

修家谱是不容易的事情,徽州许多宗族做到了,至于族史的其他文献,一般宗族无有写作人才和财力去进行,纵然有此条件,也难得有撰著家族文化图籍的传统,所以,拥有各种类型家族文献者,唯有名族。应当说具有各种类型家族文献的必是名族,这是该族的一种外在表现,换句话说,有族谱及图像、村志、家规、传记者,多系名族,而非一般宗族。

---

① 《歙事闲谭》,第449、601、828页。

(二)强化名族意识与加强名族建设的《名族志》

元顺帝至元三年(1337)纂辑《新安大族志》的陈栎在《序》中写道:"族志何为而作也？士君子上以推本得姓之源,下以载派脉之远而作也。"进而说修谱是令人"继宗祖之义,正风化之遗,使不忘乎本也。"特别指出:"族志者,为宦任甚重,所以不可不作也。"①纂修名族志,就是要写出名族的源远流长,写出族人的派系关系,遵守人伦,发扬光大祖宗的事业;士绅官宦应当承担撰著重任。明确编写名族志的职责与加强名族建设的目标。

怎样才能编写好名族志？嘉靖三十年(1551)王讽在《新安名族志·序》中说:"志之纂,纂于谱也。"②指明刚刚论及的家谱与名族志的关系,即谱牒为撰写名族志之基础。

1.名族志一般编纂过程与程式

(1)编纂人。南京吏部左侍郎休宁人汪辉于天启六年(1626)在《休宁名族志·序》中,谓此书编纂者曹嗣轩,"其人韶举都雅,有志不朽"③。称赞修志者具有高雅气质,应是不虚之言,且看几位名族志的编纂者。名族志肇兴者陈栎,休宁陈村人,"延祐甲寅(元年,1314)中江浙乡试","为时硕儒",著《四书发明》《书传纂疏》《礼记集义》《三传节注》等书,被学者尊称为"定宇先生"④。曹嗣轩在《刻名族志通知帖》说编纂《新安名族志》中,洪垣"实为总裁"⑤。洪垣(1507—1593),婺源官源人,嘉靖十一年(1532)进士,历官监察御史、广东按察使、温州知府。戴廷明,是始终参与编纂事务者,郑佐《序》谓其"终始弗懈";洪垣序称戴廷明为"戴子",戴廷明显系诸生或贡生。参加编纂的,在《休宁名族志》中,列有编辑乡绅,为陈栎、郑佐、洪垣,还有曹嗣轩之父曹浩,系隆庆五年(1571)进士、礼部祠祭司郎中。戴廷明被列入同校诸生行列,同列者有汪孟泚、叶本静、程尚宽等人。⑥曹嗣轩本人是诸生,著有《曹氏统宗谱》《玉华编》《尺牍寸玉》《草堂诗余》《古今诗选》。《新安名族志》《休宁名族志》主编及编辑都是徽州籍官绅和生员。

---

① 《休宁名族志》,第4页。

② 《新安名族志》,第8页。

③ 《休宁名族志》,第1页。

④ 《新安名族志》,第349页。

⑤ 《休宁名族志》,第20页。

⑥ 《休宁名族志》,第32—33页。

（2）制作"名族志"需要录入对象名族的认可和不能遗漏。名族志所"志"的名族，一方面以进入志书为一种荣誉，另一方面是否每一个名族都赞成作"名族志"，是否会认为写进志书的某个或某几个氏族没有资格进入，羞与为伍而反对？洪垣《序》讲："元儒陈定宇以不得行其志，惧乡俗日且疚庆，乃窃取新安名族，叙其原委，以微存昭鉴之权于十一，识者亮之。"将陈栎之作《新安大族志》视为"窃取"行为，即没有先征得各个名族同意，是不对的，只是体察到他编书的目的可取，所以谅解他。可知各名族自视甚高，制作名族志得由名族认可，具体讲，写进志书的名族，既不能滥，又不能漏，不够资格的家族不能著录，够格的家族也不能遗漏。清人龚自珍为《徽州府志》撰作《氏族表义例》云，著录氏族的原则是"弗漏弗滥"，这正是明人作名族志的准则。不滥，不可将不够格的氏族写进来，也不能把真正的名族摈除在外，特别是后一点，事关社会地位和荣誉，合格名族势在必争，编辑者怕出这类事故。程尚宽《新安名族志·引》讲编纂过程，叶本静、戴廷明等人用十年工夫，勤勉搜集资料，"阅其名家，尚多缺略"。这是客观情形决定的——"此盖情限于力之所不及，而义睽于势之所弗能故也"。是以本人联合"六邑明公及诸同志"进行补充，不是为标新立异，是"情有不能不然者耳"①。表明怕有遗漏的谨慎态度。曹嗣轩亦然。他再三阅览《新安名族志》，发现犹有缺失，乃尽力发掘资料，写进书中，力争"寻源浚派，不遗三家之村。述旧增新，岂失有人之行"，仍怕将故家遗漏，有望于群策群力予以改进——"倘乡绅父老更以见闻垂教，以咨余不逮，使得补而改之，固所愿也"②。从编辑的情况看，不只是那几个编辑的事，是徽州六县名族绅衿参与其事，提供本族有关资料，因而使产品成为名族认可之作。

（3）编辑技术。设计凡例，依例进行。《新安名族志》与《休宁名族志》的《凡例》，明确编辑方法是：以姓氏为单元，并以迁入徽州时间为序；按县著录该族历史，同邑同姓同宗则合而书之；述各姓氏来历、世系与迁入徽州史、名人成就；各族的人名，遵从其家谱，称字称号，以表景仰忠厚之意；出赘、出继而从他姓者，仍书原姓，以示不忘本。《休宁名族志》凡例另有两条：原来进入名族志的阀阅旧族，如今衰落，不忍芟除，仍予保留；没有提供新资料的各族，不能

---

① 《新安名族志》，第14页。
② 《休宁名族志》，第20—21页。

书写,由自家负责,并非编者故意遗漏。①

2.提升名族社会风尚及其成员修养的手段

名族志,不是为作志而写作,"以彰家声"②也,目标是在提高名族社会风尚及其成员修养,光大家族声名。对此,可从《新安名族志》与《休宁名族志》的序、跋、引、帖、凡例来看编辑者所说的编书宗旨和书中的内容两方面来观察。

(1)修志为提升名族素质,以光前裕后

《新安名族志·凡例》表示,"各族实迹,凡忠孝、节义、勋业、文章,有关世教者,不拘隐显存殁,悉在所录。"或云"明贤宦达与夫忠孝节义、勋业文章者"必录。③《休宁名族志·凡例》与《新安名族志》有雷同处,但有加详,设有"人物纲目",为硕儒、勋贤、忠臣、孝子、文苑、宦业、风雅、风节、隐逸、笃行、乡善、期寿、学林、材武、贤烈(烈女)十五类。④所关注的是"有关世教""有关风教"、有"补于世教"的名族事迹。书写这种内容,在于扬善,教忠教孝,提高名族及其成员的素质,汲取先人美德懿行为养料,发扬光大。

(2)名族志书写名族忠孝节义事迹

《新安名族旧志》记叙韩庆七在元朝治至年间(1321—1323)迁居休宁断石村,其"世为巨商,遍交一时名士,以岁饥输粟赈,膺冠带,定宇陈先生已梓入《新安名族旧志》"⑤。表明《新安大族志》与《新安名族志》都记载有义行的人物事迹。如《新安名族志》记录程明远历史:"号清隐,洪武初诏明经,举知江州,托疾不就,著有《史记》及《清隐稿》。明远子邦衡,有儒行。孙曰云兴,弘治间主鄱阳簿正。"《休宁名族志》在"勋贤"类亦书写明远祖孙履历,与《新安名族志》相同。⑥无须多事征引,名族志是记录人们"有关世教"的行事。

(3)劝诫激励族人光前裕后,令名族亦加修美

洪垣《序》说《新安名族志》叙事,"以详著各族先世之善,核而不滥,侈而不夸,夫其无所为哉?"仅仅是为叙事实事求是、不虚美吗?不是的,是为传承周朝以来的优良风尚——"存遗俗流风",就是立宗法,令人懂得怎样按照宗

---

① 《新安名族志》,第15—16页;《休宁名族志》,第23—24页。

② 《休宁名族志》,汪辉《序》。

③ 《新安名族志》,第15—16页。

④ 《休宁名族志》,第22—24、47—68页。

⑤ 《新安名族志》,第681页。

⑥ 《新安名族志》,第44页;《休宁名族志》,第80页。

法伦理做人行事："夫宗法立,则人知所自出,尊祖敬宗体统正,而朝廷重名族行,则人知所自保,宪宗述祖,风俗厚而国脉长。""族之隆替与风俗盛衰,顾志存诸人何如耳!"①原来族之兴衰系于风俗美恶,应有美风善俗,得到朝廷的肯定,来维持与强化名族地位。王讽《新安名族志·序》深入说明名族志劝诫、激励人的作用:"一郡名族之志,使阅之者不烦晷刻而周知无遗",令后人"皆知所以观感警劝,以谓族之所以得名者谓何,而吾之今日其所以振举其门第而耀光其先世者在何,莫不后先相师,以衍作祖作孙之意脉于无穷"。"借名族之志,以厘正新安之风俗,以寓观感警劝之机。"②绩溪人进士、监察御史胡晓《新安名族志·序》,强调名族加强对自身要求,绍述先德,以期"知名于新安,至于天下"③。举人吴守教《新安名族志·跋》从光前耀后角度讲解名族志育人作用:"光前耀后,以世其录,以懋其能,而绳其祖武,贻厥孙谋者,将谁责乎?"④子孙应尽力发扬前人业绩,为祖先增彩。生员朱莹《新安名族志·跋》云阅读名族志:"斯可以成性以成身,而于族也,将由是而益名。"⑤笔者不厌其烦地过录王讽、朱莹的言论,乃因他们说明"名族志"内容是激励名族成员上进、提升名族品质。

3.提升徽州在全国州郡中的地位

徽州是望郡,名族甲天下,徽州人、外府州人是如此看待徽州,徽州人也以此自豪,同时知道需要不断提高自身素质,才能保持并提升这种地位。而制作名族志,在提高名族素质,也是与维护、提升甲天下地位相一致。举人黟县人程光显《序》从徽州理学之邦讲解修志对于徽州地位的作用:"志云何?述先德,而迪后之机寓焉。迪后之机活,则夫兴于仁让者亦久而不替矣。仁让之风旁以流,而新安之望加重于天下矣。新安,紫阳夫子乡也,以仁让教天下者,紫阳夫子之学也。"名族修志兴仁,是"翼紫阳夫子之教",扬理学仁义思想,影响及于全国,"沛然溢乎四海,而天下平矣,新安之望顾不加重耶?"⑥意思是说,徽州名族以朱熹之学严格要求自身,德性敦厚,进入师师亲亲贤贤之化境,同

---

① 《新安名族志》,第3页。
② 《新安名族志》,第6—12页。
③ 《新安名族志》,第4页。
④ 《新安名族志》,第714页。
⑤ 《新安名族志》,第715页。
⑥ 《新安名族志》,第13页。

时显扬徽州名声于天下。

4.延国脉的作用

前述洪垣《序》讲名族兴盛的社会"风俗厚而国脉长",是众多名族有益于隆国势、延国脉。所以名族盛衰事关家国兴衰,是多么重要之事呀!

总之,名族志以先人有关世教的内容,启迪其成员,提高自身修养,为祖先增光,令家族亦发兴旺,从而提升徽州在全国州郡地位,同时因风俗淳厚,有利于社会安定,国脉延长。

六、兴办族学

名族在于有贤士,士人的造就,兴学是重要途径。办学有三种形式:学塾、书院和文会。这里先用兴建书院设置学田简表以明了基本情况,次及文会兴办及其作用,而后简单交代办学效果及其对名族建设的价值。

(一)宗族致力于兴办学塾书院

徽州名族兴建书院设置学田简表

县	村镇	建立人	名称	时间	页码1	页码2	备注
休宁	剑潭	程师长	剑潭书院	宋代	66		
祁门	程村	程霆	仁乐书屋	明代	81		课诸孙
绩溪	仁里	程儒	犀阳书院	明代	86		恢复
歙县	棠樾	鲍氏	横塘书舍		91		
歙县	渝潭	方氏	金山书屋		118		
歙县	渝潭	方氏	云山书屋		118		
休宁	五城	黄发	翠岩书院	南宋	168		
绩溪	市东	黄克敬	东墅书院	明代	181		
歙县	竦口	汪文达	家塾	明代	197		捐田40亩资儒业
休宁	芳塘	汪天禄		明代	208		设学田
休宁	汊口	洪尚和	柳溪书院	明代	217		
黟县	霞阜	汪仕廉	助资建学		239		
绩溪	上田	汪承幼	中峰书屋	明代	247		
婺源	考水	胡登承事郎	明经书院	宋元之际	303		设学田
祁门	贵溪	胡俊杰等	学舍	明代	309		教授子弟
婺源	疆溪	臧浙	惜阴书屋	明代	327		
歙县	茆田	吴佛佑	设塾于家	明代	377		训宗人子弟

县	村镇	建立人	名称	时间	页码1	页码2	备注
休宁	南街	叶亨	书院	明代	421		延师儒训导族人
婺源	桂岩	戴文明巡检	桂岩书院	明初	468		
绩溪	涧洲	许万三	万春书院	元代	480		明代许钥修复
歙县	王干	洪贵二	书楼	元代	504		教子、乡闾聚学
歙县	王干	洪宗仁等	明德书楼	明代	504		
祁门	桃园	洪理等	赤山仁孝书堂	明代	519		训子姓
歙县	雄村	曹文埴先人	竹山书院	明代?		339	
歙县	徐村		中洲书屋		613		
休宁	西街	徐文	郎山墓祠书屋	明代	616		课子孙
歙县	江村	江村淮南总商		清代		619	整书院

说明:页码1为《新安名族志》,页码2为《歙事闲谭》。

名族学舍不止这一些,其他文献亦有记载。三田李氏家法:"每岁塾师务请德行醇厚、学问赅博之士以为之,庶使子弟有所观感而兴起。"①《橙阳散记》卷八《舍宇志》设六目,内有《书院》一项,可知歙县江村有书院。②此外,著名的徽州紫阳书院、还古书院,是名族子弟就学、钻研学问的好处所,前述吴琼即为显例。此外,侨居在外的徽州人颇有在当地建立或资助已有书院者,原籍徽州的绅商马曰琯家族几乎是独资恢复已废的扬州梅花书院,徽州盐商还同其他商人一起捐助扬州安定书院、仪征乐仪书院。③

(二)办学目标与成就显著

名族重视教育,有着两个层次的要求:做正人,读书知礼义而不为非作歹;出仕显亲扬名,即对资质聪颖者冀其科第仕宦,光前裕后。绩溪梁安高氏祖训《兴文教》表白的就是这种理想:"四民皆是正业,然不读书则不知礼义,故凡为农、为工皆当读书,虽不望成名,亦使粗知礼义,不至为非。至于子弟佳者,则为之读书,使家贫无力,宗族宜加意培植。盖族内有读书人则能明伦理、

---

① 光绪《三田李氏宗谱》卷末,《家法·建家塾》,《清代宗族史料选辑》,上册,第700页。

② 《歙事闲谭》,第612页。

③ 参阅《明清时期扬州的徽商及其后裔述略》,载安徽大学徽学研究中心编:《徽学》2000年卷,安徽大学出版社,2001年。

厚风俗、光前而裕后,其关系非浅,又不但科第仕宦为宗族光已也。"①相应的是休宁茗洲吴氏《家规》要求学文化子弟成为三种人:"子孙自六岁入小学,十岁出就外傅,十五岁加冠入大学。当聘致明师训饬,必以孝弟忠信为主,期底于道。若资性愚蒙,业无所就,令习治生理财。……族中子弟有器宇不凡、资禀聪慧而无力从师者,当收而教之。或附之家塾,或助以膏火,培植得一个两个好人作将来模楷,此是族党之望,实祖宗之光,其关系匪小。……举业发圣贤之理奥,为进身之阶梯,须多读经书,师友讲究,储为有用。"②一般资质的人学文化,提高人品和就业技能;品行端正聪明好学的子弟,培植他读书上进,以自身的行为实现宗法性伦理,成为人生楷模,感化族人跟着他做人行事,甚而能够成为发挥圣贤哲理的贤人;通过举业,成为仕宦官员,乃至高官名宦。这是将两个层次具体化为三种人。让子弟光前裕后,光大宗族。

(三)大力培养斯文的文会及其参与族政

为科举而建设的徽州型文会,在其他地区罕见,而徽州颇有一些。明清时期徽州出现的"文会",可以区分为四种类型:雅兴文会,老年官绅文化交流、会友、休闲式的聚会;书院文会,纯粹追求道德文章的讲学;松散文会,青年学子自行组织以提高学识;科举文会,缴纳会费、享受权利、经管学业,乃至评议村落社会事务。宗族最关注的是后一种文会。

《歙事闲谭》云:"各村自为文会,以名教相砥砺。"③资料显示,徽州汪、周、高、许、余、方、张等氏有举业文会,备有章程,比较规范。参加者需要交纳费用,举业中享受赞助和奖励,平时参与宗族、村社特定事务。

绩溪城西周氏文会可视作名族开办的典型。该族族谱中有嘉庆年间形成的文件——《文会》,记载其历史。文会肇始于明代嘉靖万历间,清初成型,嘉庆间定制。周士暹等人鉴于其高祖中进士、任疆吏,兴办宗族事务甚多,唯文会未及举行,乃发起成立,定订规条,写明入会条件、兴办事务、优惠待遇:入会,交纳纹银二两或一两,一两为一股,计得二十三股,会内置有田产。文会设主事人会长、首事——每年司值四人,公举会内诚实廉能者司事。每年二月初三日、八月初一日两次祠祭文昌帝君、立会诸人,"颁胙散福,示神惠也;祭立

① 光绪绩溪《梁安高氏宗谱》卷11,《家政叙》,《高氏祖训十条》,《清代宗族史料选辑》,下册,第1548—1550页。
② 雍正《茗洲吴氏家典》卷1,《家规》,《清代宗族史料选辑》,上册,第697页。
③ 《歙事闲谭》,第602页。

会诸公,志不忘也"。为督促、检验子弟学业,定出会文制度,四季仲月(二、五、八、十一月)十五日举行,与试者作文二首,俱要完篇,请饱学之士评定优劣,分别赏罚。子弟参加科举,给予赞助,诸生科试卷赀壹两,院试童生卷赀叁钱,会试考选路金叁两。中举、中进士及鼎甲翰林、拔贡上京朝考,每人贺银八两。同时,中式者亦应为会增添基金,中秀才出银一两、八钱、六钱不等;补廪出银一两五钱,出贡交银二两,中举者交银三两。如未入会,入泮后入会,必须加倍交钱。[1]绩溪梁安高氏以孔子弟子子皋为先祖,认为历史上屡出名人,但是清朝以来文教不及从前兴盛,可能是走在下坡路上,警觉及此,族人在同光之际合力兴办学愚文会,以培植人才,振兴家族。其文会规例与城西周氏大同小异,祠室中龛设先贤高子神位,左龛祀本姓乡贤,右龛祀捐田地至银五十两以上者及经理之人。每年会课,取超等者给膏火钱八百文,特等六百文,一等四百文。与试给予补贴,文童县试贴钱四百文,复试一场贴钱二百文。府试贴钱六百文,复试一场贴钱二百文。院试贴钱六百文,生员考优拔贡贴银四两。生员下科贴银四两。举人会试贴银十两。进士殿试贴银十两。中式交纳喜钱,生员补廪捐银二两。出五贡者捐银四两;中式进士捐银四十八两。此外,孤子读书已作文者,每年补贴笔墨钱一两。[2]绩溪南关许余氏原先设有文会,有田产文书,太平天国战争中丧失,宗族从公产中拨田业资助,乃恢复活动。[3]独姓文会之外,另有几姓合建的文会。绩溪许、余、方、汪四姓在和尚坞古刹共建文会,捐灯火钱,设文会田产,庙中塑造文昌帝君像,每年四月八聚集衣冠祭文昌帝君,礼毕,饮胙;给生童膏火灯油,会课花红奖赏。[4]

宗族与文会协调及文会参与宗族内外事务。文会是部分族人的群体,宗族把它视为自家的事情,是以在祠规中设立文会专条,关心它的成长,令其参与族政,必要时资助或动用它的资源。绩溪汪氏文会为祠堂撰拟向政府呈文,如族内有节孝子孙,由文会撰文,向政府申报嘉奖:"派下有孝义节烈及懿行可嘉者,文会为呈首两族,公呈请奖以敦风化。"族中若有不得不向政府申报的事情(如打官司),文会要与尊长、乡约共同经办:"本族倘有不得已公事,必

① 光绪《绩溪城西周氏宗谱》卷20,《文会》,《清代宗族史料选辑》,上册,第437—439页。
② 高富浩纂修,光绪绩溪《梁安高氏宗谱》卷11,《学愚文会序》《文会祀例》《中式贴例》《中式捐例》,光绪三年活字本,《清代宗族史料选辑》,上册,第436—437、652—653页。
③ 光绪《绩溪县南关许余氏惇叙堂宗谱》卷8,《文会序》,《清代宗族史料选辑》,上册,第439页。
④ 光绪《绩溪县南关许余氏惇叙堂宗谱》卷10,《杂说》,《清代宗族史料选辑》,上册,第439页。

致呈公,乡约正副、尊长并文会,秉公呈治,不得徇私推诿。"文会创办人在能干祠内荣膺配享,但有不肖子孙将配享权出卖,宗族予以制止。乾隆间大修祠堂,用费颇多,经文会会长周之恒同意,将文会部分田租给宗族使用,待到祠堂钱谷充足之日仍归文会。①文会参办族务,还在于调解族人之间、本族人与外族人之间的纠纷,免得到官厅废财破家。方士庹的《新安竹枝词》有句:"雀角何须强斗争,是非曲直有乡评。不投保长投文会,省却官差免下城。"②文会成员排解纷争,秉持士人品德,一般能以公正为准则,所以村落居民有争执,首先到祠堂寻求解决,不成功,就请求文会处断,再不成,才赴衙门打官司;由于中间经过文会调解,官方判案时先了解文会的意见,处断就比较容易。③文会参加宗族、村落的管理,调解民事纠纷,维护社会公共秩序,有益于社会。文会与宗族、社区结合,他们以读书人、有功名为条件,有权威,好办事。文会在村落排解纠纷作为,他府州未见,这正是徽州名族的特征。

文会打造名族、宗族之光的使命。宗族对文会寄予出人才、增光彩的厚望,绩溪周氏设立文会,"与上京户之立,所以培植人文者,自并行不悖","告成之后,文运日隆,人才奋起"。能够出举人进士——"大比之岁,贤能有书后起者骎骎日上,将来汇征之吉,正有未艾也"④。同县许余氏兴立学愚文会,寄望读书人学"以明道,则将敦品诣,饬纲常,美风俗。出则致君泽民而有功于国,处则型仁讲让而有功于家,谓非宗族之光哉!"⑤令宗族从衰微中复兴。宗族兴办文会,是建设、维持名族的重要手段,有效方法。

名族兴学、办文会,大大促成明清时期徽州人文兴盛,汪道昆说歙县"诸儒生挟荚就试者无虑千人"⑥。休宁知县丁应泰云该县:"故家名族,比比相望,其业诗书礼乐,搢绅缝掖之士先后出,与名都会等。"⑦由于笔者已撰文《构成

---

① 《汪氏崇本堂条规》,《崇本祠条规》,《清代宗族史料选辑》,上册,第414—415、430页。

② 《歙事闲谭》,第207页。

③ 《歙事闲谭》,第602页:"士尚气节,矜取以与其高者杜门却轨,自偶古人,乡居非就试罕至城府。各村自为文会,以名教相砥砺。乡有争竞,始则鸣族,不能决则鸣于文会,听约束焉。再不决,然后讼于官,比经文会公论者,而官籍以得其款要过半矣。故其讼易解。若里约坊保,绝无权焉,不若他处把持唆使之纷纷也。"

④ 光绪《绩溪城西周氏宗谱》卷20,《文会》,《清代宗族史料选辑》,上册,第437页。

⑤ 光绪《绩溪县南关许余氏惇叙堂宗谱》卷8,《文会序》,《清代宗族史料选辑》,上册,第439页。

⑥ 汪道昆:《太函集·邑大夫李君侯上季序》,录自《歙事闲谭》,第169页。

⑦ 康熙《徽州府志》卷2,《风俗》。

明清徽州名族的诸种因素》①说明宗族利用集体力量培养家族人才，举业兴旺，中式者、为官作宦者众多，并由他们提升名族素质与地位，以及造就徽州的名都大郡地位。具体情形从略。

七、概述徽州名族生存状态

徽州名族大力进行宗族内部的建设，同时参与社区、县、府的公共事务，营造自身良好的生存环境。笔者简单的认识是：

（一）名族从事内部建设形成族内风俗修美的生活环境

通过以上六节的叙述，可知名族对自身进行了全方位的建设：将族人组织起来，形成群体，在仕宦绅衿族长管理下，凭借宗族公有产业和个人资助，修建祠堂、维护祖坟，借以从事尊祖敬宗的祠祭、墓祭，结合修谱、编写名族志及族讲教育族人遵行宗法性伦理，形成美俗，又以兴办族学、文会培养人才，于是出现人丁茂盛、遵守礼法、人才辈出的兴旺景象，使得宗族赢得并保持名族地位。一般的宗族，也能依时祭祖、修谱，个别人家也能设家馆教育子弟，但是缺少仕宦绅衿主理，没有恢弘的祠堂和雄厚经济力量，家族文献编纂缺略，对族人也难以礼法相要求，不能与名族相提并论。名族相异于这样的小族，是它们的楷模。

（二）各个名族目标一致地共同营造社区和合环境

说各个名族共同建设社区，最明显的崇祀地域神灵程灵洗、汪华。程灵洗、汪华虽然分别是名族程氏、汪氏祖先，但已经成为徽州地区英雄，对他们的崇祀，无论是庙宇的建筑，祭祀活动的举行，都是各名族共同的事情。前述名族内部建设，没有涉及它所进行的农田水利、交通，以及祖宗崇拜之外的社区民众共同信仰的社神、寺院道观的建设，其实，这些实施的成果，基本上与族邻乡邻共享的，换句话说，名族内部建设与外部建设有着高度的一致性，如为水资源利用而兴修大的水利工程，是族内外共享；一个名族的救助活动往往惠及邻人，收到和睦乡邻的效果②。如此各个名族和衷共济，共同营造出风俗修美的社会秩序，建成稳定的社区。所以说名族是社区公共设施的建设者、

---

① 载《安徽大学学报》，2016 年第 2 期。
② 参阅拙文《明清徽州名族对社区的建设及其积极作用》，《安徽史学》，2016 年第 3 期。

维护者,社区民众共同活动的管理者,兼负民间疾苦解脱者的某种使命,虽然它的能量非常有限。

(三)名族共建府县社会治安环境

关于徽州的社会秩序问题,客游安徽的朱云锦在《皖省志略·徽州府志》写道:"聚族而居,各有保室家、长子孙之意,故无虑伏莽也。"徽州本地人江登云、绍莲父子则说得具体:"徽居万山中,而俗称易治,缘族居之善也。一乡数千百户大都一姓,他姓非姻娅无由附居,且必别之曰'客姓'。若不使混焉。苟非面目素识,则群起而讶之矣。故奸匪无以容身,而勾捕最易。虽不乏鼠窃,半皆土人之无赖者,而以语盗,则绝少焉。"①朱云锦说的似乎是单个宗族自发维护当地治安,江登云也是说个体宗族有目的关注治安,警惕、惩治(送官究治)不良分子隐蔽在村落,他们虽然说的是个体宗族导致徽州治安良好,其实是一个个宗族活动产生的合力所致,前述黟县鹤山李氏邀集四十余姓组织"六关"就是各族共同致力于保境安民的显例。宗族的努力,使得徽州虽有偷窃者,而无江洋大盗,族人、民人生活在安定社会中,少受动乱之苦。

本文从正面讲述明清徽州名族内部建设的历史,从一个方面说明名族之所以能够成为名族的条件。但笔者同时留意到它同任何事物一样,有着负面的因素,有其阴暗面。如为坟山的好讼,陷入盲目性;宗族的宗法性虽然总的趋势在消弱中,但宗法性仍然存在,依然起着制驭族人的作用;社区活动中有着争奇斗富的浪费族人钱财的弊病;顽固地坚持世仆制,早已是那个时代落后的社会制度;等等。

总起来说,由于各个名族自身建设的努力,形成并长期维持名族状态,无论是在其内部、在社区、在徽州府各县,营造了较好的社会生存环境,名族成员、居民在这样的生存环境中生生不息。当然,在物质分配不可能合理,以及严格的社会与族内等级制度,徽州名族成员也不可能是"桃花源"中人。

(2016年9月9日成文,载安徽大学徽学研究中心编《徽学》2017年卷,安徽人民出版社,2018年)

---

① 《歙事闲谭》,第606页。

明清徽州名族对社区的建设及其积极作用

"徽州名族"是指历世久远的血缘群体,在贤明仕宦绅衿主导下从事文化建设,形成宗法性仁让敦厚的人际关系和社会风尚,成为民间楷模,并以此不同于一般的宗族。①

名族与邻族、乡邻共处在一个社区中,名族之所以成为与众不同的宗族,不仅内部管理、建设得好,还要主动与社区的邻族、乡邻处理好关系,帮助他人,成为庶民的楷模,成为一般宗族的榜样。其实,名族内部建设与外部建设有着一致性,如为水资源利用而兴修水利,若系大工程必定是族内外共享,始能和衷共济,共同营造出风俗修美的社会秩序,建成稳定的社区。名族此举,与朝廷讲纲纪相一致,从而被官府认可,受到鼓励。本文将探讨名族对社区的种种建设及其与民众生活的关系,进而明了社区建设对社会、对名族自身的意义。

一、"社区"正名

"社区"是现代名词,讲述明清时期的徽州社会,为什么使用这一词汇?

歙县人江登云、绍莲父子于乾隆、嘉庆年间先后刻印的《橙阳散志》云:"宗有谱,族有祠,一乡之中,建立社坛,岁时祈报。"卷八《舍宇志》包含六目,为《社坛》《公所》《祠堂》《书院》《园馆》《庵观》。②康熙间,程庭《春帆纪程》写道:"社则有屋,宗则有祠"③。方士庹《新安竹枝词》唱道:"归来不用买山钱,村有官厅户有田。"注云:"官厅、众厅,皆公产。"④江登云的《素壶便录》说:"徽宁

---

① 关于明清时期"徽州名族"的概念(或者说界定),笔者在《试论明清徽州名族是中古士族遗绪》(《历史教学》2016 年第 3 期)文中有专目说明,这里从略。

② 许承尧:《歙事闲谭》,李明回等校点,黄山书社,2001 年,第 605、612 页。

③《歙事闲谭》,第 258 页。

④《歙事闲谭》,第 206 页。

俗,社日祀神曰'做社',聚饮曰'散社'。"①"族有祠",指祠堂;"社坛",是"社"之祭坛,为祭祀社神之所;社屋,是社的活动处所;"官厅""众厅"、祠堂、社屋、社坛都是村里公产;"做社""散社",是"社"的祀神活动及其结束。"社"是一种社会组织,即通常所说的村社,管理社务、社祭诸事,官厅、公所等公产应包括社屋、社坛在内。由此可知,有"社"之村落、地区,是真正的"社"区。笔者使用"社区"这一现代概念,并非滥用今日名词。

二、"社会"建设与各种祀神活动

社区的开展活动,需要有其组织机构来协调各种人群愿望,统筹安排活动,尤其是祀神典礼,规模大,时间或多达数日,不作妥善而周密设计很难顺利进行。因此名族或独自,或联合组建社区机构,承担起社务。

(一)宗族设立社"会"管理社务

绩溪城西周氏于乾隆四十一年(1776)重新建成宗祠,建筑有享堂、寝堂、厨房,还有文昌阁、文会所、土地庙、能干祠,祠基二亩多,用银多达16800余两。②享堂、寝堂用于安放祖宗牌位和祭祖仪式,文会所、能干祠是为宗族部分成员设置的;文昌阁、土地庙是为全体族人信仰所用,它们设在祠堂内,表明宗族管理村民的土地神、文星、孔子信仰及其仪式,也意味着宗族主管村民信仰事务。

名族为社区事务组建专门机构,独姓村的社区事务,自然由该族负责,黟县鹤山李氏为祭祀社神特别在道光十年(1830)集资建立"利济会","以备迎神銮卫事宜,一应会规悉有成议"。为会能够持久,先后"呈请前邑宪张及今邑宪谢批准立案,各存在案,庶几业可世守"③。休宁金氏"族中'会'颇多,有一神而二三会者"。这是循乡俗为迎神赛会设立的"会",若干家自愿出资结成;每会"各置租数十砠不等",每年举办一次迎神赛会,在会人户得分胙肉,"俱有

①《歙事闲谭》,第611页。

② 周赟等修:《绩溪城西周氏宗谱》卷首一,《重建宗祠记》《刻祠谱记》,光绪三十一年敬爱堂木活字本,冯尔康主编:《清代宗族史料选辑》,天津古籍出版社,2013年,上册,第290—291页。

③ 民国《黟县鹤山李氏宗谱》卷末,同治《利济会序》,《清代宗族史料选辑》,上册,第440页。

定数"①。休宁荪溪程浩远为崇祀先人程灵洗创立忠壮会,其子参亨制定会规,筹备经费,以为长久之计。此后每年遴选一人为会首,负责祭祀事宜。②

众姓村和地区的社事活动,其组织管理,乾隆俞修《婺源县志》记叙:"俗重社祭,里团结为会。"③因为极其重视社祭,乡里、村里众名族组织专门的"会",来统一筹划社祭事务,实即众名族组成社祭"会",共同掌管社事,如歙县元里村的乡社名曰"长庆祭社",区分为四管,众名族分头管理,程姓后裔而入赘许氏的家族负责"南管",自元朝初年以来如此管理祭事已数百年。④

(二)社区崇祀诸种神灵及盛大社祭

名族建"会"崇祀的神灵,主要是土地神、灶神和神格化的地方英雄人物程灵洗、汪华。这些神灵,各有其庙宇。绩溪庙子山王氏村庄,有三座土地庙,另有关帝庙、观音寺;土地庙分布在村庄的不同方向,一在村东南凹口亭,一在离亭数百步处,另一在村北灰灶头。⑤一村而有三座土地庙,可知土神是最主要祭祀对象。

程灵洗、汪华虽然分别是名族程氏、汪氏祖先,但已经成为徽州地区的英雄,对他们的崇祀,无论是庙宇的建筑,祭祀活动的举行,都是各名族共同的事情。程灵洗的世忠祠与汪华的忠烈祠,各有总祠和行祠。《新安名族志》记载,宋代,黟县南山程士龙建祀程灵洗的横岗世忠庙、祀汪华的忠烈祠。程光启复世忠庙墓。⑥南宋嘉定十五年(1222),歙县黄墩太学生汪昈以程灵洗存殁功绩具奏,向朝廷请建庙祀,诏赐额"世忠",程氏宗族因而更加著名;汪昈裔孙汪永茂,施田于庙。⑦歙县荷花池程仕征、仕进兄弟于明朝初年,"析篁墩地建世忠祠堂"⑧。成化间出任县令的绩溪仁里程传"尝建世忠祠"⑨。元代,歙县

---

① 金门诏纂修《休宁金氏族谱》卷23,《事略》,乾隆十三年活字本,《清代宗族史料选辑》,下册,第1887页。

② 程敏政:《篁墩文集》卷18,《休宁县荪溪程氏忠壮会》,"四库全书"本,第1252册,第315页,转引自常建华:《明代宗族研究》,上海人民出版社,2005年,第87页。

③ 乾隆俞云耕修:《婺源县志》卷4,《风俗》。

④ 戴廷明、程尚宽等撰:《新安名族志》,朱万曙等点校,黄山书社,2004年,第23页。

⑤ 王集成纂:《绩溪庙子山王氏谱》卷8,《宅里略一·井亭》,1935年排印本,《清代宗族史料选辑》,下册,第1924页。

⑥《新安名族志》,第82页。

⑦《新安名族志》,第194页。

⑧《新安名族志》,第37页。

⑨《新安名族志》,第86页。

向杲吴新,"建汪王庙门屋"①。黟县横冈,吴景阳、景行"一门捐财鼎建汪公忠烈祠"于里居水口之滨。②

社会因议事、祀神而有公所、社坛、社仓、神辇等物质性设备。歙县岑山渡程氏为社神制作车辇,辇高八尺,上圆下方,面面雕镂亭台人物、鸟兽花卉,形象逼真,惟妙惟肖,相传是元时所制作。③

关于祀神活动,《橙阳散志》指出:"诸神之祀不一,惟祀社最重,举于春仲,祈农事也;秋仲复行之,报岁功也。仪品丰俭,各乡不同。"④在众神崇祀之中,以祀土地神最隆重,原因是农业社会人们靠土地吃饭,"春祈"冀望当年土神赐福,有个好收成,"秋报"向土地公献新(农产品)致谢。祀社的具体时间是二月初二日,"比户迎福德之神,曰'接土地'"⑤。休宁茗州吴氏每逢社日,族众行祭礼,祭毕,饮社酒。先由子弟宣讲伦理规范,然后序长幼就席。⑥

名族与社会组织的其他祀神活动很多,略述数端。

"社公会后汪公会,又备龙舟送大王。"⑦汪公会是纪念汪华的社日,"村落游烛龙于社,为汪越国寿,竹马秧歌,亦以队从"⑧。各个村落都灯烛游行,边歌边舞。

歙县许村许姓有姬王节(鸡王节),九月十三日做会,各村庄的许姓以及姻亲朋友参与活动。典礼由鸣炮开始,因传说周文王赐许姓鼎,在一个上午杀鸡数千只,鸡血滴在鼎中,下午抬鼎游行,鼓乐喧天,土铳炮声震天,数十班细锣鼓齐奏,晚上开锣演戏三天,同时许姓人求神许愿。⑨

绩溪七都有太子会,所祀太子,民间以为是汪华之子,其实是唐朝太子舍人张巡。太子塑像平时放在张家村后三王庙,各村逐年分棚迎赛,是时演剧,为人们多得观赏机会,各村迎神演出,分在不同日子。⑩

"七月荷花灯苦热,琵琶十月演溪南。""七月二十五日夜岩镇点荷花灯,

---

① 《新安名族志》,第368页。

② 《新安名族志》,第414页。

③ 《歙事闲谭》,第262页。

④⑤⑧ 《歙事闲谭》,第609页。

⑥ 吴青羽:《茗洲吴氏家典》卷1,《家规》,雍正十三年刊本,《清代宗族史料选辑》,上册,第419页。

⑦ 《歙事闲谭》,第206页。

⑨ 黄山市政协文史资料委员会编:《徽州大姓》,安徽大学出版社,2005年,第81—82页。

⑩ 民国《绩溪庙子山王氏谱》卷九,《宅里略二·风俗·迎神》,《清代宗族史料选辑》,下册,第1925页。

十月溪南花台演出《琵琶记》全本。"①元人高则诚的《琵琶记》,写蔡伯喈与赵五娘夫妻悲欢离合故事,以夫妻团圆告终。徽州商人离乡经年不回,妻室侍养公婆,生养死葬,与剧情吻合,是以受欢迎。

人们的这些祀典,既表达了对神灵信仰的心愿,也是娱乐生活,精神享受。祀神,是民间重大节日。诚如俞修《婺源县志》所说,祀神是"闾里之欢"②。

三、有益生产的公益建设

徽州商人闻名于世,但徽州本地是农业社会。徽州"居万山中"③,多山多河,人们居住在山谷河岸之间,桐城派古文集大成者姚鼐就所见说,"徽州之县六,其民皆依山谷为村舍,山谷之水湍悍易盛衰,为行者患"④。只有兴修水利,才能够灌溉农田和便利水陆交通。名族承担起治水修路的事务,成员捐助个人财力修渠、筑堰,或者向县衙建议兴修水利,得到批准,出任督工。其兴修水利情形,仅就《新安名族志》资料制作修治河渠表于次。

《新安名族志》著录名族修渠筑坝表

县	村镇	时代	修筑人	渠塘名称及状况	页码
黟县	横岗	萧梁	胡明星	修渠十余里,溉田千余顷	312
歙县	鲍屯	唐初	鲍安国	修复鲍南埧,溉田三千余亩	91
歙县	联墅	宋代	方行文	督工维修西吕埧溉田三万七千余亩	100
歙县	郑村	北宋	郑德成	开富亭、古岑、蒋塘三塘及莘墟埧	447
歙县	澄塘	南宋	吴大有	捐田捐资开立昌埧	376
歙县	郑村	元代	郑绍	捐资创小母埧	448
歙县	潭渡	元代	黄庸	捐巨资修莘墟埧(黄潭埧)	154
歙县	桂林	元末明初	洪以明	凿渠打井与民共利	508
歙县	桂林	明代	洪庆仁	开丰埧二十里,筑源塘溉田三百余亩	508
歙县	褒嘉坦	明初	程伯胜等		

---

① 《新安名族志》,第 207 页。

② 俞修:乾隆《婺源县志》卷 4,《风俗》。

③ 《歙事闲谭》,第 606 页。

④ 叶有广、叶邦光修:《黟县南屏叶氏族谱》卷 1,《桥梁·万松桥》,嘉庆十七年木刻本,《清代宗族史料选辑》,下册,第 1888 页。

县	村镇	时代	修筑人	渠塘名称及状况	页码
歙县	路口		胡寿卿	官府接受建议,督工开通永丰新塌,溉田三千七百余亩	27、286
歙县	大址村	明初	鲍时昌	捐资开筑燕坑石塌长塘	93
歙县	塌田	明代	程隆等	买地助官府开汪坑塌渠,灌田二万余亩	32
歙县	磻溪	明代	方以茂	筑杞梓渠,溉田千亩	120
歙县	官塘	明代	黄茂	建巨坝,浚塘池	165
歙县	新州北门	明代	叶瑾	疏凿汝滩,人称叶公河	418
休宁	溪阳	明代	项世元	出巨资倡修梁头塌,民利灌溉	545
歙县	中村	明代	洪永材	凿白秃埵石渠百余丈,持续灌溉	504
歙县	芭蕉坦	明代	王社克	开渠通水灌溉,维持不替	576

　　表中显示,自南朝梁朝开始,历代均有人兴修水利,所修工程有的维持很长时间,是所谓"至今灌溉"。早期的胡明星,"见郭外多荒田未辟",乃开渠种田,他是开垦处女地。开渠筑坝之后,需要维护,也是由名族成员牵头负责。休宁北村自熙宁年间设立陈公塌道,灌田三万余亩[①]。后世各名族民众连续垦辟,令徽州成为民人的持续生存家园。农业社会的兴修水利,对发展农田生产至关重要。名族修渠筑坝,与当地民众共享其利,是为民造福的义举。历史文献的记载,正是对他们作出应有的肯定。

　　即使在封闭的农业社会,交通事业也为经济发展和民众生活所必需。因徽州多山川,生产、生活必须开发水陆通道。名族因应需要开凿山麓为通衢,为防制滑坡砌石料路牙,平整道路,改曲为直,设渡口渡船及维护的产业,建桥梁,筑路亭,便利行旅。其情状,请见下表。

《新安名族志》著录名族兴修道路桥梁表节录

县	村镇	时代	修筑人	道路桥亭名称及状况	页码
婺源	西湖	宋代	程季思	造钧桥、西渡铁缆	72
婺源	疆溪	宋代	臧纯仁	建太平桥	327
歙县	登第桥	南宋	江炳	建登第桥	523
歙县	沙溪	南宋	凌子佺	建沙溪石桥	556
婺源	叶家埠	元代	叶天应	于邑东辟荒成市,伐石为埠,架木桥	426

---

① 《新安名族志》,第58页。

县	村镇	时代	修筑人	道路桥亭名称及状况	页码
歙县	石岭篁坞	元末明初	吴树孙	创桥亭修险道	382
歙县	瀹潭	元代	方廷曦	开汪洋港通舟楫辟茅山岭路道建路亭	117
休宁	河村	元代	戴彦明	开砌和镇街衢抵达婺源境	466
歙县	堨田	明代	程妙一	开拓土宇村溪,偕汪、柳、华21人捐资督造石桥,捐财砌张潭堨桥,施茶,建石桥栏杆	32
歙县	竦口	明代	程以瞻等	建筑竦东石桥、绩雄路石桥	40
休宁	浯田	明代	程永宁	凿石甃叶岩路、建石亭	57
歙县	文昌坊	明代	程瓒	造下纹溪桥	62
婺源	新溪	明代	程珍	砌路修亭	76
歙县	棠樾	明代	鲍邦珍	建渔梁河坝	90
歙县	棠樾		鲍氏	复古桥、修义路亭	91
歙县	潜口后市	明代	方泰宗	捐资建潜坑等三座桥梁及修路	107
歙县	结林	明代	方美兴	捐资凿石甃双岭要路	115
歙县	新馆	明代	黄权父子	捐资造清化桥	167
歙县	古唐	明代	汪志等	造桥梁,平道路	185

见于《新安名族志》著录的名族兴修道路桥梁渡口舟船,不下六十余条(座),为省篇幅,不俱转述。其实《新安名族志》纪事止于明代后期,此后仍多营造桥梁义行,《歙事闲谭》有所记叙。徽州府治所有五座大桥,以太平桥最巨,广二丈许,直径380余步,16个涵洞,岁久倾颓,康熙(1662—1722)间,歙县岑山渡程封延倾其所有,予以修复。[①]歙县万年桥,原为木桥,万历元年(1573)知府、知县倡建石桥,江村江希文等助资兴筑,两端建立"砥柱中流""源头活水"牌坊;顺治七年(1650),歙县人姚叙伦等重修,时为九涵洞;康熙十五年(1676),邑绅江演修南岸靠城二洞,改用青石,居民又在桥口建立券门;乾隆十五年(1750),居民重建券门。[②]是以此桥实为民间兴建。歙县岩寺人佘文义,少贫,经商致富,捐出四千两银子在岩镇水口处建造石桥,以利行人,人们为他的义行所感动,称此桥为"佘公桥"[③]。歙县程光国,经商稍富,箬岭为

① 《歙事闲谭》,第258页。

② 《歙事闲谭》,第560—561页。

③ 《歙事闲谭》,第457页。

险道,上下百里,难行且不安全,遂以己力修之,为牢固,用浙江石材,历时数十年修成。①族谱亦有名族建造桥梁的记录。黟县南屏叶氏叙秩堂族众于嘉庆七年(1802)出资建造村落水口万松桥,桥有三个涵洞,长十二丈,高一丈六尺,广一丈二尺。姚鼐特为写建桥记,说明徽州桥梁坚固及其原因:"……吾至徽州,观其石梁之制坚整异于他郡,盖由为之者多石工,习而善于其事故也。"此桥历时五年修成。②在万松桥竣工之际,叶氏叙秩堂支丁又在村之西北建造西干桥。这两座桥梁的建筑均载入黟县县志。③

名族、义士修筑桥梁水渠,同时精心保护、维修。比如建造西干桥、万松桥的叶氏设有"桥会","轮流值年经理"④。对修建的堤坝水塘,更讲求水资源的管理和利用方法,以期收到良好效果。前述北宋休宁灌田三万余亩的陈公塌道,有专设首领主持其事,至洪武初年,乡民荐举好仁施义的程仲芳金掌伍保塌首,他承担起职责。⑤歙县竦口江永忠"画区良塌事宜,自是禾嘉乃登,勒碑纪迹"⑥。合理用水方法的实行,立即取得丰收的成效。为了能够保持,将条规立碑铭刻,以便后世遵循。

凿山修路,疏浚河道,建设堤坝,修筑桥梁路亭,设立义渡及船只,名族义举繁多。水利、交通建设为农业生产、商业活动、人际交往提供有利条件,为社会稳定发展所不可缺。

四、多种内容的救助活动

佘文义不只是捐巨资建桥梁,更"置义田、义屋、义塾、义冢,以赡族济贫,所费万缗";年逾八十,义行不减。⑦名族中多财乐施者的义行,有临时性的,对有急难者施以援手,如荒年赈济,施粥施粮,治病施药,施棺收尸,焚毁借券;有长期性的,设立义庄、义田、义宅、义仓、义冢,资助贫困者。义举的对象,既有族人,也有乡邻,长期性的多是面向族亲的。义行,直接关系族人、邻人的生

---

① 《歙事闲谭》,第 275 页。

② 嘉庆《黟县南屏叶氏族谱》卷 1,《桥梁·万松桥》,《清代宗族史料选辑》,下册,第 1888 页。

③④ 嘉庆《黟县南屏叶氏族谱》卷 1,《桥梁·西干桥》,《清代宗族史料选辑》,上册,第 441 页。

⑤ 《新安名族志》,第 58 页。

⑥ 《新安名族志》,第 197 页。

⑦ 《歙事闲谭》,第 457 页。

命、生存，同时形成良好社会风俗。下面将分项介绍名族成员的救助活动。

建设义庄、义田。义庄是宗族内部的特殊机构，一般捐田产者不直接经营，设有专门管理人，义田通常也由祠堂管理。北宋乾德二年(964)，歙县沙溪凌道"义置膳茔田地山，至今不替"①。休宁东阁人许文蔚，南宋绍熙元年(1190)进士，官著作郎，以笔耕所得，"买田百亩为义庄，以膳宗族贫者"②。明代，歙县山上洪寿特地设立"敦义会"，与族人中产多者集资，买田收租，以济族人中鳏寡孤独。③官塘叶彦忠等率子侄创立宗祠外，"别置义田，周济孤贫"④。官塘黄村黄茂倡"置义田，济荒族，人不至转徙"⑤。岩镇汪通佐，"置义田以济贫族"⑥。南市程挥及侄程熊捐资倡议置田，以敦本睦族。⑦呈坎罗元孙修桥筑路之外，欲建义田、义屋，嘉靖七年(1528)义屋将成，故世，子兹宗继承父志，"毕就义屋，又置义田百亩，租息岁时给散族人以及婚丧者"⑧。祁门贵溪胡俊杰、介教，"倡率族人建立'救贫义山'于十三都，计四百余亩，子孙世守其业，综理益密，生利笃义无穷"。这是买山地作济贫义田。⑨婺源太白潘福宁，"笃孝友，置义田"⑩。

义宅，多系宗族富人为贫穷族人居住而设。罗元孙父子建设义屋供给贫穷族人居住的同时，歙县临溪街程闻礼与弟辈捐资建义屋，居族人。⑪岩镇汪恂，"建义屋以居贫族"，巡抚书"尚义"二字以表其门。⑫岩镇闵荣昌，任淮府引礼，承其父志，"置义宅以居族之贫者"，并将义屋命名"节孝里"⑬。泽富吴义

---

① 《新安名族志》，第556页。所谓"至今不替"，是说至《新安名族志》成书的明代嘉靖年间仍然保持田地，没有散失。

② 《新安名族志》，第473页。

③ 《新安名族志》，第511页。

④ 《新安名族志》，第419页。

⑤ 《新安名族志》，第165页。

⑥ 《新安名族志》，第187页。

⑦ 《新安名族志》，第38页。

⑧ 《新安名族志》，第550页。

⑨ 《新安名族志》，第309页。

⑩ 《新安名族志》，第644页。

⑪ 《新安名族志》，第65页。

⑫ 《新安名族志》，第187页。

⑬ 《新安名族志》，第258页。

德,赈恤孤寡,倡议筑室以聚族人。①瀹潭方起,修桥筑路之外,"置义宅、义仓,以周贫乏孤寡者",御史刘扁其间"尚义",府县予匾额,为乡饮宾。②潭渡黄天寿,舍施田产建立义仓赡族,巡抚书"彰义"表之。③休宁阳村程思达、思温创立"嘉会堂","以居子姓"④。

义冢义葬。约为宋代人的王元一,迁徙歙县路口,"尚德秉义",置庄基为义冢。⑤歙县张家村张听义,捐资置义冢,"利生济殁者甚多"⑥。洪武初,岩镇程福远,置泰来山以葬族之贫者⑦。棠樾鲍邦珍,建富宁义冢。⑧明代,绩溪东关庠生冯世德在祖坟附近买山地作义冢,安葬"本派之死无所归者"⑨。同县周氏用50两纹银置何家培地业为宗祠义冢,听凭派下子孙安葬,而后又有族人倡捐,扩大义冢地基,加强管理。⑩婺源邑中,明代张天成"置义阡以葬贫乏"⑪。这些义阡,多为族人设置,此外北京歙县会馆的义冢值得留心。歙县人、徽州人,于明清时期在北京分别设立会馆,歙县会馆内建有义庄,起义冢作用,地点在永定门外五里石榴庄(下马石),规模甚宏,丛冢有六七千,累累相次。经始于嘉靖四十年(1561),万历(1573—1619)间拓地,募建厅堂,东阁大学士、歙县许国(1527—1596)预其事。康熙间钦天监监正杨光先(1597—1669)重新修整,嘉道以降大学士曹振镛(1755—1835)、潘世恩(1769—1854)皆资助。捐款,以茶商为多。乾隆中茶行七家,茶商字号168家,小茶店数十。许承尧说:"吾徽人笃于乡谊,又重经商,商人足迹所至,会馆义庄,遍行各省"。⑫与义冢相联系的义葬,收尸、施棺,义士也在进行。多有义举的官塘黄茂从事义葬,"乡有贫

① 《新安名族志》,第 379 页。
② 《新安名族志》,第 117 页。
③ 《新安名族志》,第 154 页。
④ 《新安名族志》,第 50 页。
⑤ 《新安名族志》,第 576 页。
⑥ 《新安名族志》,第 332 页。
⑦ 《新安名族志》,第 29 页。
⑧ 《新安名族志》,第 90 页。
⑨ 光绪《绩溪东关冯氏家谱》卷首下,《义冢记》,《清代宗族史料选辑》,下册,第 1889 页。
⑩ 光绪《绩溪城西周氏宗谱》卷 19,《禁碑》《义冢》,《清代宗族史料选辑》,上册,第 487—488 页;下册,第 1888—1889 页。
⑪ 《新安名族志》,第 342 页。
⑫ 《歙事闲谭》,第 357 页。

不能葬者,给棺价与之"①。宗族的设置义冢,为贫穷裔孙、乡邻下葬,同时可以防止族人、乡人在其祖坟盗葬。

施药施棺。歙县潜口后市方义甫,元朝人,恤族孤寡,岁饥赈贫,天历间(1328—1331)瘟疫流行,虽是疏远亲族、乡人,亦给药,死者备棺埋葬。②歙县中街的何锅,是名医,"改葬三代,及葬宗族之丧,而设宗族祭田"③。为宗人义葬,祭田之设,是为祭祀亲上,亦为所葬族人。忠堂方增庆制药施舍给病人,买棺材收葬贫人尸骨。④古唐汪志等"周济贫乏而予衣棺"⑤。磻溪方镮,"明医博施"⑥。休宁浯田程永宁,"丰财乐施,死无敛者施其棺",焚毁不能偿还借贷者的借契据。⑦和村蓝湖吴岩佑,"怜贫施棺"⑧。婺源中云王玑,名医,"济贫施药"⑨。绩溪涧洲许本玉,为贫者施药,他的本家许本瑄,通岐黄术,为贫人治病甚多。⑩

义赈济贫。灾荒之年,义民自动或在官府鼓励下赈灾,捐献粮食或钱物;或平时抚恤贫弱孤独。元代泰定四年(1327)岁饥,黟县霞阜汪希贤设糜济贫,而秋收甚好,四方贤士作诗歌颂,《新安大族志》作者陈定宇删集成《大有吟盟》。⑪元末,祁门左田黄汝贤,"积粟助赈"⑫。可能是文献保存关系,明代此类记载甚多。诸如歙县祊塘富甲一乡的吴仲恭,在英宗天顺二年(1458)大饥荒中,发粟四百余石赈济,府县旌表其门曰"尚义"⑬。弘治五年(1492)大饥荒,郡城程实、寄、甫等九人各自"输粟助赈,例授冠带,旌为'尚义'"⑭。岩镇南山下吴福臻,当正德年间民变时,输粟助军饷,并赈济饥民。⑮潜口汪道植,每当饥

① 《新安名族志》,第165页。
② 《新安名族志》,第106页。
③ 《新安名族志》,第667页。
④ 《新安名族志》,第114页。
⑤ 《新安名族志》,第185页。
⑥ 《新安名族志》,第120页。
⑦ 《新安名族志》,第57页。
⑧ 《新安名族志》,第404页。
⑨ 《新安名族志》,第586页。
⑩ 《新安名族志》,第480页。
⑪ 《新安名族志》,第239页。
⑫ 《新安名族志》,第179页。
⑬ 《新安名族志》,第372页。
⑭ 《新安名族志》,第37页。
⑮ 《新安名族志》,第371页。

荒之时,发库存粮食赈济。①巴大本,"生财有道,富甲一乡,积而能散,为人排难解纷,赒贫恤苦,乡人或德之"②。瀹泽七世同居的方氏家族后人方廷闾,焚借券,赈贫乏。③岩镇程积英,输粟助赈,授七品散官④。义城朱永通输粟六百石助赈,有司循例为他建立尚义坊。⑤休宁中泽程武勇施粥赈饥,县尹以耆德举乡饮宾。⑥中街金宗敬,"孝友笃义,输财乐施,有司举乡饮宾,旌建尚义牌坊"⑦。许本玉,"输粟赈荒,以膺冠带"⑧。新屯戴玫,"丰财好义,族之贫者皆与其生理及佃田与居"⑨。绩溪仁里程成,"赈粟,授散官"⑩。洞洲许金,遇岁欠,发粟赈饥,有借贷不能偿还者,焚其借据。⑪婺源太白潘福宁捐置义田之外,"散财赒饥,乡民推戴"⑫。黟县横冈吴仲远,成化间输粟助赈,旌表为义官。⑬徽州济贫救荒的善举甚多,不再罗列。惟有一事需要道及,休宁浯田程相在嘉靖十八年(1539)的大旱之年,"蠲租千余"⑭,即不收地租,以益佃户。

名族的好义乐施富人,对贫窭的族人与乡邻生老病死有所关照,尤其是设置义田、义屋、施粥、施药、施棺,可使族人存活,或贫穷者完成婚丧大事,不致流离失所,饿死沟壑。

响应官府号召的义赈,官方给予虚衔散官、树立"尚义"牌坊之类的奖励,而自发的济贫,则在民间得到颂扬,被称作"义士""善人"。

五、佛道寺观建设

宗教,无论天地神佛的有无,对于信仰者而言,是精神的寄托,是希望所

---

① 《新安名族志》,第 189 页。
② 《新安名族志》,第 430 页。
③ 《新安名族志》,第 117 页。
④ 《新安名族志》,第 29 页。
⑤ 《新安名族志》,第 433 页。
⑥ 《新安名族志》,第 56 页。
⑦ 《新安名族志》,第 649 页。
⑧ 《新安名族志》,第 480 页。
⑨ 《新安名族志》,第 464 页。
⑩ 《新安名族志》,第 86 页。
⑪ 《新安名族志》,第 481 页。
⑫ 《新安名族志》,第 644 页。
⑬ 《新安名族志》,第 412 页。
⑭ 《新安名族志》,第 57 页。

在,是心灵安慰,也是为人自律的精神力量。名族对佛道寺观的建设,为宗教信仰提供方便,是联系社区民众的一种方式。不仅如此,徽州名族对寺庙有一种特殊需要,即借用佛寺保护祖茔。常建华的《明代宗族研究》对此进行了很好的解析,颇可参考。①

《橙阳散志》卷8《舍宇志》有《庵观》一目,表明当地有寺院道观,绩溪庙子山王氏村庄有观音寺,寺观同样出现在徽州其他大地。这里依据《新安名族志》《歙事闲谭》记载,铺陈名族建立的若干寺观,至于设立的原因、儒家与佛道观念的不相容也略予关照。

宋代士大夫有利用寺院护坟的风气,徽州的宋朝人亦然。徽宗崇宁年间(102—1106),程安尚迁居歙县率口,子敦临捐资,"徙斋祈寺于夹山,后人立祠于寺,割田以奉香火,自宋迄今(明代后期)不废,益盛"②。宋代,婺源冲山坞汪源、汪汶兄弟,"建大田寺,捐田守墓"③。宋代,祁门程村程克敏,捐资建灵泉寺;族人程千六、细九父子,捐财舍田,复建师颐真道院。④宋代歙县棠樾鲍景山,施田二顷,建雄村南极观。⑤南宋,歙县葛山汪绅捐资建"上佛堂",福佑一方丰稔。⑥元代,歙县岩镇王氏在小岩冲口有祖坟,邻近古岩寺,乃于寺内建祠宇,设置迁岩镇始祖位座,将佃户舒姓拨归寺院为金业户,至明代遵行。⑦元代,休宁博村吴震卿,施建山阳院,至明代为杨村寺。⑧元代,歙县堨田程四三,舍田佛寺,用作香灯之费。⑨歙县虹梁程卯,"创新向杲寺宇,割田二十余亩,供佛食僧,僧感其德,立主祀之"⑩。元末歙县大址村阶蓍上鲍子华"复兴向杲旧院之东祠,以永一方之香火"⑪。元末明初,歙县石岭篁坞吴树孙,捐银百两,置膏腴三处,舍入岩镇紫极宫,以为永远香灯。⑫歙县古唐汪志、汪贡,修

① 常建华:《明代宗族研究》,上海人民出版社,2005年。
② 《新安名族志》,第53页。
③ 《新安名族志》,第223页。
④ 《新安名族志》,第80页。
⑤ 《新安名族志》,第90页。
⑥ 《新安名族志》,第186页。
⑦ 《新安名族志》,第569页。
⑧ 《新安名族志》,第401页。
⑨ 《新安名族志》,第32页。
⑩ 《新安名族志》,第21页。
⑪ 《新安名族志》,第93页。
⑫ 《新安名族志》,第382页。

崇真道院。①明代,婺源丰乐洪记玄等人捐资建寨山寺佛殿。②歙县潜口汪道植,独资建立文峰宝塔于水口。③绩溪南关许余氏在明初,捐助多所寺庙,其中的太平寺,本来庙宇湫隘,永乐间又遭火灾,许余氏乃捐助寺基,增建偏殿余屋,并助香镫田亩方塘竹园,遂使其规模宏敞,气象一更。同时助资重塑佛像,勒名碑碣,在法堂设有许余氏先人斗保夫妇像。许余氏另外赞助东岳庙,于是孟才孺人像出现在庙中,称作“孟婆像”,以满足妇女烧婆婆香的习俗。④明代后期,歙县溪南吴养春,“矢愿遇高僧以开山功德主自任”,僧普门随同休宁刘继贤路过溪南,与交谈心契。普门获朱砂庵地,吴养春等人为捐银购地创禅室,遂了做开山功德主的心愿。⑤以开山施主自认,无疑笃信佛教,企图获得虔诚者名声。歙县徐村徐氏,在家族文献的“其形于建迹者”部分,载有温泉庵、东岳庙,⑥可见建造佛寺道观是家族的共同愿望。绩溪和尚坞有古刹,余、许、方、汪四姓文会在此安镫。⑦清代程光国重修庆寺塔顶。⑧

寺庙庆会,名族多参与活动。每年有多次僧道节会,照例由僧人具茶果肴品礼赠有关名族成员,如三月二十八东岳庙祭典,头坛法事,许余氏六十岁以上者到祭,祭毕,吃庙僧斋饭。四月初八太平寺法堂、东岳庙、三官殿、太子堂四房出家人轮流款待许余氏六十岁以上老者,信众先领僧饭,再请佛毕,又领酒筵:四位一席,素菜六品:腐角、腐皮、寿桃、笋、木耳、煎面,水酒四双壶。十一月寺僧送许余氏祠堂塘鱼二十斤。正月、腊月亦多馈送。⑨

徽州名族的祀佛,还同皇帝发生联系,即康熙帝应徽州名族请求为歙县岑山星岩寺赐名。岑山,在练江之中,俗称“小焦山”“小金山”。唐昭宗天祐(904—919)间建寺,名曰“周流寺”,到万历年间(1573—1620),寺宇移至溪西三里许,而很久没有定名。康熙四十四年(1705)第五次南巡,金石学家、藏书

① 《新安名族志》,第184页。

② 《新安名族志》,第518页。

③ 《新安名族志》,第189页。

④⑨ 光绪《绩溪县南关许余氏惇叙堂宗谱》卷10,《附捐助寺院》,《清代宗族史料选辑》,下册,第1923—1924页。

⑤ 《歙事闲谭》,第431页。

⑥ 《新安名族志》,第613页。

⑦ 光绪《绩溪县南关许余氏惇叙堂宗谱》卷10,《杂说》,《清代宗族史料选辑》,上册,第439页。

⑧ 《歙事闲谭》,第276页。

家歙县岑山渡人程哲①绘寺图,与族人在扬州叩请御书赐名,康熙帝乃书"星岩寺",又赐联:"山灵钟瑞气,溪色映祥光。"寄予当地人才济济、社会祥和厚望,并赐程哲等人图书十二种。受赐者特地建立"御书阁",以志皇恩浩荡和宗族幸事。②

此外,徽州民间信仰的神灵很多,如都天神,聚族而居者鲍氏村,不满二百家,也不富裕,但族人建庙于祠堂之侧,崇祀礼拜,有人病笃,延祀都天,虽无效,照信不改。雍正(1723—1735)间,程襄龙受聘去做经师,打碎天都神主,投之于潭,鲍姓"族人群哗",后因多年不见神灵的报复,"久亦相安,不复立庙"③。

总之,名族中有个人出资建寺观,有家族共建,还有几个家族合作营造,个人与家族的礼拜佛道行为,护卫祖坟目标之外,是信仰佛祖玉皇大帝,祈请保佑,觅求心灵安慰。寺院,无论是个人、某一家族独建,还是多人共建,当地人都会共同参与活动,共同维持,它是名族间、社区间联系的一种渠道。特别是因寺庙而同皇帝发生联系,不是名族程氏的活动,是不可能的。

六、疏解纠纷,稳定社区

社区居民中时或发生宗族内部房支间、族人间,以及不同姓氏之间的纷争,由祠堂、文会及个人疏解。而能够排解者,其人必有威望,有义行,或有荣誉身份,为人公正无私,服众;有智慧,能言善辩,使纠纷圆满解决,调解成功。

在族内外诸多行义的歙县黄村黄茂,为乡约正,系"特立不群"的人物,能够"锄强兴善",为人信服,民间有不平的事情,他一一调解平释,所以"岁无公讼者"④。约为元代人歙县叶村洪洋,孝友义正,乡人有纠结,争着找他

---

① 程哲,歙县岑山渡人,富藏书,善于鉴别古今图画尊彝,收藏亦广,著《蓉槎蠡说》。居扬州,师事康熙间诗坛领袖王士禛(渔阳),为师刻印《分甘余话》,王士禛谓其"风雅好事者"。见《歙事闲谭》,第375—376页。

②《歙事闲谭》,第381、258—259页;两条资料所记康熙赐额时间不一,一在康熙第五次南巡,一在第六次南巡,应以当事人程哲所记时间康熙四十四年第五次南巡为准。

③《歙事闲谭》,第88页。

④《新安名族志》,第165页。

评解。①同县岩镇汪通保,不仅笃于行义,赈贫乏,且"能排难解纷,以善其俗",是以太守王节斋称他为"义士"②。同族的汪琥,是"轻财乐施,敦族以义,处众以公"的正人,由他调处的纷争,不留后遗症,取得"乡党咸服"的好效果。③虹村黄琼,"倜傥豁达,才智过人,排难解纷,乡里敬服"。他虽为平民,由于他的品行出众,缙绅以礼相待,与之交友。④歙县祊塘吴时济,为人济贫抚恤孤寡、敬老尊贤,因而"乡有不平者悉质其公,族有不睦者俱请其训"⑤。虹梁程卯,"邻里推任柱头,里中争竞者翕然求直"⑥。他必是评解纠纷的能手,所以乡人求其评理。元里村程子义,"仁能周急,智释纷,乡人以'义士'称之"⑦。瀹潭方廷曦,孝父母,睦族,"闾里有事,悉皆平释,人皆称之'善义翁'"⑧。祊塘吴胜祖,"明烛事几,乡人有疑者悉咨之,府县旌之曰'伯长'"⑨。河西巴大本,与人"排难解纷",其子巴思忠为人"严介公平,人不敢犯",豪滑有为徽州、宁国府间祸害者,虽巨家宦族亦无可奈何,但若侵犯他,除掉恶人如同摧枯拉朽,"凡与害之家,至今谈及,皆感激以为恩"。即为民间、为大族除害,如同"除三害"的周处。⑩休宁油潭墩上程庆德,"雄才辩博,排难解纷,乡里推服"⑪。同县金川程志亿,"能解忿息争,乡人称之"⑫。隐冲岭程崇贵,"有解纷息争之才,乡人咸服"⑬。黟县石山黄世盛,"轻财重义,排难解纷,乡人感之"⑭。横冈吴千赋,性公直,"乡人不平者皆取决焉"⑮。绩溪双古井葛景容,自身素行端正,乡间久讼不能决的事情,双方找他评析,他处断得令当事人心服。⑯

---

① 《新安名族志》,第 507 页。
② 《新安名族志》,第 187 页。
③ 《新安名族志》,第 186 页。
④ 《新安名族志》,第 160 页。
⑤ 《新安名族志》,第 373 页。
⑥ 《新安名族志》,第 21 页。
⑦ 《新安名族志》,第 23 页。
⑧ 《新安名族志》,第 117 页。
⑨ 《新安名族志》,第 372 页。
⑩ 《新安名族志》,第 430—431 页。
⑪ 《新安名族志》,第 52 页。
⑫ 《新安名族志》,第 58 页。
⑬ 《新安名族志》,第 60 页。
⑭ 《新安名族志》,第 180 页。
⑮ 《新安名族志》,第 412 页。
⑯ 《新安名族志》,第 705 页。

上列排难解纷的强人有共同特点,即赢得众人敬服而收效明显。他们为人公正,是民众心目中的"义士""善义翁",纷争的两造才乐于求他评理,而他们出色的智慧善于解决难题,协调得到当事人双方认可,事情解决了,相安无事,减少乱子,乡邻也会满意。

强人排难解纷有着良好的社会效果,第一是令当事人免除受惊破财之灾难,即免得打官司受衙役的敲诈勒索、讼师的蛊惑、官员的行刑,自然高兴。第二是减少诉讼,民间调解成功,不必到衙门打官司,诚如黄茂事迹所披露——"岁无公讼者"。第三是起到美化风俗与稳定社会秩序作用,义士是感化人,让人大事化小小事化无,人们和平相处,就像汪通保那样善于排解纠纷,令人"以善其俗",少戾气,多和气。

七、名族从事社区建设的原因与意义

以上各节的叙述,不难发现名族是社区公共设施的建设者、维护者,社区民众共同活动的管理者,兼负民间疾苦解脱者的使命,虽然它的能量非常有限。那么名族为何关注社区建设呢?名族从自身需要,建设社区有着必要性和必然性,不妨从两个方面来观察:

名族本身需要良好的社区生活环境。名族当然要做好内部事务,但是生活在社区中,族人与族外民众有着密不可分的关联,如若仅仅是族内和合安祥,而社区环境不佳,族人仍会有不安全感,仍难于有安定生活,所以有必要去从事社区建设,保障社区秩序稳定,族人生活才能安定有序进行。

建设社区是作为民间楷模的名族应有的内涵和必备条件。万历朝兵部左侍郎歙县人汪道昆(1525—1593)在《太函集·论巨室为庶人楷模》中说:"巨室,即所谓大家,固庶民之纲纪也。"①指明名族是伦理道德的楷模,起着庶人表率作用,以此不同于一般民人和家族,也就是说名族实践人伦纲纪,重视处理与邻族、乡里关系,是其必备品格,否则就不配做名族。名族关注农田水利、交通、公益、祖宗崇拜之外的社区民众共同信仰的社神、寺院道观的建设,社会救助的进行,客观上也是适应乡邻的需要,只是让那些设施与族邻、乡邻共享,救助活动施及邻人。名族自身既可以成为楷模,社区也因此得益而安定。

---

① 汪道昆:《太函集》,胡益民等点校,黄山书社,2004年,第168页。

名族的族内和社区建设，是代替政府从事公益事业从而获得某种自治权。名族在地方上兴修水利，建筑道路，兴办学塾，从事某种程度的社会救济，贫则义田，居则义屋，葬则义冢，灾则赈济。要之，民间的谋生和生老病死，名族设法自行解决，甚至民间纠纷，也尽力化解。如此等等，减轻政府行政成本和公共设施投入的压力。修渠筑路应是政府职责，但是政府无力做，名族自为之，就以从事社会公益事业来讲，政府不得不给予名族自理自治的权利。政权不下县，就给了名族在社区有所作为的施展空间。总之，名族成为稳定社区社会秩序保障力量，成为政府的助力，从而获得政府的鼓励。

　　(2016 年 1 月 16 日成文，载《安徽史学》2016 年第 4 期)

宗族与村落建设述略
——以明清徽州为例①

笔者日前写出《简论清代宗族的"自治"性》②小文,叙述在清朝政府允许范围内,宗族进行内部管理和参与政府司法的某些事务,基本上没有涉及到宗族在村落地区(或者勉强说是"社区")的活动,连阅读过的周銮书主编的《千古一村——流坑历史文化的考察》等书一些有关内容也未考虑进去,总觉得欠缺太多,他日应有所弥补。事有凑巧,拙文刚刚草就,杨立威先生主编的《徽州大姓》要我写序,③这是一部宗族史和姓氏学的专著,仔细阅览,特别留心于宗族与村落建设关系问题的把握,结合已经掌握的各种来源的资料,对这一问题有所清晰,遂立意撰写本文。由于未能深入研究,所以只能是杂感式地陈述一些事实,一则说明村落建设的种种内容,二则交待宗族与村落建设的内在联系以及同地方政府的关系;所使用的史实素材,为了简便,仅取自《徽州大姓》一书,是以标出副题,以明清时代徽州为例。④

一、宗族村落建设及其内涵

一个村庄的形成与持续发展,包括选择地址,街巷、公共设施的布局,民居及居民生产、生活的公共设施,村落文化教育设施,民风社俗的形成与维护,这一切的兴办,都靠着宗族的组织、主持与监督,关于宗族与村落建设关系的说明留待下一子目,这里仅仅叙说村落建设的各项内涵。

村庄选址。选择适合人群居住的地方,而且还应虑及日后人口增长的需

---

① 本文写作于两年前,为参加一个学术研讨会而作,后因故未能与会,今(2007 年 7 月中旬)朱炳国先生约稿,遂捡出应命适当作了补注和修改。

② 已刊于《华中师范大学学报》2006 年第 1 期。

③ 《徽州大姓》一书业于 2005 年出版,拙序同时披露。

④ 笔者对《徽州大姓》的主编和作者表示诚挚的感谢。

要,用今天的话说,要有可持续发展的条件,因此开始建设居民点的人要考虑两大因素,一是在农业社会,有适宜耕种的大片田原;二是在耕地附近水源丰沛。徽州多山水,早先的居民选择依山傍水的冲积平原建设村庄。鲍氏的棠樾村"枕山、环水、面屏",所谓"察此处山川之胜,原田之宽,足以立子孙百世大业"。在外地做官的元朝人鲍寿孙吟咏棠樾环境之美:"千寻练水绿差差,百里溪山晓雾时。……遥想棠阴清昼永,无边光景总堪诗。"罗氏家族的呈坎村建设在原先的一片苇滩上,潀川河经苇滩南流,在此建村,形成"绿水村边合,青山郭外斜"的外貌。项氏的小溪村,村名与水名相同,小溪,又名贵溪、桂溪,小溪村背靠辛峰、笔架山、轿顶山,小溪河沿山麓流经小溪村。村庄南北长,东西短,呈长椭圆形。金氏的小琲村,因村东两条小河如弯月般合流于村西南率水,形似古代女子耳饰"明月珰"而得名。洪氏建设的洪村,选择在狭窄而曲折的山谷里,一条小河由西向东经村前缓缓而过,村落沿清溪北岸延伸,略呈凹弧形。曹氏旺川村,青山环抱,新安江傍村而过,江边是一道长堤,名曰桃花坝。章氏瀛川村,背靠瀛山岩,面临登源河。杜氏的杜村,地处太平湖北岸,四面环山,青溪水自北而南绕村东向西流去,水东是大片良田。

整体规划。有人云徽州"杜氏村居,无论大小,村村均有规划"。要说所有的村庄建设,都事先有完整的规划,恐怕未必做得到,但是有不少村落是经过周密的计划建成的。设计主要是在主体建筑的位置、街巷的区划、水源和下水道的安置。呈坎村的布局,按罗盘八卦式格局,依照国家的左宗庙右社稷的建构理念,在村左建立祠堂,右边建立社坛,全村建成五条街道,99个小巷,引两条水圳,穿村而过。水边建房,用水便利。故居民说"前面河,中间川,后面沟"。小溪村的中心,建设有项氏宗祠和岑山书院,条石街道两侧是官绅和平民住宅,还有鳞次栉比的商店。徽州村落多设有水口,在村落的入口处,河水由此川淌入,并建有村落标志性建筑物,如小溪村的牌坊、佛塔和路亭。瀛川村口是一道石桥,进村为财神庙,前街二华里是商业街。休宁五城村与古林村皆为黄姓聚居村落,两村隔河相望,有小桥相通,五城中街有一条南向大巷,宽如正街,巷口一座古城楼,拱形墙上嵌着一块青石,刻写"江夏名宗"四个大字,表示黄氏族望所在。吴氏的昌溪村,祠宇、牌坊、古树、街巷和村落水系,被今人视作天人合一的和谐生存体。金氏的阳干村,设于率水河东珰溪与率水河西石田之间的河洲之上,村落之东有小珰渡,西有千金潭渡,村东田畔为水口林,林边为两个池塘,塘前有祠堂和水口庵,村西水口有观音庵。杜村进村是虹口桥,村中有18条巷弄,纵横交错,条石铺路,并有完善的下水系统。

居民住宅。住房的建筑,首要的因素是各户的经济状况,基本上是两种类型,一是一般人家的较为简易,另外则是官宦和富商之家的带有花园的宅第,特别是后一种,只有在主人发达之后才能兴建。徽州保存明清民居甚多,歙南街口村张林福宅,建于明朝中叶,系三间二进楼房,内设客厅、厢房,沿天井一周装有护栏。休宁汪村汪廷讷营造环翠堂园,北倚山峰,南临河水,园内亭台楼阁假山池沼交错,小桥流水、曲径回廊相通,尤以昌公湖和百鹤楼最引人注目。私宅是个人的事情,并非要由宗族来主导,这里不必多说,只是它一经建成,就成为村落的景观,所以这里还是需要附带一提的。

公共建筑。因为功用的不同,可区分为生产建设类、信仰类、教育类、生活设施类四大类,每类又有多样性,需要一一说明。

(一)信仰类的建筑,至少可以分为五类

祖先崇拜的祠堂。宗族必然建立宗庙,是以村村有祠堂,而且不仅一所,因为宗族建总祠,门支建分祠,一村常常有几个祠堂。宗族是男性社会组织,祠堂主要是祭祀男性祖先的,然而徽州颇为特别,还有多座女性祠堂。由于祠堂是主体建筑,所以建造得很是气派。江村江氏在明清两代建立祠堂27座,皆由族人出资、捐资共建。西溪南村吴姓有老屋祠,由始祖住宅改建,四柱系柏、梓、桐、椐四木制成,前厅有井两口,大门外东西侧各一巷,人们视屋为龙头,井为龙眼,巷为龙须,象征吉祥发达。歙北许氏总祠,名曰一本堂,建于许村中心地带,建筑面积多达一万二千平方米,前后八进,十厢、二十八间,四个天井。前廊、首厅、中厅、后厅悬挂官员、名人赠匾题款六十八方。门首横廊前一对石狮子高一丈多。理坑余氏大宗祠,在村子的西北角,地势最高,前后四进,外设厨房。人们在祠堂祭拜祖宗、议事,婚丧大事也在祠堂举行仪式,所以在村的西部从水口到大宗祠铺设一条石板路,路上有许多上坡台阶,被人们称作"四进士""十三太保""连升三级",以图吉利。绍村张氏宗祠,三进,中堂七开间,天井院中植有柏、樟、天竺、兰草,既庄严肃穆,又象征子孙发达。古林黄氏宗祠高大雄伟,三进五开间,三进寝楼供奉祖先牌位,五凤楼上悬挂三个匾额,曰"状元及第""金殿传胪""钦点翰林",显示家族功名显赫。洪村洪氏宗祠光裕堂,始建于明朝中叶,清朝康熙、嘉庆年间先后修葺。祠堂前院陈列六对旗杆石,石上刻着"恩科甲辰""奉政大夫""朝议大夫"字样,显现出宗族的功名鼎盛。

天地崇拜的社坛。在国家有天坛、社稷坛等神坛,祭祀天地神祇,民间没有这么高的规格,而降格的社神和土地神,则是村村必有的。前述呈坎罗氏按照左宗右社规制建设村庄,右社,就是在村落的右边建造祭祀土地神和谷神的社屋。在琑西村居住的严氏族人,建有土地庙,后来受到新来的金氏族人排挤,主动迁移到村东三里外建村,但在土地庙立碑留词:"正德庚辰春,琑溪旧故里",表示对故居的怀念。人虽然搬迁,土地庙依然故旧。潘氏豸峰村在入口处建设社公庙,供奉土地神和五谷神。许氏在聚居的村落建立有土地庙。

宗教信仰的寺观。佛道寺观的建设,比起土地庙一般要像样得多,而且佛寺与宗族有特殊的机缘,因为在宋元时代,宗族要保护祖坟,往往设立佛寺进行管理。歙县方氏在霞坑柳亭山建立真应庙(仙翁祠),为汪姓祭祖睦族之所,北宋年间建庙之始,设立祀田,招僧侣在寺看护,而后和尚屡次勾结外姓盗卖祀产,为此三次打官司,终于在明朝万历年间驱逐寺僧,收归宗族,由各派轮流管理。琑溪金氏建造金氏世仕宗祠,在祠旁建佛寺,招僧人守墓。江村江氏早在隋唐时期建造觉华禅林,年久荒废,明末天启间重建,添置田亩为寺产,作为合村香火殿;另建有瑞金庵、香海禅林、榨坑庵、引道庵、真武殿等。杜村杜氏在九龙山建有慈云庵,村内有香火堂,又建造九龙寺,规模宏大,香火旺盛,清朝人作诗咏之:"群山东注碧云重,人学天泉返九龙。入室他年称大叩,问津此日听疏钟。"澄塘吴氏在宋代建立崇真道院,清代咸丰年间毁坏,同治间修复,每年三月三日为上香日,过端午节,道士给各家各户派送"五毒"木刻版画,寓意避邪消灾。呈坎罗氏建造道家的龙兴观(上观道观)、通贞观(下观道观),内有藏经阁,同时建有佛家的龙兴禅院。歙县张氏修造的长庆寺,始建于宋代,元、明、清历次重修,其七级浮图至今屹立在古歙城西门外练江左岸。

神灵和英雄崇拜的庙宇。历史上的名人和传说中的名人,不仅英雄化,而且神灵化,变为崇拜的对象,因之建设祠庙,予以供奉,实际含有纪念性,另有各种神灵、祥异的信仰祠庙。许氏建立唐朝越国公汪华的汪公庙、张飞的张王庙、关羽的关公庙、唐朝睢阳太守许远兄弟的双忠庙、周文王的周王庙,以及财神庙。绍村张氏的神庙,设在长生桥上,供奉胡大帝、周大帝、关老爷、观音菩萨。洪村建有胡老爹庙。豸峰村潘氏建有周王庙、汪帝庙、关圣庙、水龙庙及庵堂三所。

文化教育神灵建筑。文昌阁之类,留待下面与书院一同说明。

(二)教育类建设,可以区分成两种

文教神灵与书院、义学。人们以文昌帝君主管人间文运,关乎功名的取得,读书人奉为神灵。杜村建有文昌阁,每月朔望士子聚集,祭祀文昌帝君,每年二月初吉举办文昌会,希望培养出家族人才,"添个樵夫下翠微"。明代中期,杜伯衡建立明道堂,聘请阳明学派王几、钱绪山讲学。王氏在婺源建设书院、书屋、义学甚多,有双杉书院、词源书院、二峰书院、骐阳书院、明径书屋、西瀛精舍、海泉精舍、龙池书舍、积积山房、丽泽山房、桂林书馆、桂苑书斋、东璧书斋等,其中双杉书院建于乾隆初年,有田七十余亩,提供族中子弟膏火、会课及赶考费用。龙川胡氏建立龙峰书院、梅林书院。理坑余氏设立文昌阁和文笔造型,文昌阁五开间,三层,层层飞檐翼角,文笔由砖砌成,方形实心,攒尖顶,高约16米。呈坎罗氏在龙兴观内设有文昌阁、魁星楼、文会馆,罗元孙在外经商致富,回乡设义馆,赞助族中贫穷子弟读书。江村建有飞布书院、聚星会馆、瑞金文会、蟾扶文会。曹氏建设竹山书院,由清旷轩、文昌阁组成,清旷轩是讲学之所,文昌阁又名凌云阁,会文之处。阳干金氏在村北焰山建设焰山书院,另设私塾。

伦理教育的物化载体。系功名、节义牌坊和教化亭之类。理坑余氏为维护乡约的职能,建设申明亭,对行为失范的人当众公开训诫,甚至记过。为了维护教化的权威,咸丰元年余氏宗族呈文徽州知府,请求批文,悬挂申明亭,得到知府达某的批准,文云:"查申明亭乃教化之所,即前代乡议遗意,例载森严。凡关风化公件,衿耆执事在亭剖决,所有该处居民人等,各宜敬谨凛尊,如有入内喧哗,并恃横闯闹不法等情,许该约指名禀报,以凭严拿按法究治。"余氏另建明善堂,表彰有善行义举的人士。龙川胡氏有历史文献记载的牌坊25座,现存的尚书坊,系明代嘉靖四十一年建的奕世尚书坊,为胡富、胡宗宪而设,后者是抗倭名将。许村许氏经过申报,在宋代至清代的一千年间受到旌表的女性335人,光绪间在总水口前建立总的孝贞节坊,以前建设的个人贞节坊更多。坑口张氏在柔川村外岭道上立有三座牌坊,为康熙七年的张法孔妻陈氏贞节坊,乾隆八年张大增妻项氏贞节坊,咸丰元年张廷径妻洪氏节孝坊。朱氏在休宁珰金村建造的牌坊,宽9米,高12米,旌表孝子朱元俨。江村拥有牌坊10座,分别为古良臣坊、登庸坊、巡访坊、御史坊、四世一品坊、烈女坊和四座贞节坊。潘氏豸峰村建有孝子庙坊、节妇坊、大夫坊。

(三)生产建设类,包括水利、交通两方面

水利和水力利用。治水灌溉农田和保护村庄,是农民的要务,由各个宗族承担起来。清代江村居民疏浚河道,设堰蓄水,仅乾隆年间就有四处,溉田少则三百余亩,多则八百余亩。据记载,许村人有两次大垦荒,一次是在元代,在上昉岭、中昉岭造地千亩,得粮万斗。为此而与临近的宋氏械斗,打官司,虽然胜诉,而伤了两姓的和气。第二次是开垦昉溪源,田亩增加了,而造成水土流失的恶果,为此许从仁等四兄弟筑坝拦洪,植树固土,改善了生态环境,后人纪念他们,称拦河坝为四义坝,又建四义祠以祭祀。珰溪金氏在环绕村落的两条溪水边砌以石堤,种植柳树和绿竹,辅助堤防的巩固。呈坎在村的东西南北各建水碓一座,理坑余氏在水口建水碓,洪村水口亦有水碓。杜氏杜村建有祈雨堂、耕乐堂,表示将农业生产放在崇高地位。

筑路架桥。徽州山多水多,道路、桥梁和供行人休憩的路亭,其兴建至关重要,各个宗族的民众多所出力,视为宗族的事业。江村修筑大小道路十五条,桥梁七座,其中河桥二,溪涧桥五,路亭十二所,这样道路纵横交错,池井星罗棋布,为人们生活、出行提供方便。理坑余氏在水口建筑理源桥,为石砌单孔桥,上架有五开间的亭廊,亭四面额题:"山中邹鲁""理学渊源""阆开阆阅""笔峰达汉",表达崇尚儒家文化和发达子孙的强烈愿望。呈坎罗元孙在外经商致富,回乡修筑关溪桥、慈敬桥及灵山、杨干箬岭诸路,并在灵山岭建造继善亭。呈坎还有龙兴桥、乐济桥,桥边设门,昼开夜闭,夜深外人不能进村。洪村于明朝正德年间建成安居桥,系条石砌成,长十四米,宽四米,高三米半,桥上建亭五间,两侧设有座凳,供行人休憩。另有培源桥,乾隆年间修造,两侧立有石条凳。潭渡村黄氏之黄晓峰在扬州业盐致富,乾隆间回乡探母,遵母命用一万四千余两银子修建七孔石桥,名曰三元桥,至今犹存。旺川曹氏曹永辅祖孙三代自暮蔼山脚修路到山顶,并于山巅建乐安石亭。婺源詹氏造凉亭,并施茶招待行旅。豸峰村在进村跨路建设金茶亭。

植树造林。阳干金氏在河洲上广种板栗树,出产可以增加收入,树枝做燃料,还可以防洪挡风,美化村容。

(四)生活设施即为日常生活而兴造的公共工程,亦有多种类型

村门。洪村村门在村落的中段,为三楼式砖砌牌楼,拱门洞,两侧有八字墙,牌楼上绘有魁星点斗图。村门的建立,既是村落的标志,又有防卫的功能。

水口。水口,是徽州村落的特色。水口设在溪水流经村落的适当地点,包

含着建筑群和林木,通常有牌楼、桥梁、水碓、树木、寺观,或者还有亭、楼,亦系村落的标志。余氏理坑村水口处在狮山、象山之间,二山树木茂盛,架设理源桥进村,这里还建有文昌阁、文笔、水碓、灯杆,水口关锁严密,正是"两山对峙为捍门,水口之至贵者也"。洪村水口在村东头一百米处,建有文昌阁、胡老爹庙、石坊、水碓、安居桥等建筑。金氏的珰溪村水口,有一棵古松,人称月下松,松旁建企望楼,月夜登楼观赏月色美景。程氏槐塘村村形独特,古时有九条通道逶迤进村,每个村口修建分水口,全村格局犹如"九龙戏珠"。

街道。汪村的街道,都是石板铺设,路的两侧有石栏护边,路面条石横铺直竖,或三或五、或七或九,均为单数,寓意是祈福禳灾。珰溪村街道,石板铺砌,路面宽阔,犹如大马路。潘氏豸峰村的道路蜿蜒曲折,似乎巷巷相同,却又变化多端。因为居民相信弯曲的道路可以藏风聚气,留住财源,因而在兴建房屋时,外墙达到一定的长度就让它改变方向,从而形成曲曲弯弯的巷道。

路灯。许村从明朝嘉靖年间开始设立路灯,就是埋杆在街边,挂上灯,从酉时末(19 点以前)到子时(23 点至 1 点)燃点,人们称为"天灯",在有灯杆的地方,人们称为"天灯下"。

饮用水与排污。村边的、或穿村而过的沟水可以饮用,有的村庄还需要使用井水。陈氏的富公井,据说开凿于北宋,从不干涸,水质甜美。呈坎村街街巷巷有水沟,门前有水潺潺流过。前几年笔者去宏村参观,就见沟水从各家门前流淌,据说上午供各户取水食用,下午可以排泄污水,不知古代村落是如何管理饮用水和污水的。石田村街道的两侧是流水,合流为一条沟。江村开浚池塘,灌溉之外,供人畜饮用和浣洗之用,池塘之多,在村内有名的就有一百多,还有许多无名的小池子。

八景。古人以八景象征名胜之多,首都、省会、各府州县城多有八景之说,然而徽州的许多村落亦有八景,甚至十景,可见当地人对于景点建设的重视。汪氏石田村临河,隔河是青山,村有八景,曰赤壁渔帆、昆山秋月、灵山祖殿、瀛峰耸翠、古井皆泉、圣水禅林、金山龙窟。吴氏西溪南村亦有八景,分别是:祖祠乔木、梅溪草堂、南山翠屏、东畴绿绕、清溪涵月、西陇藏云、竹坞凤鸣、山源春涨,明人祝允明为此八景题诗,而清代石涛为八景作画,并题祝允明诗于上,成为稀世珍宝。呈坎村八景,为永兴甘泉、朱村曙色、灵金灯观、众峰凝翠、里池鱼化、道院升仙、天都雪霁、山寺晓钟。黄村八景:竹溪垂钓、枫林称觞、古寺夕阳、芳亭揽秀、葛社催耕、茅岗步月、霞坞横云、前山积雪。许村有十景,为:一本堂、二水合泾、三街巷口、四义坝、五马坊、六屠街、七彩庙、八角亭、九龙潭、十里街。潘氏矛峰村形成十景,是寨岗文笔、田心石印、曜潭云影、东岸春阴、水口诰轴、船漕山庵、倒地文笔、鸡冠水石、笔架文案、回龙顾祖。八景、十景,都是自然和人为合成的,是在适合的自然条件下,配合以人造的亭台楼阁、寺院道观、书院祠堂,遂形成天人和谐的景观。

二、宗族与民间生产、生活秩序的建立

村落选择、建设规划和公共实施的兴建与宗族是什么关系?公共建筑又如何能够维护?村落居民的某些集体生活又是由谁来组织的?这一节我们来考察这些问题,并从宗族的组织操持、宗族治理的手段、宗族组织的群体生活诸方面作出说明。

(一)从宗族请求政府对社区"立法"看其主导作用

前述余氏在咸丰元年申请徽州府告示,维护乡约和申明亭的权威,强化理坑村落的社会秩序。乡约属于政府系统,是政府设在乡村的教化组织,有的地方还起着保甲的作用,这本来是政府的事情,宗族却主动请求与其协作,而政府亦予支持,同意它参与村落教化事务,这就表明宗族超出内部事务范围,涉足同政府有关的外部事务。历史资料显示,咸丰元年余氏的请求不是个别的案例,这个宗族于光绪三十一年联合朱氏宗族为禁止赌博的事情呈文徽州府,请求出示禁赌,报告由在乡里的候补同知余显谟、补用知县余家鼎、职员余文炳、附贡生余钟、廪生余辉祖、生员余联荣、监生余承租、耆民余配义、乡约余有余、朱彝叙等33人具名,禀文称:"职等居分五村,三姓六约,生齿日繁,贤愚不等,故请建申明亭,旌别淑慝,历奉宪示禁赌,培俗维风,立案定规,已蒙钤印颁发……后因兵燹,条薄凋残,狡悍匪徒觊觎玩法,间有窝赌者,见被拿获,报知六约,绅耆齐诣,在亭议罚,即从暗煽匪徒蜂拥亭中,从旁作梗……职等思挽颓风,理合邀集约内,重整旧章,谨将历守规条,缮折呈求钤印立案。"这一长段的引文,反映了两个事实:一是绅耆在村落起重大作用,他们对内有管理权威,并且能够代表族人向外活动,乃至同官方打交道,绅耆,或者前面说的衿耆,何许人也?绅是绅士、绅衿,就是那些官员和有功名的读书人,是农村社会的上层,所以呈文中先出现的是他们的姓名,耆是耆老、耆民,即老年人,但是他们不是一般的老人,而是宗族的主事人,族长、房长之

类。由此看来,宗族的管理权是落在绅衿和耆老手中,绅衿不一定是名分上的族长、房长,但同耆老的族长、房长一起管理宗族事务,不仅是家族内的,村落的、外部的事情也包括在内。二是各姓主事人共同执掌村落地区事务,余显谟、朱彝叙等分居于五个村庄,属于六个乡约,可是呈文的名单上只有余、朱二姓成员,表明另有一姓没有有资格的上书人,只好由余、朱二姓来负责这个社区,并且名单中只有朱姓的一个乡约,可知这五个村的社区事务基本上是余氏说了算。无论是余姓的人,还是朱姓的人,他都不是以个人身份出现的,是以宗族代表面貌出面的,他的权力是宗族赋予的,他代表的是他的村落的宗族,所以诸宗族村落形成的社区,更必须由各宗族主事人来共同管理,只是那一个姓氏的势力大,就起主导作用。因此说:"村落由宗族主管,村落的社区也是由宗族负责",大约是不会有错的。

余氏、朱氏是为禁赌和治安上呈文,聚居漳村的王氏则为维护水资源,为禁止滥肆捕鱼吁请政府保护。王氏合族人员,连同乡约、保甲于乾隆二十五年呈文婺源胡县令,请求"赏示养生勒禁维风杜患"告示,原因是漳溪流经漳村,村民食用溪水及浣涤衣物,而各乡渔民来此网捞竿钓,互相争斗,霸占渔利,夏日更裸体戏水,害得妇女来此洗涤不便,要求划分出村前上自滩头、下至滩尾,不得捕捞,"永禁养生"。经胡知县批准,勒石示禁。呈坎罗氏竖立"公禁河鱼碑",不许滥肆捕鱼。洪村洪氏宗祠光裕堂有嘉庆十五年的"奉宪养生"碑,同治二年的石碑"加禁养生",先后关注鱼类保护,力求渔业的正常生产。

宗族首脑为社区事务与政府联络,获得允准,表明政府认可、支持绅耆主持社区事务,实即承认宗族自己管理自己的村落社区。

(二)宗族规约对村落生产、商业建设的规范与指导作用

宗族在不同的时期制定宗规、族约、祖训、家诫,规范族人的行为,其中训诫类的,主要是说教,起教导、告诫、禁饬的作用,而规约类的则是要遵照办理的,如有违背,会受到宗族祠堂执行的肉体、精神、经济各方面的惩罚。一般的情形不在这里绍述,仅就维护林木资源和茶叶生产秩序两方面作出交待。

漳村王氏水口的杉松竹木不断被人盗伐,屡禁无效,乾隆二十七年全村族人共同协议,严禁砍伐,并经演戏鸣约,以便众人知晓、知禁——所谓"今村金议,业经唱戏鸣约加禁",仍怕有人不守规约,又呈请知县发给告示,并得到批准,于是勒石批文,名曰"合村山场禁示"。黄村黄氏祠堂立有"禁山碑"一方,也是保护山林,禁止乱砍乱伐。洪村有一片山林,被人误烧过,光绪十三年

宗族立约,不许族内外人等进山侵害林木。

建立茶叶公平买卖行规。婺源洪村出产名叫"松萝茶"的茶叶,是绿茶中的上品,一个时期成为时尚顶尖茶叶,远近争购,价格飞涨,来洪村收购的客商颇多。洪氏宗祠光裕堂为了不欺骗客人,于道光四年五月初一日"公议茶规",主持公平买卖,又设立公平秤供客户复核,如果族人不依规则,查出责罚通宵戏一台,另罚银五两入祠堂,倘若强横不遵,加倍惩罚,绝不徇情。

(三)宗族负责筹划、安排村落群体文化娱乐生活

宗族组织的族人群体文化生活,通常是在社日、民俗节日、宗族喜庆或纪念日开展活动,内中多有娱乐内容。这里介绍几个家族的活动,以见一斑。

许村盛行姬王节,因为有周文王赐鼎许氏之说,许氏感念而有这个节日,日期在九月十三日,又因鸡、姬同音,故又称鸡王节,吃鸡也就成为必有的项目。这天不仅许氏过节,他们的亲友也携带鸡只前来祝贺同乐。在姬王庙举行仪式,吉时到来,开祭炮响,百名壮汉为信客宰杀红毛大公鸡,滴血于鼎中,要在上午杀几千只鸡。下午姬王像开光,全村人游行,鸣放土铳,数十班锣鼓齐奏,晚上开锣唱戏,连演三天。这期间许姓人求神许愿,烧鸡、裹粽子祭神。因为这时过姬王节,就不再过临近的重阳节。

许氏还有"嬉大刀"活动。传说有一种怪物夜晚坐在拐弯处的屋顶上,不时吞食儿童,许姓人乃发明"天王刀"把他杀死,除了害,从而形成"嬉大刀"的习俗。在正月,或元宵节时活动,其时,东十门、西八门选派的几十把丈余大刀一字排开,凌空而立,刀用劈开的大毛竹制成,并用特制绵纸糊面,彩绘各种图案,内置蜡烛,走街串巷,灯火通明。出行时,领队的是祖传的天王刀,后面是各支祠、社、外村助兴的刀队,如同火龙,同时放火铳,敲锣打鼓,最后是"梅花轿"压阵。汪华的汪公庙神像原在杭城,后来移至许村,许氏族人遂形成"兆昌""呼昌"庆祝活动,兆昌是三年一次小游行,以许村人为主,徽州各地派队参加,呼昌是五年一次大游行,徽州六县108个大社派队参与,并带礼炮队、乐队和文艺节目。

石田村汪氏酬神娱乐活动不下八种,其中有"社神像",分别祭祀汪大帝汪华、汪华义子九相公、唐将雷万春、南朝陈朝镇西将军程灵洗;"赶老虎",驱除害虫,祈求人畜平安;"贴榜收瘟",寓意收瘟神保平安;"百肴席",正月十八日汪华生日,做阴寿;"走马",汪氏族人和佃仆于正月十九、二十两天,为纪念雷万春、程灵洗,骑马巡游,吹打演戏。

澄塘村吴氏正月十八戏龙灯,是参与面最广泛的民俗活动,是日早上鸣锣击鼓放鞭炮,将澄塘观的太子菩萨像迎接到吴氏六分厅内,晚上各户派一名强壮青年将自制的板笼,点燃装置的蜡烛,抬太子菩萨游行,最后把菩萨送回观内,各自狂跑回家,众人认为谁先跑到家,谁家先生儿子。

许氏、汪氏、吴氏等宗族的这些活动,有一个共同的特点,就是酬神、娱乐、许愿融为一体,反映民间信仰的神灵,是将历史名人神格化,从事纪念,寄托希望,同时在谢神之时,既请戏班的演出,又自身以各种形式参与表演,达到自娱、娱人的效果。这种活动,除去有些今人不能接受的内容,对于当时的民众来说,实在是不可缺少的。另一个特点是,这些活动有的是超宗族界限的,他以一个宗族为主,附近的宗族参与助兴,成为社区的公共事务和公共活动。

宗族与族人的活动状况就说这些,现在似乎可以小结一下宗族、村落、社区、政府、自治之间的相互关系:

宗族是族人村落及其社区各种公共生活的组织者、管理者。宗族要关怀族人生产的公共设施(水利、水井、水碓、树林等),村落的公共建筑(信仰的祠堂、佛寺、道观、神灵坛庙,教育的书院、蒙学馆、文昌阁等),还要筹办宗族和地区的节日民俗活动。这样一来,宗族就将族人群体的公共事务,即生产、信仰、教育、文娱生活的组织、指挥事务承担起来,成为族人生产、生活的管理者。就一个宗族讲,它管的是本族村落民众,然而对附近的他姓村落,对杂姓村中的其他姓氏成员的公共生活也要关照,其他宗族也是如此,这样宗族联系的不仅是本族成员,还有社区内其他宗族的成员,即社区成员,所以宗族(各个具体族人集合体的宗族)同时是社区民间生活的管理者。

宗族起着某种中介的作用。宗族对村落、社区的公共事务管理,对宗族成员的教化,只有取得政府的认可,才能合法、顺利推行。政府出于维持地方社会秩序的需要,认识到宗族在其中的作用,给予支持,并让他同政府系统的乡约、保甲制度结合,共同发挥作用,这就是我们看到徽州知府及其下属的知县,屡次批准宗族请求保护水源、林木和禁赌的原因。由此可见,宗族管理村落和社区,具有某种自治的性质,只是这种自治的成分极其有限。

(2005年7月6日草于顾真斋,载朱炳国主编《家谱与地方文化》,中国文联出版社,2008年)

古代宗族乱以名贤为祖先的通病

——以明人《新安萧江宗谱》为例

一、由萧江宗谱提出的问题

南开大学图书馆藏有《新安萧江宗谱》一部,木刻,线装二册,每册首末页均印有"宗祠图记"骑缝章,其目次为:卷一,修谱序、旧序、序赞、谱说、凡例;卷二,像图、世系、总图;卷三,世系图;卷四,世系图、后序、后跋。依宗谱说明,该族始迁祖,唐末的萧祯改姓江,后人不忘原来姓氏,故称萧江。萧祯迁居歙县篁墩(黄墩),后裔移徙无常,分散在歙县南溪南、结林、岩镇、新馆,婺源江湾、旃坑,休宁马鞍山,以及淮南、庐州、浙江开化等地。

从该书的多篇序言可知,萧江宗谱经过数次编纂。书中收有署名蔡元定、王十朋、朱熹分别作于宋孝宗淳熙十二年(1185)、十三年(1186)和十五年(1188)的序文,故该谱可能始作于淳熙年间;明太祖洪武六年(1373)徽州唐仲作《题萧江宗谱图》一文,说明萧江氏于明初第二次撰写谱牒;第三次编辑当在明英宗正统年间;又据徽州知府崔彦俊写于正统四年(1439)的序文可知,四修由江用晦完成于明孝宗弘治十一年(1498);嘉靖十六年(1537)第五次编纂;四十三年(1564)起,江晴春再次兴修,是为第六次;我所见该谱应是第七次编写的,书中载有署名国维的序文,未写成文时间,序中谓其见过婺源旃坑江应翰及婺源江湾江旭奇于万历三十三年(1605)、万历三十九年(1611)分别编修的谱书;又云其于辛未年致仕归里,着力编纂族谱,此辛未年应指明思宗崇祯四年(1631)。因此,《新安萧江宗谱》可能是在江晴春所修谱之基础上,由国维于崇祯五、六年完成的。此为歙县的萧江家族谱牒,而歙县以外,萧江氏所修之谱并没有计算在内。

萧江宗谱的内容,由目录可知,序跋、谱说、凡例反映宗族和谱学思想,而世系、图像记叙宗族历史。但是该书实际内容与目录不一致,既未分卷,世系图、序文亦颇有前后联系不上之处,显然有很多缺页,鲁鱼亥豕之误也多。如上述国维的序文,云其于成化丁酉年在都门散馆返里,成化丁酉是公元1477年,又说他看过江旭奇1611年宗谱,其间相距一百三十多年,他自称是赐进士出身,在翰林院任职或就读庶吉士,散馆时年龄当在二十以上,如此算来,他最少一百五十多岁还在从事家谱编纂工作,这是不可能的。因此我怀疑成化丁酉是万历丁酉(1597年)之误,这样从年龄上推算是合理了。但是查检《明清进士题名录》,并没有江国维其人,我怀疑他叫郑国维或褚国维(原因见第三部分),该题名录也无反映;故疑其是武进士,查找徽州府志和歙县志,亦无江国维此一武进士,致令我不得其解。诸如此类,该书令人难以把握和置信。

更有甚者,是该书杂糅了徽州江氏、郑氏、合肥郑氏或者还有合肥褚氏的世系;其宗谱所载萧江先世世系明晰,然而错误百端,遂使我产生萧江氏是古人乱认祖先之典型宗族的看法。误认名贤为祖宗是古代宗族常犯的毛病,但是它的原因何在?通病之下的宗族纪录——族谱还有多少可靠性可言?其价值究竟如何?因此我想通过萧江宗谱的研究,解释上述疑难问题,或许对谱牒学的研究有点帮助。在此要声明的是对萧江氏没有任何不恭之意,不过是利用其族谱资料研讨历史,尚祈萧江后裔鉴谅。

二、族源不明,伪造始祖辉煌历史

萧江氏以萧为本姓,江为改姓,宗谱把先世追到萧姓名人,在“像图”部分,有二十四人的画像,有的还配有像赞,这些人是:萧何、萧禄、萧延、萧遗、萧则、萧彪、萧望之、萧育、萧绩、萧阐、萧木、萧副子、萧衍、萧畅、萧寮、萧瓛、萧场、萧恒、萧俛、萧傲、萧祯、江董、江郑、江瑾。其中二十一人为萧氏名人,江姓仅三人,可见宗谱作者对于萧氏先人的重视。宗谱“本宗世系图”为描绘萧姓先世的,今照原式录下:

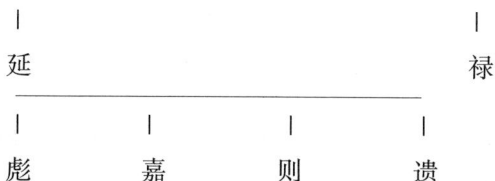

116

章 — 皓 — 仰 — 望之

由　　咸　　育　　伋

育 — 绍 — 间 — 木 — 苞 — 周 — 矫 — 邱蛇 — 长 — 逮 — 休

豹
｜
裔
｜
整
｜
俊即
｜
乐子
｜
承之
｜
道成
｜
辖
｜
副子
｜
道赐
｜
顺之　　　尚之
｜
懿
｜

憺　恢　伟　秀　　　融　畅　衍　　敷
｜

纪　绎　　铊　续　绩　统

```
                              │
                      ┌───────┴───────┐
                      ×               欢
          ┌───────┬───────┬───────┐
          岑      岌      岩      ×
                                  │
                              ┌───┴───┐
                              玚
                              │
                              灌
                              │
                              嵩
          ┌───────────────────┴───────┐
          华                           衡
    ┌───────┬───────┐         ┌───────┬───────┬───────┬───────┐
    悟      恒      鼎       升      巽      俊      戬
            │
        ┌───┴───┐                 ┌───┴───┐
        仿      俛                 宥      寅
                                          │
                                      ┌───┴───┐
                                      遽      遘
                                              │
              ┌───────┬───────┬───────┬───────┬───────┐
              盈      满      都      凯      祯      裕
```

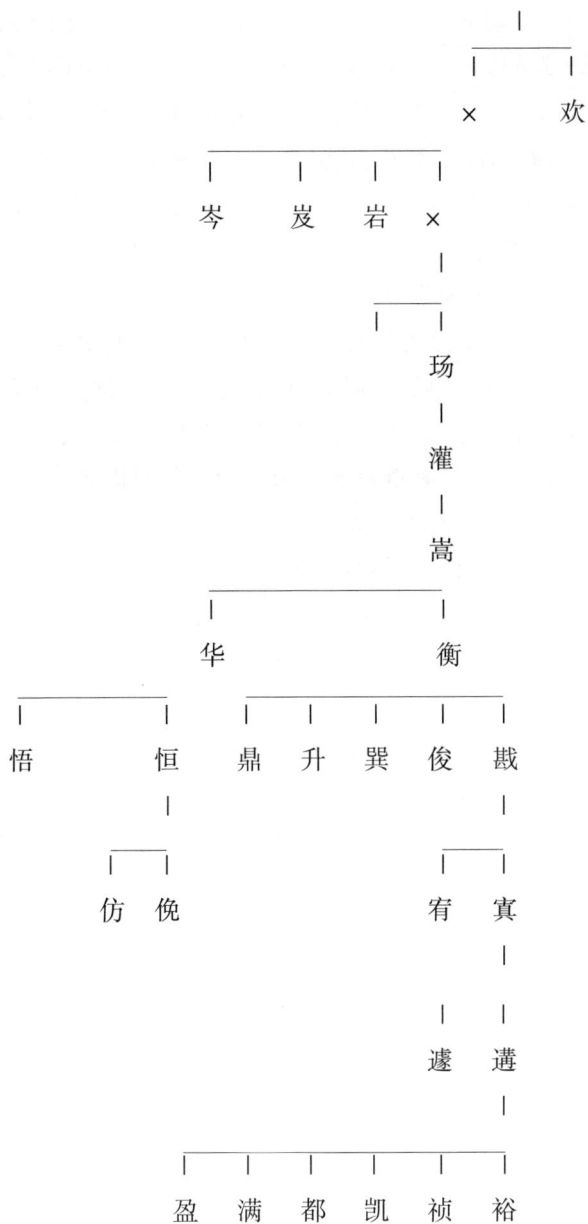

　　世系图由"梁昭明太子四十二世孙宗考订",昭明太子萧统生活在公元501年—531年,每世姑以二十年计,四十二世下来,至少过了八百多年,江宗应是明代人。考订千数年先人世系是很难的事情,可是江宗又没有多少史学

根基,大约只是参考《南齐书》《梁书》《新唐书》等书就编制了世系图。

萧江氏与许多萧氏宗族一样,以萧何为始祖。尊萧何的现象,最迟产生在南齐,祖籍东海兰陵的萧齐皇室萧子显作《南齐书》,开卷《高帝纪》即说萧道成是萧何的二十四世孙,所列世系为:萧何—延—彪—章—皓—仰—望之—育—绍—闳—阐—永—苞—周—矫—逵—休—豹—裔—整—俊—乐子—承之—道成。[①]梁武帝萧衍自认与萧齐皇室同宗。唐初史官姚思廉撰《梁书》,从萧梁之说,以梁皇室为萧何后裔,且同萧齐血缘很近,即萧整除有子萧俊,还有子萧辖,辖生子副子,副子生子道赐,道赐生子顺之,顺之生子萧衍。[②]据此,萧衍应是萧道成的族侄。《隋书·经籍志》载有《齐帝谱属》《齐梁帝谱》《梁帝谱》三种谱牒,后两种唐初已亡佚,前一种今亦无存。可以想见,它们是齐、梁二朝或稍后一点的产物,必是尊萧何为始祖的,可能《南齐书》《梁书》所叙萧道成、萧衍的先世世系,依据的就是这些谱牒。

齐、梁皇室所说的家世,为当时人所承认,梁朝尚书令沈约作《故齐安陆昭王碑文》[③],述说萧氏先世,谓“萧、曹扶翼汉祖,灭秦、项以宁乱,魏氏时乘于前,皇齐握符于后”[④]。意即萧何、曹参帮助刘邦消灭秦朝和楚霸王建立汉朝,而曹参的后人曹操、曹丕代汉建成魏朝,萧何的裔孙萧道成灭刘宋创立齐朝,汉朝的两个开国功臣的遗胤都成就了帝业,这就是以萧齐皇室为萧何后裔来论述历史。

唐宋时期许多学者认为兰陵萧氏出于萧何。萧衍后裔,唐中书令萧至忠、秘书正字萧颖士参与官修谱牒,后者自著《梁萧史谱》[⑤],仍以萧何为兰陵萧氏始祖,自不待言了。北宋欧阳修、吕夏卿编纂《新唐书·宰相世系表》,参考《齐、梁宗簿》《梁亲表谱》《齐、梁本支》及唐代官修的一些谱书,写出兰陵萧氏宰相世系,亦认定其为萧何后人,并对萧统以下,作出表图,其中与前述《新安萧江宗谱》“本宗世系图”有关的人物,今依其图式,摘要成下表[⑥]:

---

① 《南齐书》卷1,《高帝纪》,中华书局点校本,第1册第1页。以下引“二十五史”文献,均为中华书局点校本,只简注书名、册数及页码。

② 《梁书》卷1,《武帝纪》,第1册第1页。

③ 萧齐安陆昭王为齐朝宗室,侍中萧缅。

④ 《六臣注文选》卷59,四部丛刊本,第5册第1097页。

⑤ 《新唐书》卷199,《柳冲传》,第18册第5676页;卷202,《萧颖士传》,第18册第5768页。

⑥ 《新唐书》卷71下,《宰相世系》,第8册第2277页。

萧统①

誉　　　　　　　欢

岑　岩　岌　　　峃

瑀　　　珣

钧

灌

嵩

衡　悟　华

鼎　升　巽　复　戡　仿　恒

湛　俭　　　廪　侁

宥　寞

迈　遰

---

① 萧统,即昭明太子,主持编选《昭明文选》,《梁书》《南史》均有传记。

南宋江西泰和人、荆湖制置大使司参谋官兼提点刑狱事萧演,于淳佑元年(1241 年)作《泰和泸源萧氏族谱序》,说他生于始祖千年之后,原认为不可能深究萧氏的原委,但到金陵参观齐昭王庙,读了沈约写的碑文,乃确认萧氏的族源,从而肯定兰陵萧氏为萧何后人。①

到元人修《宋史》时,齐、梁皇室的谱牒仅存《齐梁本支》一部,②明人江宗作"萧氏本宗世系图",不可能找到齐、梁宗室谱,只会利用《南齐书》《梁书》《新唐书》的有关资料,以及前辈编辑的萧江宗谱的材料。把这几部史书中有关兰陵萧氏的记载与江宗的"本宗世系图"对照,发现不少错误,兹一一予以指明:

(1)"本宗世系图"萧间,《南齐书》《梁书》均作萧闳。

(2)"本宗世系图"萧木,《南齐书》作萧永,《梁书》作萧冰,永、冰字形近,有一误,而木则更误。

(3)"本宗世系图"萧矫子萧蛇邱,孙萧长,堂孙萧遹,《南齐书》《梁书》皆无萧蛇邱、萧长,萧矫做官为蛇邱长,江宗不察,误将"蛇邱"与"长"作为萧氏两代人。

(4)"本宗世系图"萧隽即,《南齐书》作萧俊,俊为即丘令,江宗把即字与俊字联在一起而致误。

(5)"本宗世系图"萧道成子萧辖,孙萧副子等皆误,《梁书》萧整子萧辖,《新唐书》萧整生三子,长萧俊,次萧辖,三萧烈,江宗将萧衍一支降为萧道成的后裔,不仅辈分不合,也造成萧氏支派的混乱。

(6)"本宗世系图"萧懿子萧敷、萧衍等,《梁书》萧懿、敷、衍皆萧顺之子,他们是兄弟关系,而非父子。

(7)"本宗世系图"载萧统子萧欢,漏载统子萧詧、萧詧子萧岿、萧岿子萧珣,而萧詧、萧岿、萧珣裔孙在世系图中却出现颇多。

(8)"萧江宗谱像图"有萧寮、萧璥,"本宗世系图"缺载,萧寮为萧詧子,萧璥为萧归子。

(9)"本宗世系图"萧场子萧灌,《新唐书》萧灌为萧钧子,萧场实为萧灌叔祖父。

———————————

①《罗江萧氏族谱》卷 2。

②《宋史》卷 204,《艺文志》,第 15 册第 5152 页。

(10)"本宗世系图"以萧悟为萧华子,《新唐书》作萧华弟,萧嵩子。

(11)本宗世系图"萧仿为萧恒子,《新唐书》作萧悟子,与萧恒是堂兄弟关系。

(12)"本宗世系图"萧寅为萧戡之子,《新唐书》则为萧复之孙,萧湛之子,不仅世系不确,且差了一个行辈。

(13)"本宗世系图"萧遘弟萧遽,《新唐书·萧遘传》作萧蘧。

(14)本宗世系图"萧迈名下有子萧裕、萧祯等六人,《新唐书》《宰相世系表》及《萧遘传》,《旧唐书·萧遘传》皆不载及其子嗣。

以上是从萧江宗谱与《南齐书》《梁书》《新唐书》校对中所发现萧江宗谱"本宗世系图"的误失。此外,史书本身还有错误,江宗照抄,跟着失实。如《新唐书·宰相世系表》萧灌,萧江宗谱亦作萧灌,然查《新唐书》《旧唐书》的《本传》,均书为萧瓛,显然是《宰相世系表》有误。

这些错处,个别的属于剖劂之病,不必多所指责,但滥造人物,混淆支派就严重了,不过根本问题还不在这里,兰陵萧氏是不是萧何后裔才是关键的事情,如果这个前提错了,把兰陵萧氏世系搞得再清楚,也不能说明新安萧江氏与萧何的血缘关系。

兰陵萧氏是否为萧何遗胤,在历史上存在着疑问。齐、梁时期人们屈从于皇帝淫威,不敢提出异议,此后则不同了。李延寿《南史·齐本纪》,叙述萧道成先世,只上溯到萧整为止,[①]《南史·梁本纪》也是如此,[②]他在著述时,《梁书》显已定稿,《南齐书》更早已问世,他不采取萧子显、姚思廉的说法,把萧齐、萧梁的先世上推到萧何,显然是对此说持怀疑态度。正式提出否定意见的是和他同时代的弘文馆学士颜师古。《汉书·萧望之传》云望之字长倩,"东海兰陵人也",颜师古为之作注:"近世谱牒妄相托附,乃云望之萧何之后,追次昭穆,流俗学者共祖述焉。但郑侯汉室宗臣,功高位重,子孙胤绪具详表、传。长倩巨儒达学,名节并隆,博览古今,能言其祖。市朝未变,年载非遥,长老所传,耳目相接,若其实承何后,史传焉得不详?《汉书》既不叙论,后人焉所取信?不然之事,断可识矣。"[③]颜氏指出,俗传谱牒中萧望之与萧何的关系昭穆有序,不过

① 《南史》卷 4,第 1 册第 97 页。

② 《南史》卷 6,第 1 册第 167 页。

③ 《汉书》卷 78,第 10 册第 3271 页。

123

是后世萧姓之人妄相托附,萧望之并非萧何后裔,他所持的理由有两点:一是《汉书》的《萧何传》及《表》没有记录;二是萧望之博学,也不言萧何为其祖先。颜氏是唐初很有成就的学者,其考定《五经》,与诸博士撰定《五礼》,注《汉书》,撰《急救草》《匡谬正俗》及文集,唐高宗评其:"业综书林,誉高词苑,讨论经史,多所匡正。"[1]其言兰陵萧氏不为萧何之后的说明甚为有力,我再加以申述和补充。

据《汉书》卷十六《高惠高后文功臣表》和卷三十九《萧何传》,萧何子孙世袭如下[2]:

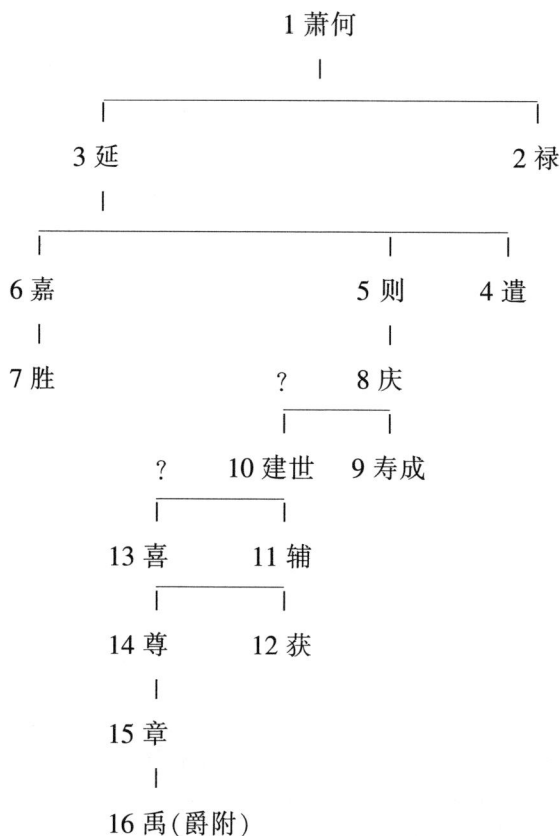

```
                        1 萧何
                          |
        +-----------------+-----------------+
        |                                   |
       3 延                                2 禄
        |
   +----+---------------------------+
   |                                |
  6 嘉                      5 则    4 遗
   |                         |
  7 胜                   ?   8 庆
                         |   |
                   ?  10 建世  9 寿成
                   |    |
                 13 喜  11 辅
                   |    |
                 14 尊  12 获
                   |
                 15 章
                   |
              16 禹(爵附)
```

---

① 《匡谬正俗》卷首,颜扬庭上《匡谬正俗表附敕旨》,台湾商务印书馆《四库全书》影印本,第 221 册第 476 页。
② 《汉书》卷 16,《高惠高后文功臣表》,第 2 册第 541 页;《汉书》卷 39,《萧何传》,第 7 册第 2012 页。

此表没有萧望之,也没有《南齐书》等书所列的望之先人萧彪、萧仰等人。《史记·高祖功臣侯者年表》萧何的遗爵承袭次第为:萧禄—同[①]—延—遗—则—嘉—胜—庆—寿臣[②],依然没有萧彪等人的事迹,与《汉书》相同,说明《汉书》不载萧彪一支,是反映萧何家世事实,并非修书不慎的遗漏。

《史记》《汉书》不载萧彪一系,尚难断定萧何没有这一支裔孙,因为《史记》《汉书》所叙述的全是萧何袭爵的后人,而萧彪,据《南齐书》讲任官侍中,并未袭侯,故《史记》《汉书》不载为理所当然,似不能以此否定其人。颜师古可能已注意到这一点,所以又指出萧望之博通古今,知其家世,可是并没有讲他的祖先是萧彪,而萧彪是萧何的孙子,他自己都没有与萧何排上血缘关系,后人怎能定他们的血缘一系。关于这个问题,我想补充两点:

其一,汉朝屡次下诏书寻求萧何遗胤,萧望之从未应承诏书。司马迁说汉家皇帝因萧何为第一功臣,对他特别优待,其"后嗣以罪失侯者四世,绝,天子辄复求何后,封续酂侯,功臣莫得比焉"[③]。事实是:萧则有罪免爵,汉景帝以萧何孙萧嘉为列侯,祖其香烟,原因是萧何为高祖大功臣,"今其祀绝,朕甚怜之"[④],及至萧胜因罪被夺爵,汉武帝又以萧何的重孙萧庆袭酂侯,为的是令天下之人"知朕报萧相国德也"[⑤]。萧庆子寿成袭侯后,于武帝元封三年(公元前108年)获罪失爵,此后近半个世纪酂侯祀绝,汉宣帝于地节年间下令寻访萧何裔孙,得萧建世等十二人,于地节四年(公元前66年)令建世袭侯。这时,萧望之正在中央任郎宫,并于地节三年就天灾上疏,宣帝了解他的意见后,提升他为谒者。值此宣帝访求萧何后人之时,萧望之又有与皇帝对话的可能,如果他是萧何后代,尽有机会表示出来,可是他没有这么做,表明他不认为自己是萧何的裔孙。他对汉家第一功臣的族望并不攀附,是实事求是的人。

其二,萧望之的后人是否回到兰陵,《汉书》没有提供信息。《南齐书》说萧彪被免去侍中之职,居东海兰陵县中都乡中都里,故其玄孙萧望之也应是兰

① 《汉书》卷18,第3册第892页。

② 司马迁以"同"为萧同,萧何之子,萧延之兄,然《汉书·高惠高后文功臣表》云萧禄死,吕后封萧何夫人、萧禄之母同为郑侯,同时封萧何少子萧延为筑阳侯,孝文帝即位,撤除同的侯爵,以郑侯予萧延。(第2册第542页)《汉书》所说甚是,故郑侯"同"应为萧何夫人。

③ 《史记》卷53,《萧相国世家》,第6册第2020页。

④ 《汉书》卷39,《萧何传》,第7册第2012页。

⑤ 《汉书》卷39,《萧何传》,第7册第2013页。

陵人，《汉书》本传就是这么写的，但又说他徙居杜陵，实际已与兰陵脱离关系。他官至御史大夫，爵关内侯，汉宣帝病笃，以他为前将军受遗诏辅政。汉元帝时被诬陷入狱，自杀死。他有八个儿子，见于《汉书》的有长子萧伋，嗣为关内侯；萧育，官南郡太守、大鸿胪；萧咸，宫至大司农；萧由，为江夏太守。《汉书》没有讲到他们返回兰陵的事，相反，在叙述萧育为茂陵令时，得罪了上司扶风太守，受命到衙门对质，他拒不前往，说：“萧育杜陵男子，何诣曹也！”[1]自称杜陵人，而不说是兰陵人。齐、梁萧氏以兰陵为祖籍，可是萧望之、萧育不居于兰陵，这就使他们陷入一个难以解脱的困境——脱离了兰陵的萧望之、萧育会是他们的祖先吗？我还可以用个旁证，说明萧望之子孙迁出杜陵的不容易。《汉书》卷七十九《冯奉世传》，云其为上党潞人，迁徙杜陵，奉世官至左将军，光禄勋，哀帝时其长女中山太后被冤获罪，累及其同母弟冯参自杀，冯氏宗族遂“徙归故郡”[2]。这是被罚归故里，萧望之家族无有其事，一般是不会轻易返回故乡的。

在此尚需指出，西汉之时，并非萧姓者皆是萧何子孙，更不必说西汉以后萧姓的人了。《史记》卷一二《儒林传》讲到汉文帝时，鲁地徐生善为颂，做礼官大夫，而瑕丘萧奋以《礼》为淮阳太守。[3]萧何只有两个儿子，长子萧禄绝嗣，少子萧延及延子萧遗、萧则都是汉文帝命袭鄍侯的，他们和萧奋是同时代人，萧奋籍贯瑕丘，萧何籍属萧县，封地在今河南南阳，所以萧奋不可能是萧何的孙辈。可见汉初萧氏最少有两个派别，故兰陵萧氏怎么能认定是萧何嫡传呢！

总之，齐、梁皇室以萧何为始祖，萧望之为祖先，虽然得到南朝人的普遍承认，但我同颜师古一样持否定态度，认为是他们作伪——乱以名贤为祖先。因为萧望之不是萧何的遗胤，自认为是望之后裔的人自然更与萧何不相干。齐、梁皇室既是出自兰陵萧氏，萧望之只是先人居于兰陵，他的裔孙未见回归，如果有萧整、萧道成、萧衍那些血胤，他们之间联系的最大可能，是萧望之迁徙杜陵时，有族人留在兰陵，而这族人或者是齐、梁皇室的祖先，如此而已。至于《新安萧江宗谱》“本宗氏系图”承袭《南齐书》《梁书》《新唐书》的观点，以萧何为始祖，自不待言是错误的了。把这个根本点否定了，该世系图中的讹误

---

① 《汉书》卷78，《萧育传》，第10册第3289页。

① 《汉书》卷78，《萧育传》，第10册第3289页。
② 《汉书》卷79，《冯奉世传》，第10册第3307页。
③ 《史记》卷12，《儒林传》，第10册第3126页。

也就不值得过多批评了。

　　江宗执着地追溯族源,最终没有弄清始祖是谁,所以我在小标题说该族"族源不明",又说该族"伪造始祖辉煌历史"。这样说似有过于苛刻之嫌,因为新安萧江氏不是兰陵萧氏为萧何后人说的制造者,何以谈"伪造"? 伪造的始作俑者是南齐皇室,萧江氏跟着学舌,但是,冒认名贤为祖先,似乎可以说成是伪造!

三、易姓始祖事迹于史无据,显系作伪

　　新安萧江氏以萧祯为始迁祖,《宗谱》提到他的地方有三处,即"本宗世系图"以萧祯为萧迈次子,"像图"部分有萧祯画像,题词:"唐为柱国将军,易为江姓始祖,世居篁墩,今为本宗萧江氏之始祖,夫人龚氏,合葬篁墩。"像赞云:"假节新安,为政以德,泽润生民,请留塞道,赐第郡城,名扬上国。""始迁歙西篁墩世祖本原图"对萧祯的说明,同于"像图"的题词。综合这些说明,《宗谱》告诉人们:(1)作为兰陵萧遘次子的萧祯,唐末任官柱国将军,驻节新安,为百姓拥护,留居任所,子孙遂世居于此,他就成为该族的始迁祖。(2)萧祯令子孙改姓江,他又是萧江氏易姓的始祖。这两点使他成为萧江宗族史上至关重要的人物,应当把他的历史弄清楚,我于是在史书和方志中寻找关于他的史料。

　　查两唐书和新旧五代史,没有萧祯的传记,徽州地方的府、州、县、镇志,我涉猎了多部亦无记载,南宋淳熙年间编纂的《新安志》,未见关于萧祯的任何文字,明代弘治时期修辑的《徽州府志》同《新安志》一样无有萧祯的只言片语,康熙间赵吉士主纂的《徽州府志》,至少已有《新安萧江宗谱》作参考,依然没有把萧祯作为地方的历史人物给予注意。雍正末年佘华瑞作《岩镇志草》,歙县岩镇是萧江氏居地之一,《志草》有江姓人物传记,但没有提到过萧祯。道光中问世的《徽州府志》卷二之七《邱墓》引《歙县志》:"唐上柱国萧祯墓,在二十四都腾紫埠。"第一次出现了萧祯的名字。民国间修《歙县志》,给萧祯立了传,卷七《人物·忠节》写道:"唐萧祯,字德熹。唐宰相迈之仲子,汉酇侯三十七世孙也。丁(?)唐季避居歙之篁墩,值黄巢寇扰,延及歙州,祯率义旅,保障一方,戮力破贼,进秩节度使。及唐亡,与李氏宗室谋兴复,不克,遂指江为誓,改姓为江,卒,墓(葬?)歙之篁南。"又卷一《邱墓志》"上柱国萧祯墓,在篁南,祯为萧江氏易姓始祖,其后分迁各处,皆自篁南。"这个记载,比萧江宗谱略为详

细,但令人有脱胎于萧江宗谱的感觉。县志在意境上,用词准确度比宗谱好,宗谱对萧祯到徽州是为做官还是其他原因交待不很明白,县志说是避乱而来,随后因组织义兵出了名,事情就更清楚了。

萧祯其人其事经《萧江宗谱》和《歙县志》的记载,似乎是言之凿凿了,然而我们了解一下黄巢起兵和萧遘的历史,就可获知所谓萧遘之子萧祯抗击黄巢活动的不可靠。《旧唐书》卷十九下《僖宗纪》云,乾符五年(878)三月,黄巢率部攻陷虔、吉、饶、信等州。①歙州与饶州接壤,其前锋可能到达这里。广明元年(880)三月黄巢部众攻克饶、信、杭、衢、宣、歙、池等州,②这次是大部队进入歙州了。这时萧遘正在朝中做官,他于咸通五年(864)中进士,任秘书省校书郎、太原从事、右拾遗、起居舍人,被贬为播州司马,还朝为礼部员外郎、知制诰,乾符间历任翰林学士、户部侍郎、翰林学士承旨,广明元年(880)跟随唐僖宗逃亡四川,中和元年(881)晋同中书门下平章事,次年为门下侍郎兼吏部尚书,四年(884)封为司空,光启元年(885)侍从僖宗还都长安,晋司徒。次年邠宁节度使朱玫立嗣襄王李煴为帝,萧遘持温和的反对态度,被罢官,他的弟弟萧蘧为河中永乐县令,乃迁居其地,僖宗平定朱玫之乱,又以萧遘为李煴朝伪臣,将其赐死。③依据黄巢、萧遘史,使我产生萧遘会不会有一个叫萧祯的儿子在歙州的疑问。

(1)萧遘会有儿子在歙州组织地方武装与黄巢战斗吗?乾符年间和广明元年上半年,黄巢活动到歙州时,萧遘正在长安做官,步步晋升,为位登宰职奠定基础。这时他的家属应当随他住在长安,怎么会有个儿子流落到歙州?萧遘主要是做京官,贬斥播州时,路经四川和荆湖,离歙州甚远,实难想象他的儿子会流散到这里!再者,即使到了歙州,作为外来人,在当地组织武装,必然要居住了一段时间,有了人事基础才行,这样,萧祯最迟得在乾符初年以前到达歙州,可是作为萧遘的家属这是不可能的。因此,说萧遘之子萧祯于乾符、广明间在歙州与黄巢对抗,显系虚构故事。

(2)萧遘会有儿子于唐末到歙州做节度使吗?在中央做官的人,他的儿子有可能到地方上任职,萧遘如果有子息的话,不能排除其子出任地方官的可

① 《旧唐书》卷19下,《僖宗纪》,第3册第701页。

② 《旧唐书》卷19下,《僖宗纪》,第3册第706页;参阅《新唐书》卷225下,《黄巢传》。

③ 《旧唐书·萧遘传》《新唐书·萧遘传》。

能性。《旧唐书》卷一七九有萧遘专传,《新唐书》把萧遘家族人物传放在一起,以《萧瑀传·附传》面目出现。专传、附传在叙述传主时,对传主的子弟往往有所涉及,以至为之别立附传。如《新唐书·萧瑀传·附萧仿传》,内中又附萧仿之子萧廪的二百余字传记。两唐书的《萧遘传》都说到其弟萧蘧,独不及萧祯这个儿子,如果他有一个乾符时期就在做官,以至后来做到节度使的儿子,两唐书必会有所交待,否则就自乱体例了。值得注意的是,萧遘被李煴罢黜之后,到河中永乐投奔弟弟,倘若歙州真有一个做官的儿子,为何不找儿子呢?或者是因为河中离长安近,歙州太远,这自然是个原因,但唐末关中、关东、河中是战争频繁的地方,最不安全,萧遘又是被撤职的人,何不躲得远远的,到儿子任所,岂不更合于情理。再说萧遘在永乐自杀,他的家属依靠萧蘧,如何从河中流落到歙州,又如何以罪人的家属组织地方武装,这些事萧江宗谱与《歙县志》皆无交代。节度使是唐代中后期高级地方长官,所谓“外任之重,无比焉”[1]。歙州在乾元元年(758)属于新设立的浙江西道节度兼江宁军使,次年该节度使罢,至建中二年(781)属镇海军节度使,此后镇海军废复不常,咸通十一年(870)复置,以后在其辖区内出现冶所在湖州的忠国军节度使,然而歙州始终不是节度使驻地,[2]萧祯不可能在这里做节度使。唐末官多而滥,但也不是各处都任命节度使的。基于上述事实,我认为萧遘没有一个流落歙州、组织地方武装、官至节度使、安葬于歙州篁南的儿子。萧祯可能有其人,但不是什么节度使,更非萧遘仲子。

民国《歙县志》关于萧祯的纪录,前面已说到怀疑它是依据萧江宗谱而作,在分析萧遘之子不可能在歙州做节度使之后,县志之误更明,怀疑更加有理由了。《淳熙志》《弘治志》《康熙志》不载萧祯,可是和传说中萧祯武功有相似之处的人物,如萧梁时的程灵洗、唐朝的汪华都作了传记,这是因为程、汪实有其人其事,不记载萧祯,即不承认唐末地方上出了一个轰轰烈烈的人物和事件,而离唐末一千余年的民国时期编写县志,没有前代地方志书和史书的根据,却写出唐末人物的传记,这可能是采取了明季《新安萧江宗谱》及清代萧江家乘[3]的谱牒资料。这样说,虽然没有直接证据,但却有佐证。清代后期

---

① 《旧唐书》卷44,《职官志》,第6册1922页。

② 《新唐书》卷68,《方镇表》,第6册第1903、1924页。

③ 清人修的萧江宗谱,将在结语部分说明。

129

和民国年间,修方志重视氏族和家谱,往往为它单独立卷,如1944年胡光钊编纂《祁门县志氏族考》,出了单行本。他们对于谱牒资料的利用审慎不足,已为有识者所病诟,晚清黄崇惺作《徽州府志辨证拾遗》,针对道光府志,为其纠谬补苴,黄氏在书中《人物》条写道:"郡志于人物一部,多随时采掇,不暇详考,大抵本之于谱牒,又多采明人之书,未可尽据。"在《续志之体》条又云:"苟非史传所有,不宜滥及,恐多出之人家谱牒,未可尽据为事实。"在《纪载之体》继续说:"杂家笔记之类已多得之传闻,未可尽据,若其子孙之所为谱牒,则不可恃者多矣。"①黄氏不厌其烦,告诫修志者不要尽信谱乘之言,乃从徽州人修志的实际情况出发。我相信民国《歙县志》的萧祯传、墓及道光《徽州府志》的萧祯墓是根据萧江宗谱写的,这就是说萧祯史资料只有一个来源,即萧江宗谱。

至此,可以就萧祯史作如下总括说明:(1)关于萧祯的记载,虽亦见于很晚近的志书,且可能来源于萧江氏族谱及家族传说;(2)历史上不存在唐末宰相萧遘之子、流落歙州、组织地方武装对抗黄巢且充任节度使的萧祯;(3)这个官员萧祯是萧江氏家族经过长期传说而编造出来,并形成文字记载,以之为始迁祖,易姓始祖,上续萧何,中缀"八叶宰相,名德相望,与唐盛衰"相一致的兰陵萧氏②,以为宗族涂饰光辉色彩,(4)去掉桂冠灵光,脱离宰相世家萧遘的关系,作为平民的萧祯可能是有的,他也可能是在唐末从北方迁徙到歙州的,因为南北朝、唐末、北南宋之际这三个时期,中原大乱,人口南徙,也是歙州移民兴盛的时期。萧江宗谱谓其祖先于唐末到歙州定居,应当有可信度,这样,平民萧祯会是萧江氏的始迁祖;(5)平民萧祯改为江姓,我想是可能的,萧江氏尊他为易姓之祖也会有某种根据,改姓的原因自然不是虚构的萧遘之子忠于唐朝的问题;(6)易姓之俊,不忘族之所始,把萧和江连称,这在古人是常有的事,如明代后期,上海倪爱泉将儿子过继给王爱山,改名王世昌,后来王爱山生子,王世昌归宗独自生活,但仍用王姓,他的孙子王之盖、重孙王经先后作《归宗谱序》,云该族"仍称王氏,然不忘本宗,故倪王合用"。1926年该族修谱,取名《上海倪王氏家乘》③。称倪王,与萧江同义,只是易姓原因不一定相

---

① 抄本,南开大学图书馆藏。
② 《新唐书》卷101,《萧瑀传·赞》,第13册第3963页。
③ 钱基博:《上海倪王氏家乘》,1927年上海中华书局印刷所印制,收有《归宗谱序》。

同。总而言之，萧江宗谱所云始迁祖、柱国将军、宰相萧遘仲子萧祯，于史无据，有作伪之嫌。

四、江与郑合谱，令人不明原委

读"萧江宗谱世系图"至三十二世文显，名下注云："字良位，号友山，行五六，登宋绍兴丁丑五十名榜①进士，特授工部诸王官长史②。府志名显文，靖州教授，绍兴癸丑十月初五日辰时卒③，庆元甲申④正月十五日酉时⑤，葬前山。"这里说文显在府志上的名字是显文，查康熙《徽州府志》卷九《科第》，赫然入目的是"郑显文"，谓其字良佐，歙县长龄人，绍兴二十七年进士，官靖州教授。府志与宗谱不同在于一姓郑，一为江；一名显文，一叫文显；一字良佐，一字良位。"佐""位"之异好统一，因这两字字形相近，宗谱椠刻又极差，是以把佐字误刻为位字了。事迹完全相同，因此可认定郑显文、江文显是一个人，现在的疑问是，郑氏人物怎么进入了江氏家乘？且按萧江谱系记载，文显父为元亨，祖为元仁，因此不仅是一个人物的混入，而是一支世系的问题，需要把它理清。郑显文既是南宋进士，查阅昌彼得、王德毅等编的《宋人传记资料索引》⑥，可惜这部收集五百余种图书、二万二千人的传记资料索引，未能提供郑显文的史料信息，关于他的疑问只好暂存。

再阅览萧江宗谱，世系表二十五世能名下注云："能，葬遥塘蒲里，此山宋村管业。明万历丙午北京武安侯讳惟孝出使江西，奉旨回籍祭祖，立有碑云。"这里要注意的是"能"和武安侯惟孝。宗谱内有一无支派标题，显系插入的世

---

① 绍兴丁丑，系二十七年，公元 1157 年，查《宋史·高宗纪》，是年进士榜状元为王十朋，此处"五十名榜"，应为"王十朋榜"之误。

② 此处文字不通，应为工部某官及某王府长史。

③ 绍兴癸丑为三年(1133)，传主 1157 年中进士，如何早在 1133 年亡故，此处"卒"字，或许应为"生"字，即传主生于绍兴三年。

④ 宁宗庆元间无甲申年纪年，且没有以甲字打头的纪年，而庆元六年(1200)为庚申年，故知"甲"字可能是"庚"字之误。

⑤ 按文意，此乃说传主卒年，故"时"字后应加"卒"字。

⑥ 昌彼得、王德毅等编：《宋人传记资料索引》，1988 年中华书局影印本。

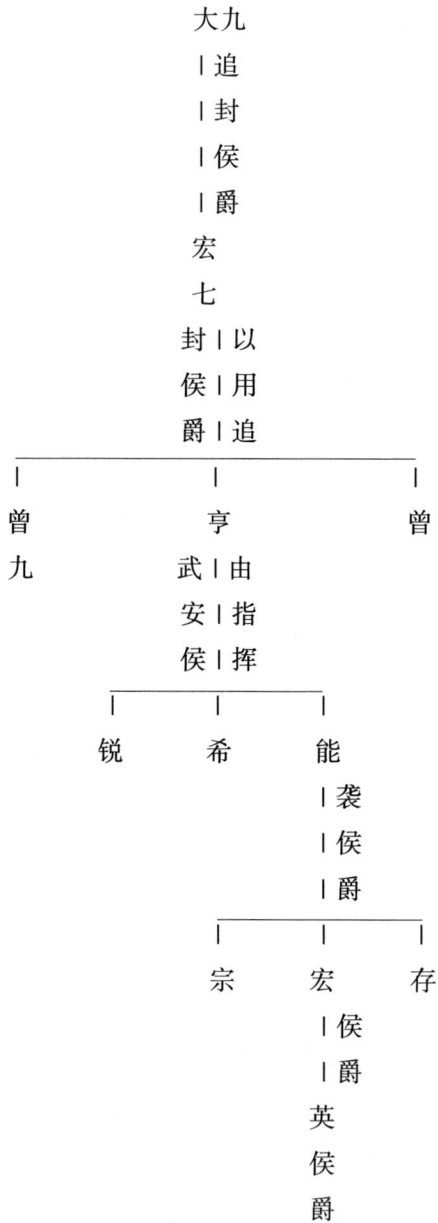

系图,照其原式抄录于下：

三十五世

大九
｜追
｜封
｜侯
｜爵
宏
七
封｜以
侯｜用
爵｜追

曾　　　亨　　　曾
九　　武｜由
　　　安｜指
　　　侯｜挥

锐　　希　　能
　　　　　　｜袭
　　　　　　｜侯
　　　　　　｜爵

宗　　宏　　存
　　　｜侯
　　　｜爵
　　　英
　　　侯
　　　爵

英
公
｜武
｜安
｜侯
纲

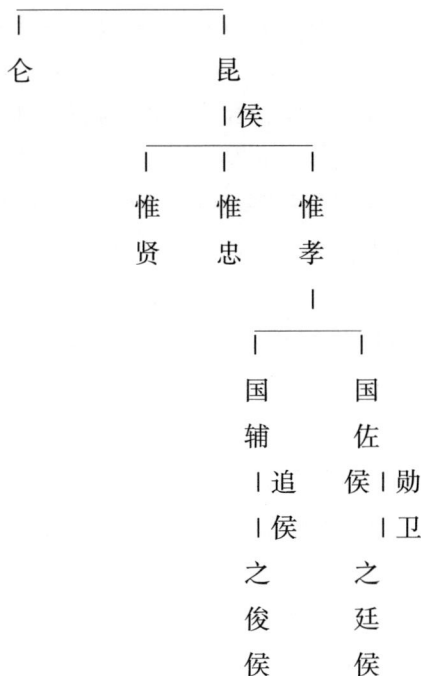

仑　　　　　　昆
　　　　　　　｜侯

惟　　惟　　惟
贤　　忠　　孝

国　　　　国
辅　　　　佐
｜追　侯｜勋
｜侯　　｜卫
之　　　之
俊　　　廷
侯　　　侯

又据宗谱几支世系表，可以简化出一个与能、惟孝有关系的世系表：

（六世）恩—洪—舟—州—凤—时习—寿山—大鲤—仁—冲—净—度—昌言—弼—（二十世）筹—造—位—效—海—（二十五世）能—礼—念五—昭文—之刘—七二—千二—万乙—四三—武乙—（三十五世）大九—宏七（字以用）—（三十七世）亨—能①—宏—英—纲—昆｜—惟忠

　　　　　　　　　　　｜—惟孝｜—国佐—之廷
　　　　　　　　　　　｜—国辅—之俊

① 表中二十五世、三十六世皆名"能"，原文如此。

既然家族有世袭侯爵,应当有史传,查《明史》,武安侯乃郑亨,传在卷一四六,世袭表在卷一〇六。传云郑亨是合肥人,乃父郑用,洪武时以功封为大兴左卫副千户,郑亨袭父职,在靖难之役中立大功,被封为武安侯,官中府左都督,屡从明成祖北征,仁、宣时镇守大同,宣德九年(1434)故世,谥忠毅,追封漳国公,子孙世袭武安侯爵。①世袭表所提供的资料,可制成下表②:

武安侯郑亨　封侯,建文四年—宣德九年(1402—1434)

郑能　袭侯,宣德十年—正统七年(1435—1442)

郑宏　正统十一年—成化十三年(1446—1477)

郑英　成化十三年—正德十一年(1477—1516)

郑纲　正德十二年—嘉靖廿八年(1517—1549)

郑昆　嘉靖廿八年—万历八年(1549—1580)

郑维忠　万历八年—廿六年(1580—1598)

郑维孝　万历廿六年—天启二年(1598—1622)

郑之俊　天启二年—崇祯十七年(1622—1644)

郑亨同时人,工部尚书杨荣作《漳国忠义郑公神道碑铭》,说郑亨:"世家庐州合肥。按郑氏谱,世属歙之跳石,元末乃徙居合肥,今忠毅公祖坟俱在跳石,岁时遣人上坟不绝。曾祖父五乙,祖父太巳,父用,以公贵俱追封武安侯。"③

《明史》表、传和杨荣文章与"萧江宗谱世系表图"相异者,姓氏而外,郑亨之父名用,宗谱云字以用,有用字之同,祖父名大巳,宗谱作大九,有大字之同;《明史·世袭表》在维孝之后,无国佐、之廷袭侯之事,与宗谱所记的世袭不同,这些都是小异。由《明史》及杨荣文章可以证实萧江宗谱的江亨一系,实乃郑亨家族世系,显然继郑显文之后,郑氏之谱再次混入萧江谱牒。

《明史》及杨荣文指出郑亨是合肥人,嘉庆《合肥县志》卷十九《世袭表》《封典》,及光绪《庐州府志》卷四十七《武功志》引《康熙志》,都有郑用、郑亨父子的记载,均以他们为合肥人。民国《歙县志》卷八《材武》有《郑亨传》,云其先

① 《明史》,第 13 册第 4010 页。

② 《明史》,第 10 册第 3108 页。

③ 该文收入徐弦:《皇明名臣琬琰录》卷 17,《四库全书》影印本,第 453 册。

世为歙县跳石人，所说与杨荣相同。毋庸细说，《合肥县志》《歙县志》书中的郑用、郑亨父子是指相同的人。杨荣已指出郑亨先世是歙人，祖父坟在跳石，子孙仍回原籍祭祖，萧江宗谱也讲到北京武安侯回籍祭祖，两相配合，说明合肥郑氏乃歙县郑氏支脉，其谱系进入歙县宗谱是可以理解的，只是为何混入萧江氏谱中？又歙县郑氏与萧江氏是何关系呢？遗憾的是我们没有找到江、郑关系的资料，只好凭着逻辑推理，设想出两种可能：因郑氏有富贵人物，或者江氏将郑氏家世纳入自身世系，以增光彩，不过这种作伪的可能性小，因实属一地之人，很容易被发现，而一经发觉，就会产生重大纠纷，江氏势必要承担严重后果。或者江氏有族人改姓郑氏，因而修谱时将之收入谱内；或者是郑氏族人改归江氏，把其世系带到江氏谱内。这样的解释，我并不满意。萧江氏谱牒大量混入郑氏宗族事迹、世系，令人理解不透，只好俟诸异日发现新资料了。

还有一个与族史内容相关的疑问仍可一提。第二节说到署名国维的谱序，其名字前有"赐进士出身，累官怀远将军，二十七世孙"字样，"赐进士出身"一说，前已交待查不到他的科分，实为子虚乌有之事，至于"怀远将军"，查找郑亨资料，在嘉庆《合肥县志》卷十九《世袭表》《封袭》中发现世袭指挥同知褚能家族可以重视的材料。褚能与郑亨一样以靖难之役有功，被明成祖封为寿州卫指挥同知，子孙世袭，县志写道："褚陆伍，孙能贵，赠怀远将军、寿州卫指挥同知。褚大，子能贵，赠怀远将军、寿州卫指挥同知。"县志未提褚能是怀远将军，根据封赠规则，貤赠者所得正同于在世子孙的官爵，因此褚家应有世袭怀远将军的封号，国维拥有同样称号，他是否为合肥褚家的人呢？提出这样的想法似乎太离奇，我也不这么看，只是说明萧江宗谱内容极其混乱罢了。

究竟萧江宗谱是不是江氏的？抑或是郑氏的？又或是某氏的？我想是江氏的当无疑问。从标目上论，该谱封面题"萧江宗谱"，扉页书"新安萧江宗谱统系"，书口椠刊"新安宗谱"，目录标题是"新安江氏宗谱目录"，第二册首页有"新安萧江氏宗谱序"，后有唐仲的"题萧江宗谱图"，世系图前面题"新安萧江宗谱"，在目录前面有八个大字——"兰陵世降忠孝节义"，这些无不说明它确系萧江氏宗谱。又如国维序说他看到婺源江湾江旭奇作的谱，江旭奇实是该族人，《明史》卷九十六、九十七《艺文志》著录，他撰有《尚书传翼》《孝经疏义》《通纪集要》等书。[1]乾隆时俞云耕主修的《婺源县志》卷十七《人物》有他的

---

[1] 《明史》卷96、97，《艺文志》，第10册第2354、2367、2380页。

传记。总之,萧江宗谱谱主萧江氏是确定无疑的,唯搀杂他族资料,以假乱真,严重损害了它的史料价值。

五、乱认祖先的通病及其社会原因

萧江宗谱对其先世的混乱记载,既如上述,然而对此不足深责,因古人修谱以他人之祖为祖,绝非个别现象,千百年来已有许多人注意到这个问题,希望官私修谱加以警惕和克服,以致有人干脆不作家谱,以示抵制作伪的态度。萧梁尚书令沈约说"宋、齐两代,士庶不分",原因是人们在家世履历上作假,所谓"伪状巧籍",造成"昨日卑细,今日便成士流"。他还指出,作伪之人因缺乏知识,漏洞横生,因不懂官阶、年号,在状籍中,把晋安帝隆安(397年—401年)写到元兴(402年—404年)之后,元兴只有三年,却写元兴四年、五年如何如何。因为如此错乱,梁武帝才命北中郎咨议参军王僧孺知撰谱事,改定百家谱。①宋、齐谱牒不真实,梁、陈的也不见得好,唐太宗下令修《氏族志》,虽是"崇重今朝冠冕",但亦含有甄别以往氏族谱系虚实的意思,所以"普责天下谱牒,仍凭据史传考其真伪"②。唐宣宗时修谱官李宏简反映当时皇室谱牒的错谬:"近日修谱,率多紊乱,遂使冠履僭议,元黄失位,数从之内,昭穆便乖。"③皇家管理严密尚且如此,民间必更乖舛。太常博士柳冲讲到士族制和谱牒学关系时说:"官之弊,至于尚姓;姓之弊,至于尚诈。"④指出姓氏上作伪是普遍现象。唐末五代大乱,谱牒严重损失,宋人撰写宗谱锐减,而所修之谱,失实依旧严重。文天祥揭示:彭和甫是彭齐的后人,与彭研不同世系,但他的家谱却把齐、研二支合在一起;蔡京与蔡襄都是福建仙游人,不同宗,蔡襄先出仕,蔡京为攀附他,呼之为族兄,蔡京作为奸臣,为人所不耻,他的后人冒认蔡襄为祖先。⑤文氏从而得出族乘"凿凿精实,百无二三"的结论。⑥明初方孝孺说不修谱是不孝,但作谱真正符合孝道的却不多,因为"有耻其先人之贱,旁援显人

---

① 《南史》卷59,《王僧孺传》,第5册第1461页。
② 《旧唐书》卷65,《高士廉传》,第7册第2443页。
③ 王溥:《唐会要》卷36,《氏族》,商务印书馆1935年,中册第666页。
④ 《新唐书》卷199,《柳冲传》,第18册5678页。
⑤ 文天祥:《庐陵文丞相全集》卷14,《跋彭和甫族谱》。
⑥ 《庐陵文丞相全集》卷8,《跋李氏谱》。

而尊之者;有耻其先人之恶,而私附于闻人之族者"。他举例说,淳安汪氏将其身世追溯到鲁公之族,历七十余世,每人皆有名、字、生卒年和葬地,如此具体,似乎是耳见目受的,"其心以为至博也,而情不能胜其伪也"。越州的杨氏,本来是隋炀帝的后裔,因其恶名昭彰,遂避而不谈。①嘉靖间,何良俊在《四友斋丛说》中提到王姓有太原、琅琊之别,而"今江南之王,皆冒太原","误称郡堂,则是冒认祖宗,岂细故哉!"②清初学者李塨对时人修谱的乱认祖先,辄加讥评,在《刘氏家谱序》中写道:"平居尝叹南人好虚大,家谱追溯瓜瓞,牵蔓昔贤,虽假冒不计也。"又在《恽氏族谱序》中说:"予尝读南方家谱,率云自北方某地迁,心窃疑之,岂三代前吴越土著皆归澌灭欤?抑汉唐间闻人每在燕、齐、雍、豫,遂冒附也。"③江西高安人朱轼说:"燕晋士大夫不能言五世以上祖,而吾乡田夫野老动曰:吾宋祖某,唐祖某,周、秦、汉祖某,大都皆帝王圣贤泽被后世,文章节义昭垂史册,为后儒仰宗。"④乾隆中江西巡抚辅德在奏疏里说到省城南昌的联宗祠堂:"大率皆推原远年君王将相一人共为始祖,如周姓则祖后稷,吴姓则祖太伯,姜姓则祖太公望,袁姓则祖袁绍。有祠必有谱,其纂辑宗谱,荒唐悖谬,亦复如之。"⑤朱轼、辅德二人概括了古人修谱乱认祖先的对象,即是人们崇敬的圣君贤相及文章道德贤人,诸如吕望、太伯之类。它的荒谬,有识之士的唾弃态度,尽现于学者钱大昕的文字中,他说:"宋元以后,私家之谱,不登于朝,于是支离傅会,纷纭踳驳,私造官阶,倒置年代,遥遥华胄,徒为有识者喷饭之助矣。"⑥宋元以降家谱的私造官阶、倒置年代的弊病,他与沈约说的一样,表明全部谱牒史都有这个乱认祖宗的问题,虽有人反对,但始终没有克服。

古人作谱乱认祖先,有多种办法。联宗合谱是常见的形式,清人赵翼在《陔余丛考》的《认族》条中指出,"世俗好与同姓人认族,不同宗派,辄相附合,此习自古已然。"⑦亳州人李敬玄,唐高宗朝仕为西台侍郎,因"久居选部,人多

① 方孝孺:《逊志斋集》卷 1,《杂著·宗仪·重谱》。
② 何良俊:《四友斋丛说》,卷 35,《正俗》,中华书局 1959 年,第 322 页。
③ 李塨:《恕谷后集》卷 1,丛书集成本,第 4、18 页。
④ 朱轼:《朱文端公集》卷 1,《高氏族谱序》。
⑤ 魏源等辑:《皇朝经世文编》卷 58,《清禁祠宇流弊疏》。
⑥ 钱大昕:《潜研堂文集》卷 116,《巨野姚氏族谱序》。
⑦ 赵翼:《陔余丛考》,卷 31,中册第 645 页。

附之"，乃能"与赵郡李氏合谱"①。同时期的瀛州人李义府官至中书令，自言出身于赵郡李氏，与朝中赵郡李氏同僚叙昭穆，给事中李崇德亦和他认同谱，及至李义府被贬出京，李崇德不再承认他们的同宗关系。李义府再相，施行报复，迫使李崇德在狱中自杀。②明清时期联宗合谱的现象甚为严重，嘉道中李兆洛在《孟岸金氏族谱序》中说："攀援华胄，合宗联谱，以为夸耀，诬祖忘本，抑又甚焉。"③

买谱、卖谱，是冒认祖先的另一种方法。寒素之族设法买到高贵宗族谱牒，将己名篡入，以之为凭证，跻身望族，是为买谱。而显族中有人为得钱财，偷卖族谱，是为卖谱。如前文说到的南朝贾渊撰著《氏族要状》，受贿在著述中将鄙贱人王泰宝列入世族琅琊王氏谱内。④这是王泰宝买谱，而修谱官员为其作弊卖谱。后唐明宗长兴初年鸿胪卿柳膺将斋郎文书两件卖与同姓人柳居则，事发，大理寺据法将柳膺判处大辟，适遇朝廷恩赦之令，得以减死，但仍夺官、罚钱，并且终身为人所不耻。⑤柳膺的卖文书，柳居则买之证明其身份，二人行为等同于卖谱、买谱。五代以前谱牒是出仕的凭据，政府严惩买卖作伪，所以贾渊、柳膺身获重罪。此后买卖谱牒现象仍然不少，所以朱轼说作谱而使族属真伪更加难以辨别："寒门以趋势而冒宗，世家以纳贿而卖族，一议主谱，主者坐而居奇，附者趋若走市。"⑥

还有一种常用的手法，是自我作伪，即自认是某人子孙，写在谱上。颜师古说："私谱之文，出于闾巷，家自为说，事非经典，苟引先贤，妄相假托，无所取信，宁是据乎？"⑦私修谱书这类问题，宋元以降比唐时严重。龚自珍说："明之文士修家谱，诞者至八十世婚姻，必书汉郡，李必陇西，陈必颍川，周必汝南，王必太原是也。"⑧然而对于远祖的推定，即使为众所公认的谱学大师欧阳修、苏洵的考证，亦令人不无怀疑。欧阳修在家谱中把远祖推到夏禹，中历越

① 《旧唐书》卷81，《李敬玄传》，第8册2755页。
② 《旧唐书》卷82，《李义府传》，第8册第2765页。
③ 李兆洛：《养一斋文集》卷3。
④ 《南齐书》卷52，《贾渊传》，第3册第906页。
⑤ 《册府元龟》，转见《日知录》卷23，《通谱》。
⑥ 朱轼：《朱文端公集》卷2，《族谱辨异》。
⑦ 转录钱泳：《履园丛话》卷3，《宗谱》，中华书局1979年，第80页。
⑧ 《龚自珍全集》第三辑，《怀宁王氏族谱序》。

王勾践。①苏洵在《族谱后录》中，以高阳(颛顼)为始祖，认为传说中与共工作战的祝融也是该族先人。②传说中的人物，怎能认真对待，信以为实。钱泳讲到的《钱氏大宗谱》，以少典为一世，黄帝为二世，至钱镠为七十一世，"原原本本，一丝不乱"，然而诸如此类的谱牒先世之说，"皆渺茫之言，不足信也"③。我以为钱泳所说甚是。看欧、苏那样对待始祖的认真态度，未免有点滑稽。这样说似有唐突先贤之咎，但是他们对后世影响大，元明以降，以至今人修谱，对其先人的推究，尚有学习欧苏的，不能不说有点泥古了。

前面说了古人冒认祖先的表现形式、普遍性以及前人对它的批评，现在可明确冒认祖先的内含：不是同姓之人认作一祖所传；同姓不同宗者，也认为出自一本；同宗之人，世系不明，乱安派系，以别支之人为嫡传祖先。

"郭崇韬哭子仪之墓，贻笑万世。"④人们为什么乱认祖先，作人家喷饭谈助呢？唐代左散骑常侍柳冲说，汉晋以来官修谱牒，"使夫士庶区分，惩劝攸寄，昭之后世，实为盛典"⑤。原来修谱是为了区分士庶，我们再进一步明了区别士庶的意义，撰写谱牒乱认祖先的原因也就了然：

(1)为着出仕和晋升。魏晋实行九品中正制，区分世族和素族，限定在若干家族之中取士，南北朝时，由北方过江的"侨姓"，主要是王、谢、袁、萧，东南土著巨族"吴姓"，为朱、张、顾、陆，山东的"郡姓"，以王、崔、卢、李、郑为大，关西的"郡姓"，则以韦、裴、柳、薛、杨、杜为首，北方的"虏姓"，首属元、长孙、宇文、于、陆、源、宝。各姓之中，还要分出等第，以郡姓讲：区分为"膏粱""华腴""甲姓""乙姓""丙姓""丁姓"等级。⑥政府任用官吏，优先世胄，鄙薄寒微，晋代大士族子弟，出仕即可为显职的散骑常侍，秘书郎也是甲族的起家之选，寒族不得与闻。北齐时，"举秀才、州主簿、郡功曹，非'四姓'不在选"⑦。这种制度，形成"上品无寒门，下品无势族"的局面。⑧维持这种用人制度，区分士庶，要靠

---

① 欧阳修：《欧阳永叔集·居士外集》卷 21，《欧阳氏图谱序》，国学基本丛书本，第 3 册。
② 苏洵：《嘉佑集》卷 13。
③ 钱泳：《履园丛话》卷 3，第 80 页。
④ 《名公书判清明集·冒立官户以他人之祖为祖》，中华书局 1987 年，第 44 页。后唐枢密使郭崇韬冒认郭子仪为五世祖，到子仪坟墓哭祭，时人传为笑话，此处引文是宋人在笑话他。
⑤ 《唐会要》卷 36，《氏族》，中册 665 页。
⑥⑦ 《新唐书》卷 199，《柳冲传》，第 18 册第 5678 页。
⑧ 《晋书》卷 45，《刘毅传》，第 4 册第 1274 页。

谱牒,所以政府才设立图谱局以经理其事。郑樵云:"自隋唐而上,官有簿状,家有谱系,官之选举必由谱状,家之婚姻必由于谱系。"①画龙点睛地说明了谱牒与选官、出仕的关系。

(2)为了通婚的需要。郑樵已指明,其他谱学家亦然,如唐代著作郎贾至撰《百家类例》自序其旨趣,说:"婚姻承家,冠冕备尽,则存谱。"②将谱牒与婚姻联系起来。古人选婚的重要原则是门当户对,议亲要看对方社会等第,这就要从谱牒中寻找社会地位的根据。

(3)受传统门第观念的影响。唐朝以后,出仕与族望关系不大,但是重门第已形成为传统观念,人们还是以族望取人。故修谱讲本宗是望族,以便在思想意识上提高社会地位。后世谱牒书写规则,要写妻室的族望,就是这种传统思想的反映。如清代武进薛墅吴姓修谱,特别规定详细书写聘妻与室女夫族的家世,改变原先只写妻父及室女嫁给某人之第几子的方法,原因在于增写妻室嫡派祖先及亲叔伯兄弟中"达尊硕望者","以着其阀阅";室女子孙中"有爵秩者详载之,以忘我之所自出"③。显示门阀,就是门第观念的作祟。

此外,还有一个客观原因,就是对祖先的无知。因作谱要写明先世,然而并不知晓,于是进行编造。如文天祥所说,谱牒不实,"盖由中世士大夫以官为家,捐亲戚,弃坟墓",遂对先世知之不确。④

归结起来,出仕、婚姻、门第观念,总归是等级制度、等级观念,成为古人乱认祖宗的社会思想根源,选举、婚姻是社会制度,其规定影响人们的物质与精神生活,所以古人乱认祖先的社会原因,便长期不能消除。

萧江氏以萧何、萧遘为祖宗,放在谱牒修撰史上,与那些同姓不同宗的联宗合谱、买谱与卖谱的严重情况联系起来,乃知他是乱认名贤为祖先的通病中的一例,不过他的情形尤为突出,乱认情节严重。造成其错误的因由,在追求社会地位之外,尚有承袭的因素。萧氏在南北朝时为"侨姓"中的著姓,其时即认萧何为祖,使之成为定论,及至北宋杰出史家欧阳修亦行沿袭,因此,元明纂修萧氏族谱者承袭前人之说,也就难免了。清人也是如此,道光时编纂的

---

① 《通志》卷 25,《氏族略》。
② 《唐会要》卷 36,《氏族》,第 666 页。
③ 《毗陵薛墅吴氏族谱》卷 2,《续修宗谱规条》。
④ 《庐陵文丞相全集》卷 14,《跋李氏谱》。

《山阴萧氏家乘》、咸丰时撰成的《罗江萧氏族谱》均以萧何、萧望之为祖先,在讲述先世史时同样错谬频出,以至以萧何生在常州武进,不知这是西晋侨迁后的南兰陵所在地,萧何生地与兰陵、南兰陵都无关系,可知明清时期萧氏家谱易犯同一错误。

六、谱牒的史料价值何在

谱牒的族源和世系不实的毛病,大大降低了它的声誉,许多学者批评它,不屑于利用它,那么它还有什么学术价值可为后人所宝贵的呢? 可不可以利用? 如何利用呢? 要正确认识这些问题,我以为要了解谱牒的体例、书例及其全部内容,从而作出恰当的分析。

考察谱牒修纂史,我们会发现,唐代以前,官修谱牒为主,私家所撰亦须官方认可,其时所编著的谱牒,从体例上讲多是通国氏族谱、郡国氏族谱,单一宗族谱居于次要地位;从内容和书法上讲,多侧重族源、房分世系及宗人履历。欧阳修、苏洵所形成的族谱体例,经历明清两代谱家的实践,体例完备,书例严密,兹录《新安萧江宗谱·凡例》中的几条,以见书例之一斑:

> 世系蕃衍,以五世为一图,以下尽而更端支叶之始。各名下书其字,无字则不书;某第几子,娶某氏,生几子,如嫡无子,而妾生子,则某妾某氏。
>
> 初娶妻曰配某氏,再娶曰继,妾曰侧室,娶再醮曰娶妇,继与侧室亦如之;初娶无子亦书,再娶、侧室无子俱不书。
>
> 无子者依①而继,书曰以某人第几子为某人为嗣,异姓不书。
>
> 徽地窄人稠,间有迁徙者,为何故,上某处,各纪其实,令迁者不忘所自,而居者不忘所迁。
>
> 文谕各以类收,首诰命,尊王章也,次节孝,次宦业,次隐德,次文艺,文之无关宗枋者不录,录其文者各依类立一小传。
>
> 生于卒,书年月葬地,名口妻夫曰合,依祖曰祔,此则书其所知,而缺其所不知。

---

① 疑有漏字,应为依应继法则立嗣子。

书名字于本文外,凡有功德异于庸众者,立一小传,妇人同。

　　根据族谱的体例、书例和内容,全面考察谱牒的学术价值和问题,发现它的最大缺陷是乱认祖先和伪造先人的显赫业绩,亦即族源不确实,先世世系混乱,传记与事实不合。这中间有捏造,有附会,有传说,也有后世纂修者承袭前谱之误。这类问题,宋以后的族谱要比唐以前的通国、郡国氏族谱来得严重,因为前一阶段修谱与选举、婚姻关系大,即实用价值高,同各家族切身利害攸关,故望族注意于反对寒族的冒附,时时加以纠正,世族琅琊王氏王晏揭发贾渊为王泰宝作弊就是显例。就因有这类事情,故赵翼才说唐时修谱,"有以私意高下者,人辄非之"①。宋以后谱牒的实用价值大大削减,望族也就没有那么大的必要纠举冒附者,因而乱认祖先、捏造功名的情况更为严重。因此,要认识谱牒中冒附的作伪,也要区分假冒在历史上有阶段性的不同,以便确认各个时代谱牒的价值与问题。

　　唐以前的谱牒,作为专著,清人辑佚的《世本》之外,已经无存,与它联系密切的姓氏学著作,如今存有林宝的《元如姓纂》②可作参考,真正的谱书只有一些资料被史书所吸收,保存在"正史"中,如《新唐书·宰相世系表》记录了九十二个宗族的历史,保存了相当数量的宗谱资料。不过它已不是以谱牒面目出现,而是为"正史"所吸收,后人利用它,是以其为史书素材,而与谱牒无直接关系。所以从学术价值讲,唐以前谱牒对后人已无多大意义。今天我们所说的谱牒资料主要是宋代以后的,这时谱书保留的多,更重要的是它以体例、书例的不断完善,从而容纳了大量的资料,其学术价值也就丰富了。它可以提供历史学、社会学、文化人类学、人口学、民族学以至文学各方面的资料,如方志中的传记、氏族志可作为文学创作的素材,少数民族的家谱资料可供民族学、文化人类学采用。当然,族谱对历史学价值尤大,它可提供宗族史、家庭史、人口史、下层社会史、妇女史、边疆史、地方史、经济史、学术史等方面的史料。现拟就《新安萧江宗谱》所记录的内容作点滴说明。

　　《萧江宗谱·谱说》辑录十六个人的语录,其中至少有十一人生活在两宋,宗谱编纂者乃就若干语录作了解说和发挥,宗谱还收有宋、明人的谱序多篇。

---

　　①《陔余丛考》卷 17,《谱学》,第 319 页。
　　② 今存本由清人孙星衍从《永乐大典》中辑出,亦非原本。

这些谱说、谱序道出宋明时期人们的宗族观念。这时人们强调一本观和尊祖，蔡元定谱序说："山必祖于昆仑之脉，千峰万岫皆其支也；水必祖于天一之精，千汇万川皆其派也；人必祖于有生之源，千子万孙皆其胤也。"子孙虽众，均是一祖所生，所以要念念不忘祖宗，团结在先祖的旗帜之下。由尊祖出发，宋明人重视宗族的团结，希望族人互相帮助，友爱无间，正如《谱说》所辑程颐语录所说："(宗族)明一本而浚其源，所以尊祖而敬宗也，究万派而清其流，所以别亲疏之远近也，辨昭穆等降之殊，所以识尊卑之次第也，行吉凶吊庆之礼，敦孝友睦姻妊恤之行，所以崇宗族之典礼也。"又如崔彦俊在《萧江族谱序》中写道："人道莫大乎亲，亲亲之道莫大乎明族属，知氏系也。盖水之支流虽异，而源则同；木之支江虽分，而本则一；人之子孙虽殊，而为祖者则无彼此之间，知乎此，则不以世代之远间其亲之念族，由是而睦，风俗由是无所沥，其有关于名教岂浅浅哉！"睦族是讲求孝友之道，而孝的最终要求是实现忠君，如王十朋在谱序中说："惟愿后人崇孝敬，莫将身世负君师。"或如《谱说》所录吕本宗语："国无国之道而后国乱，家无家之道而后家乱，故礼乐纲纪者国之道也，宗法谱牒家之道也。"宗法谱牒就如礼乐纲常，以治理家族维护国家。总之，宋明时期人们的宗法思想，是在分封宗法制废除、世族制衰微之后，为维护宗族制度，以尊祖为旗帜，以睦族为号召，以宗族互助为手段，达到移孝作忠的目的。

实现这个总目标，方法之一是修家谱。因为编写宗谱才能使族人明了相互之间的关系，然后才能实现尊祖睦族，不至使族人之间漠不关心，忘掉一本之义。《谱说》辑录胡宏语："甚矣，谱牒之不可不作也。谱牒作则昭穆有序，而疏戚不遗，百世之下就足以知其分殊而一本，不则喜不庆，忧不吊，不以至亲相视如途人者鲜矣。"晴春《宗谱后序》引出方孝孺《宗仪·重谱》中的话："尊祖之次，莫过于重谱。""察系统之异同，辨传承之久近，叙疏戚，定尊卑，收涣散，敦亲睦，非有谱焉以列之不可也。"接着指出重视修谱的结论："余是以知谱之于人道大矣，修之者不可以不慎也。"

萧江宗谱的世系表保存了江氏及郑氏宗族史的资料。第四节指出萧江谱中混入郑氏世系，这对该谱来讲是缺陷，但却记录了郑氏数据，对研究明代武安侯郑氏家族史有参考价值。胡光钊的《祁门县志氏族考》讲到该县郑氏家族，谓其先世于晋怀帝永嘉间渡江到丹阳秣陵，后裔郑思迁到歙州郡北的律村，数传至郑筹，筹生六个儿子，为郑造、郑遇、郑适、郑运、郑迪、郑选，郑选移徙祁门，三传至郑传。据此资料作出徽州郑氏世系表，并配注居地：

```
          （歙）  郑思
                  │
                  数
                  │
                  传
          （歙）  郑筹
                  │
                  │
          ┌──────┴──────────────────┐
（祁门） │    │    │    │    │    │
          选   迪   运   适   遇   造
                                   │
（祁门）  湾
                  │
（祁门）  传
```

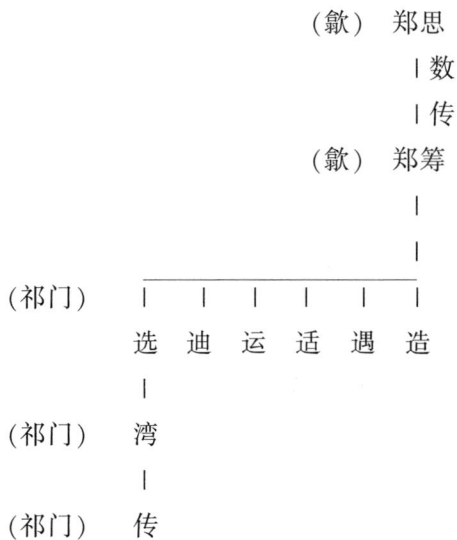

郑传，万历《祁门县志》卷三《武功》，康熙《徽州府志》卷十四《武略》有传，说他是唐末人，抗黄巢，保乡里，并受吴王杨行密官职。《祁门县志·氏族考》所提供郑氏世系，与萧江宗谱有合契之处，前列六世恩至四十五世之后世系表，其中二十世为筹，二十一世为造，而且在宗谱筹的名下注云："字均□，娶许氏，子六：造、遇、适、运、迪、选。"选的名下注为："字符始，迁居□□。"我怀疑这里的恩与郑思是同一人，郑筹及其六子的名字均属相同，居地一致。由此我得到两点看法：第一，祁门郑氏是由歙县迁去的，始迁祖为郑选，时间可能在唐代；第二，郑亨既为郑筹、郑造后人，应是从歙县或祁门迁往合肥的，他的后人与本支保持联系，故徽州郑氏谱书有合肥郑氏世系。

萧江宗谱包容宗族史资料的事实，说明一部乱认祖先、讹误甚多的谱书，也有它的史料价值，可供学术研究采用。瑕不掩瑜，谱牒具有史料价值，是勿庸怀疑的。当然，由于古代谱牒乱认祖宗及捏造先人业绩，误失严重，故对它不可轻信，在利用它时，必须采谨慎态度，对其资料作必要的考订，避免误用不实材料，以讹传讹，影响研究成果的科学性。

关于明代萧江宗谱写了这么多话，但一直有不安的心情，原因是我知道还有清代道光年间修纂的萧江宗谱，但没能找到机会阅览。查盛清沂主编，台湾联合报文化基金国学文献馆于 1982 年出版的《国学文献馆现藏中国族谱数据目录》(初辑)第 142 页著录："兰陵黄墩萧江家乘，十二卷，二十册，清道光三十年,江家泰跋(安徽歙县)。"又查 1983 年台北成文出版社梓刻的《美国家谱学会族谱目录》,第 235 页所载的《兰陵黄墩萧江氏家乘》,与前书所述一致,惟又云"萧江氏始祖为江祯,字黄墩,唐朝人",并说:"兰陵江氏系出于萧姓,唐季黄墩公指江为姓。"看来,这两种目录书所著录的《兰陵黄墩萧江家乘》实系一部著作,它所描述的对象是歙县黄墩萧江氏家族,与前面介绍的《新安萧江宗谱》的谱主是同一个宗族,所不同的是一个写在前,一个写在后。后一部家乘不仅写作晚了两个世纪,且从卷数、册数看,当比前一谱内容丰富得多,如能见到它,定会对萧江宗族史有更多的了解,也可能纠正我因掌握资料不够而对萧江宗族史的误解,惜乎无缘读到它,若因此而致谬,对个人是遗憾的事情,对读者及萧江氏则要致歉了。

(原载《第五届亚洲族谱学术研讨会会议记录》,台湾联合报文化基金会国学文献馆,1991 年)

当代的州郡谱——《徽州大姓》读后

六月初安徽大学徽学研究中心刘伯山教授和徽州政协杨立威先生打来电话，要我为《徽州大姓》写序。四十多年前我一度留意于徽州地方史，前几年到徽州古村落参观，还有目的地去祁门进行极其短暂的家族史田野调查，如今仍有意于继续家族史的研究。对论述宗族史和姓氏学的《徽州大姓》书稿，有个先睹为快的机会，是意外之事，所以很爽利地答应作序，也就不计自身的学识谫陋了。

《徽州大姓》以姓氏为单元，讲述方、王、江、萧、许、吕、朱等26个姓氏的历史，由二十多位作者分别执笔。作者众多，体例的设计越发显得重要，阅毕全书，我发现主编和各位作者对篇章结构有着成功的规范，每篇大体要写：姓氏渊源、子姓流徙、族群分布、典型村落、聚落史迹（文化古迹）、名贤举隅、重大事件、参考文献等子目。这是一般的规则，而每一个姓氏篇，还要依据该姓氏历史的特点，决定其内容和子目的取舍，如有的设有"宗谱编纂"一目，有的又有"寻根遗址"之目。这样既有统一又有灵活性的体例，就能让作者比较好地描述徽州诸大姓宗族的历史，从而揭示徽州宗族史的共同特征。

就我阅读的印象，《徽州大姓》是一部徽州宗族史和姓氏学的专著，写出徽州居民的迁徙、宗族与村落、仕宦、经商、文化教育各种活动以及知名人物。关于移徙，涉及到迁入、迁出和徽州内部不同县乡都图的移动，迁居的原因、状况和时间，依据各篇的介绍，令我们知道，造成迁移的主要因素是战争、出仕、谋生（务农、经商）和婚姻，以战争讲，中原人士的进入徽州，在西汉末年（新莽时期）、永嘉之变、唐末黄巢战争，人们为躲避战乱而南下，就中以唐末为多，不少人先到歙县黄墩，有的定居下来，有的又移徙他乡。黄墩成了中心，兼具中转站的味道。说到这里，不由得不让我想起其他地区移民史，如珠江三角洲的人说是从始兴珠玑巷移入，福建人则云来自河南光州，苏北东部的人谓原籍在苏州，河北人常常说是燕王扫北从山东或南方来的，致使黄墩与珠玑巷有了某种相同之点，学界的研究成果昭示，珠江三角洲的人并非都来源于珠玑巷,这不过是人们的一种认同,黄墩是否也是这样呢?我想值得深入研讨,不过需要肯定的是黄墩应是中原人士进入徽州的首选之区。

宗族的绍述,包含得姓源流,宗人繁衍,支派世系,合族与宗人认定,祠堂的男祠与女祠,神主与捐输,祠产与保护,宗族的兴衰与村名的变化,族谱与伪谱,宗族与词讼等等,内容广泛。特别需要指出的是,许多篇章的作者特别致意于宗族与村落建设的关系史,讲述家族的始迁祖择地于山水之间,规划布局,建筑民居,对于公共设施(宗族的祠堂、支祠、坟茔,信仰的社庙——土地庙、社坛,佛道的寺庙、道观、尼庵,文教的文昌阁,名人崇拜的关帝庙、汪公庙,表彰孝义的贞节坊,标志功名的牌楼,修桥筑路,设立路亭、路灯,兴修水利,建设水碓水井,修建排水系统,等等)的建设尤为致力,于是许多村落形成"八景",乃至"十景",在维护祖坟、讲求风水的观念主导下,人们注意于我们今日所说的生态环境的保护,创造天人和谐的生存、生活环境。仕宦讲到世家("四世一品""兄弟同科、文武进士"之类),官员之众,做官的政绩,肯定清官与"青天"。

徽商是明清以来中国十大商帮之一,而且是名列前茅者,《徽州大姓》对他多所着墨,是情理中的事。对徽商的去向(江浙为主,湖广次之),经营的行当(盐、典、茶、丝等业),致富之道和对社会的回馈(在居地、原籍的兴办文化教育、社会福利事业),介绍较为细致。徽州是理学的发祥地之一,徽商又是以儒贾著称,徽州的文化教育事业发达,各个宗族致力于办书院、义学,举办文会,在这里形成读书治学的风气;学业的同时,在生活中形成一些具有文化内涵的实物载体和风俗习惯,如文艺方面的徽剧、戏龙灯,如建筑方面的民居、村落的水口、八景;家族和信仰方面的祠堂、寺庙、社庙;契据文书的著意保存;凡此种种,成为今日文化旅游事业的宝贵资源,成为"徽学"兴起的凭借,《徽州大姓》理所当然地予以注目,详加说明。活跃在政治、经济、文化、民间社会的各种类型的人物,得到了应有的篇幅,而且通过人物的刻画,使得徽州社会史、宗族史来得生动、形象。此外,这部著作对徽州历史上发生的社会问题、民众运动也有相应的关照。

这部书在文字表达方面颇有引人入胜的地方,这就是民谚、俗语、诗词、歌曲的运用,给人以清新活泼之感,除了那些宗族世系的考订之外,读来颇为轻松。比如第一篇的题目是运用俗语"四角方",开篇的话是"天下汪""四角方",那么"四角方"是怎么回事,调动了读者的求知欲,读罢这一篇,"天下汪"

就会抓住读者了。在《徽州汪姓》篇，又云"休宁五大姓，汪吴朱夏何"，以口诀令人容易记忆休宁的五个大姓。再比如讲到金氏的聚落阳干，引出民国年间阳干小学校校歌中的头两句话："左顾珰溪右玉田，中间即是洲阳干"，将阳干村的地理位置和环境介绍出来。

此书也有可以讨论之处，我觉得有三点，一是得姓渊源和远古、中古世系排列，有没有必要花那么大的精力？须知有许多宗族是弄不清楚的，排出来的世系也未必准确，因而有的篇目作者就说"姑录之，以见源流所自，非敢必其无误也"；有的篇目赞扬戴震修谱的尚实精神，反对将未经考证清楚的人氏叙入族谱，均是有识之见，惜乎未能贯彻到全书各个篇目中。另一个是写作范围问题，与徽州保持联系的外迁人员完全应当写，否则就不是"大徽州"了，然而与徽州只是同姓氏的明清以来的大名人，写进书中，就令人产生"借才"的置疑。还有一个称谓问题，有一些篇在写到某人时，名下加"公"字，大约是表示尊敬；有的在讲到某人的世代时，云"某世祖""某世孙"，如果是本家族的人写文给本家看，自然不妨称"公"，称"某祖"，可是给包括外姓的广大读者阅览，则不宜这样写了。

总而言之，《徽州大姓》的丰富内容，使我们认识到徽州历史的特点、地位及其文化遗产的当代意义，这就是：徽州是中国历史上具有重大影响的地区，他是移民的社会，是涌现官宦、学者、文艺家的地方，是富商巨贾的产生地，他的地域虽然有限，而对中国历史的作用和影响远远超过一个府州，所以"大徽州"之说为颠扑不破之见；徽州是富有活力的地区，他有辉煌的历史，创造了丰富的传统文化，为今世第三产业发展的重要资源，是不可或缺的财富。其实《徽州大姓》之所以成书，我以为就是历史影响所致。

我们今天难得见到"某某地区大姓"一类的作品，这在中古时代是常见的，因为那时的宗族谱牒，基本上是三大类，即通国谱、州郡谱和（一个个宗族的）私家谱，宋元以来州郡谱衰微，但在徽州却时有出现，如元代陈栎的《新安大族志》，明代戴廷明、程尚宽的《新安名族志》，如今的《徽州大姓》，应该说是元明时代州郡谱的继承，是徽州深厚的文化积淀的必然产物，只是新书在内容上、撰著旨趣方面具有时代新意，即更注重于文化资源的绍述和开发利用，尤其着眼于旅游业发展。所以一句话，《徽州大姓》是徽州传统文化的继承与创新，是徽州宗族史的别开生面之作，是颇有学术价值和实用价值的专著。

读了《徽州大姓》,更激发我赴徽州田野调查和旅行的兴趣,是以为序。

(2005 年 6 月 29 日于南开大学顾真斋,载安徽大学徽学研究中心编《徽学》2004 年卷,安徽大学出版社,2005 年)

清代徽州贤媛的治家和生存术

人生在世,都有着能否生存、如何生存的问题,至于女性,尤其是贫穷寡妇、贫困人家女子就来得极其严峻。对历史上女性独立解决生存之道的学术研究似乎尚不多见,笔者试图将所知的清代徽州贤媛顽强生活及其能量呈现出来,与同好共享,以期深入探究。

笔者考察了清代徽州贤媛中贫乏人家的孀妇、主妇、女子是如何维持生命、延续家庭的;她们的维生手段何在,什么样的生存环境造就、成就了她们的谋生能力。明了她们在男性社会中,凭借女性特长,靠纺织、缝纫、刺绣获取生活开支,像男人一样做塾师、风水师或卖画,支撑了家庭,以至培养儿女成才,提升家庭的社会地位。她们自谋生路,不屈不挠,不低三下四地求亲靠友,其自尊自爱的精神受到社会尊重。

在清代,女子的籍贯从属于父、夫,所谓徽州贤媛,是指父家和夫家任何一方是徽州籍(包含徽州原籍、徽州人寄籍他方、外地人寄籍徽州、徽州商人在外地获得商籍)的女子。所以徽州贤媛中许多人并不生活在徽州,而是在侨居地,主要是在江苏、浙江,尤其集中在杭州、扬州和苏州。江浙是经济文化发达地区,对于徽州贤媛文化知识的获取与运用无疑起着重要作用。

本文所使用的文献资料,绝大部分取材于傅瑛主编的《明清安徽妇女文学著述辑考》(黄山书社,2010年),即利用的是第二手、第三手史料,作为史学论文,这是不允许的。对此笔者虽然内疚,因为处于旅居状态,不得不如此。

一、女承子职赡养老亲,不婚或晚婚

在室女为双亲终身不婚配,或老大不嫁,在清代虽是罕见的现象,但是徽州才女中确有其人。她们面对或贫或病,或贫病交加的老亲,不忍离弃,在室侍奉,女承子职,维持家庭,使父母得终天年,而她们自身经历惨痛,做出人生极大的牺牲。

孙旭媖,字晓霞,父亲孙云朝,歙县人,诸生,居住无锡,家贫窭。为生存下来,孙旭媖决心不出嫁,留在家中养活父母。《梁溪诗话》叙述她的经历:"云朝夫子而贫,晓霞侍养不嫁。针绣所得,以供甘旨,复精岐黄术。亲殁,居邑之楼巷,颓垣斗室,吟咏自怜,年八十余卒。"[1](P463)"男大当婚女大当嫁"是人之常情,孙旭媖断然采取不结婚的办法,留在家中,用给人家缝纫、刺绣的收入,供养亲人饮食。她懂得医术,很可能兼代给人治病,辅助家庭生活费来源。她以女红养家,在其诗集《峡猿吟草》中有明确的道白。《初夏感怀》咏道:"漫将针线疗奇穷,九十韶光瞬息中。事遇伤心人易瘦,诗摹变体句难工。生憎柳絮因风起,不忿桐花为雨空。过眼繁华皆火石,莫将荣落怨天工。"①她的家不是一般的贫困,而是"奇穷",她靠勤劳灵巧的十指养老送终,度过九十年的人生。诗中透露她的人生态度豁达开朗,窘迫中坚强自持,不羡慕荣华富贵,对自家的苦痛不怨天尤人。当然,有时心情不好,对备受折磨的人生有生不如死的感叹,是以在《忆亡妹》中说:"惨魂休恨招无意,犹胜生存苦备尝。"[1](P463)她有愤慨,如《写怀》所抒发的:"福慧难兼信不误,万千磨折我何辜。"[1](P463)对世事的不公,有时发出怨恨不平之声,在《阅旧稿有感》中感叹:"不得其平便欲鸣,抚今追昔几心惊。旁人莫作闲情看,我自饥寒过一生。"[1](P464)她的心不能平静,有怨气,但对侍养亲上毫无怨言,她为父母和自身的生存,做到了自食其力,解决生计问题,只是付出终身独身的沉重代价。

与孙旭媖不同,王玉芬的当初不结婚,并非家境贫乏,纯粹是为侍奉双亲。她的父亲王凤生,婺源人,侨寓江宁。王玉芬,字华云,著有《江声帆影阁诗》。她在弟弟出生以前矢志不嫁,表示终身服侍父亲。恽珠(1771—1833)辑的《国朝闺秀正始集》选录她的诗,记其身世云:王凤生"年逾五十无子,华云矢志不嫁,将终身事父。"[1](P545)她的多首诗表达出在父亲任所随侍情形及对乃父身体的关注、担心,如《思亲》所吟:"官阁沉沉夜漏时,白头亲远最萦思。凭栏为语庭前竹,待报平安入梦知。"[1](P546)及至道光七年(1827),弟弟出生,带来全家的欢欣,她吟出《丁亥正月弟生志喜》:"频年寂水强承欢,长念亲衰泪暗弹。戏剧唬声试雏凤,从今慈竹总平安。"[1](P547)弟弟出生,王

---

① 参见傅瑛主编《明清安徽妇女文学著述辑考》第 463 页。孙旭媖的诗为汪启淑的《撷芳集》选入,此集出版于乾隆五十年(1785 年),孙氏当生活在此年之前或稍后;她作有《癸丑除夕》七律,癸丑年,与其生存时间相配的有康熙十二年(1673 年)、雍正十一年(1733 年)、乾隆五十八年(1793 年),她享年约 90 岁,当生活在康、雍、乾时期。

玉芬并没有立即出嫁,在弟弟健康成长中,乃放心与南河同知严逊结缡,然而年岁大了,只好做填房。王玉芬为照料老父耗尽青春,作诗《自叹》:"回首年华去似梭,思亲老境苦消磨。显扬到我知无分,珍重光阴膝下过。"[1](P548)她不是为了得到"孝女"的名誉,完全是替父亲健康着想,是一度女承子职的。

与王玉芬有某种类似境遇的汪观定(1886—1922),是为亡故的双亲抚养幼弟而晚婚的。她是原籍婺源、钱塘商籍、知县汪纬的女儿,11岁时双亲患病,两次割股疗亲,无效,父母故世,留下第四、第五两个年仅几岁的弟弟,此时,"环境之险恶,过于虎穴针毡"[1](P535),汪观定挺身担起家务,到光绪三十二年(1906)21岁才结婚,也是做填房。[1](P536)王玉芬、汪观定均为报答父母,毅然延误了自己的婚事。

徽州才女孙旭媖、王玉芬、汪观定以不婚、晚婚,侍奉老亲,使得老人能够寿终正寝,或安度晚年,或抚养幼弟成长,支撑了濒危的家庭。

二、靠文化艺术知识承负维持家庭的使命

孙旭媖靠女红兼及医术维生,徽州贤媛中贫穷寡妇同样以女红谋生,更用文化知识、绘画艺能、堪舆技能养家糊口,培养儿子成人,成为家庭的顶梁柱。

"为闺塾师以自给"。男性塾师为人们熟知,女塾师则鲜为人知,高彦颐著《闺塾师:明末清初江南的才女文化》(江苏人民出版社,2005年),成功地为女塾师的研究开了头。徽州贤媛有的就生活在江南,亦有女闺塾师的出现。陷入吕留良案的眷属休宁人江文焕就是闺塾师,她的丈夫是无为人黄补庵(字耕乎),《清诗备采》说他们夫妇创业:"耕乎善画,兼以医名,文焕开设女馆,工诗画,复精小楷,衣食颇饶,创成家业。"[1](P64)原来江文焕富有文化艺能,小楷精美整洁,诗画都是行家,撰著《紫蓬山房诗抄》,有此才能,开设女馆,一定能够吸收众多女弟子,而黄补庵又能行医,所以收入丰盈。然而,黄补庵汉民族意识强烈,作诗:"闻说深山无甲子,可知雍正又三年。"[2](P496)黄又是吕留良私淑门人,因此在吕留良案中,死于监狱,其妻妾子女给功臣家为奴,父母祖孙兄弟流二千里。[3](卷89,"七年十二月丙午条")江文焕被发配直隶滦州,为旗人苏姓奴仆,不可能再开设女馆。[1](P64—65)江士爆在歙县家乡,早寡,穷而教书,就是汪启淑在《撷芳集》中说的:"家徒四壁,为闺塾师以自给。"[1](P453)明白无误地道出她是以教书作为谋生手段。她著有《翠云轩诗

稿》[1](P453)。石氏,苏州人,当太平军进入苏州,石氏与姊妹投城河,遇救,与婺源人朱文玉缔结姻缘,夫妇以诗词唱和,著《潜渊吟稿》。朱文玉死于杭州,石氏遂到丈夫故里婺源罗田,"设家塾,课蒙学"。生有三个子女,亲自课读。[1](P529)男性读书人做塾师是一种职业,由于社会上有男女授受不亲的禁忌,虽有开通的父母聘请年老的男性塾师给女儿教书,不过女塾师应当更受欢迎,江文焕、江士燆、石氏等人做闺塾师,虽是不多见的现象,表明知识女子已然以教书为职业。

徽州贤媛的书画,为欣赏者收藏。休宁人汪亮,号采芝山人,祖父文柏,以诗画出名。汪亮传承家学,又在桐乡得到山水画名家张瓜田的指导,画作设色淡雅,遂"以丹青擅名"。结缡桐乡秀才费树楩,唱和自得,然"遭家多故",丈夫早逝,生活没有着落,所幸有绘画技能,更是乐于作画,晚年侨居嘉兴天带桥,以卖画为生。这种经历,在《写山水颇觉适意,系以长句示表妹赵夫人》明白无误地表达出来:"苍龙吸海鲸饮川,飞来喷我不枯之砚田。浓云湿翠满衣袖,俄顷尺幅堆苍烟。心识大块有稿本,不觉腕底吐出真林泉。妙笔墨外而为挥洒如意转觉心茫然。吁嗟乎!老大自悲雪满颠,凡骨苦炼难期仙。烟云或可作供养,吾当藉此终残年。"[1](P536)她作画,有神来之笔,绘出自家满意的作品,但是满头白发,犹自以砚为田,不免心酸,然而兴趣与需要,支持她绘画不辍。她的诗词画作得到名家赏识,也因此与名流交往。她得老师张瓜田引介,成为休致在乡的刑部侍郎钱陈群的诗赋私淑弟子[1](P536—539),而钱陈群还是乾隆帝的"诗友"。大名人的私淑弟子的画作无疑更值钱。陕西三原人员琳,能诗工画,著《食余集》,与居住扬州的歙县程存仁结婚。程家非常贫乏,丈夫死后,她也困穷饿而死。她的兄长员燉在扬州"书肆画角"见到妹妹的两方小印,员琳可能也卖字画。[1](P495)不知什么原因,她没能凭自家艺能维生。所以谋生不仅靠技艺,还需要有其他方面的能力。

堪舆师中也有女性,虽罕见,徽州贤媛有之。康熙间婺源某女士,出嫁江西人,能写诗,精通堪舆术,夫亡,与弟弟到湖北谋生,为人家选择阳宅、阴宅、水井,据说颇有灵验[1](P527),也即被客户认可。风水师选地址,需要使用风水罗经,这种仪器,又以徽州休宁万安镇制造的最好,名曰"徽盘",这就是《橙阳散志·歙风俗礼教考》所云:"徽工首推制墨……若罗经日晷,则奇巧独擅矣。"[4](P604)本地人用本地产品最方便,婺源某女士做堪舆师得此便利。再说徽州才女中懂得术数之学不乏其人,如六岁读书的婺源人王瑶芬,"通文

153

意,旁涉相人书"[1](P542)。温如玉,通晓"子平之学"①。程娴,善写诗,"兼擅星命之学"②。歙县江嗣阶妻梁氏,"工诗文书画,尤通《易》理,精于占卜"[4](P626)。徽州贤媛中不少人懂得术数,会算命,这位婺源寡妇能够以堪舆术谋生,不足为奇。

　　嫠妇靠针线活维生,使得针黹成为一些贫困媚妇活命的通常手段。汪嫈(1781—1842),字雅安。侨寓扬州的歙县人、文士汪锡维之女,21 岁与亦是歙县人的程鼎调结婚,居住扬州,后因生活拮据,全家返乡,而后程鼎调只身到扬州就馆,寻即亡故,此时汪嫈 35 岁,儿子程葆 11 岁,家庭"困厄益甚"。母子的生活,大学士阮元说是"日以针黹易薪水"[1](P471),经学家刘文淇谓为"恃针黹以给朝夕"[1](P472),可知她是靠做针线活得钱维生。叶钰《见闻果报录》记载:汪嫈"通经史,为女师,课子读"[4](P1057)。可见汪嫈也做闺塾师,在忙碌的同时指导程葆读书。当程葆学业可以参加科举时,汪嫈令他到扬州舅舅汪晟家寄读。程葆以仪征籍在道光三年(1823)中秀才,大约是在道光五年(1825)考举人未中,族人鉴于汪嫈母子生活困苦,建议她让程葆改业赚钱糊口,在扬州的弟妹程氏怕汪嫈受人影响,写《寄怀诗》③,认为程葆必定会有大出息,应该让他继续从事举业。汪嫈坚定地让儿子走科举之途,复诗《寄和大弟妇见赠韵》:"情致缠绵寄托深,新诗不厌百回吟。爱甥如子闻生感,何日成名副此心。"[1](P470—473)程葆很快在原籍歙县于道光八年(1828)中举,道光十三年(1833)中进士,出任工部主事,将母亲迎养都城,汪嫈总算熬出来了。[4](P1057)

　　歙县人吴喜珠(?—1656),著《吴孺人诗集》。她的经历被诗词选家汪启淑在《撷芳集》中描述为:"夫(方如麟)亡,矢志养姑教子,闺范有声。"[1](P484)"养姑教子",说的是靠她的收入养活全家人,那么她是怎样获得收益的呢?方如麟的族人方淇苓为吴喜珠写的《吴孺人传略》说她"于甘苦如荼中,

------

① 温如玉,山西太谷人、侍读学士温启鹏之女,出嫁歙县人鲍叙昌,娘家、夫家都居住在扬州。参见傅瑛:《明清安徽妇女文学著述辑考》,第 475—476 页。

② 程娴,桐乡人,与歙县人、侨居浙江的鲍正勋结婚。参见傅瑛:《明清安徽妇女文学著述辑考》,第 424 页。

③ 徽州人程氏《寄怀诗》:"终年两地感怀深,想见登楼费苦吟。诗稿羡君成卷帙,米盐爱我误光阴。何时往事从头说,几度遐思各足音。有子才如黄叔度,纵然苦节也甘心。"参见傅瑛:《明清安徽妇女文学著述辑考》,第 424 页。

夜必勤女红,篝灯课子,此其有功于方氏甚大,余故特著之" [1](P484),原来也是以缝纫刺绣为活命手段。女红养家,很不容易,可能有上顿无下顿,极其犯难,可是她以乐观的态度来对待,如在《梦吹笛》所吟:"残灯微焰映窗纱,罗幌风摇月半斜。梦里不知愁老大,犹将玉笛调梅花。" [1](P484)

比吴喜珠略晚的方氏,丈夫是歙县人黄家祉,三藩之乱中被诬陷入狱,家产没官,子黄曰瑚九岁,她遂"以女红佐不给,冬夏无少辍" [4](P829),为儿子专心学业,以致收藏他的鞋子,以免外出游玩,而不计自家的劳苦。方掌珍(1783—1839),用女红补助家庭用度。她的父亲方鸿为歙县人、太学生,家饶裕,而夫婿贡生、塾师潘世镛家徒四壁,负债累累。方掌珍进门,常用陪嫁首饰代为还债。潘世镛教学四方,"修脯所入不给",方掌珍"则以女红佐之。故家贫而菽水赖之不乏。偶岁欠困乏,几不能存",有人劝她向娘家求助,她知道是好意,不便反驳,只是笑而不应。有时一天只能喝一次粥,天寒衣败葛,十指冻裂绉裂,仍操作不息。"生六子一女,教诸子诗,兼及儿媳。她在"饥寒竭蹶之余"著作《琴言阁诗抄》①。镇江人陈蕊珠(1714—1792),15岁时母亲故世,"日佣针黹得钱,市糕糜,抚弟妹,夜则左右挟之以寝" [1](P418)。后来结缡于歙县人鲍皋,生养之兰、之蕙、之芬三才女,印刻与三姊妹合著的《京江鲍氏课选楼合稿》。[1](P419)主妇方掌珍、闺女陈蕊珠虽非寡妇,不过女红支持家庭生计的作用相同。

贫穷之家的媪妇,独立解决生存难题,做到家庭成员的老有所养,幼有所育,为家庭的延续做出不可磨灭的贡献。

三、维系家庭,光大门庭

传统社会闺教包括女红和主中馈,出嫁为主妇,善于此二事者,将得到家人认可和赞扬,有益于家内人际关系的协调,向来被认为是家庭祥和吉利与兴旺的征兆。尤其难得的是家境贫乏者,孤儿寡母,凭借女红和文化知识技能在竭蹶中奋斗,不仅维持家人性命,更能培养儿子成人,光大门庭,从而为人景仰,徽州贤媛中就有这类人物。

---

① 方掌珍以诗闻名于时,陈诗《绣余吟草序》,谓徽州著名女诗人,明清之际有毕著,乾嘉间有汪玉英、方掌珍,同光间为徐南苹。参见傅璇:《明清安徽妇女文学著述辑考》,第436—437、491页。

汪嫈被誉为歙县程氏"门户多所依赖"的家族巨人。她的治家实践,证明并非虚誉。汪嫈为人、才情、威望,对夫家的支撑作用,对程氏家族建设的致力,确有令人值得留意之处。她在《赠夫子》诗中说:"天理全从虚处领,人情须向实中求。"[1](P489)懂得天命哲理要靠抽象思维,要富有理解力,而人情是实实在在的,不是想象的,是从实际行为中观察,得到真知卓识,才能看不错人。她真正懂得人生哲学,用以处世,就会准确办好事情。她在《闺训篇》里讲女子做人准则:"男儿希圣贤,女亦贵自立。"[1](P489)女子可贵在自立上,她自身就是典范。又说:"人生顺境少,处顺宜自识。"[1](P489)"富贵戒骄奢,贫贱弗抑郁。"[1](P489)深知人生在世,不如意事十常八九,顺境少,逆境多,明白这种现实和自身处境,就会正确对待,富贵不淫,贫贱不馁,去营造顺境,改变逆境。她教育儿子程葆为官之道以公正、廉洁为本分,如说:"凡事据理准情,总期无愧于己,有利于物,是在虚心省察,不可偏听,不可轻举。"[1](P489)用公正无私之心,全面观察事物,小心谨慎办理,才不废事。她理解古书的话"节以制度",认为"古人养廉,本诸此也",因而要求程葆:"儿善体母心,即'节'之一言,终身守之,处己、处人,两得之也"。[1](P489)

汪嫈对儿媳夏玉珍的妇功要求似乎不高,让她有精力去读书学习写诗,告诉她:"羡煞神仙福地居,张华博物有谁如。嫏嬛二字形从女,闺阁如何不读书。"[1](P489)汪嫈不只顾小家,心目中有一个大家族的概念,希望这个家族兴旺发达,是以关注程氏家族建设。程氏远祖贞明有遗作,业已残缺不全,汪嫈将首尾完整部分抄录成册,妥善保存。对夫婿程鼎调的《家训》,汪嫈命子侄详细校阅,刊印成书。①程氏先祠乐善堂,岁久渐圮,从侄学溥有志重修,汪嫈作文表示支持。侄孙士铨有才而早逝,汪嫈写作五言古诗八十韵哀伤诗,她的表姊鲍蕊珠读此诗,如同看到满纸泪痕,不忍卒读——"修文高咏玉楼天,痛触吟怀望九泉。一字一珠皆血泪,无人能忍读终篇"[1](P470)。汪嫈对士铨投入真挚的爱惜感情,是为程氏家族惜才。汪嫈的所作所为,时人多所评价。儿子程葆在乃母故世第三年(道光二十四年,1844 年),为她刻印《雅安书屋诗集》四卷、《文集》二卷、《赠言录》一卷,并请大学士阮元为诗集作序,阮元说汪嫈的"《示儿》八首,可铭座右,为立身居官职镜"[1](P470—473)。

---

① 刊于道光二十四年(1844),有程鼎调之兄贵州巡抚程国仁、旗人钟昌、廪生程焜、甘泉曹成序,程葆跋。参见许承尧:《歙事闲谭》,李明回等校点,黄山书社,2001 年,第 1029 页。原作道光甲申刊,误,甲申应为甲辰。

比汪嫈略晚的诗词选家沈善宝在《名媛诗话》中评论汪嫈，"集中多知人论世经济之言，洵为一代女宗。"[5](P364) 鲍蕊珠与汪嫈情谊深厚，在表妹去世后书写《挽汪雅安妹》四首："卓识高才总绝伦，程门那可畏斯人。（注：太宜人在徽，门户多所依赖。）都将母德寻常者（看），身后追思涕泪频。"[1](P406—407) 儿媳夏玉珍感谢婆母教导学诗，作《和姑示玉珍书》："纱幔相依问起居，母才咸颂女相如。"[1](P489) 反映世人将汪嫈的文采比作司马相如。到了民国，许承尧说汪嫈为徽州"咸同间女界之杰也"[4](P366)。如果说阮元、沈善宝、许承尧是从社会大局出发，赞扬汪嫈为女性楷模、文学大家，鲍蕊珠则从家族角度，认定她的表妹是程氏家族的顶梁柱。可以说汪嫈富有大智慧，是程氏掌门人。她是一个典型，前述吴喜珠，被方淇荩认为"有功于方氏甚大"，故为她大书一笔，均是着眼家庭、家族贡献。

撰著《织余集》的吴淑仪，父亲是歙县诗人吴蝶庄，丈夫程秋渚，原籍歙县，寄籍仪征，流寓怀宁，儿子出息后定居扬州。早寡，"苦节抚孤"，培养三个儿子，"皆成名诸生"，三子程荃，怀宁拔贡生，书法、篆刻家；长子掌衡，赴京谋发展。[1](P480)一个既非官宦又非行商的流寓人家，可以想象不会有多少恒产，吴淑仪带着三个儿子度日必定艰难。白天操劳，夜晚儿子们进入梦乡，忙着为他们寻出并缝补旧衣裳，就是《秋夜》所吟："儿曹都到黑甜乡，检点寒衣趁夜长。添线可知慈母意，坚冰未至有严霜。"[1](P481)诗里的"坚冰"似有双重含义，一层固然是讲严冬的寒冷，另一层则表露守寡抚孤的坚定决心。冬天为儿子破旧羊裘补丁加补丁，知道破裘不能御寒，告诉他们养成耐寒品格，熬过冬天，就迎来春天，盼望着光明前程："羊裘已补重加缀，独夜含愁坐草堂……为语孤儿权耐冷，春风不久律回阳。"[1](P481)缝缝补补度日，不忘教导孩儿做立志上进之人。为温饱长子程掌衡北上谋事，做母亲的既寄希望，又心酸，《季秋忆儿北上》："饥驱作客未全非，秋尽寒生日倚扉……计程终夜增华发，问卜闲窗坐落晖。曾定归装春信早，朔风犹恐雪沾衣。"[1](P481)饥寒的南方人到北方去是不得已的，盼他返回，每日倚着柴门巴望，急得白发增多。母亲的心情就是这样。因为苦节抚孤，嘉庆十年（1805年）获得旌表。程氏家庭的维持、发展，功在吴淑仪。如果说汪嫈的令程门光大，吴淑仪亦以艰苦卓绝对另一个程门起了支撑作用。

汪嫈、吴淑仪、吴喜珠都是"苦节抚孤"，以艰苦卓绝的辛劳奋斗，不仅延续了家庭，更为社会培养出人才，从而光大门庭，改变家庭社会地位，也使她们自身成为杰出人物。

四、江浙的生存环境为徽州贤媛提供了有利的条件

嫠妇"守节",像吴淑仪得到朝廷旌表,汪嫈进入《清史稿·列女传》,是传统社会纲常伦纪的体现。后世批判者为节孝女子鸣不平,多着眼于她们观念上信守三从的不幸一面;女性史研究者以女性本身为主体,从另一个角度观察,将研讨推向深入与全面。笔者从中获得启发,觉得需要了解她们人生的多面价值:生活态度的自尊、生活能力的自强,以及观念的多面性。

如何理解徽州才女生存之道,不是简单的有无经济来源和如何开支的事情。生存问题,牵涉到生态环境、政治环境与人文环境。生态环境关涉社会产业结构和经济条件、状况;政治环境涉及政权结构、职官与出仕制度;人文环境关系到文化产业结构,人们的伦理道德观念与实践、职业观念,以及文化普及程度。在清代,江南省(乾隆以前包括江苏、安徽)和浙江省是经济文化发达地区,此间农业税是国家财政的重要来源;丝绵织业居于全国中心地位;淮盐、浙盐,尤其是淮盐,为盐税大宗区;水路交通便捷,大运河贯通南北,供应皇家和八旗、京官的漕粮就由此输送。商业发展居全国之冠,行业众多,徽州商人、苏州(洞庭)商人名噪天下;餐饮业与娱乐业(茶馆、戏馆、浴池、妓馆)兴旺;苏州、扬州引领全国消费的潮流。此间文化兴盛,表现在人文茂盛,读书人多乃至于女性学文化较为繁荣;文人学者多,科举出仕者众,江浙人几乎包揽状元;由科举而出仕,江苏、安徽、浙江人大量进入官场;学术事业兴盛,经学中的吴学、皖学、扬州学派、考据学、历史编纂学、历史地理学等均出大家,诗学的性灵学派、散文的阳湖派、古文的桐城派均产生于此,乃至有扬州八怪、袁枚随园女弟子;文化产业发达,造纸业、印刷业、园林业都有名气。

这种大环境,为徽州才女解决生存问题提供了两个相当有利的条件。

首先,她们接受文化知识教育的机会较多,能够具备文学艺术才能、技能,在必要的情况下用为生存手段。江浙知识家庭多,有功名者和出仕者较多,还有一些"贾而好儒"的富商,有条件实践"耕读传家久,诗书继世长"的愿望,非常重视子孙的文化教育,不只是面向男儿,更兼及闺中女子。有文化的父母亲自己教子女读书,有条件者聘请塾师施教,开明的父母突破男女授受不亲的思想藩篱,令闺女从师学习诗词绘画,进入较高层次的学业。汪嫈师从

乾嘉间扬州两位最有名的诗家之一黄秋平和他的夫人张净因。[1](P471)歙县人吴绣砚（1723—1785），"幼习诗书，间通文艺，与侄绥诏、恩诏同塾"[1](P485)。扬州八怪之一罗聘的妻子歙县人方婉仪（1732—1779），学诗于父亲——太学生方宝俭、姑方颂玉和沈姓学子。①桐城人方芬（？—1805），从工于诗词书画的父亲方维翰学文化，又向处州知府、叔父方维祺的幕客金棕亭、储玉琴学诗，后来婚配于歙县人程约泉。[1](P430)祖籍歙县、寄籍平湖的鲍怡山有四位千金，擅长山水花鸟画的徽州老诸生程之廉游历到平湖，鲍怡山遂令女儿拜他为师，学画花草，其中鲍诗学得最好。②仁和人龚丽正先后任徽州知府、苏松太道，夫人段驯（文字学名家段玉裁之女）为女儿龚自璋聘请归佩珊教诗，龚自璋著有《圭斋诗词》，夫婿为歙县人朱祖振。[1](P438)结缡歙县人程绮堂的扬州甘泉人朱兰，著《梦香集》，学画于父亲朱瑶襄挚友袁慰祖，学诗于原籍丹徒移居江都的王豫。[1](P503)婺源人、侨居扬州的金芳为女儿金环秀学习写诗，请俞补之指导，环秀乃在闺中吟成《留香小草》[1](P522)。家教与塾师的教导，产生了乾隆间杭州袁家三妹，京江鲍氏三姊妹，还有歙县人、两淮盐知事何秉棠的三个女儿何佩芬、何佩玉与何佩珠。何氏三女居住在扬州，佩玉嫁给当地人祝麟。恽珠在《国朝闺秀正始续集》中说何家姊妹"各擅才名，方之张氏七女、袁家三妹，何多让焉？"[1](P441)何家的文化状态，是徽州、扬州文化融合标志与象征。

其次，江浙人家有塾师的需求和艺术品市场，为徽州才女从事文化教育和出售文艺产品提供了出路。徽州有文化的女子，能够同男子一样成为塾师，于是有了江文焕、江士爆、石氏等一批闺塾师，特别是江士爆、石氏都是在徽州老家教书，说明当地有不少人家聘请塾师教育闺女。

扬州人郑板桥为自己书画标出价码，《笔榜》中明确宣布，绘画以尺幅大小论价，不得讨价还价，买画者不必套交情，不减价，不赊欠。③如此牛气，固然

---

① 参见傅瑛：《明清安徽妇女文学著述辑考》，第432—433页；《歙事闲谭》，第831—832页。

② 参见傅瑛：《明清安徽妇女文学著述辑考》，第407页；《歙事闲谭》，第840页。

③《笔榜》中的润笔价码为："大幅六两，小幅二两，书条、对联一两，扇子、斗方五钱。"并称："凡送礼物、食物，总不如白银为妙。公之所送，未必弟之所好也。送现银，则心中喜乐，书画皆佳。礼物既属纠缠，赊欠尤为赖账。年老神倦，亦不能陪诸君子作无益言语也。画竹多于买竹钱，纸高六尺价三千。任渠语旧论交接，只当秋风过耳边。"参见卞孝萱：《郑板桥全集》，齐鲁书社，1985年。晚清，周存伯、吴平斋曾效法郑板桥《笔榜》中的做法。

与其社会、艺术界地位及其为人风格有关,但亦表明江浙艺术品市场有了价值法则,有规可循。歙县黄氏家族书画迭出名家,黄文吉善花卉,其父遐龄工书,父子配合,文吉作画,遐龄为书写款字,"好事者以为古画,争持去。父殁,画亦减价矣"[4](P711)。 歙县人项继皋,弱冠到无锡,从事典当业,喜绘画,"晚年嗜酒落拓,鬻画为生"[4](P908),均表明书画有市场。汪亮晚年能够卖画维生,在江浙就不是偶然的事情了。当然,其时艺术品市场很小,笔者在此只是说明艺术品可以、已经成为商品。

总括本文的意思,不外两点,一是徽州才女独立解决生计难题,是不争的事实。孙旭媖、王玉芬、汪观定、汪婪、吴淑仪、吴喜珠、江文焕、石氏、汪亮、江士燩,等等,都是凭借女红、闺塾师、画师与堪舆师的艺能,从事正当职业,挣钱养家糊口的,这充分表明女性具有谋生智慧和生财之道,从而实现了其独立谋生求得生存的愿望。家中没有顶梁柱的男子,她们就是家庭顶梁柱。不仅如此,她们还是理家能手,教育子女健康成长,以致成为社会人才。她们的所作所为延续了可能破灭的家庭,乃至令其兴旺,光大门庭,令人刮目相看。一句话,她们有独立生存能力,有创造力,对家庭和社会都做出了贡献。二是江浙社会为她们独立谋生提供了相对有利的生存环境。这是徽州贤媛幸运之处,是其他地方的贤媛所不易谋求的。

说明:内文中随文注的序号与以下文献序号对应,随文注括号内则为引文所在文献的页码。

参考文献:

[1]傅瑛:《明清安徽妇女文学著述辑考》,黄山书社,2010 年。

[2]蒋良骐:《东华录》(卷 30),中华书局,1980 年。

[3]《清世宗实录》(影印本),中华书局,1936 年。

[4]许承尧:《歙事闲谭》,李明回等校点,黄山书社,2001 年。

(原载《天津师范大学学报》2015 年第 4 期)

清代徽州贤媛出色的社会历史见识

传统社会的"男主外、女主内",女性不能干预社会事务,不能出仕,生活圈比男子狭小得多。她们的诗赋题材与社会生活的相对贫乏相适应,受到诸多限制,很难有对社会政治经济文化关注的内容,对历史的理解。但是笔者阅读徽州贤媛①诗词增长了许许多多的见识,在她们不多的社会、历史诗赋中,看到她们对时事的感受,对民生的关切,对历史知识的了解和分析,感到她们对乱世的痛恨,对民艰的同情,对历史的浓厚兴趣,尤其是历史识见,令人对清代女性有新的认知——尊重的理解。

一、"纷纷世事一枰棋"——感受战乱痛苦,向往太平生活

清朝人身受两次大的战争灾难,一次是明末清初的全国性大混战,另一次是席卷大半个中国的太平天国战争,两次大战中,江南都是重灾区,徽州贤媛备受荼毒。明清之际的战争,出现扬州十日、嘉定三屠、江阴守城,张名振、张煌言奉鲁王朱以海在浙江抗清,顺治末年郑成功与张名振进攻南京,张煌言攻占芜湖;徽州出现贱民宋乞暴动,金声、江天一抗清,太平军到徽州,造成人口锐减,经济残破,民不聊生。生活在明清之际及太平天国战争时期的徽州贤媛将战乱造成的民间疾苦和自身的感受,用诗赋表达出她们的态度:避难,参与,盼望太平。

"纷纷世事一枰棋,局残犹打鸳鸯劫"是撰著《绣余轩稿》的父籍苏州、夫籍休宁的汤淑英在《踏莎行》中的警句。生逢明清易代乱世的汤淑英,敏锐地观察到战乱的难于遏制,深知混战的局势如同一盘棋,司棋者必争胜负,不会

---

① 在清代,女子的籍贯从属于父、夫,这里说的"徽州贤媛",是指父家和夫家任何一方是徽州籍(包含徽州原籍、徽州人寄籍他方、外地人寄籍徽州、徽州商人在外地获得商籍)的女子。所以徽州贤媛中许多人并不生活在徽州,而是在侨居地,主要是在江苏、浙江。

罢休,战争给民人带来痛苦。对于居住城市的人,有身份而与战争一方有特殊关系或情感的人,战事临头,有的参与,有的逃难避祸,遭罪则是免不了的。前述汤淑英,钮琇《觚剩》说她:"大都吴啸雯中馈也,侨寓吴中,以避风鹤之警"。她的《秋日登虎丘》《重寓湖上》《烟雨楼》《怀鸳湖黄姊皆令》诸诗表明,在战乱中流离于苏州、杭州、嘉兴等地,居无定所。顺治三年(1646)作《丙戌除夕》:"病余弱质困烽烟,鬓入今宵怕说年。腊尽不知秦岁月,春来犹见汉山川。何劳茂草牵乡梦,自有梅花作客缘。眉案未输鸿与耀,只愁时事正纷然。"①在战局纷扰中过年,新的一年的纪年是"秦"还是"汉",谁能知晓。无疑,她不赞同清朝,揪心于谁胜谁负。等到战事结束,赋诗《乱后初归听雨》:"乱后归来景物移,短窗疏雨夜凄其。微躯自叹关何事,也向人间历盛衰。"②微弱之躯的女子也不得不经受人间战乱之苦。

  太平天国战争,再次让生灵遭涂炭。休宁人金树彩,乃父武昌知府金云门为反对太平军而付出生命。太平军打到通城,金云门奉命去堵截,临行,金树彩赋诗《敬送大人赴通城防堵》二首,一曰:"才得归时便远门,爱民心重别离轻。英雄壮志薄霄汉,不作人间儿女情。"二云:"挑灯闲读木兰辞,堪羡前人事业奇。对镜自怜云鬓短,征冠难罩到娥眉。"一方面颂扬父亲出征,另一方面以不能像花木兰那样从军为憾。其父在前方死亡,太平军于咸丰二年(1852)攻入武昌,金树彩和母亲汪氏、长姊均身亡,其时二十岁。③无论金树彩对太平天国战争的态度如何,她也是战乱的受害者。《绣余吟草》作者徐南苹的著籍广州的祖父徐荣,道光十六年(1836)进士,任绍兴知府,升福建汀漳龙道,未赴任,在黟县与太平军战死;她的父亲同知徐同善于同治六年(1867)为徐荣守墓,遂寄籍歙县。④太平军到歙县,望族雄村曹氏⑤的非园毁于兵燹,曹族后人曹婷,每次归宁,必在非园残存的红豆树下徘徊,作诗《非园树下感赋》:"红豆

---

  ① 钮琇:《觚剩》卷3《吴觚下·汤素畹》,页4下,国学扶轮社宣统三年版;此处谓吴啸雯为大都人,其籍属休宁;傅瑛主编:《明清安徽妇女文学著述辑考》,黄山书社,2010年,第530页,下引该书资料,简单注作《辑考》及页码。

  ②《辑考》,第529—530页。

  ③《辑考》,第523—524页。

  ④《辑考》,第491页。

  ⑤ 歙县雄村曹氏在乾嘉道的数十年间兴旺,曹文埴(1735—1798)为户部尚书,其子曹振镛(1755—1835)为大学士、军机大臣。

可重生,非园难再见。留此一株霞,阅尽沧桑变。"①从非园之毁感到沧桑巨变。歙县人程葆(1805—1860),于咸丰八年(1858)选授广东肇庆知府,返乡扫墓,应巡抚张芾之邀请,办团练,与太平军对抗,十年(1860)取道浙江赴任,行至杭州,太平军陷城,与妻女阖家自尽。②道光二十三年(1843)三月,《南京条约》签订后,英国侵略军撤退中骚扰扬州,休宁人、贡生孙承勋妻、著作《古春轩诗草》的许延礽(1771—1847)因"乡关旋警燕幕",逃到乡村避难。诗友吴藻(苹香)也逃到同一乡间,隔舍而居,但是逃难中互不知情,未能见面。③

　　战争,逼迫个别徽州才女投入战斗。桂严在《花开尘埃铅华毕落:素颜下的徽州才女》④中,称颂毕著是"绣楼里走出来的千古奇侠"。千古奇侠的毕著亲身投入明朝与后金战争,有着夺回父尸的感人事迹。毕著(1622—?),歙县人,乃父为明朝军官,驻防北直隶蓟州,崇祯十六年(1643),与来犯的后金贝勒阿巴泰部战斗阵亡,二十二岁女子毕著夜袭敌营,夺回父亲尸首,归葬金陵龙潭。并作《纪事》诗叙述夜袭敌营经过:"吾父矢报国,战死于蓟邱。父马为贼乘,父尸为贼收。父仇不能报,有愧秦女休。乘贼不及防,夜进千貔貅。杀贼血漉漉,手握仇人头……父体与榇归,薄葬荒山陬。"⑤毕著后来与昆山王圣开结婚,豁达安贫,赋诗自娱。《村居》:"席门闭傍水之涯,夫婿安贫不作家。明日断炊何暇问,且携鸦嘴种梅花。"⑥与毕著同时代的歙县人方月容(1635—1654),为保留明朝忠臣血胤自尽,此二人都是战争受害者,在节操上可谓异曲同工。方月容自幼订婚于祁门诸生谢天恩。天恩祖父为明朝兵部尚书,父母居北直隶广平,崇祯十七年(1644)因忠于明朝而罹难,谢天恩只身返回徽州,入赘方家,被方月蓉兄继贵陷害,逼迫月容改嫁,她生下儿子,害怕恶兄杀害其子,秘密送给妥善人抚养,而后绝食亡故,时年二十,事在顺治十一年(1654)。临终

---

　　①《辑考》,第415—416页。

　　②许承尧:《歙事闲谭》,李明回等校点,黄山书社,2001年,第1056—1057页;《辑考》,第473页;程葆之母汪嫈《清史稿》卷508《列女一》有传,中华书局,1977年,第46册,第14054页。

　　③许延礽作《齐天乐·次吴苹香夫人韵》:"十年鸿雪邗江住,相逢选楼下。……乡关旋警燕幕,小村同避地。睽隔茅舍(癸丑三月,予统兵新城,媚川亦随侍。踵至乡隅,相隔终未得一见),静树乌啼,寒潮鲤讯,难慰椒窗晨夜。"《辑考》,第555页。

　　④安徽文艺出版社2013年出版。

　　⑤《辑考》,第413—414页;季灵编著:《千古绝唱——历代才女诗词》,香港光华书局,1977年,第193—194页。

　　⑥《辑考》,第414页。

作《绝命诗》四首:"君家至孝久相传,千古声名志欲坚。青史但能留白日,红颜何惜掩黄泉。"①为传忠烈之家名声和延续香烟,不惜牺牲自己。

在战乱之世,民间更盼着太平世界的到来。顺康间休宁人戴玺著《荆山小草》,在《冬日避兵》诗中讲战争让人仓皇逃难,无日安宁,将近除夕,依然是干戈不息,哪一个人能让百姓过上太平日子呢:"仓皇何日作家居,历尽穷途岁迫除。满目干戈时未尽,谁人能写太平书?!"②盼望社会稳定,过安定的太平日子。

在平时,民人也害怕世道变化。河南固始人吴畴五,歙县人、编修洪镔(1834—?)妻,著《杏婉遗诗》。时值道咸乱世,《感怀》:"啼鸦噪寒林,稻粱苦难得。瞻望觅慈鸟,哀鸣声转恻。感此伤我心,泪下沾胸臆。……徘徊小窗前,天际孤鸿咽。萱花当秋萎,群芳渐摧折。白云去不息,忧思为谁说。愤懑郁中怀,肝肺空自热。翘首向苍穹,时事固莫测。凄然发哀吟,感叹情何极。"忧愁时艰民苦,世事莫测。③哀叹之外,别无他法,空有世道太平的愿望。

二、"不得其平便欲鸣"——伤时愤世,追求公正世道

徽州贤媛指责社会的不公,大声疾呼与温和声音共鸣;向往清明世道,人间和睦;希望民间富裕,有能力者乐善好施。

(一)面对社会分配不公的"不平则鸣"

孙旭嫫,工于诗赋,著《峡猿吟草》,还懂得医书,歙县人、居住无锡的诸生孙云朝之女,为养活双亲终身不婚,在《阅旧稿有感》中写道:"不得其平便欲鸣,抚今追昔几心惊。旁人莫作闲情看,我自饥寒过一生。"确有个人因贫困对世事不满的因素,但她不是不努力,而是社会不允许富有才华的女子闯天下做一番事业,这是《写怀》里所抒发的:"福慧难兼信不误,万千磨折我何辜。须眉自古无才子,巾帼而今有腐儒。寂寂愁城书作伴,迢迢良夜月同孤。年来绣稿多抛却,剩有灵山大士图。"④混世的男人不能经邦治国,想不到今日有文化

① 《辑考》,第435页。
② 《辑考》,第511页。
③ 《辑考》,第476—477页。
④ 《辑考》,第463页。

的女子也成了腐儒类人物,不懂与不能处理好世事。有才华而无福气,她的不平则鸣,抒发的是有识之愤世情绪。与孙旭瑛有类似情怀的是歙县王某妻、常熟人蒋锦楼,她在《排闷》中写道:"忆昔少小时,逸兴喜披卷。虽无贤媛姿,处世期独善。转盼岁月深,憔悴不自遣。愁雄百雉城,恨积扶桑茧。万物各有得,吾生命何舛。花前春欲阑,花雨如雾散。……感此长叹息,造化薄俊彦。"她以做正人为人生准则,可是命运何其乖舛不济,造化就是如此同俊彦开玩笑,有愤懑难平情绪。蒋锦楼的曾祖父蒋廷锡是雍正朝大学士,而后家世日趋衰微,丈夫王某只是临安知县幕僚,所以她观察社会敏锐,认识到世事变迁新旧交替,不过表现出豁达态度,是以在《故衣诗》吟道:"新衣莫欢呼,故衣莫愁苦。故衣昔曾新,新衣亦须故。"①

(二)追求清平社会的愿望

孙旭瑛、蒋锦楼的不满世道,溢于言表,另有徽州才女用温和言词表达清白人生及对祥和社会的向往。歙县人方婉仪(1732—1779),号白莲居士,扬州八怪之一罗聘妻,出生在六月二十四日,这一天是传说中的莲花生日,她在《生日偶吟》写道:"清清不染淤泥水,我与荷花同日生。"②自负是出污泥而不染的正人。歙县人程云看透世道人情,《夏日偶作》云:"世事淡如水,人情疏似烟。"③程琼与程云一样感叹世缘污秽,不适合她生存。她秉性爱月,见月光普照大地,是玷污它的清辉,愿"化身彩云万朵,遍承月色,不使堕人间不洁之处。"程琼轻富贵重清才,以为"自古以来有有法之天下,有有情之天下"。"才之可爱甚于富贵,由情之相感欢在神魂矣。"④休宁人程椿年,在《读陶集》中说:"典午巳云季,先生品自尊。宅边五柳树,诗里半亩园。松菊开三径,桃花记一园。偶然书甲子,聚讼笑庸论。"人们对《桃花源记》的"不知有汉,无论魏晋"纪年问题感兴趣,因为书不书朝年,是奉不奉正朔的政治态度问题,她的关注点不在这里,着眼在盛赞陶渊明给人描绘了一个美好祥和的世界:人们自耕自食,友善亲和,热情好客;"不足为外人道矣",是爱护它,保护它,怕它被外来势力破坏。程椿年向往清明政治、尊重不为五斗米折腰的清高品德。⑤休宁

---

① 《辑考》,第45—46页。
② 《辑考》,第433页。
③ 《辑考》,第427页。
④ 《辑考》,第421页。
⑤ 《辑考》,第508页。

人黄淑媛,约康熙间人,《咏兰》写道:"落落源香祖,亭亭本秀英。朱门休误入,幽谷足全身。"①歌咏兰花之高洁,喻人依本质行事,不附属权贵,保持清白人生。

(三)济贫的观念与有所实践

与程云、程琼的神往清白世界既相同而又有所不同的是,一些徽州贤媛明白指责世道人心之恶劣,社会的不公平,并且主张和部分实行帮助贫穷人士。黄克巽的祖父做过幕客,"坐闽难破家",家庭的灾难性遭遇,使得她对社会产生深刻的认识和痛恨,对穷人弱者的同情。她在《禽言》中痛责人心的贪婪、自私,损人利己,为追求财富不惜竭泽而渔,破坏自然资源。她借用盛酒器打酒——提葫芦,写道:"提葫芦,提葫芦,无钱莫向东家沽。阮生痛哭山之阿,提葫芦,泪如梭。公公挂钩,下滩布网,上滩截留,海母泣兮蛟奴愁。公公挂钩,网晒船头,鱼虾绝影,旁及泥鳅。大者沽酒,小者换油。族类尽网,咕休一声,欻乃江上秋。公公挂钩。"寓意深刻,生动而又诙谐。黄克巽更撰写《弃儿行》道出灾荒下饿殍满野、卖儿弃儿、人吃人的惨状:"弃儿不得卖儿金,卖儿不识弃儿心。卖儿母得三日饱,弃儿但望儿得生。去年怜儿不忍卖,今年欲卖路无人。枯树无皮草根尽,儿啼无食母亦哭。昨夜良人死空屋,阿翁近日填深谷。先死犹得饲饥鸟,迟死邻家卖子肉。弃儿与君君勿辞,但得儿生死亦足。毒哉遭此凶年苦,皇天杀人不用斧。吁嗟乎!当年得儿如黄金,今朝弃儿如粪土!"②天灾往往同人祸联系在一起,生活在清初的她诅咒苍天——"毒哉遭此凶年苦,皇天杀人不用斧",应有对世道愤恨情绪的流露。

金宣哲在《蚕词和外》之三抒发关注民艰情怀,希望农事一年有三次收成,俾使清贫人家得以生存:"但愿吴蚕八茧新,一年三熟济清贫。蚕娘各个穿罗绮,方见春风被德匀。"③婺源人、两淮盐运使王凤生女儿瑶芬,十八岁与乾隆四十六年(1781)进士、云南顺宁知府、桐乡人严廷钰结婚,著有《写韵楼诗抄》。她关注民艰,从事赈济、助学善事。严家巨富,她说服婆母蔡氏,"保家之道,惟在积善",奁具中携有社会流行的《敬信录》一书,进呈蔡氏,劝行育婴、恤嫠及施药、施棺、施棉衣诸善举。从此乡里称号严氏为"善门"。她因随夫外

---

① 《辑考》,第521页。
② 《辑考》,第447—449页。
③ 《辑考》,第525页。

宦二十余年,晚年回到桐乡,又以千金助赈,被旌表为"乐善好施"之家。①著《佩珊珊室诗存》的王纫佩,夫婿婺源人、光绪十二年(1886)进士、嘉善知县江峰青,三十岁病故,遗言将私房钱二千余两银子兴办义学,成为后日炳灵小学产业。②汪亮,在乾隆二十九年(1764)从夫婿信息中得知,故家子弟贫乏出卖古法帖而无人问津,乃典当首饰救济他。③

三、"武皇称尚儒,所行非尊道"——主张仁政的政治思想

徽州才女咏史抒怀,在应有何种治国思想纲领,出仕应持何种态度方面,显现高明的史识。

综论朝纲史识。歙县人黄媛宜所著《环绣轩诗稿》有《咏史》篇,之一:"武皇称尚儒,所行非尊道。空罢申韩学,用法喜张赵。王父公孙辈,相见恨不早。仲舒汉纯儒,弃之如浮草。诚如叶子高,但知似龙好。"④汉武帝的"罢黜百家独尊儒术",千古为人称道,黄媛宜认为他是叶公好龙,哪里是尊儒,表面上不讲法家的申韩之学,实际上行的就是那一套,所以酷吏张汤得势,外儒内法的公孙弘见用,董仲舒被弃之如敝履。黄媛宜提出的是古代治国纲领性问题,她主张扬儒弃法,行仁政,反对暴政,并无特色,但对汉武帝独尊儒术的见解,一针见血地指明其外儒内法实质,不能不说是高见。

明析出仕之道。黄媛宜对这个道理的认知可圈可点。《咏史》之二:"……微物识去止,人而胡不知。是以古达士,所贵惟知己。美哉鲁穆生,流风良可师。道存身与俱,道亡禄可辞。去就惟视道,已为醴一卮。悲彼申与白,空受浮邱诗。"⑤她借用西汉人鲁穆生离职的故事,说明以道事君的道理。鲁穆生与申公、白生均同楚元王刘交学诗于浮邱伯,刘交遂用他们为中大夫,待之以礼,鲁穆生不饮酒,特为他置备无酒精度的饮品——醴酒,及至其子刘戊继位为楚王,一段时间后不再为鲁穆生备醴酒,鲁穆生感到主人态度变化,必须及早

①《辑考》,第545—546页;王瑶芬享年84岁,生活在嘉道咸同间。
②《辑考》,第542—543页。
③《辑考》,第536—537页。
④《辑考》,第450页。
⑤《辑考》,第450页。

离开，申、白二人劝他留下，鲁穆生说先王礼敬我们三人，是有道，是道义让我们在一起的，今道已亡，不能再在此停留了——"忘道之人，胡可与久处"！备不备醴酒，是关系到对我们的态度问题，随即毅然离去①。黄媛宜强调处仕之道，做官需要以"道"作为进退的准则，道不同则不相与谋，就必须当机立断退出来，回老家当平民，绝不可恋栈，做出不智之举，危害自身。"道存身与俱，道亡禄可辞"。如此豁达襟怀，一般人达不到。

与处仕之道相关，有出仕可能的人隐居不仕，以致历史上形成大隐、中隐、小隐之说，徽州贤媛盛赞隐士。乾隆间休宁人汪瑶，写诗《寒山》，讴歌明代太仓人赵宧光（凡夫，1559—1625），表达对隐士敬重之情："一门擅文藻，渊雅良可师（凡夫及子灵均工古篆，配陆卿子工诗，子妇俶工写花鸟）。予亦慕高隐，愿采商山枝。鹿门期可遂，怀古生遐思。"她因赵氏全家擅长文艺，甘为隐士，想到商山四皓和知人论世的隐居襄阳鹿门的庞德公，更有"遐思"，显然是对政治现状的有所不满，因为众多隐逸的出现，不会是盛世，往往是乱世。清代著名选家沈德潜的《国朝诗别裁集》将此诗选入，并云："吊偕隐人，而己亦愿偕隐，志趣可知。"②黟县人方可，著《白沙翠竹集》，她心仪明代名士苏州人文征明、战国齐人鲁仲连和商末周初的伯夷、叔齐，在《题文待诏手书诗册》中吟出来："先生工清吟，篇章留匪一……行同鲁连清，心等伯夷洁。"③歙县人吴申（惠姬），撰著《双梧小草》，其中《断句》："白云红叶青山里，双隐人间读道书。"④雍乾间休宁人汪亮赞扬其私淑师、休致侍郎钱陈群："先生皋夔侣，养疴类闲散。"⑤身为女性的汪瑶、吴申、汪亮等人倾羡有节气者隐士，应当说是寓有政治涵义的，是清白为人、不与浊世为伍的人生理念体现。

四、"娥眉也合画麒麟"——历史人物的评价标准，为女性争取应有的历史地位

如何评价历史人物，如何看待历史变迁与朝代更替，徽州才女在咏史中

---

① 《汉书》卷 36《楚元王传》，中华书局点校本，第 7 册，第 1923 页。

② 《辑考》，第 539 页。

③ 《辑考》，第 516—517 页。

④ 《辑考》，第 477—478 页。

⑤ 《辑考》，第 537 页。

评品人物,看重人的品德、节操、才智,钦敬古代杰出人物,非议弱智行为,或多或少赋予政治含义,更为女子争取应有历史地位。作为汉人怎样看待元朝灭掉南宋,对胜朝——明朝的怀念,对当朝的见解,所以说她们咏史论史,颇有时代气息。

(一)以事功、应变能力评价历史人物

歙县人吴淑娟(1853—1930),号杏芬女士、杏芬老人,著《吟华阁画稿》《杏芬老人遗墨》,《急智靖变图》写道:"御灾有程序,缓急得其宜。仁智两无亏,陋彼宋伯姬。"①宋伯姬是春秋时代鲁宣公女,宋共公妻,刻意遵守诸侯夫人之道,当居楼起火,宫人建议赶快逃离,她因保姆、傅姆不在身边,若离开居处不合礼法,拒绝下楼,及至保姆来,而傅姆未至,仍不移步,活活烧死。吴淑娟讥讽她不懂得权变,愚蠢守礼,其实离开火灾现场,"仁智两无亏",只是宋伯姬太愚蠢了。吴淑娟还作有《题〈泰顶凌云图〉》:"宣圣昔登天下小,中原那有最高峰。"②对孔子的登泰山而开阔眼界一事,吴淑娟不泥古,要求眼光更开拓。嘉兴南湖所在的胥山,是传说中为伍子胥命名的,汪亮在《胥山八咏》中论到春秋吴越两国争竞史中的伍子胥和范蠡,之一:"历览兴衰感慨多,胥山好景费吟哦。疏枝睨睆吹香雪,似效吴宫旧日歌。"道出吴王夫差之兴衰,伍子胥之英雄末路。之三:"英雄若解逃名处,不独扁舟有子皮。"③范蠡深知越王勾践是能共患难不能共富贵的人,在功成之后,立即隐退,离开越国,是大明大智之人。在这里,显示汪亮论人的标准是重智慧,是在出仕的进退上与吴淑娟有共识。

(二)赞扬忠节之士与谴责宵小

著《鹤舞堂小稿》《吾亦爱吾庐诗抄》的康雍间人、娘家祖籍歙县的鲍诗,在《钱塘江观潮歌》吟道:"烟非烟,云非云,钱塘江上潮纷纭。姿留当年骋霸业,强弩曾挽三千军。怒如雷霆吼,攫如猛虎斗。环环玉带一痕白,海门直下水忽立。君不见,妒妇津,孝女江,精英聚处惊波撞,何况鸱夷千古冤,莫诉白马灵旗舒一怒。"且不说她笔下毕呈钱塘江海潮排山倒海汹涌澎湃之状艺术手法的高超,光看她由观潮联想到历史的异常变化:为伍子胥鸣千古之冤,对东

---

①② 《辑考》,第 551 页。

③ 《辑考》,第 538 页。

汉绍兴曹娥投江救父表示钦敬,对晋朝刘伯玉妻"妒妇"段氏投水死亡,贬中有褒。她的《余忠肃公墓》:"群小奸谋炽,功臣死可哀。擎天空赤手,埋骨剩青苔。石马嘶风立,灵旗卷雨回。谁居喉舌地,燕雀永无猜。"①为余端礼鸣不平,与同情伍子胥被害,都是赞扬忠节之士,反对群小,主张正义。

(三)倡扬为杰出女性树碑立传

女诗人多以发自内心的尊崇心情去讴歌王昭君。方婉仪的《次韵题明妃图》:"冢畔青青草色稠,芳名史册著千秋。画师若把黄金嘱,老守长门到白头。"②金树彩的《题昭君图》:"马上琵琶出塞悲,何堪重忆汉宫时。妾颜恐累君王德,那肯黄金赂画师。"③道出对昭君出塞的同情。

康熙间歙县人徐德音《出塞》吟道:"六奇枉说汉谋臣,此次和戎是妇人。若使边庭无牧马,娥眉也合画麒麟。"④汉高祖平城脱围,被说成谋臣陈平之功,而后汉高祖采纳刘敬对匈奴的和亲政策;徐德音认为女子有和戎之功,麒麟阁功臣像应当有她们的位置,她虽然不是直接说、仅仅说昭君出塞,麒麟阁若陈设和戎女子像,昭君当有其位置。乾、嘉、间歙县人殷德徽,著《清映堂诗稿》,有咏史三首,分别写孙尚香、杨贵妃、梁红玉。《孙夫人》:"中原得鹿孰能先,吴蜀联和国运绵。失计紫髯甘事贼,伤心白帝竟宾天。……千载蟆矶遗恨在,云旗影里泣婵娟。"吴蜀联盟至关重要,刘备、孙尚香均不深知,殷德徽有同杜甫一样的"遗恨失吞吴"的历史见解。《马嵬》:"十载昭阳宠爱并,外家豪侈起刀兵。"责难杨贵妃、杨国忠兄妹祸国。《梁夫人》:"绣旗前队截江滨,画鹢船头桴鼓频。南渡安危推上将,中兴功绩话夫人。闻风草木惊强敌,指日声明震要津。可及西湖同载酒,白头相享太平春。"⑤歌咏梁红玉、韩世忠黄天荡之捷及晚年的恬淡生活。对于孙尚香、杨贵妃的评论雷同于众人,推崇梁红玉是有识之见。原籍歙县鲍文芸的《题〈红香馆诗集〉后》:"才华谁第一,香奉太夫人。蜀国黄崇嘏,唐官宋若莘。江山供点染,格律自清新。任昉溪头水,安舆好问春。"任昉,南朝人,新安太守,为官清廉,恭谨侍奉母亲,曾奉母春游,后人纪念这位清官及其贤母,将游春之处名为"昉溪";宋若莘,唐

① 《辑考》,第407—408页。

② 《辑考》,第433页。

③ 《辑考》,第524页。

④ 《辑考》,第490页。

⑤ 《辑考》,第495页。

代贝州(清河)人,入宫总领秘阁图籍,著《女论语》;黄崇嘏,五代前蜀人,女扮男装,出仕为司户参军。鲍文芸称赞太守的清廉行孝与母德、二位女性的才华出众。

徽州贤媛吟史中,对历史人物的评价,有传统社会主流意识的忠孝观念,而重视才智事功的观点更需引起研究者的留意。传统社会用人、评品人物,主导意识实际上是重才轻德,徽州贤媛有所不然。她们敬重的梁红玉是妓女出身,王昭君屈从于匈奴习俗先后嫁给单于父子,都不是"贞节"女子,她们不在意,看重的是王昭君、梁红玉事功。她们盛赞范蠡与讥刺宋伯姬,对比之下明显是张扬人生智慧、生存能力,不理会束缚人的愚忠思想。清代前期就有对文死谏武死战最高道德准则的非议①,徽州贤媛的重视才能事功的观点与此种思潮相一致。

(四)汉民族意识或显或隐的表达

徽州贤媛生活在以满洲为主体的社会中,有的人具有汉民族情结,借诗赋抒发对南宋、明朝亡于少数民族的同情。卒于顺治十三年(1656)的歙县人吴喜珠,咏史《粤城怀古》三首,之三:"赵家块肉付崖门,王气凭他海气吞。谁念官人皆北去,可怜丞相尚南奔。江山岂许偏安藉,珠贝堪为货殖存。莫检新书添怅惘,唾壶敲落玉钗痕。"②满怀激情赞叹陆秀夫负赵昺蹈海的气节。明清之际休宁人范满珠在《三月十九日偶成》吟道:"春已阑珊蝶意疏,草间微瓣雨沾初。蛛丝为巧终成系,萤火求辉应望余。两月莺花惭五柳,十年心事梦三闾。画堂香艳凭何处,落尽红衣燕子居。"③此诗似是晚春应景之作,笔者解读为一首咏史诗。三月十九日,是明朝崇祯帝吊死煤山的日子,清代浙东民间以此日为太阳生日,实际上是为纪念崇祯帝,而又不能明言;范满珠偏偏选择这一天咏晚春,是否有纪念崇祯帝的意思呢?诗中的"五柳"句,指五柳先生陶渊明,赞其高洁志趣与人格;"三闾"句,颂三闾大夫屈原谋国有方而遭嫉妒去职、见国难而自沉之忠贞。由此将这首诗理解为富有汉民族情感的政治诗。明清之际南京人孙瑶华,是歙县人汪景纯妾。汪景纯,"江左大侠,忧时慷慨,期毁家

---

① 小说《红楼梦》中贾宝玉非议"文死谏、武死战",指斥"禄蠹",就反映了这种观点。

② 《辑考》,第484页。

③ 《辑考》,第515页。

纾国难",孙瑶华多所资助,景纯以畏友目之。孙瑶华《寄衣诗》云:"闭妾深闺惟有梦,怜君故国岂无衣。"①透露出故国之情。歙县人吴绮、黄之柔女吴醰,作《送夫子念昔游金陵》:"此游名胜地,须认旧繁华。芳草秦淮岸,斜阳燕子家。江声无铁索,渡口有桃花。多少兴亡事,山陵见暮鸦。"②感叹朝代的更替,多少反映清初人在金陵,透过对明朝双京之一的南京的深厚感情表示对故国的怀念。

总之,徽州才媛的咏史评品人物,看重人的品德、节操、才智,钦敬古代节操出众的人物,赞扬古人的才智,非议愚蠢不知应变者;出自自身本能,为女性争取历史地位;而清初才女更有对明朝的故国情怀。③

(2015 年 6 月 1 日成文,载《清史论丛》第 15 辑,故宫出版社,2016 年)

---

① 《辑考》,第 464—465 页。
② 《辑考》,第 481—482 页。
③ 女性毕竟受生活狭窄的限制,咏史、论时政之作,相对于抒发关注情世界的作品少得多,笔者在这里将她们的论史、论政作为一个特点,意在强调她们的识见难能可贵,不可忽视。

清代徽州才女的文学创作生活
及其作品表达的感情世界

徽州才女的历史,已有专文及类似专著①,力求揭示"花开尘埃铅华毕落:素颜下的徽州才女"的特质,认为清代徽州才媛倍出,是绚烂的特殊群体,她们随着时代潮流的演进而思想相对开放,显现某种独立意识,彰显自己,让诗赋走向社会,同时忧国忧民,崇尚英雄人物;之所以达到如此境界,得益于徽州商业经济和文化的发展,是随宦、随商而开阔了眼界,再加上某些男性文人的提倡和支持;与论点鲜明相一致,研究方法是关注才女自身生活,改写"五四"史观对传统女性认识——走出女子是封建"四权"下牺牲品、可怜虫的思维模式,从而在才女的吟诗作赋中得知她们的声音,她们的思想愿望。面对清代徽州才女研究如此成就,笔者何以还要撰文,原因有二,首先是为全面明了徽州才媛的生活和生存问题,她们诗赋书画的创作与生活的结合状态,创作生活与现实的社会生活关系,也即在娘家、夫家及其家族、姻亲间的生活状况和创作,闺阁友朋、师傅的酬唱生活,独自谋求生存中的智慧与能力及其诗词中的记录。她们生活究竟是怎样的,从多样性的实际生活中去认知她们的写作。其次,方法论上多角度观察徽州才女的思想状况,前述突破传统女性史观、彰显女性更新意识,均令笔者受益良多,作为史学工作者的笔者还希望具体了解清代徽州才媛的全面思想状况及与写作的关系,试图理解她们丰富多彩与颇具意义的文化生存方式,理解她们的精神世界,理解她们在其观念主

---

① 桂严:《花开尘埃铅华毕落:素颜下的徽州才女》,安徽文艺出版社,2013年;方光禄:《徽州历史上的才媛》,网上文;任荣:《清代徽州女诗人、戏曲家何珮珠考论》,《淮北师范大学学报》(哲学社会科学版),2011年第2期;傅瑛:《香闺学士巾帼丈夫——明清安徽才女印象》,《淮北煤炭师范学院学报》(哲学社会科学版),2010年第3期;傅瑛:《江淮代有才女出》,网上文;高彦颐著:《闺塾师:明末清初江南的才女文化》,李志生译,江苏人民出版社,2005年;刘振琪:《论随园女弟子的创作取向与袁枚之关系——以〈随园女弟子诗选〉为分析对象》,网上文;庄秋水:《明清女性的精神世界》,网上文。以上作品及其信息,笔者皆阅自互联网。

导下的诗词创作所表现出的社会生活,反映出的创作理念。当然,对具体的某个人的思想观念作出探讨可能会相对容易一些,对徽州女诗人群体作出观察,笔者实在是力不从心,这里只是提出问题,作些许的探索而已。

所谓"徽州才女",由于传统社会女子的籍贯从父、从夫,父家和夫家任何一方是徽州籍(包括徽州原籍、徽州人寄籍他方、外地人寄籍徽州),女子就是徽州人,所以徽州才女中许多人并不生活在徽州,而是侨居外地,主要是在江苏、浙江,尤其集中在杭州、嘉兴、扬州、苏州和南京,江浙是经济文化发达地区,对于徽州才女的文艺创作无疑起着重要作用,本文应当对此给予足够的笔墨,但是考虑到徽州才女的盛况与侨寓江浙的关联是值得专题讨论的课题,所以从略,以后有机会再说。

本文所使用的文献资料,绝大部分取材于傅瑛主编的《明清安徽妇女文学著述辑考》(黄山书社,2010年)。也就是说使用的不是第一手材料,作为史学论文,对此笔者有所不安,因为处于旅行状态不得不如此了。在此仅表示感谢该书编辑者,同时对该书提供的材料作出尽可能的鉴别①和审慎利用。

一、"谁道诗非女子宜"——为女子吟诵唱赞歌

清代社会主流意识有着女子不宜写诗的说教,而且同"女子无才便是德""女子无才便是福"观念联系在一起,认为写作诗词就是有才的表现,写出的作品就有流传社会的可能,而选家会将闺秀之作编辑于集子的尾部,即在仙释诗赋之后,娼妓诗人之前,令才媛处于尴尬境地,是自讨没趣,自招其辱,失德失福,何苦来呢?!所以道光时浙江人梁绍壬在《两般秋雨庵随笔》中,转述一位绅士的话:闺秀诗赋被置于僧道、妓女之间,还不如没有才情,不会赋诗的好,免得出乖露丑。梁绍壬虽然认为这话说得刻薄,但却有道理,因此奉劝大家闺秀不要赋诗言情,更不要将作品流传出去。②徽州才女处在反对或不赞成女子写诗的社会大环境中,敢于实践并倡扬赋诗吟诵,发出"谁道诗非女子宜"的质问,刊刻自家诗文集,甚而有女子丁白发出《征名媛诗启》,要选刻女子诗词汇集,闺秀中有人乐于接受选家的征诗,且以为幸事:"幸得题名入选

---

① 如利用该书记叙同一人物、事情的不同资料互相比证,作出鉴定与取舍,也即考证法的"内证"法。
②《两般秋雨庵随笔》,上海古籍出版社,1982年,第139页。

楼",尽管如此,她们仍然将赋诗视为正务之外的事情,是女红余暇的爱好,故而常常以"绣余"为诗集命名。徽州才女成为闺秀,是不屈服于社会舆论压力的表现,是对"女子无才便是德"的抗争,她们要发声,要有吟哦的权利;然而她们以不违背"妇功"为原则,在有限度的范围内从事写作和流传。

(一)"若因无才即德,我窃以为不然"——声扬女子写诗的正当性

早在明朝万历年间,父亲籍贯歙县的胡贞波、苏州人周之标夫妇就为才女写诗即失德声辩。妻子胡贞波,能琴,能箫,通音律,间亦短吟,将丈夫未完成之作,用自家吟诗及古今人诗句著成《古牌谱》;丈夫周之标著《女中七才子书》,将《古牌谱》附刻于内,并为夫人之作写序:"'女子无才便是德',古人为失行者而发也……古昔贤媛,指不胜曲(屈),果皆不识字、不能文者乎?则后妃之忠谏,闺秀之缄书,以及补史之缺,咏物之盛,代不乏也。"[1]认为"女子无才便是德"是针对行为不端女子而言,不是说才女失德,要不然怎么能有那么多后妃闺秀的有识之文、咏物之诗!以此为女子写诗张目。序言虽系丈夫手笔,但是为妻子著文作序,应系妻子所认可,不妨视为夫妇共同的观点。胡贞波划清贤媛与失德的界限,自身就不怕作为闺秀,蔑视才女即失德的世俗观念。

到了清代,随父侨寓扬州的西安女子丁白(夫婿歙县人张伯岩),继承了胡贞波夫妇维护女性赋诗正当性的观点。不仅著有《月来吟》,更立愿为闺阁诗人出选集,用骈体文书写《征名媛诗启》,开篇写道:"柳絮因风,频传道韫;锦心成字,人是若兰。……若因无才即德,我窃以为不然。则有巾帼丈夫、香闺学士。冰心玉骨,既解柔嘉,蕙心兰性,更多敏慧。"[2]盛赞谢道韫辈女子诗才,视名媛为巾帼丈夫、香闺学士,大胆批评"女子无才便是德"观念,以此提倡才女写作。乾隆年间,歙县人方彦珍为女子赋诗呼喊,她的曾祖父在江苏做官,落户扬州,父亲系太学生,出嫁歙县人、贡生程立基,夫家先世业盐,寄籍[3]仪

① 傅瑛主编:《明清安徽妇女文学著述辑考》,黄山书社,2010年,第446页;下引该书资料,简单注作《辑考》及页码。

② 《辑考》,第429页。

③ 传统社会的"寄籍",是生活在寄居地的客籍人的入籍,要有一定的经济条件和落户寄居地的意识。清朝对此作出的规定是:"如人户于寄籍之地,置有坟庐逾二十年者,准入籍出仕"。(《清史稿》卷120《食货·户口》,第13册中华书局点校本,第3480页)仪征县在执行中,"其客户、外户,有田地坟墓者二十年,准其入籍,俱为民户,无田地者曰'白水人丁'"。(道光《仪征县志》卷10《民赋》,清刻本)要成为仪征人,外来客得在仪徵置有田地房产,要有先人坟茔,且须达二十年时间,也就说在当地扎下根基,才能入籍——取得寄籍资格,参加科举应试。

征。她撰著《有诚堂吟稿》（道光四年刻本），内有一绝："闲吟风雅绣余时，谁道诗非女子宜。不解宣尼删订意，'二南'留得后妃诗。"①孔子删订《诗经》，在《周南》《召南》中有后妃诗篇，说女子不能作诗，违背了圣人的教导。她选择这样有力的武器，批判反对才女作诗论调。徽州才女深知，只有突破"女子无才便是德"的思想禁锢，女子才敢于吟诗作赋，思想开放者无不就此做文章，互相启迪，互相鼓励，勇于创作。正是挣脱这种思想禁锢，清代徽州识字女界出现大量的诗赋书画家。

女子吟诗，要看家庭和本人条件。生活在官宦、士人、盐商家庭吟诗者有之，如前述方彦珍。歙县人洪昼蕊，著有《梦莲绣阁剩稿》，内中多与夫家侄女湘筠唱和的联句，在《和湘筠侄女赠别原韵》，有句"花下独怜孤弄影，梦中相约共裁云"。显然投缘者不多，家族规模较小。②她有侍女，名叫春桃，亦能吟诗，作有《答虬仙麻韵仙姑见赠之作》："菩提无树岂开花，香袭云衣也是瑕。优钵肯容桃影泊，自应拈献梵王家。"③看来她有一些佛道知识，是不可小觑的奴婢。雍乾间吟出"闲吟事岂女儿家"的休宁人黄卷自身吟诗，丫鬟也时或学习吟作。她著有《烟鬟阁遗草》，父亲黄愚庵是中书舍人，丈夫是诗人、太学生吴元书。她的《洗砚》《训婢》两首诗表达了对学诗、作诗的态度。《洗砚》："洗砚频催小婢忙，翻将砚水入梳箱。淋漓一片殊堪笑，脂粉丛中翰墨香。"频催小丫鬟洗涮砚台墨笔，可见她是勤于动笔的，婢女不小心慌张地把墨水撒入梳妆匣，她很幽默，谓为融合了脂粉香与翰墨香。《训婢》："自是江郎梦笔花，闲吟事岂女儿家。深闺近日更功课，笑伴双鬟夜绩麻。"④以主人的身份向丫鬟讲述，女孩儿家可以适当赋诗，但也要做女红，晚上也会一同搓麻线织布。徽州才女出自多样家庭，有命妇、小姐、丫鬟，还有侍妾（后文将有机会述及）。由写作者的多种身份可知，徽州知识女性的文艺创作具有某种普遍性。

(二)何妨让诗赋流传海内："岂可不梓之一传乎？"

闺秀吟诗自娱之外，无疑会给亲近的亲友观赏研判，要不要扩大传阅范围，以至给社会人士欣赏，徽州贤媛中有两种截然相反的态度。一方面是主动

---

①《辑考》，第 434 页。
②《辑考》，第 443 页。
③《辑考》，第 428 页。
④《辑考》，第 520 页。

刻印诗文集,高兴地接受选家的征诗要求,以致以为荣幸;另一方面信守内言不出闺阃之戒,绝不外传,拒绝征诗。

嘉道间,在清代就被认为是三大词人之一的吴藻,字苹香,父亲是在杭州经营典当业的黟县人,丈夫是杭州商人许振清,十九岁寡居。她在道光九年(1829)刻成《花帘词》,二十四年(1844)印刷《香南雪北词》,《自记》中说刻印《花帘词》,"聊以自怡,非敢问世"。即为自娱,不为面世;而今出版《香南雪北词》,是对写作做一纪念性的归结,以后不再动笔:"十年来忧患余生,人事有不可言者,引商刻羽,吟事遂废,此后恐不更作。"她的《饮酒读骚图曲》(又名《乔影》),有莱山吴载功道光五年(1825)刻印本传世,"吴中好事者被之管弦,一时传唱,遂遍大江南北,几如有井水处必歌柳七词矣"[①]。将吴藻词的影响力,方之于宋代词家柳永,毋庸赘言,吴藻的词作,不是一般的问世,是引起轰动的佳作,名声远播。在世刊刻著作的,还有生长苏州的歙县人唐庆云(1788—1832),嘉庆七年(1802)十五岁成为阮元妾,著《女萝亭诗稿》,阮元夫人孔璐华为她刻印于嘉庆十九年(1814),道光十一年(1831)又出版续编。[②]有的贤媛亡故不久家属为出诗集。鲍之蕙,居住镇江的歙县人鲍皋次女,著《清娱阁吟稿》,为袁枚的随园女弟子,丈夫丹徒人、同知张铉在她亡故次年(嘉庆十六年),刻印夫妻的《清娱阁诗合刻》,袁枚为此书作序[③],并将鲍之蕙的诗收进《随园女弟子诗选》。汪嫈(1781—1842),字雅安。侨寓扬州的歙县人汪锡维女,夫程鼎调亦系歙县人,居住扬州,儿子程葆以仪征籍考中秀才。汪嫈病逝第三年(道光二十四年),程葆为她刻印《雅安书屋诗集》四卷、《文集》二卷、《赠言录》一卷,并请大学士阮元为诗集作序。[④]胡凯姒,婺源人进士、即用知府江忠振妻,夫妇恩爱,胡凯姒故世后,江忠振深为哀痛——"失伉俪以衔哀,藉雕镂而拨闷"。乃于光绪十四年(1888)为亡妻刻印遗作《爱月轩遗稿》。[⑤]这类贤媛的集子虽然刻印在身后,固然是家属寄托悼念之情,但不会违背她们出书的本意,即不反对将著作公诸于世。

丁白的《征名媛诗启》为的是才女诗作能够流传,不令才华被埋没:"倘终

① 《辑考》,第551—553页。

② 《辑考》,第465页。

③ 《辑考》,第412页。

④ 《辑考》,第470—473页。

⑤ 《辑考》,第518页。

珍密,岂必尘淹。伏冀不吝琼瑶,付之梨枣,惠光词赋,得悉生平。收经尺之珊瑚,合美于金谷;集一庭之翡翠,惊异于隋朝。"①她的征诗可能没有汇集成册,但其志向有同道男女选家实现了,徽州闺阁诗词,被选家汇入选集的颇有其人。如中书舍人邓汉仪(1617—1689),编辑《天下名家诗观》三集40卷,内设《闺秀别卷》,收集女性作家诗词。他于顺治六年(1649)同居住江都的歙县人、中书舍人、湖州知府吴绮(1619—1694)到南京访问龚鼎孳,随后收入吴绮夫人黄之柔与龚鼎孳夫人顾媚交往的诗作《题智珠夫人兰谱》②,另收有黄之柔女儿吴吴、儿媳白语生的诗。③歙县人寄居杭州的郎中汪启淑(1728—1799),编辑《撷芳集》(乾隆五十年刻本),选入徽州才女的诗词甚多,不具述。常州武进人恽珠(1771—1833),选辑《国朝闺秀正始集、续集》(道光十一年刻本)。她的儿子完颜麟庆(见亭,1791—1846)于道光三年(1823)任徽州知府④,随宦到徽州,及至麟庆离任,士绅绘制《练浦攀辕图》赠行,麟庆奉母亲板舆,路经岩镇,歙县人鲍文芸目睹"香筵祖饯,民歌贤母",与女伴登楼遥送。几年后,恽珠起意编选《正始集》,向徽州女子征诗,应征者踊跃。鲍文芸将诗作交给亲戚程荧锷转送,因为程荧锷是麟庆取中的秀才,如此辗转到恽珠手中。鲍文芸特地作《闺秀正始集题词》,引言云赋诗"二章以志欣幸。"题:"练浦攀辕绘作图,争言太守近时无。义方有训钦贤母,会向楼头望板舆。才仰宣文不可留,征诗恰又到山陬。吾乡多少吟椒女,幸得题名入选楼。"⑤既欣喜应征,又以诗赋入选《正始集》为幸运。浙江人沈善宝(1808—1862)结交本省及江苏、安徽女子甚多,与前述吴藻及许延礽、龚自璋等频繁唱和。许延礽,丈夫是休宁人、贡生孙承勋;⑥龚自璋丈夫苏松太道朱祖振是歙县人。⑦她编辑《名媛诗话》,选录这些闺中密友诗赋,换句话说,徽州贤媛的许多诗作汇集在《名媛诗话》中。

徽州才女中,不刻印诗集,拒绝征诗,信守内言不出者亦不乏其人。鲍之

①《辑考》,第429—430页。

②《辑考》,第406页。该书将《题智珠夫人兰谱》置于白语生名下,然从诗中注释可知,此诗实为白语生婆母黄之柔的作品。

③《辑考》,第406、482页。

④麟庆于道光四年调任河南颍川知府,官至江南河道总督,作有《鸿雪因缘图记》。

⑤《辑考》,第409页。

⑥《辑考》,第554页。

⑦《辑考》,第438页。

蕙的三妹鲍之芬(1761—1808),著《药缤吟稿》《海天萍寄吟稿》,夫婿河间知府徐彬。鲍之芬不与外人交往,王文治侍读与其兄友善,屡次求见,不允。颇与名士唱酬的女史骆佩香,欲与联盟,亦行婉拒,是以光绪《丹徒县志》谓其夫妇:"盖徐固以圣贤自期,而芬亦以妇德自重者也。"[1]休宁人汪韫玉(1743—1778)与鲍之芬观念相同,著《听月楼遗草》,夫婿金潮的兄长金鉴都不知道她"深于诗",及其故世,金潮痛哭,赋《悼亡诗》八章,引起金鉴索观,于是令弟弟刻印,金潮乃请《四库全书》总纂陆锡熊作序,序者遂谓汪韫玉"娴《内则》……相夫子,内助有声……走笔成章,然守内言不出之戒",绝不传播。[2]黄卷撰有《烟鬟阁遗草》,生前说"诗意道情,闺阁中语,讵可外传?"故亲戚亦罕见她的诗。[3]歙县人方筠英"能诗,然以为非女子事,不肯示人"[4]。她的表姊妹程再乾亦然,所以表兄弟方成培说:"其诗不肯示人,不得多见。"[5]

事情明摆着,徽州才女对自己的作品,要不要刻印传播,肯定与否定两种观点并存,各有信奉者,思想意识有别,对并存现象则需要全面观顾。

(三)"闲吟风雅绣余时"——《绣余吟》题名遂风行

回顾前文黄卷与侍儿讲吟诗之外,另有课程——"绩麻"。搓麻织布、纺纱织布是女性正业,是妇人的"主中馈"职责的组成部分,女子的正务就是上侍奉翁姑、祖翁姑,下抚育子女,兼及年幼弟妹,烹制饭食,刺绣织布,处理家务,此为正务。吟诗作赋习字绘画不是必须的事情,是有闲暇的娱乐。因为这种观念,徽州贤媛往往用"绣余"为诗集命名。歙县人黄曰瑚女黄克巽,著作名为《绣余集》。[6]落籍歙县的徐同善女徐南苹(1855—1894),诗集命名《绣余吟草》。[7]歙县詹振甲妾张绣珠,以《绣余吟稿》作为诗集名称。[8]歙县人唐锦蕙(1875—1881),著作曰《碧窗绣余闲课》。[9]明末清初休宁人范满珠连续用"绣

①《辑考》,第411页;鲍之芬的诗稿因不示人,起先未刊刻,乾隆三十九年以后,其孙徐韵生请姚元之为《三秀斋诗抄》作序,成为《京江鲍氏三女史诗抄合刻》的组成部分。

②《辑考》,第539—540页。

③《辑考》,第520页。

④《辑考》,第436页。

⑤《辑考》,第510页。

⑥《辑考》,第447页。

⑦《辑考》,第491页。

⑧《辑考》,第449、499页。

⑨《辑考》,第465页。

余"作为诗集名称——《绣余草》《绣余二集》。①夫家休宁的汤淑英,集子名为
《绣余轩稿》。②婺源人张婉仙,作有《倦绣吟》。③书名之外,尚有用"绣余"作篇
名的,如汪启淑妾胡佩兰,写《绣余遣兴》诗④还有在学习写作时,不忘这是绣
余的事情,如汪婺以诗教导儿妇夏玉珍学诗,夏玉珍《和姑示玉珍书》:"纱幬
相依问起居,母才咸颂女相如。绣余频荷金针度,却恨今生始读书。"⑤接受婆
母的教育,表示女红之外抓紧时间读书。这些事例表明,徽州才女使用"绣余"
为诗集、诗篇的主词,吟草、吟稿是副词,表示写的是草稿,不成熟;"绣余轩",
将轩堂命名为绣余,在此写作的诗文当然是绣余之作了;《倦绣吟》之"倦"是
修饰"绣"的,是家务活做累了,吟首诗恢复疲劳;碧窗,意为在碧窗室内绣余
闲吟——"闲课"。无疑,"绣余吟"充分表达出女子吟诗是正业女红余暇之作
的观念。婺源人胡素芳《断句》:"兄辈裁诗称贺岁,侬家剪字帖宜春。"⑥过年
了,男孩子赋诗贺岁,女儿家用剪纸做表达,各自按本分去做:男儿读书求取
功名仕宦,女儿勤课女功以便异日主中馈。徽州才女如此给自身定位,所以赋
诗只能是绣余吟,而且要在集子的名称上显示出来,才心安理得。正是这种观
念,使得"绣余吟"成为女子创作的不成文规范。

　　用"绣余吟"为名目,不是徽州才女特有的,他处亦然。上互联网检索,可
以发现若干《绣余吟》《绣余吟稿》作品,如清代考据学名家、直隶人崔述之妻
成静兰(1739—1814)著《爨余诗文》二卷,即《爨余吟》和《绣余吟》。⑦在《明清
安徽妇女文学著述辑考》也能找到徽州才女以外的《绣余吟》之作,例如道咸
间和州人王蕊卿的诗集,即名《绣余吟草》。⑧笔者寓目的袁枚《小仓山房文集》
也有同名作的内容,即杭州人、"袁家三妹"之一的袁棠,闺中写作《绣余吟
稿》,出嫁仪征汪梦翙,丈夫为她刻印面世,堂兄袁枚作序,写道:"韵语与机声
相续,灯花共线影齐清。"⑨道出袁棠当年在随园刺绣与吟哦并作的情形。徽

---

① 《辑考》,第 512 页。

② 《辑考》,第 529 页。

③ 《辑考》,第 561 页。

④ 《辑考》,第 445 页。

⑤ 《辑考》,第 489 页。

⑥ 《辑考》,第 518 页。

⑦ 《爨余吟》和《绣余吟》,其实是一个意思,都是主中馈余暇的吟哦。

⑧ 《辑考》,第 86 页。

⑨ 袁枚:《小仓山房文集》,乾隆三十四年刊本。

州,以及直隶、浙江、江苏,无论何处,女子为文吟哦,自家就不认为是地地道道的正事,不过是女红、妇功之外的闲暇消遣而已。女性这么看,为她们刻印诗文集的丈夫等人这么看,袁枚也不例外,这是清代男女文化人的共识。

女子能不能写诗,能不能刻印传播,在近现代人看是有没有创作权和出版权的问题,前近代社会的徽州贤媛当然没有创作权、出版权意识,但是她们写作诗文,部分人更将之刻印问世,表明她们的思想是开放的,是走在时代前面的,有着争取创作权、出版权的味道。即便如此,她们也认为这是妇职之外的闲暇爱好(或者勉强说是业余爱好),写作犹称"绣余吟",似乎并不那么理直气壮。这是传统社会主流观念的反映,她们的思想意识不可能没有时代的烙印。女子要全面获得吟诵和出版权,需要克服自身的思想障碍。

本节叙说徽州才女能不能写作诗文及部分作品流传社会情形,作为即将说明的她们诗词创作生活的前提,或者说是铺垫,进而对她们在娘家、夫家习学吟诵、与闺友的酬唱活动、文艺才能成为谋生手段、以及其涉世咏史诗文进行分节绍述。

二、"生身为女子,骨肉何能完"——记录娘家生活及其延续的诗作

传统家庭父母向女儿进行闺教,注意女红、主中馈两项事情,让她们学习纺织、缝纫、刺绣、烹饪,因为女儿出嫁为媳妇、主妇,会此二事,关系家内人际关系的协调,家之祥和吉利与兴旺。徽州诗书人家的父母在进行这两项闺教的同时,因为重视儿子文化知识教育,兼及女儿,甚或家塾亦允许女儿从师就读。幼女、少女往往勤学苦吟,诗文书画达到一定水平。她们闺中吟诵,出阁后,力争同父母兄弟姊妹往来,延续娘家生活,很自然地诗赋成为重要手段和渠道,借以倾诉骨肉情怀,人生的欢乐与悲伤。

(一)学习诗赋

这是乾隆间休宁人金宣哲《思亲》:"弱龄处深闺,父母最有恩。命我近笔墨,经意为讲论。"接着写道:"占易识大象,习礼明周官。诗列右丞席,文窥昌黎藩。女红既弗责,所得惟古欢。及笄上京华,迫吉烦婚嫁。"①她的父亲金渭

---

① 《辑考》,第 525 页。

以寄籍杭州仁和中举,出任江西吉水县令,直到她出阁,均致力于教她学习文化与写作,不仅读常识性的书籍,连《易经》《周礼》都熟读,作诗推崇王维,写文以韩愈为典范,为了读书,父母对她女红要求不高,就此特别感谢父母恩情。歙县人庠生徐芳沅女儿徐七宝(1735—?),三岁认字,五岁识字数千,并解字义,九岁熟读"四书",《毛诗》、小学,"授以唐宋诗集,而性尤爱宋诗",十六岁病中读《朱子》。①绍兴人、县令陈畴的女儿陈玉瑛,自幼熟读《古诗源》《山海经》《列女传》及名人诗集。二十岁出嫁婺源人程式濂。②歙县人国学生方国祥,教女儿方彦珍读书作诗,方彦珍七八岁就懂得四声,十岁后学写诗。③歙县人吴绣砚(1723—1785),是恩赠通政使吴竹斋第三女,进士吴华孙女弟,她因系晚生女尤得母爱,"幼习诗书,间通文艺,与侄绶诏、恩诏同塾。"④

休宁人查世英,诗人查望女,"得家教,七龄即颖慧,读书破万卷"⑤。婺源人王纫佩(1853—1891),"六岁入塾,能日诵数百言……习针线刺绣之暇,浏览书籍,通文意,旁涉相人书"⑥。著作《绣余集》的黄克巽,父亲曰瑚是学问家,与颜李学派的李塨交游。黄克巽"幼聪慧,喜为诗,一字未安,即竟日亡食"⑦。真是勤学苦练。天长人进士陈于豫的女儿陈珮(1707—1728),"聪明能读书,父母绝怜之"。十岁吟出"惜花有梦疑春雨,爱月多情怕晚云"的诗句。⑧歙县人太学生方宝俭女方婉仪(1732—1779),学诗于父、姑方颂玉和沈姓学师,"幼承家学,即工半格诗"。所作《记得》:"记得当年拢筓年,春宵坐月百花前。谢家小妹王家姊,手弄窥窗白玉钱。"⑨《三字经》有句:"蔡文姬,能辨琴;谢道韫,能咏吟",方婉仪是熟记于心了。歙县人吴淑娟(号杏芬女士,1853—1930),举人、教谕吴鸿勋之女,乃父为名画家,从父学画得家传,所谓"自幼秉承尊甫画学,所作百家图,一时名流题咏殆遍"⑩。

①《辑考》,第 492 页

②《辑考》,第 508 页。

③《辑考》,第 434 页。

④《辑考》,第 485 页。

⑤《辑考》,第 559 页。

⑥《辑考》,第 542 页。

⑦《辑考》,第 447 页。

⑧《辑考》,第 418 页;丈夫为原籍歙县、寄籍仪征江昱。

⑨《辑考》,第 432—433 页;《歙事闲谭》,第 831—832 页。

⑩《辑考》,第 549 页。

桐城人知县方维翰在女儿方芬（？—1805）年幼时就教她"诵读，年长于书无所不览"。十一岁舟行阻风，吟成七律："大风彻夜舞狂澜，正是扁舟系缆时。两岸霜枫萦远梦，一帆寒雨乱乡思……寄语石尤须早息，扬舲稳渡莫教迟。"又从处州知府、叔父方维祺的幕客金棕亭、储玉琴学诗，后来婚配于歙县人程约泉。[①]祖籍歙县、寄籍平湖、通判鲍怡山有四位千金，适有善长山水花草画的徽州老诸生程之廉游历平湖，遂令女儿拜他为师，学画花草，其中鲍诗学得最好。[②]仁和人龚丽正任苏松太道，其夫人段训为女儿龚自璋聘请归佩珊教诗，龚自璋著有《圭斋诗词》。[③]汪嫈幼年从师乾隆间扬州两大名诗家之一的黄秋平，及其夫人张净因，领会到"学诗专务实工，不恃妙悟"的真谛。[④]结缡歙县人程绮堂的扬州甘泉人朱兰，著《梦香集》，学画于父亲朱瑶襄挚友袁慰祖（竹室），学诗于原籍丹徒移居江都的王豫（号柳村）。[⑤]婺源人、侨居扬州的金芳为女儿金环秀学习写诗，请俞补之教导，少女环秀吟成《留香小草》。[⑥]

各个徽州才女在娘家的读书习作情形，归纳起来有几个共同点，其一，出生在读书人家，不少是有仕宦、功名的，父母本人有条件教闺女读书，父亲亲自教，母亲也教。父母不辞辛劳，让女儿有文化，成为徽州才女成才的先决条件。其二，聘请师傅教导，师傅有男性，也有女性，他们教学的内容，诗词之外，主要是绘画，虽说清代读书人应当琴棋书画样样皆通，但是绘画技能难于达到教学水准，是以请专家指导。聘请男塾师的父母，思想开通，非一般人所能做到。其三，学习的内容与要求，以识字和掌握常识为主，习学诗赋与经史并进，要懂得义理、仪礼、典故，能够写作诗文绘画。阅读的书籍，在介绍幼女学习情形中提到若干书名，若从她们当时及后来的作品显示的文学、历史、经学知识看，她们阅读基础性读物，如《列女传》、"三百千"之类，《诗经》、唐诗、宋词名家之作，基本上是必读的，或选读的。要之，她们具有一些经史和诗词知识。其四，幼女少女珍惜光阴和学习机会，多能苦学苦吟，像十岁陈珮、十一岁方芬就能写出像样的诗句。鲍皋长女、十四岁的鲍之兰（1751—1812），与兄鲍

---

①《辑考》，第 430 页；出嫁歙县人程约泉。

②《辑考》，第 407 页。

③《辑考》，第 438 页；段训为文字学名家段玉裁之女。

④《辑考》，第 471 页。

⑤《辑考》，第 503 页。

⑥《辑考》，第 522 页。

之钟中秋赏月,吟出"若非今夜月,虚度一年秋"的句子,赢得众人的"传诵"①。

(二)"劬劳恨未报双亲"——婚后对骨肉亲人的关切

"生身为女子,骨肉何能完。"仕宦功名人家及徽商家闺女的婚配,大多不在娘家村落附近,往往是异乡的他府他省,夫家娘家远隔,难于同亲爹娘、兄弟姊妹团聚。生离之痛如何弥补呢?虽或偶尔回娘家探视,但主要是书信往来,因此最能表达感情的诗赋就排上了用场。诗作内容大体上有两类,一是深情思念,希望互道平安;二是一方有不幸,赋诗寄托衷情,以求排解积郁。前引金宣哲《思亲》诗,说的是在娘家所得父母的恩惠,这类思亲诗有一大批,下面将列举徽州才女出嫁后所写诗赋描述的与父母缠绵悱恻、痛彻肺腑的感情。

夫妻团聚与探视双亲不能兼顾时,如何抉择?山西太谷人、侍读学士温启鹏女儿温如玉,出嫁歙县人鲍叙昌,娘家、夫家都居住在扬州,可以常回娘家看望。道光二十二年(1842),鲍叙昌有黔西州知州的任命,温如玉要不要随同赴任?若不去婆母不高兴,若前往舍不得撇下母亲,终因服从出嫁从夫伦理,只得别母,侍奉婆母随夫上路,为此临行执闺密沈善宝手痛哭,忧形于色,憔悴不堪,随即在路途病逝,终年三十四岁。②两难愁煞了温如玉,使她将近中年命丧黄泉。婺源人王廷言之女王少华,面临与温如玉同样的问题,夫婿陈其松,父、夫皆为官员,她与父母两家都生活在南京。嘉庆十一年(丙寅,1806),陈其松要到四川上任,她眼看高龄父母处于日薄西山状态,还关心外孙,时常到书房询问读书情形,丢下他们实在放心不下,于是派两个儿子随侍丈夫赴蜀,可是儿子年幼,让她揪心,夜夜难眠。她在《浪淘沙》序与词道出复杂心境:"丙寅仲秋,余以侍亲留白下,遣方海、方澜两儿赴蜀侍夫子。""浩魄满窗前,不照人圆,离魂真欲上青天。只为分巢双燕小,破尽宵眠。何计慰高年,日薄虞渊,时来甥馆问鱼笺。甚日浣花溪畔水,准送归船。"③如此选择,暂时与丈夫、儿子分离,冀盼早日团圆。

回娘家,是本人和娘家的喜事,远嫁女本人与父母都有这种期盼,但是身在异地,很不容易实现。白语生,翁姑居住扬州,丈夫吴参成寄籍江南太仓州,父母生活在南京,她多次想探视父母,没能成行,赋诗《屡欲归省未得》:"娇痴

① 《辑考》,第 413 页。

② 《辑考》,第 475 页。

③ 《辑考》,第 544 页;陈其松在乾隆五十四年获贡生功名,此丙寅年,当系嘉庆十一年。

恃母爱,长大念亲恩。月满当幽户,云归思旧村。连宵惟梦见,隔岁只书频。何日扁舟去,轻风到白门。"她感念父母养育恩情,而今两地分居不得相见,思念不已,经常梦中相会,恨不得真能坐船到江宁拜倒在双亲膝下。①娘家是歙县人的范满珠,大约是从淮安返回夫家休宁,路过故母居屋,赋诗《舟过先母故居晤堂婶叙怀志感》:"五载重经此地春,伤心犹踏旧时尘。居楼半塌惟多黍,故旧同悲尚几人。久别离怀还欲诉,暂逢痛语又难陈。夕阳渐近催归棹,隔水烟花暮色新。"②目睹倒塌的楼屋荒草丛生,再也见不到慈母,伤心欲绝,见到堂婶也无心情叙旧。

鸿雁传书,出嫁女与双亲常常用它传递喜讯。吴吴与白语生是姑嫂③,如同白语生离开父母一样,她也同居住在扬州的父亲吴绮、母亲黄之柔分离,丈夫江闿在两湖、山西任府州县官,她也就随宦漂泊,一次接到母亲手书,兴奋不已,赋《喜得家宜人书》:"望见停云不见家,忽传锦鲤到窗纱。开缄瞥见平安字,不复兰釭一夜香。"④高兴的是得知父母平安。平安家信,对亲人是最可贵的啊!歙县人、嘉庆初年云南巡抚江兰女儿江秀琼,居停于扬州,赋诗给远在昆明任所的父亲——《秋日寄家大人》:"奉侍无由阻万山,新诗遥寄慰慈颜。春风好待江南路,万里锋车入觐还。"⑤期冀远隔万水千山的父亲奉召进京,顺路到江南,好得团聚。歙县人张彦如,从她的《季春归邗舟次怀古兰》《兰溪》《梁溪》《瓜州》《过鄱阳湖》等诗篇,可知她定居扬州,而常有他处游踪,乃父则有远赴甘肃的行程,《怀家大人兰州》:"三边月色侵裘冷,九塞霜痕点鬓明。"祈求严亲在恶劣气候下,衣着保暖,珍摄玉体。关切之情,溢于言表。赋诗报告、冀盼平安,是快事,而述说不幸的诗词,是向亲人倾诉,以明了她的的状况。汪德贞(?—1907)的父亲休宁人汪述祖、丈夫嘉兴人钱耆孙,父、夫先后在京任职主事,她的《病中口占》:"病体恹恹伏枕时,深宵辗转倍愁思。盈盈无限思亲泪,多恐郎怜不敢垂。"⑥在病中,更加思念父母,因为可以诉说衷肠解忧,缓解精神压力,减轻病痛,可是又不便痛哭流涕地发泄出来,因为丈夫是

---

① 《辑考》,第 405—406 页。

② 《辑考》,第 514 页。

③ 吴吴与白语生是姑嫂关系,是大姑弟妹或小姑嫂则不清楚。

④ 《辑考》,第 482—483 页。

⑤ 《辑考》,第 454—455 页。

⑥ 《辑考》,第 531 页。

关切自家的,若啼哭让他发觉,会使他不得安宁,只好忍着,就更难受不堪。人云"每逢佳节倍思亲",诚然,"每逢疾病倍思亲"更为人之常情。金宣哲《病起》:"病起浑无力,终朝倚绣床。亲慈增食品,弟慧改医方。"[1]病中,母亲烹制美味佳肴,诱发食欲,增强抵抗力,弟弟帮助修改药方,以便药到病除。这个时候,怎么能不倍思亲呢?!钱塘人、守备吴孔皆女儿吴淑,出嫁休宁汪碧园。生病,思念母亲不已,勉强执笔赋诗《思母》:"强拈韵管写云笺,病里思亲倍可怜。欲寄断肠书一纸,无情北雁滞南天。"[2]殷德徽《谒奠先慈神影》:"遗像依稀未写真,北堂展拜倍伤神。青衫犹认缝时线,白发长愁病缠身。一息如存呼莫应,十千营奠志何申。此生恨被簪环累,罔极无由报二人。"[3]看到母亲的遗像,虽然不太像,还是拜倒哭泣,想起慈母千针万线为女儿缝制衣裳,如今千呼万唤,无可奈何,只恨身为女儿,不能在娘亲身边终身报答。歙县人程瑜秀,出嫁淮阴人王延年,《思亲》:"十月霜风透绮罗,梦魂常自越江波。近来泪为思亲落,却比潇湘雨更多。"[4]梦幻中见到朝思暮想的双亲,泪如雨下,思情情切。范满珠,生逢明清易代乱世,《述母》诗诉说夫婿故世,儿子在先死亡,没有孙子,成为孤寡绝后的苦命人:"独眠不禁冷风呼,催落梨花满地铺。可耐亡婿留女在,那堪儿死更孙无。枕前有梦谁人伴,灯下无言已泪枯。不是彼苍昏昧久,如何伯道暮年孤。"[5]由自身遭遇,控诉世道的不公,使用邓攸(伯道)无儿的典故,诅咒乱世苍天。

(三)"姊妹花开连理枝,谁期今日也分离"——姊妹兄弟手足情

兄弟姊妹是连理枝,富有同根手足之情。闺中姊妹与兄弟因一母所生,朝夕相处,自然感情深厚,及至有出嫁者,虽是人生必由之路,但总是伤感的,思念的,有关切的嘱托,盼望归宁团聚。

休宁人金树彩,为武昌知府金云门第三女,母亲汪氏(受封恭人),有长姊、二姊和哥哥,二姊出阁,三妹赋诗《送别二姊》三首,之一:"鸰原分袂楚江干,惜别依依泪不干。一语教君须记取,音书频寄慰亲安。"之二:"同坐西窗夜气清,围棋剪烛到三更。从今两地难回音,多少愁心寄月明。"之三:"异地君休

① 《辑考》,第525页。
② 《辑考》,第548—549页。
③ 《辑考》,第495页。
④ 《辑考》,第425页。
⑤ 《辑考》,第515页。

怀远念,萱堂我自劝加餐。"随后写出《夜坐怀二姊作》:"姊妹花开连理枝,谁期今日也分离……萱室倚闾长忆女,蕉窗对砚长无诗。星桥一别关山阻,两地相思只月知。"《送春日怀二姊》:"怅望春闺人去远,杜鹃啼雨到妆台。"吟咏不绝,缅怀闺中共同生活(如深夜下围棋)的乐事,依依惜别;更关注、慰藉女儿出嫁后的父母情绪和健康,叮嘱二姊经常给双亲写信,但也不必过于悬念,由小妹安慰慈亲对你的牵挂,劝母亲多进饮食。妹妹希望姐姐婚后幸福,多方为她设想,姊妹之情毕呈。不幸的是兄长去世,三妹写出《哭兄》哀悼诗:"兄妹相依十九年,那堪永诀去穷泉。伤心泪眼频偷拭,怕惹双亲更黯然。"①悲伤哥哥故世,更怕父母伤心,还要拭泪承欢。休宁人黄德容,为姊姊黄浣月的诗集写吟诗——《题喷香阁稿》:"绣阁余闲及简编,笔垂秋露墨成烟。蔷薇浣罢焚香诵,不愧闺中女谪仙。"②将姊姊方之诗仙李白。龚自璋和兄长龚自珍诗《春日登紫翠楼与定庵兄话别即和原韵》:"诗句勉依慈母和,酒颜拼似阿兄醮。垂杨应解人将别,青眼盈盈意太殷。"③道出为哥哥送行依依不舍之情。

黟县人朱秀荣亦用诗赋抒发兄妹手足之情。她是乾隆四十八年(1783)举人朱需的妹妹,出嫁长沙某人。朱需为幕客,往来于湖南、江苏,著《望岳楼诗》。朱秀容《题兄诗集》之一:"兄才如海思如花,号句披残日每斜。度得金针成底事,空将刀尺负年华。"之二:"潇湘江上送兄行,异地相看倍惨情。此去大雷须有寄,莫因新恨赋芜城。"④深知仰人鼻息的幕客难当,对兄长的怀才不遇而处幕深为怜惜,预计他此去又要奔波于苏州、扬州,不定在那里遇到周折,劝他做好思想准备。不是兄妹,哪里想得如此周详。吴淑仪出嫁程秋渚后,与璧田、镜山两弟分韵作诗:"花好不妨邻共赏,诗成难得弟兄看。只因游子萦怀抱(时掌儿客燕),不为余先发感叹。"⑤兄弟姊妹和诗,本来应当很快给兄弟欣赏,因为牵挂在北京的儿子,暂时顾不得了。休宁人黄桂,翰林黄松妹,因兄外出两年未归,不知何故,很是挂念,赋诗《忆兄》:"乡书欲寄鸿难托,何事秋归兄未归。两见重阳人寂寂,菊花丛里对斜晖。"⑥歙县人程云(?—1770),出嫁仪

①《辑考》,第523—524页。
②⑥《辑考》,第519页。
③《辑考》,第449页。
④《辑考》,第562页。
⑤《辑考》,第480页。

187

征人汪文琛。《答芸姊》之一"潇潇雨夜响空阶,无限离愁拨不开。剔尽昏灯情已倦,清宵转喜梦频来。"之三"两地深情隔远峰,双鱼遥寄水重重。开时莫作寻常看,不尽愁思带泪封。"《和鹏妹雨窗诗韵》:"别来无限相思处,剔尽灯花独倚栏。"《暮春写呈鹏妹》:"年年好景多如此,偏觉春深感二毛。"[1]抒发离别情愁深重,梦中相会,感叹已出现白发。

方筠雪、方筠英、程再乾三姊妹、表姊妹的唱和是亲情的佳话。方筠雪,歙县人、教谕方澍长女,休宁程光勋妻,居住松江,乾隆十六年(1751)返徽州婆家、娘家,次年春天复往松江,她的妹子方筠英出嫁休宁举人胡赓善,制《送姊》诗二首,之二:"往来何匆匆,世事总艰辛。杨柳牵新恨,桃花乱旧津。一帆从此去,几载更相亲。迢递春江水,湾湾愁煞人。"[2]深恨世事艰难,造成欢聚之时短,离别之日长,令人忧伤不已。方筠雪的表妹、休宁人程再乾,赋诗为表姊送行——《寄怀方大表姊》:"相逢犹恨晚,别后更凄然。寄语云间鹤,今年又几年。"方筠雪的弟弟方成培谓此诗"情真意切,韵味甚长。"[3]说到表姊妹之情,另有表姊弟的关切亲情。休宁人江淑兰,日常与表弟戴颖生手谈、唱和,如作《杨柳枝·和戴颖生表弟》,又写《忆王孙·寄溯岷弟》:"对罢围棋别尔归,来翻旧谱认前非。"想当时情景,少女、少男为一着棋争胜负,而后表姊认识到有一步棋下错了。当表弟生病,江淑兰寄诗《踏莎行·讯颖生表弟病》:"茅屋沿溪,青山对户,琴声常歇书声续。连朝不见尺缣来,二竖却与诗魔渎。"[4]既表示慰问,期盼病愈,又写出表弟家居的优静环境,琴声、书声的飘逸户外,将山村读书人家求取发达的理想生动地吟诵出来。

(四)在室女侍奉老亲与在室殉夫

有一种在室女,以不出嫁侍养老亲,维持家庭,另有一种情形,是作为未亡人的贞女在室侍奉双亲,或殉夫归宁。苦节侍亲的歙县人吴氏,吴正通之女,出嫁前一个月,未婚夫江某亡故,欲自杀殉夫,父母劝止,在娘家守贞,侍奉双亲二十余年至病终。她"酷嗜书史,能为诗,女红称妙绝一时"[5],侍亲之外以读书赋诗为伴,打发生活。歙县人汪桂芳,候补州同知汪震川女,许配方芬,

---

① 《辑考》,第425—427页。

② 《辑考》,第436、517页。

③ 《辑考》,第510页。

④ 《辑考》,第521—522页。

⑤ 《辑考》,第479页。

十九岁时听说未婚夫死亡,绝食殉夫,留下《绝命词》二首,"可怜薄命成孤鹄,待向泉台结再生。"恨命运不济,用殉节表达来世再作鸳鸯的愿望。然而自尽,让双亲悲伤,而且也没有报答养育之恩,成了无法解决的内疚,是以诗云:"深闺惊说未亡人,空负韶华十九春。一自肠断魂不在,劬劳恨未报双亲。"[1]贞女殉夫,有诸多因素造成,其一,既然已经订婚,已然是未婚夫家的人,理论上说娘家就不是她的家了,她成为无家可归之人;其二,父母在世,依靠父母是情理中事,父母过世,在兄嫂或弟妇中家,就为难了,难以存身了;其三,改嫁,对笃信从一而终观念的人,是不能接受的。种种原因,一句话,不得已的处境迫使她们殉夫。这种从夫女教造成的悲剧,受害深重的除了贞女本人,还有她们的父母。

女子出嫁到夫家,要同陌生的丈夫及夫家的翁姑、伯兄小叔、大姑小姑、姒娣,以及宗亲、姻亲相处,需要有个磨合过程,甚至是痛苦的历程,因此特别需要延续娘家生活,故而有新婚三天回娘家的习俗,有通常的归宁,或者是锦鲤传书,用以维系感情。还有一层,嫁女与父母虽则分离为两家人,不过各自犹有责任感,经济上也互相关切,世俗中常有这种情形:爹妈瞒着儿媳儿子给婆家生活不宽裕的女儿以钱财接济,女儿亦复如此,用私房钱偷偷给父母资助。为什么要偷着、瞒着,就因为不是一家人了。虽有各种往来,但是嫁女总有一种"劬劳未报"的负疚感,而且极难消失。前面说了金宣哲《思亲》诗的起始部分,她接续写道:"定省亦未缺,别离尚无言。自从江右回(尝随侍吉水、鄱阳两县署中),人事多变迁。念父发渐白,感母心不宽(时中弟抱疴,而余亦以病弱烦母虑)。好风西北来,百里云漫漫。亲舍在其下,举首不得攀。非无孝养理,难作家庭看。伸笺写绸缪,欲泣声复吞。""非无孝养理,难作家庭看",已经是婆家的人了,怎么能再照顾亲爹娘,一语道出不能报恩的根本原因。

三、"乘龙佳婿即吾师,香璧檀心手自持"——夫家生活的欢乐与忧伤

离开娘家的徽州才女,进入夫家后的生活要比做闺女时复杂了,承担小媳妇的角色,要处理与陌生的人际关系,必须服侍好公婆和丈夫,善待小叔、

---

①《辑考》,第 466 页。

189

小姑,生养抚育好子女。不过徽州贤媛的夫婿多因谋求事业发展而外出,必须独立支撑家庭,可能有与侍妾的关系要协调,亦有随宦者,较早主理家政。设若家庭经济状况恶劣,以及丈夫早逝或中道而去,需要自谋生计,备尝孤儿寡母的艰辛。她们作为有文化的女性,往往用诗赋讲述种种生活的经历,表达欢乐与忧愁的感情。夫妻生活是家庭生活的主轴,是妻子生活的主要方面,所以夫妇唱和的诗、《寄外》诗就很多。

(一)"苦味谁谙透,低回还自怜"——小媳妇的难当与苦熬

徽州才女到夫家,处理好与婆母以及小姑关系最重要,像前述夏玉珍遇到婆母汪嫈是非常幸运的,汪嫈似乎对儿媳妇功要求不高,才让她有精力去读书学习写诗,告诉她:"羡煞神仙福地居,张华博物有谁如。嫏嬛二字形从女,闺阁如何不读书。"①夏玉珍遂有感谢的和诗。一般而言,新妇进门,总是观察婆婆颜色,小心谨慎,怕说错话,作错事。歙县人吴绣砚从做儿媳到做婆婆,处事细心周到,丈夫太学生洪琰,是巨富大家庭,所谓"故巨族,阖门百口,钟鸣鼎食"之家,翁姑治家颇严,每天早晨,子妇请问起居,吴绣砚听到公婆房门响声,立即进屋请安,常常走在妯娌的前头,但是不逞能,和家人谦俭相处,使得全家"雍雍如也",妯娌们莫不赞扬她是读书人家女子,懂得礼仪。及至翁姑去世,她治丧尽哀,对宾客尽礼,众人满意。吴绣砚三个儿子都是进士,世人誉为一门"三珠",二子洪榜的妻子歙县人汪玉英,是汪启淑女儿,在娘家撰有《吟香榭初稿》,到洪家后写出《瑞芝堂诗抄》,生子方回,是"能教子"者。吴绣砚撰著《蕙棤小草》,不时带领全家赋诗作乐:"遇花晨月夕,家庭角韵,极天伦之乐",为人称羡。②吴绣砚家的婆媳关系显然是和美的。

歙县人何佩珠的与婆母相处经过苦恼的磨合而成功。她的公公张某在天津做官,何佩珠婚后即与丈夫一起随同翁姑到任所,不知婆婆的脾气,侍候不称其心,可能还给脸色看,心情抑郁,无处发泄,只有用诗道出心声:"苦味谁谙透,低回还自怜。"小媳妇难当啊!不能只是自怜,想方设法让婆婆高兴,在饮食上下功夫,"换得蓬花米,高堂好劝餐"。不惜忘寝废餐,勤做家务:"宛转床前承色笑,殷勤膝下废餐眠。"婆婆满意了,掌握了对方心理,好侍奉了,无需再向小姑求教——"姑意依心会,何须问小姑"。在委屈磨炼中,所幸夫妻恩

---

① 《辑考》,第489页。
② 《辑考》,第474、485—487页。

爱和睦,互相唱和:"郎摊诗卷侬挑绣,针线都添翰墨香。"这一融入婆家生活的历程,她用《津云小草》抒发出来。①歙县人汪是,是康熙十一年(1672)举人、镇江教授吴之骃妾。家无大妇且贫乏,由汪是理家,所谓"妇职岂云供,中馈聊佐读……君贫妾复病,天意亦何酷"。精心侍奉婆母,在其身后,甚为怀念:"事姑如事母,依议廿载多。岂期各天涯,江风水层波。"②歙县人易慕昭的《除夕》:"强将华烛延残腊,喜得承欢聚膝前。欲望儿成欣改岁,却愁姑老怕添年。"③过年,为儿子长了一岁而高兴,但老年人怕添岁,因此为老年婆母的增岁而不乐,显现对婆母的真情。

(二)"家贫为妇易,斗酒几曾谋"——夫妇对吟,人生一乐

徽州贤媛擅长吟诗作赋,与夫婿拈韵赋诗,联句唱和,作画题词,情趣相投,共相切磋,为夫妻生活增添无限的乐趣,透出他们的恩爱,家庭的和睦,还可以把其他烦恼置之度外。

同甘共苦,共度平常生活,享受人生乐趣。歙县人曹淑英,诗作为汪启淑《撷芳集》收进,当为乾隆或康雍间人,丈夫程怡堂。他们生活不富裕,然能自得其乐,且看她的《秋夜偕夫子小饮》:"灏气宵来爽,明河耿欲流。有怀常不寐,薄酒暂消愁。砧响千家月,虫鸣四壁秋。家贫为妇易,斗酒几曾谋。"④秋天的夜晚,夫妇坐在天井中对酌,享受爽人的徐徐来风,听着四面传来的虫鸣,仰视星河的移动与消失,如此惬意,多少忧愁都化解了。明清之际的吴绮(字园次)、黄之柔夫妇,在清朝与南明征战江南之际,在吴绮被罢官贫窘之日,黄之柔"独与园次以诗篇相慰劳",更赢得吴绮的尊重,因黄姓郡望为江夏,吴绮亲密地称她为"江夏君";在自身罢官之际,给黄之柔书信显出达观风趣的情绪,以免黄之柔过分担忧:"青山十亩,笑辞鹿鹿之尘;红烛三更,醉听鸟鸟之曲。"⑤乾隆间歙县人凌结绿,夫君方成垣家贫苦读,功名方面不见成效,作《赠

---

①《辑考》,第442页;任荣在《清代徽州女诗人、戏曲家何珮珠考论》考证传主的名字,是珮珠而非佩珠;乃父名秉堂,非秉棠;丈夫张姓,不知其名,但不叫子元,约生于1819年,卒于1843年;女诗人的诗作于闺阁家庭事物吟咏中展现才华。笔者觉得任荣的考证有理,因不能见第一手史料,不敢遽从,这里何氏名字仍从旧说,并避免提及她的父名、夫名。

②《辑考》,第469页。

③《辑考》,第494页。

④《辑考》,第414页。

⑤《辑考》,第405、451页。

外》诗劝解:"且莫愁多叹索居,古今穷达竟何如。梅花瘦彻犹冰雪,窗外亭亭伴读书。"①不必泄气,就是发达了又怎么样,做人要像梅花那样品格高洁。汪是《病中送郎北上》,祝愿夫婿吴之骥追求前程莫停留:"愿君勉行迈,莫为儿女情。慨念堂上人,努力恐后时。"②歙县人张菉贞,丈夫咸丰二年(1852)举人、候选知府鲍瑞俊,共同生活二十多年,其间经历丈夫罢官困境,妻子安慰夫婿,二人共吟《题家藏石谷画卷与桐舟外子同作》:"春雨满山绿,杏花红半村。酒家何处住,帘影竹篱门。"夫人在光绪初年作《春游》:"细雨微微燕啄泥,菜花满地蝶参差。村歌一片前山起,又是收茶谷雨时。"闲情逸致,溢于字面。夫著《琴秋阁集》,妇作《桐华舸诗抄》,夫说这是他们精神寄托的所在:"借以消遣,或雪窗,或夜月,一篝相对,吟哦之声,往往达旦未已,未必非人生之一乐也。"③有了寄兴方式,把愁云一扫而光,不就是人生乐事吗!苏州人邵齐芝,与休宁人吴蔚光婚配,夫婿是乾隆五十五年(1790)庶吉士,散馆即归里,以藏书、著述为乐。

夫教妇学,共同吟诗作画。方婉仪、扬州八怪之一的罗聘夫妇学律联句"草长门荒烦燕剪(罗聘),花香窗隔度蜂针(方婉仪)。"夫人家学之外,绘画得夫婿罗聘指点,原来罗聘作画时,方婉仪聚精会神地观察,如作《观夫子两峰效唐人墨竹》,得知丈夫怎样汲取唐人诗画精髓。她边学习边评点,是以罗聘说夫人"观余画寒天梅竹,从砚旁指画,颇通逸趣,一支半叶,便能点染墨池,有出尘之想"。学而后工,方婉仪诗书画皆成上品,所以名家杭世骏评论:"亲见夫人擅三绝,居然不栉一书生。"赞扬罗氏夫妇比肩立于诗画界:"诗参三昧画通神,玉雪罗郎迥绝尘。不是月泉吟社客,如何修到比肩人。"④休宁人曹贞秀(1762—1822),侨寓苏州,二十三岁出嫁华亭教谕王芑孙,唯好读书写诗,家境不好,"困苦中日不暇给",遂少写作。夫婿诗书均出名,不时有人来求字,亦必求夫人墨宝。二人一同研讨书法,曹贞秀诗记叙其事:"绿窗小坐试焚香,楷法同参把玩长。爱好未能真个好,错教人怨十三行。"⑤休宁人范淑钟尊称丈夫为佳婿、老师,接受指教,吟成诗篇;一同弹琴下棋,生活乐陶陶。这种情形,

① 《辑考》,第457—458页。

② 《辑考》,第469页。

③ 《辑考》,第496页。

④ 《辑考》,第432—434页。

⑤ 《辑考》,第506页。

在《夫子有作率尔奉答》之二尽情表达出来:"乘龙佳婿即吾师,香璧檀心手自持。绣罢花前教旧什,吟成蕉上写诗篇。筝闲金雁慵移柱,枰冷文犀罢赌棋。只欲冥搜佳句得,粉脂丛里占芳蕤。"①

夫妇相同情趣的唱和。歙县人张尚玉,嘉庆间贡生吴景潮妻,工诗善琴。南宋官员谢枋得誓死不仕元朝,与文天祥齐名,遗物乐器,后人宝贵之曰"谢琴",为吴景潮得到,乃遍请名家题咏,著成《谢琴诗钞》,夫妻为琴瑟之友,夫人作《和夫子韵题〈谢琴联吟〉并序》:"惜无班艳之才,共斗尖叉之韵。""漫说杭州与汴州,凤笙龙管早知休。臣心尚谱乌啼夜,国事全乖雁唳秋。崖海茫茫东向泪,燕山黯黯北征愁。曹娥江上午轻奏,自有残碑立岸头。"②看来他们夫妇不仅懂琴,对谢琴的钟情,更是对仁人志士、对南宋的灭亡寄予同情。歙县人侨居江都的吴正肃,丈夫黄履岳,所作《灯下看白菊和外韵》:"傲乃成真骨,香能惬素心。亭亭清白影,相对坐更深。"她第二次游平山堂后,赋诗《夏日泛舟平山堂赋呈夫子》:"昔年纵目思慈训,此日凄怀失义方。(余归君家廿余年,未尝游湖,惟翠华三幸日,侍奉先姑,曾一游历焉。)隐隐山光横翠黛,田田荷叶拥红妆。归来赖有消愁法,儿女灯前絮语长。"③在唱和中,道出家庭和睦的乐趣及做清白有骨气之人的心愿。黄卷、吴元书(字袖池)夫妇某年返回住处江山县,黄卷欣喜在七夕之日携手同行,赋诗《七夕偕袖池返须江》:"七月七日小舟迎,一种离思付绿醽。不信渡河今夜事,篷窗携手看双星。"④

总之,徽州贤媛中不少人与夫婿婚姻美满,志同道合,接受吟诗、绘画指教,共同创作,追求艺术的完美;甘苦与共,互相慰藉,弥补官场的失意,经济的困窘,享受生活乐趣。吟诗抒情与解忧成为她们生活不可缺少的内容。

(三)"发函伸纸泪滂沱"——夫妻离别之痛

功名、仕宦、商人家庭的徽州才媛,夫婿只身去南京、北京应试,或做官一时不便携带眷属,或经商到外地发展,致使夫妻暂时的或长时期的分离,生活、感情中的事情需要交流,好在她们通过写信、赋诗表达思想情绪和家务的处置,述说她们关注的事情,诸如丈夫事业顺遂与否及劝慰;注意衣服增减,

①《辑考》,第515—516页。

②《辑考》,第497—498页。

③《辑考》,第487页;"翠华三幸",不知是指康熙三十八年(1699)第三次南巡,还是乾隆二十七年(1762)的第三次南巡。

④《辑考》,第520页。

保重身体,毋作狎邪游;思挂丈夫平安,希望常通信息;叹息孤独,盼望早日团聚,尤其是病中热望相见。

祝愿丈夫增强信心,事业如意。歙县人方氏,夫婿河南夏邑人、举人王钟玘进京谋求发展,等待礼部考试,在《寄外》诗中劝谏丈夫不灰心,不气馁,有信心得到中进士的报录喜讯。诗云:"钟情无限隔天涯,转瞬流光变物华。小阁风凉怜客冷,长安日远忆途赊。惟知蓬矢成初志,不信夭桃愿有家。千里塞鸿凭寄取,来春又放上林花。"①嘘寒问暖,钟情无限,矢志不移,充满信心,来年春闱报捷。可以想见,王钟玘得诗,将是如何的兴奋和增添进取信心,苦读等待时来运转。与方氏同样心情的休宁人汪嘉淑,作《早夫子》,表示自家安于布粟,认为人的发达有早有晚,鼓励丈夫桐乡人贡生金集不松懈不自馁,相信会有好前程,故云:"生小长深闺,珍惜同珠玉。如何履坚冰,一步一退缩。十年从君游,千里奔林麓。敢忘昔人操,伴此寒灯读。素卷君所陈,裙布亦我欲。日月度如梭,去者不可赎。浮生等枯骸,安知迟与速。随时强自慰,花映尊中绿。"②

何珮珠的三姊佩玉,丈夫扬州人祝麟,侍奉伯父赴任广东,吟诗《送外侍翁兄赴粤》:"惜别本无儿女态,联吟喜与父兄同。乡关日远鸳鸯水,海国烟寒玳瑁潮。屈伸未免依人苦,冷暖应知作客难。满篮香露花含笑,一路青山鸟画眉。"③关照即将寄人篱下的夫婿,须懂得人情冷暖,纵然有痛苦,但要受得起委屈,大丈夫应以能屈能伸的心态去应付。江福宝出嫁歙县雄村曹荣,祖翁曹振镨与道光朝大学士曹振镛是兄弟,此时正处在曹氏家族兴旺时期的末端。非园是曹村名园,红豆树相传是曹家祖先所种植。曹荣去江宁参加秋闱,江福宝赠诗《非园红豆树》:"红豆花,相思树,非园红豆真堪誉……繁衍郎家世数传,花开亦自阅今古……主人度度看花开,花开度度兆园主……是年花开倍寻常,平阳相业克绳武。今岁花开花亦然,秋来子结宜多取。子结秋高兆鹿鸣,宜郎万里成鹏举。郎今买棹白门游,奇文定有惊人句。锦标夺得早归来,征人莫学瓜期戍。愿郎常诵白头吟,愿郎还思相思树。"④用红豆树果实多,象征举业

---

① 《辑考》,第 431—432 页。

② 《辑考》,第 536 页。

③ 《辑考》,第 441 页。

④ 《辑考》,第 452—453 页。

兴旺祝愿郎君高中解元,但是不要在白下作狎邪游。

关注夫婿健康,叮嘱留心衣被保暖。汪梦燕《寄外》:"海国西风冷素秋,一弯新月映帘钩。寒衣欲寄心如织,飘渺云山梦亦愁。"①因冬装尚未寄出,心急如焚。情真意切,透露恩爱伉俪实情。

规劝丈夫行为检点。鲍之蕙、张铉夫妇感情弥笃,张铉一次去扬州,鲍之蕙寄诗:"秣陵僧院广陵船,几日游踪赋彩笺。怀渴得梅浓较酒,诗狂乘兴乐与仙。二分新月扶残醉,四美佳辰媚少年。珍重宵夜风露冷,征衫多半未装绵。"②扬州画舫多游妓,女诗人怕丈夫受到诱惑,放荡不羁,但不是警告,而是关切地劝导:"珍重宵夜风露冷,征衫多半未装绵。"关怀柔情毕现。少年时期的程伯生放荡不羁,妻歙县人张玉仪特地作诗《戏示外子盖因其好作狭邪游也》劝诫:"歌舞楼中列倚筵,等闲花草亦姻缘。可曾记得痴情性,郎不归来妾不眠。"③

与对父母平安牵挂一样,得丈夫家书的喜悦。歙县人江士爆,张用咸妻,家贫,丈夫外出谋生,自身为闺塾师,深知丈夫离家更艰难,家信得知在外平安,极其欣慰。《接夫子书》:"西风飒飒正凄凉,忽报缄书到草堂。慢说书中无限意,'平安'两字值千行。"④休宁人程凤娥,丈夫江都国子生王庭录去外地,盼的就是平安信,虽是等了多日,来了就仔细阅读,慢慢体味平安的珍贵,《长相思·信至》如是写道:"思漫漫,恨漫漫。无限离愁指上弹,翠被怯春寒。对栏杆,倚栏杆。一纸家书仔细看,函露语平安。"⑤

孤独病痛的倾诉以致故世。程凤娥得家书不易,平日孤单地病魔缠身,更强烈地思念丈夫,为什么到年底还不返回家园?只好在词赋中讯问,《捣练子》:"腊未尽,柝逾长。匆匆岁暮最凄凉。庭梅窗外飘残雪,何事良人滞远方。"《鹧鸪天·有怀》:"一点愁心指上弹,梅花羞带病中看。……长空独有天边雁,为我勾留伴晓寒。"⑥丈夫汪碧园在外地的吴淑,除了写前面介绍过的《思母》抒发感情,另作《竹夫人和韵》,寂寞中与竹枕作伴。及至得到丈夫关怀来函,写《酬夫子见怀韵》作答,之一有句:"窗外无端风雨过,怀人江上起离愁。"之

---

① 《辑考》,第 467—468 页。

② 《辑考》,第 412 页。

③ 《辑考》,第 500—501 页。

④ 《辑考》,第 453—454 页。

⑤ 《辑考》,第 508—509 页。

⑥ 《辑考》,第 509 页。

二云："却诵新吟添别恨，江南江北不胜愁。"①分在两地，怎么能不产生离愁别恨。黟县人王兆如作《示外子》给夫婿吴铭父，用禅语吟道："法法缘成法法空，个中消息有谁通。寂光长照如如佛，唤作如如又一重。"②徽州贤媛对外出夫婿的挂牵，无限的情思，苦寂的生活，个中人才能感受得到。

伤心分离，以致抑郁早亡。陈玉瑛二十岁与婺源贡生程式濂结婚，互相唱和，感情甚笃，著《碧藕轩吟稿》。程式濂因事去福建，陈玉瑛临别悲伤，泣不成声，不能抑制，心知必须让丈夫安心远行，挥手促其速行上路，从此永诀，二十三岁辞世。③孔静亭是句容人、杭嘉湖道员孔毓文的小女儿，婺源人贡生王麟生之妻。乾隆五十六年(1791年)，随姑潘氏游袁枚随园看花。"性尤爱静，工诗。"夫子外出，连续写作《寄外》，之一："一别看看数月期，孤灯独坐泪如丝。多情最是天边月，两地离愁总得知。"之二："欲写相思寄锦笺，徘徊无语倚窗前。劝君莫失芙蓉约，辜负香衾独自眠。"这种抑郁苦闷的心情，多愁善感的性格，在《残荷》诗中不自觉地流露出来："风姿昨夜尚堪夸，开落无端恨转加。早识今番摧太急，不如前日不开花。"袁枚看到这首七绝，视为诗谶，王麟生视作不祥之作，纪念诗云："怕见秋尘点镜台，深闺依旧绮窗开。有时忘却人长往，疑是归宁尚未回。"她因难产亡故。④歙县人程璋，十五岁与方元白结缡，感情深重，其后元白作客广陵，程璋忧行于色，不能自已，给夫婿写《原愁》《染说》，文情绵恻，多少也怕丈夫感情有变化，诗云："柳叶青复黄，君子重颜色。一朝风露寒，弃捐安可测。"二十一岁弃世，其实元白是重情之人，不再娶，出家为僧。⑤

简言之，徽州才女与因故离家的夫婿，鱼雁传书，所赋诗词，涵盖互勉、期盼、规劝之意，表露相思、孤独、抑郁深情。

(四)"自我于归十七年，辛勤妇职有谁怜"——妻妾关系决定在丈夫

大户人家的男主人有妻有妾，妾的身份低于常人，与主人之妻形成嫡庶关系。徽州才女中有主妇，也有一些人沦落为侍妾，妻妾和合者有之，都不满现状者有之，虽则她们思想上接受一夫多妻制，实际上有着人生不幸的一面。

---

① 《辑考》，第549页。

② 《辑考》，第548页。

③ 《辑考》，第508页；程式濂为道光五年(1825)拔贡。

④ 《辑考》，第526页。

⑤ 《辑考》，第428页。

妻妾相互成为"良友",是妾之大幸。前述阮元夫人孔璐华为唐庆云刻印诗集,唐庆云善于写诗,于是孔璐华聘请能诗善画的张净因女史为她的教师,受教者"益习书史……诗学益成"。主妇如此厚待侍妾,是将她当成闺中良友,即《女萝亭诗稿序》所说:唐庆云:"性慧知书,夫子箧室也。闺中得此良友,何乐如之。随余十数载,每吟旧篇,常得佳句。"①无疑,唐庆云聪明伶俐,善于侍候主妇,获得欢心,妻妾相安,并成"良友"。

歙县人、知县詹应甲夫人是婺源人黄俪祥,妾沈蕙香;诸生詹振甲为应甲弟弟,妻时瑛及张绣珠(藕香)、张喜珠(莲香)、邱娟珠(荷香)三妾。这个家族的嫡庶、妯娌关系,被恽珠《国朝闺秀正始集》卷 17 视为:"妯娌嫡庶日相唱和,真得闺门风雅之乐。"沈善宝《名媛诗话》卷 12 亦云:"嫡庶皆工吟咏,闺门之内唱和为乐。"②藕香是苏州长洲人,著《绣余吟稿》,曾随同詹振甲游杭州西湖,咏《西湖泛月次夫子韵》,舟行在新安江上,作诗《阻风新安江》:"一林枫叶正流丹,画手推摹七里滩。溪上清风亭上月,教人那不忆新安。"怀念在徽州的生活。③她分娩七天后亡故,生前与黄俪祥情投意合,后者看重她,为她写纪念诗,为遗稿作序《哭藕香女史并题〈绣余吟稿〉》四首,之一:"太华峰头玉一支,当年移种向瑶池。……为郎辛苦留芳实,寄语莲房好护持。"盛赞藕香宝玉资质,为詹振甲留下婴儿,应当得到精心养护。之二:"吴头楚尾路迢迢,风月江山共画桡。十斛香名围绣幄,两头妆具载文箫。织成黄绢中郎授,谱到青琴大妇调。"④"谱到青琴大妇调",可能是藕香与时瑛嫡庶关系协和的记录。詹应甲妾钱塘人沈蕙香,与主人唱和,作《侍夫子泛舟湖上,历北山礼佛归来奉和》,有句:"为爱山南枫叶好,不同桃李争春朝。"⑤詹振甲妾黄州人张喜珠有《莲香阁稿》,其中《黄州放船》:"鹤影箫声万古秋,只携二客过黄州。坡仙不载朝云去,如此江山负胜游。"⑥沈蕙香、张喜珠分别陪同夫主游杭州,舟行于长江黄州,生活有惬意处。邱娟珠是福建闽县人,著《荷香小草》,抒发身世悲苦、感情

---

① 《辑考》,第 465 页。

② 《辑考》,第 449 页;詹应甲乾隆五十三年(1788)举人。

③ 《辑考》,第 499 页。

④ 《辑考》,第 449 页;该页录沈善宝《名媛诗话》文字,谓藕香为"诸生詹应甲侧室","应"字应为"振"字,当系过录之误,藕香是詹振甲妾,詹振甲才将藕香、荷香、莲香三妾之诗合编为《三生堂稿》。

⑤ 《辑考》,第 462 页。

⑥ 《辑考》,第 498 页。

失落的《拾花瓣砌情字忽被东风吹去》:"为情憔悴懒言情,聊把闲情付落英。相雨团成丝一缕,雪泥证到梦三生。芳菲已谢空怜惜,漂泊难禁易变更。寄语风姨更吹聚,前生原是许飞琼。"詹振甲一妻三妾,如何能钟情于一人,邱娟珠以传说中女仙许飞琼自许,自怜是必然的。她富有才华,深知诗画创作方法,明了腹稿与成稿辩证关系,对写作要求甚高,《与兰因女史评画》:"要把诗家比画家,岂容俗手强涂鸦。别开生面如抽茧,便学时眉不障纱。意在笔先胸有竹,韵流纸上眼无花。从知此事须书卷,妙诀尤难出齿牙。"①随园女弟子中有著作《蕴玉楼诗集》的苏州人王碧珠和福建闽县人朱意珠,都是休宁、候选道汪谷的侍妾,同为随园女弟子,袁枚赠送她们水晶瓶、玉扇坠,并再三征诗,选进《随园女弟子诗选》。她们感谢地吟出《奉怀随园夫子》:"彩云高护老人星,闺阁多才共执经。独愧征诗珍重意,也容问字到元亨。"②

　　琴瑟失调,妻子之苦与妻妾两怨,皆因丈夫寡情。歙县人萧氏,夫柴某,在外地别娶,十年不返,萧氏侍奉舅姑到他们病故,与小姑相处和睦,唯长斋绣佛作为精神寄托。得兄萧洁庵寄松花神女《落花诗》,遂作《落花》八首,之三:"藕丝衫白鬓青丝,慵理残妆靠锦屏。一夜宜男花又落,断肠情绪几回经。"之五:"偶折残支上镜台,惜花憔悴替花哀。自怜花瘦人还瘦,人瘦争教花惜来。"③以花之衰败自比自怜,生活毫无情趣,唯有念佛求解脱。乾隆间歙县人许氏为知州吴蘩孙妻,吴在苏州别娶苏州人陈绛绡,久不归家,许氏作《闺怨》:"怀怨一生无处诉,幸依堂上有姑怜。"《示儿》:"自我于归十七年,辛勤妇职有谁怜。幔前丝惹无端恨,膝下儿离未稳眠。九折回肠三折水,孤雁寄语六花天。青云有路来慰余,愿死甘心在九泉。"④怨恨到极点,以致想到死了干净,惟希望儿子发达,死也就瞑目了。她之责怪丈夫,也连及陈绛绡。陈绛绡更是一肚子苦水,她十三岁到夫家,未成婚而夫亡,守节九年,婆婆逼迫改嫁,不从,拖延七年,到二十九岁成为吴蘩孙妾,改嫁令她思想上产生沉重负担,《自述》:"以往愧称冰雪质,于今羞诵柏舟篇。遭家不造皆有命,授室多艰也任天。"没有办法,只有恨命不好。对大妇许氏的埋怨,用

　　①《辑考》,第461—462页。

　　②《辑考》,第541—542页;袁枚选辑《随园女弟子诗选》,有汪谷序,嘉庆元年(1796)版。

　　③《辑考》,第489页。

　　④《辑考》,第494页。

《答许氏》道出实情:"贱妾空悲鸾凤俦,白头吟罢复添愁。主人不解牛衣事,风雨一襄随处留。只影离离在水南,彼犹如此我何堪。几回枕上潜垂泪,千里含情握发三。"①用汉代王章将死衣裘衣与妻对泣的典故,希冀共守贫困,而吴蘩孙虽有外出谋生之苦衷,不解人意,不懂得家庭生活,造成妻妾的烦恼。

侍妾多有失意、病痛之苦。休宁人汪汝萃,原籍有妻,侨居扬州,又娶张启为妾,媒婆隐瞒实情,不说是做小,及至正室王氏从休宁来,张启才知道被骗,无奈忍受,到十九岁,汪汝萃死亡,娘家来人劝改嫁,张启悲哀不允,作词《南歌子》:"今夜梅梢月,愁人独自看。未施脂粉独凭栏,不似旧时眉样画纤纤。"而汪家怀疑她欲嫁,临死,其苦心孤诣始为人知。汪汝萃之兄汪汝蕃遂以子汪楫为弟之嗣子,予以慰藉。②苏州人王氏,婺源张建亭妾,《病中口占》二首:"平生心事恨蹉跎,好景都从闷里过。赢得一身病与痛,旧衣还渍泪痕多。""一点芳心万念灰,眼枯肠断梦初回。此身愿得乘风去,化作孤山山上梅。"③穿着旧时衣裳,浑身是病,内心苦楚,一生没有摊上好事,全无指望了,但对自身素质颇有自信,以梅自许,是些许精神安慰。歙县人李淑仪,自幼学戏,扮演青衣角色,后为休宁黄仁麟妾。撰著《疏影楼名花百咏》,《自序》述其经历及对人生的认识,感叹人生多劫难。认为多情是人之劫数:"有情即有劫","悔读诗书,休言富贵。幼离父母,劫之始也;荫失慈云,劫之渐也;委身青衣,劫之极也;蛾眉见嫉,劫之变也……是则安其劫可也,淡其情可也,而何必有言?然安其劫而劫更深,淡其情而情益重"。"此无他,情生劫耳。"④

关于妻妾关系,很容易被理解为针尖对麦芒,两不相容,这或许不是徽州贤媛家庭状况。她们懂得其时的伦理,正室之容纳侧室,是守妇德,实质是为延续家庭。休宁人翰林汪燮亭的夫人金坛于氏,主动为丈夫纳妾,原因是"置媵非因慕淑贤,亲恩妇道两求全"⑤。她不是为取得贤妇的好名声,是"妇道"观念主导她自动替夫娶妾。徽州贤媛读书明理,是礼法令她们压制"妒性",扭曲人性,接受一夫多妻制。

---

① 《辑考》,第 416—418 页;陈绛绡《送外》:"为贫今日别,血泪染征衣。寄语西湖水,催君及早归。"

② 《辑考》,第 561 页;汪楫,寄籍江都,康熙博学鸿词科一等,册封琉球正使、福建布政使。

③ 《辑考》,第 545 页。

④ 《辑考》,第 526—527 页。

⑤ 《辑考》,第 558 页。

(五)"养成羽毛联翩起"——教育子女不辞辛劳

教育子女是母亲的天职,徽州贤媛尽心尽力地担负起来。休宁人汪佛珍,十五岁与松江华亭人、通判张梦喈结婚,十七岁生长子兴载,次子兴镛、女儿先后出生,亲自教他们读书,家中请了塾师也经常代课,同时教导子女如何做人,因此丈夫赞扬她:"儿女未就塾,先自课,师不在,亦代为约束之。并教以保家之道,处世之方。"后来兴镛于嘉庆六年(1801)中举,女儿著有《晚香居诗抄》。她可能依据自身生儿育女的体会,写出《乌生八九子》长诗:"乌生八九子,乳哺多劬劳。朝饥互衔食,夜宿同守巢。一雏学飞过林去,老乌兀立巡高梢。霜天月黑风震谷,仓皇复翼悲声交。八九子,一弹指,养成羽毛联翩起。但得相依护旧巢,旧巢无恙老乌喜。"①形象地比喻母亲养育子女的辛劳与无私。

生活在明清之际的范满珠作《避兵刘村庵时甥女见过》《三月十九日偶成》②,她的女儿戴玺,作《读隋史》《冬日避兵》③,母女均关心国事,写战乱带来的疾苦,如此选取相同题材和旨趣,无疑,女儿是受母亲的影响。范满珠训子有方,大儿子外出谋生,康熙十六年(1677)的除夕夜作诗《丁巳除夜兼示诸儿》,教导小儿子们立志成才,取得功名:"汝兄今在客,汝辈侍尊前。白发惊频换,青毡期早传。忌宜收旧历,风雪恋残年。不寐烧灯坐,鸡声报曙天。"④前述自幼从父母及教师学习文化的吴绣砚,传承家风,对儿子的读书教育非常严格,"世俗相矜财利,子弟多令习贾"。她先后生育三个儿子,以教子读书仕进为己任,"相夫子课读,冬一炉,夏不扇"⑤。在大寒酷暑中让他们经受锻炼,既刻苦攻读,又养成吃苦耐劳的好习惯,终于成为"三珠"。方彦珍孀居抚养儿子汪朗延,亲课其读,使成庠生,子早亡,与儿媳共同教养孙子。⑥桐乡人程娴,善于写诗,兼通星命学,二十六岁与歙县人、侨居浙江的鲍正勋结婚,生子鲍演,亲自教读,并讲授作诗方法。⑦

金宣哲的《咏孩子》,讲述从乳婴开始,抚养孩子成长过程,强调的既要立

① 《辑考》,第532—534页。

② 《辑考》,第514—515页。

③ 《辑考》,第511页。范满珠、戴玺上述诗篇的内容,将在本文第六节说明。

④ 《辑考》,第514页。

⑤ 《辑考》,第485—486页。

⑥ 《辑考》,第435页。

⑦ 《辑考》,第424页。

规矩管教，又要允许他们有所调皮任性，不必过分拘束："客来时占座，筵上每翻匙。揖拜虽随命，衣巾却怕媺。无劳征世德，且任逐群嬉。漫道骄缘宠，堪怜黠近痴。题诗聊示诫，天趣少须眉。"①不仅在童稚之时教导儿子，在他们成人已能独立谋生之后，仍是关怀备至。歙县人江寄生，《寄子》："万里浮云净，清秋月正圆。有儿新豫客，娶妇学描笺。女弱兰阶息，男横竹榻眠。迢迢双鲤至，老病亦欣然。"②期盼外出儿子来函，以解悬念之情。

　　教养同时，以儿子生存为己身生命所系。休宁人程琼，号安定君，丈夫歙县人、刑部主事吴震生，退职后全家寄居杭州，程琼致力于对长子的教导，五岁"授书辄成诵"。程琼遂集诸子史合成一编，命名《杂流必读》，用为儿子课本。儿亡，遂焚书置棺中，认为"不能望其今生作通儒，亦须令其来生多识字"。不幸儿子五岁殇逝，程琼悲痛，梦中见已故母亲偕同儿子前来："为痛宁馨转自伤，相随却恨我无娘。更谁看等千金重，只我佳人断绣肠。"(《疾作梦母氏孙淑人挈儿来兹不复梦也》)真是肝肠寸断。③恩爱夫妻的凌结绿，两个儿子夭亡，为没有后人伤心，丈夫方成培为她画像，更引起无子之痛，赋诗《题照》："无德无才愧此身，感君为写镜中人。双儿已死教谁祀，空展音容累老亲。"④汪是早生的启儿殇逝，怀念不已，《梦启儿》述说："五更勤入梦，百种意难忘。啼哭犹盈耳，悲思已断肠。黄泉应待我，病骨好扶将。"及至自身病危，留下不满周岁的婴儿，放心不下，叮嘱吴之骡续弦后善待稚子："泉下我所爱，膝下君所知。……儿年未一岁，少可奉君嬉。愿君语新人，成立须提携。"(《古体留别》之四)⑤江福宝因次子夭亡，伤心过度，二十四岁离世。⑥

　　不仅抚育子女，有的兼顾夫家年幼的弟妹。出身歙县雄村的曹婷(1849—1928)，二十岁与汪国炽成婚，善事祖姑、舅姑，及至姑亡，抚育第四、五、六三个小姑及一个侄女，关怀备至。⑦

　　①《辑考》，第525页。

　　②《辑考》，第453页。

　　③《辑考》，第420—423页。

　　④《辑考》，第458页。

　　⑤《辑考》，第469—470页。

　　⑥《辑考》，第452页。

　　⑦《辑考》，第415页。

(六)"妾命毕以朱丝绳"——殉夫早寡发配诸种大不幸

前面说到在贞女在室殉夫,至于寡妇殉夫,徽州才女中并非偶见现象。歙县人朱孺人,勤于写作,著文十卷、古近体诗十卷、《杜诗提要》八卷,夫婿孙某故世,乃拟《殉节诗》追随泉下,以体现比新安江水还清澈的女性人生清节:"为郎无计挽白日,妾命毕以朱丝绳。郎家闺门若朝典,一杯姜橘灵车饯。谁知泉穴百年同,不到欢言当日浅。祖翁闻之泣且惊,钜篇上媲刘更生(东岩为作传)。我为作歌少尘土,涤笔新安江水清。"[①]明清之际南京人赵家璧(?—1685年),歙县人、才子而落拓不羁的金潜五妻,著《花屿词》。清初金潜五到京城,做贵胄的幕客,迎取赵氏至京,金亡故,赵家璧即自缢。[②]康熙间黟县人叶氏由寡母教给识字写诗,听闻未婚夫卢颙死亡,坚决要求去未婚夫家守孝,母亲不得不同意,她到卢家,登堂拜见婆母,接着去未婚夫坟墓祭奠,如此算是成婚了,遂至未婚夫寝室居住,供奉卢颙木主,守孝三年,请来娘母相见,作《谢母诗》,而后绝食亡故,诗曰:"女身虽甚柔,秉性刚似铁。读书虽不多,见理亦明决。女子未字人,此身洁如雪。女子既字人,名分不可亵。……舍生违母心,我心亦悲切。从夫赴黄泉,纲维庶不裂。"[③]有了订婚约,夫妻名分已经确定,尽管没有成亲,但女子已然成为夫家的人,叶氏信守这种伦理,不顾及母亲的伤心欲绝,在夫家以死明志。人有求生本能,而贞女、寡妇殉夫,是传统社会伦理道德与人的求生本性相冲突,她们选择了信奉的伦理,成为家庭的、社会的悲剧。

读者或许记得吴藻十九岁守寡,汪嫈儿子程葆十一岁时夫亡,早逝丈夫遗下的寡妇,虽或受人同情,亦或遭人欺凌,寡妇做人尤难。前述金坛于氏为夫娶妾,然而丈夫汪燮亭故于北京,于氏从江南赶赴京城,扶棺柩南归,返回家乡,一系列的难题需要处置,她一一述说在《悼亡》六首七律里。之一:"送君南浦正初春,惊报楼成赴玉宸。有妾可怜身后累,无儿何惜未亡人。萧条旅榇来燕市,飘渺灵旗傍水滨。检点朝衣今尚在,凭棺恸绝恨难陈。"之二:"悲君不遂斑衣志,愧我空输缠臂金。今日典钗亲奠斝,九泉应恶酒卮深。(生前尝过

---

① 《辑考》,第504—505页。

② 《辑考》,第501页。

③ 《辑考》,第556—557页;卢颙之名,汪启淑《撷芳集》如此记载,并云康熙五十七年(1718)为叶氏旌表建坊,而嘉庆《黟县志》记作卢容,谓雍正四年(1726)旌表树立牌坊。

饮,力劝止之)"之三:"置媵非因慕淑贤,亲恩妇道两求全。银河隔绝三千里,锦瑟抛残廿五弦。素旗尚依桃叶渡(姜居桃花坞),灵轜频驻雪花天(舟行阻雪)。而今始悟黄粱梦,幻里功名幻里缘。(馆选未及三载,完姻甫及一年)"之四:"堂上有年垂白发,膝前何日继青毡。几回梦里牵衣问,曾否商议一脉延。"之六:"非恋浮生惜此身,严君视我掌中珍(问名后即随老父入都)。郗床已荷怜佳婿,鸿案无由慰老亲。对镜暗伤鸾影只,思乡愁停雁声频。阿咸记取临歧语,莫忘平安寄远人。(侄熙载送至吴门而别)"[1]春天刚送行京都,人突然走了,赶去奔丧,眼见朝服犹存,叫人怎不悲痛欲绝;夫君早逝,不能尽斑衣戏彩之子职;想当初劝谏少饮酒,今日祭奠,九泉之下亦宜忌酒;为丈夫娶妾,如何对待这个可怜人?丈夫进京做庶吉士,还不到三年,真是人生如梦,何须功名;堂上白发翁姑,膝下无嗣子,无息孙,几次梦中问君如何为他们立嗣孙,延续家庭一脉;本想殉夫去,奈因父母在堂,不忍让他们过度伤心,已请帮助扶棺南返的娘家侄儿回去报告详情,让他们略为宽心。看她要做的这些事情,就以立嗣来说,是极其复杂的:谁来主事,是族长或族中长辈与翁姑协商,立谁人为嗣,有应继与爱继之别,应继者或不愿意过继,不应继者或来争继,繁难得很,所以几次梦中思虑此事;再说对年幼的妾,是让她守节,还是劝她改适,处断不妥,名声不好,甚至还会出事,当然得倍加烦心。可以想象这个年轻寡妇备受诸事折磨,生活艰辛与索然寡味。

女性很少有政治犯,休宁人江文焕不幸成为政治犯的家属,他的丈夫无为人黄补庵(耕乎)是雍正朝吕留良案中人,他在诗中说:"闻说深山无甲子,可知雍正又三年。"[2]表明他具有汉民族情结,不承认清朝政权。被逮捕,死于北京监狱,妻妾子女给功臣家为奴,父母祖孙兄弟流二千里。[3]江文焕发落为直隶滦州旗人苏氏夫妇家奴,虽得到主人眷顾,奴仆禁锢生活,如同在监狱中,担惊受怕,幼女做梦都发狂,过的是偷生日子。这种状况,均用诗作刻画出来。《暮春禁中有感》之一:"深禁闭门忘节令,离家对月已三圆。"之二:"野外无由看种谷,空闻小鸟插禾声。"之三:"柳絮风轻尚嫩寒,偷生何故强加餐。自惭安命圜扉里,但觉双银约指宽。"《禁中不寐》:"响柝鸣锣闹夜长,同眠娇女

① 《辑考》,第557—558页。
② 蒋良骐:《东华录》卷30,中华书局,1980年,第496页。
③ 《清世宗实录》卷89,七年十二月丙午条,1936年影印本。

梦癫狂。虎头门内歌声切,惨入愁人泪两行。"《忆故园窗外柳》:"几番风雨正三眠,疏影离离自可怜。最是伤心窗外柳,还舒青眼度流年。"①

女性难产亡故,是并不乏见的事情,徽州才女亦有因此故世的。黄克巽死于难产,年仅二十岁。②作《碧窗绣余闲课》的唐锦蕙(1875—1881),十九岁成亲,二十六岁难产故去。③歙县人张庆云(1876—1911),约二十岁结婚,死于产后七天。④

四、"闺中不少同心侣"——闺阁酬唱联谊道情

闺友的人际范围,包括家族、内外姻亲、朋友与邻里。女子很难有个人的朋友,所谓"友"是家庭的,丈夫的,但是在那么多可能成为"友"人中,因与某个人、某几个人投缘,关系特别好,才成为闺蜜,所以来得不容易;女性社交圈本来就小,能结交知心朋友更难;再则女性生活比男性单调,闺友能够增添生活情趣,给人带来欢乐及倾诉心情的伴侣,是以闺中友情尤其值得珍惜。徽州才女深明其间道理,更加看重与闺友的交往。

徽州贤媛闺友往来,大体上是两种方式,一为一般性的,如互相访问、结伴出行、临时遇事的聚会、异地思念,这类活动中必有诗赋助兴,或拈韵赋诗,或联句,当场赋就,亦有异日完卷的;另一种方式是结成诗社,有相对稳定的成员,约期聚集吟诗叙情。

(一)"豪吟翻笑属闺中"——闺友间吟哦之乐

友情到访,吟哦增趣。黄之柔、吴绮夫妇在无锡居住期间,无锡人龚静照(号鹃红),工诗善画,因丈夫陈某不成器,诗作多发凄凉怨恨之情,她去访问黄之柔,当场赋诗相赠,黄之柔随即作诗《龚鹃红过访惠山次韵奉答》致谢:"帘卷飞花落砚池,扫眉才子坐题诗。两山烟雨青无限,总是双蛾半蹙时。"察看出客人面有忧色,希望她舒展开来,愉快生活。黄之柔的另一首诗《寄畅园同鹃红作》:"一道鸣泉绕碧亭,飞花落絮满渔汀。自从谢女吟成后,不许人间

---

① 《辑考》,第64—65页。

② 《辑考》,第447页。

③ 《辑考》,第465页。

④ 《辑考》,第496—497页。

俗耳听。"①也应系当面吟诵的。休宁人黄德容的姊姊黄浣月与闺友绿窗促膝交谈，吟出《同绿窗女史南楼坐雨》："促膝凭栏坐，苍茫雨一楼……黯然岑寂况，相对不胜愁。"②因为是密友聚合，能述愁情。

赠答题词，品评慰问。黄之柔夫妇与龚鼎孳、顾媚夫妇的密切关系，在赠答题跋中显现出来。黄之柔《题智珠夫人兰谱》："烟条露趾笔生香，钟入中林只自芳。夜静挑灯频见后，好凭幽梦到潇湘。"阅画犹如闻到兰花的馨香，令人陶醉酣睡入梦。注云："智珠夫人客广陵、白下，余与园次所得画兰最多，往往为友人取去，自庚寅入长安，遂不肯作，予辈亦不强之。"③顾媚夫妇在扬州、南京居停期间，黄之柔夫妇获赠顾媚多幅以兰花为题材的画作，并不特别在意保存，被友人索取不少，可是龚鼎孳夫妇在顺治七年(1650)进京之后，顾媚不再作画，吾辈也不好勉强她重绘花草画。道出顾媚的画为人珍贵，反映两家极其密切的关系和顾媚夫妇的行踪。黄之柔女儿吴吴得到黄夫人的赠诗，敬谨以《谢黄夫人赠诗》作答："珠玑百斛喷纷纭，读尽新诗似拨云。自买蔷薇频盥手，碧窗低拜女宣文。"④盥手焚香拜读女宗师赐诗，真是字字玑珠，读竟茅塞顿开。他如温如玉《和沈善宝〈梅林觅句图〉韵》："几生修到梦难真，香海花天结净因……疏影参差寄清赏，拈毫那复惹纤尘。"⑤以阅读沈善宝的诗作为人生快事、幸事，因为是密友所以读得更真切。

江秀琼为师父王豫的妹妹、居住丹徒的王琼作《题王碧云闺秀联珠集》："年来消尽旧诗魔，愧我阳春白雪歌。明月一窗梅几树，幽香清影为谁多。"⑥拜读您这诗赋大家作品，惭愧我的不像样的下里巴人习作。朱兰与王碧云姑侄交好外，另有闺蜜，作《乙卯初春寄闺友》："寒梅亲折怨遥道，芳草又青思故人。镜里自怜云鬓改，尊前谁禁岁华频。栏杆独倚吟长句，试为深春一问津。"⑦隔年未见，且年岁渐增，更其思念闺阁友情。吴县人陆韵梅，字琇卿，夫婿歙县原籍、寄籍吴县、吏部侍郎潘曾莹，著《小鸥波馆诗抄》。她交游较广，

①《辑考》，第 451 页。
②《辑考》，第 519 页。
③《辑考》，第 406 页。
④《辑考》，第 483 页。
⑤《辑考》，第 476 页。
⑥《辑考》，第 455 页。
⑦《辑考》，第 504 页。

从她的诗作题名可知。她的诗被恽珠选入《国朝闺秀正始集》,遂作《〈正始集〉题词》四首,之二云:"刻烛联吟忆昔年,香风吹倒玉梅边。闺中不少同心侣,回首天涯倍黯然。"(注:"汪小韫、吴香轮、陈灵霄诸女史俱旧时吟侣,近作皆选入集中。")从注释得知她与吴藻推崇的汪小韫是吟侣。她的作品中有《题顾畹芳女史画》《盆梅初放束黄璇卿女史》《晨起为郭笙榆夫人写折枝桃花并题》《题林天素山水画册》《题折梅士女》《为蔡梅庵太史题万篆卿夫人韵香书室图》《题女史徐比玉花卉册》等①,显现她的闺友较多。张彦如的《和黄耕畹》:"湘簟眠琴吟月夜,雨窗淡墨写秋声。"②既是和诗,乃应有原作者,大约她是高官夫人,游历地方较多,见识较广,识人较多之故,非一般人所能做到。当然,她的闺蜜酬唱,有在一起吟诵的,有的则为赠诗。

结伴出游,有感写作。黄浣月与几位邻家女子相约游春,吟诵兴趣很浓,乃分韵赋诗,她的《与诸邻女游春分韵得东字》写道:"春晴约伴过溪东,流水横桥一径通。……对景分题争绝句,豪吟翻笑属闺中。"③吟哦中争胜,叽叽喳喳,各不相让,看谁的诗句最优美。她们一样豪吟,不让男子。

嘉庆十四年(1809),汪嫈为送别闺蜜江素英赋诗《己巳暮春送江素英归皖江》:"兰闺交谊重,似为两人稀。携手一为别,知心千里违。"④表明二人亲密非同一般,虽是相别千里之遥,但心是相通的,连在一起的。

回忆闺友相聚时光,寄托想念情怀,寄希望于再会。休宁人程荻娥,著《双松词》(《双松词集》),《桃园忆故人》:"西窗斗柄惊早秋,昨夜玉簪开了。蝴蝶不知身老,犹恋花丛绕。芳阶吹落王孙草。无限秋心谁晓,添得愁多少。"⑤在悲秋季节,感到人如蝴蝶,虽自不知疲倦纷飞劳碌,其实岁月流逝,渐入老境,不禁愁思满怀。朱兰与王琼"酬和最密",《题王碧云女史诗集》:"西风飒飒闪残缸,把卷高吟月浸窗。今夜灯前如有梦,应随寒雁到京江。"希望梦中飞到镇江,与王碧云相会。朱兰同王豫的女儿逎德、逎容唱和,《春日寄王子一、子庄两女史》:"每为闲愁负岁华,嫩寒漠漠掩轻纱……及时须订兰亭约,梦到江干

---

① 《辑考》,第458—461页。

② 《辑考》,第500页。

③ 《辑考》,第520页。

④ 《辑考》,第471页。

⑤ 《辑考》,第509页;季灵编著:《千古绝唱——历代才女诗词》,香港光华书局,1997年,第210页。

又落花。"①师姊妹间的酬唱,盼望聚会,真是闺蜜情深。鲍之蕙《月夜有怀》:"客舍连宵应惜别,兰闺何日共论文。"②也是盼望密友重逢,酬唱衡诗。

悼念闺友。易慕昭与陈珮同在江都,后者故世,前者赋诗《挽陈珮》:"自是琼花绝世姿,春风何事殒芳枝。闺阁空感文通赋,闾巷争传道韫诗。手订遗编方女史,心通大体胜男儿。虚生半百知音少,老眼怜才泪若澌。"③以年长的眼光看早逝的闺友:有绝世美姿与才华,见识胜过男子,早亡怎不令人痛心。

(二)"追陪已幸生同世"——贤媛吟社添乐趣

将闺友组成固定的吟社,是一些闺秀的愿望,侨寓扬州的温如玉就是一位。密友沈善宝说她的为人:"生平以礼自持,无一嗜好,惟爱书画……诗不多作,然娟净可诵,又深子平之学。"她时常说的心愿是:"他日结邻邗上,作闺中之元白,讨论诗文以娱暮景,于愿足矣。"④她期望联合闺友结社研讨诗文,以得晚景之趣,不过因她的早逝未能如愿。徽州贤媛参与结社而成功者,至少有三起,即蕉园吟社、秋红吟社及汪梦燕、方素馨的盟社。

蕉园吟社,是清代前期杭州贤媛的诗社,徽州才女徐德音加盟。组织者是杭州人林亚清,柴静仪等人参与,参加者都印有诗集。林亚清看中徐德音才华,特地书信致意。徐德音的祖父徐旭龄(?—1687)是休宁人,寄籍钱塘,康熙间位至督抚,母楼餐霞是杭州人;夫婿歙县人许迎年,居江都,康熙三十九年(1700)进士,官中书舍人。徐德音著《绿净轩诗抄》,康熙五十六年(1717)由乃母作序,述及蕉园吟社历史,谓林亚清致函时,徐德音出嫁到扬州,失去了见面机会,及至林亚清随宦北京,而徐德音也于康熙五十四年(1715)随同丈夫进京,始得相见,"把臂定交,辄相见恨晚",徐德音时以诗请益。林雅清对她说吟社数人皆有诗集,而今社友星散,你来了正好:"今既晨星寥落,几令韵事消歇,得子之诗,正复后来居上矣,岂可不梓之一传乎?"徐德音遂编订诗集。⑤

秋红吟社,是以浙江人为主体的闺友诗社,其中的徽州贤媛许延礽等人

① 《辑考》,第 503—504 页。
② 转引自刘振琪前引文。
③ 《辑考》,第 494 页。
④ 《辑考》,第 475—476 页。
⑤ 《辑考》,第 490 页。

是积极参与者。道光七年(1827)秋日,沈善宝(湘佩)与顾太清、许延礽、屏山、伯芳结社,初集咏牵牛花,用《鹊桥仙》调,被后世评论为清代第一女词人的顾太清(1799—1876)结句云:"枉将名字列天星,任尘世相思不管。"许延礽云:"金风玉露夕逢春,也不见花开并蒂。"沈善宝认为初结社,顾太清、许延礽的结句是不祥的谶语——"盖二人已赋悼亡也"①。沈善宝明确说秋红吟社开始是上列五人聚合,其间在杭州的众多闺秀,不时有聚合,未必多系吟社成员,但沈善宝、许延礽是闺秀聚会经常参与者。某年清和节后,许延礽约请沈善宝、龚自璋家中小酌,沈善宝吟诗,许延礽乃有《即席和韵》之作:"绝世才华绝世姿,樽前脱手写新词。闺门雅颂留名久,林下风仪学步迟。"歌咏沈善宝的才华出众。②龚自璋当即吟出《和湘佩姊韵》:"水月襟怀冰雪姿,二王书法六朝词。追陪已幸生同世,倾倒何嫌恨见迟。胸有良方堪疗俗,目能神相更矜奇。扇头亲乞瓯香笔,长奉仁风当读诗。"③庆幸与沈善宝生于同时和能够追随左右,只是相见恨晚;获得沈善宝为扇面题诗,奉持如沐浴春风之中。

　　道光十七年(1837)仲秋,沈善宝将北行,吴藻特意为她饯行,约鲍靓(玉士)陪同,而周暖妹来送应时的桂花,亦行入席,四人饮酒赋诗,"纵谈今古,相得甚欢"。沈善宝即席写留别三首。次日,吴藻和诗三首成,送到沈善宝寓所,其中二首:"寒梅高格出风尘,一笑相逢爱性真。(一见倾心,遂成莫逆之交)多少西泠名媛作,环花阁外更何人?(吾杭闺秀,除汪小韫外,无出君右者;环花阁,小韫斋名)""懒上河梁送客舟,淡烟衰柳黯然愁。故人知我常相忆,梦绕燕云十六州。④"她们各自尊重对方的诗赋造诣和人品,成为挚友,依依惜别;谈论古今亦为聚会内容之一,五代断送燕云十六州的史事也成了话题。龚自璋与到了京城的沈善宝有和诗四首——《和沈善宝寄怀诗》,之一:"不睹南来雁,离愁积几何。频劳京国梦,远忆越江波。雅抱同徐谢,豪情淡绮罗。尺书同面话,厚意故人多。"之二:"多才更多福,夫婿喜鸣鸾。身以驱驰健,心因阅历宽。诗怀清似水,交谊臭如兰。何日西窗烛,衔杯续旧欢。"之三:"恶梦频年扰,悲愉事屡更。"之四:"千里志犹在,偏难结状游。身经诸劫老,迹为一官留。玉

---

　　①《辑考》,第554页。
　　②《辑考》,第556页。
　　③《辑考》,第440页。
　　④《辑考》,第552页。

尘怀芳度,金兰忆旧俦。伤心难写出,千斛寄新愁。"①表达敬重、羡慕虔诚至意,惜别、相忆、期盼再次聚首之情溢于言表。

秋红吟社的成员,或非成员的在杭州的徽州才女多有酬唱。许延礽同鲍靓不时聚会,遂有《与玉士夜话》的记录:"廿年旧事灯前影,百分闲愁镜里眉。"②沈善宝说许延礽"性情优爽,与余最契密。在里时,春秋佳日,湖山胜处,二人必偕游吟玩"。沈善宝从外地返回杭州,将诗集赠送给许延礽,后者《和沈善宝》:"闻君才得息征鞍,赐出新诗仔细看(君刊初集见惠)。知己忽从天外至,何愁古调一人弹。"得到密友的新作已不胜之喜,更庆幸她的归来得以当面唱和。许延礽早一年进京,第二年沈善宝亦至,许延礽非常高兴,招待游天宁寺③,于是将在杭州的友情延续到京城。

歙县人汪梦燕与方素馨同社。汪梦燕著有《绿窗余韵》,是有豪气热情的女性,从她的《读史》咏怀可知:"剔罢银釭雨渐疏,展函三复独踟蹰。青闺柔弱情何侠,紫塞风烟怨未舒。瘦影临池神自妙,秋风吹叶事应虚。于今日诵心当细,无使他时笑鲁鱼。"读史特别认真,追求真实,怕出误读现象;读史有心得,赞扬史书中弱女子王昭君、蔡文姬辈的出塞豪侠。她有寄、和方素馨的诗,题目中都有"同社"二字。《寄怀方素馨同社》,回忆深秋夜晚在一起填词,如今分离了,热望对方多写作:"记得西风叶落时,蛩声唧唧响阶墀。花间绿漪迎新月,指下朱弦谱妙词。秋水苍葭人似玉,春山芳草色如丝。近来闺阁文章薄,寄语珠楼善构思。"在得到方素馨咏梅赠诗后,作《和方素馨同社梅花诗》回应,说咏梅的诗不好写,你的过人意境我领略了:"幽谷冰姿未易吟,水边月下意偏深。若非夜入罗浮梦,何至香生锦绣心。"④看来汪梦燕与方素馨结成吟社,所以互相称呼同社,惟不知她们还有哪些吟侣,活动时间和地点。

徽州贤媛参与的吟社,有几个特点:成员多为官宦家属,往往随宦出行,是以成员不稳定,聚合年头不会长久;吟诗令其成员有一种固定的社交渠道,丰富生活内容,有交往之乐;酬唱中显示出诗赋才华,提高艺术水准;吟社成员是知己,能够深谈,乃是可以在诗词中抒发出郁积以解忧。女性吟诗,丰富

---

① 《辑考》,第 439—440 页。

② 《辑考》,第 556 页。

③ 《辑考》,第 554 页。

④ 《辑考》,第 467—468 页。

了女子诗歌史的内容,甚为宝贵。

五、贤媛的治家和生存之道

就此论题,作者另撰有《清代徽州贤媛的治家和生存术》,这里本应全不涉及,然而为全面说明徽州女诗人的生活与创作,故而极其简单交代两点,一是徽州才女独立解决生计难题而维持家庭,是不争的事实;二是江浙社会为她们独立谋生提供了相对有利的生存环境。

清代徽州贤媛中有人以不婚(如孙旭媖,第六节将有述及)、晚婚(如王玉芬、汪观定),侍奉老亲,极力支撑濒危的家庭,使得老人能够寿终正寝,或安度晚年。更有贫乏人家的寡妇、主妇、女子,如汪婺、吴淑仪、吴喜珠、江文焕、石氏、王亮、江士燨,等等,凭借女性特长纺织缝纫刺绣获取生活来源,更有人利用文化知识和艺能,从事正当职业,像男人一样做塾师、堪舆师、卖画,挣钱养家糊口,她们同时是理家能手,教育子女健康成长,以致成为社会人才,挽救了家庭,乃至令其兴旺,光大门庭,对家庭和社会都做出贡献。不争的事实充分表明女性具有很强的创造力、独立谋生智慧和生财之道,从而实现独立生存的愿望,也使其中有的人成为杰出人物,如汪婺、孙旭媖。

徽州贤媛生存地区与经济文化发达的江浙毗邻,更有不少人生活在江浙,这就为她们谋求生存提供两个有利条件。首先是女性接受文化知识教育的机会较多,能够具备文学艺术技能,必要时用作谋生手段;其次是江浙人家有闺塾师的需求和艺术品市场,为徽州才女从事文化教育和文艺产品提供出路,藉以维持生存。这是徽州贤媛幸运之处,是其他地方的才女所不易谋求的。

六、"娥眉也合画麒麟"——社会、历史见识巾帼不让须眉

徽州贤媛在关涉社会、历史诗赋中,道出对时事的感受,对民生的关切,对历史知识的了解和分析,表达她们对乱世的痛恨,对民艰的同情,对历史的浓厚兴趣,尤其是对历史上一些事件、人物认识的准确,今日的史家也不过如此。她们运用诗词道出自身的经历和明末清初、太平天国战争加给民众的苦难,以及她们的态度:避难,参与,盼望太平。如吴畴五,生在道咸乱世,著《感

怀》："啼鸦噪寒林,稻粱苦难得。瞻望觅慈鸟,哀鸣声转恻。感此伤我心,泪下沾胸臆。……徘徊小窗前,天际孤鸿咽。萱花当秋萎,群芳渐摧折。白云去不息,忧思为谁说。愤懑郁中怀,肝肺空自热。翘首向苍穹,时事固莫测。凄然发哀吟,感叹情何极。"①忧愁时艰民苦,世事莫测。哀叹之外,别无他法,空有世道太平的愿望。黄克巽撰写《弃儿行》道出灾荒下饿殍满野、卖儿弃儿、人吃人的惨状,诅咒"毒哉遭此凶年苦,皇天杀人不用斧。吁嗟乎! 当年得儿如黄金,今朝弃儿如粪土!"②

徽州才女唱出"峨眉也合画麒麟",为女性争取应有的历史地位,倡扬为杰出女性树碑立传。徐德音《出塞》吟:"六奇枉说汉谋臣,此次和戎是妇人。若使边庭无牧马,娥眉也合画麒麟。"③

走笔至此,不意竟拉杂写了三万八千言。本意在于运用清代徽州才女自身作品,明了她们的生活情景与创作关系,以及所体现的思想况味;并发现她们在清代具有四个特点,值得留意:

(一)清代徽州才女辈出,诗词绘画创作成为她们生活的重要内容,为徽州女性史、妇女文学史增添光彩

(1)众多徽州才女的出现具有充分的客观条件,其一是徽商在清代发展到鼎盛时期,不仅如此,学界共识,徽州商人贾而好儒,造就一批读书人和官宦;其二是徽州有非商人家庭出身的读书出仕官员,他们中多有学者。这两种人家均注重男儿文化教育,兼及女儿,不仅父母亲自施教,还聘请塾师,女儿随同兄弟、侄儿就读于家塾,更有思想开化者,突破男女授受不亲的禁忌,聘请男塾师教授女儿写诗作画。得到良好文化教育的徽州女子,加上自身的刻苦求知——以致达到废寝忘食的程度,学会赋诗绘画,成为诗人画家,自家刻印诗文集,或被选家纳入诗赋选辑。被社会视为才媛、闺秀。

(2)诗词绘画创作成为徽州才女生活的不可缺少的重要内容。徽州才女的勤于文艺创作,对于她们生活上的作用,归纳起来是:与亲人交流思想感情的渠道;联络闺蜜的津梁;自身生活的伴侣;辅助谋生手段。在闺中、婆家,徽州才女用诗赋与父母兄弟姐妹交流心声,尤其是在婚后,借用诗词表达对父

---

① 《辑考》,第 476—477 页。

② 《辑考》,第 447—449 页。

③ 《辑考》,第 490 页。

母的关切，以及自身的喜怒哀愁；与丈夫唱和，琴瑟和谐，共度美好时光，或劝慰外出的夫婿继续进取，或对好作狎邪游的丈夫进行劝谏，甚至发出哀怨。才女以诗会友，甚而与闺蜜结成吟社，酬唱不绝，显示出诗赋才华，提高艺术水准，为生活增添乐趣。才女，当娘家难于往来，丈夫外出，以至成为寡妇时，写诗作画，以之为孤苦寂寞中的良友，抒发愁情，多少得到一点精神上的解脱。总之，文艺创作是徽州才女生活的必有成分，从而丰富生活，为人生增添色彩。

(3)清代的徽州才媛在女性文学史上应有一席地位。方光禄说进入清朝，徽州才媛的身影迅速增多，出现百媛争艳的盛况。徽州才女为徽州女性增添光彩；从文学史的角度看，徽州才媛中出现清代三大词人之一的吴藻，产生毕著、汪玉英、方掌珍、徐南苹前后辉映的诗人，为清代女性文学史增色。

(二)徽州贤媛凭借文化知识和艺能，独立解决生计生存问题

清代徽州贤媛中贫乏者以女红获取生活来源，更有人凭借文化知识和艺能，做闺塾师、风水师，将绘画作品投入艺术品市场，挣钱养家糊口，同时教育子女健康成长，以致成为社会人才，壮大门庭，为社会所认可、所尊重。充分表明女性具有很强的创造力、谋生智慧和生财之道，从而实现独立谋求生存的愿望。徽州贤媛生存地区与经济文化发达的江浙毗邻，更有不少人生活在江浙，这就为她们谋求生存提供了相对有利的生存环境，这是她们的幸运之处，也是她们异于其他地区女性的优点与特点。

(三)徽州才女对社会、历史有出色见识并富有同情心

在她们的诗词抒发出对时事的感受，对乱世的痛恨，对民生的关切、民艰的同情；咏史对历史知识的了解和分析，对一些事件、人物认识的准确，今日的史家也不过如此。徽州贤媛运用诗词道出自身的经历和明末清初、太平天国战争加给民众的苦难，以及她们的态度：避难与遭难，参与，盼望太平。她们敏锐地观察到战乱的难于遏制，唱出"纷纷世事一枰棋，局残犹打鸳鸯劫"的警句。徽州贤媛"不得其平便欲鸣"，指责社会的不公；向往清明世道，人间和睦；希望民间富裕，有能力者乐善好施。

徽州才媛综论朝纲，对千古为人称道的汉武帝"罢黜百家独尊儒术"，一针见血地指明其外儒内法实质；对官员出仕之道，认为应以"道存身与俱，道亡禄可辞"为准则，如此豁达胸怀，一般人达不到。她们对历史人物的评价，虽有传统社会主流意识的忠孝观念，而重视才智事功的观点更突出。她们敬重

的梁红玉是妓女出身，王昭君屈从于匈奴习俗先后嫁给单于父子，都不是"贞节"女子，她们不在意，看重的是梁红玉、昭君事功。"娥眉也合画麒麟"，她们在为女性争取应有的历史地位。

应当明了，女性毕竟受生活狭窄的限制，咏史、论时政之作，相对于抒发关注感情世界的作品少得多，笔者在这里将她们的论史、论政作为一个特点，意在强调她们的识见难能可贵，不可忽视。

(四)清代徽州才女思想处于前近代阶段，较为开放，难能可贵，但从观念上走向近代社会尚有一个长过程

(1)在作品问世、以文化知识谋生方面，表现出徽州贤媛思想上的开放与迈向社会的坚实步履。徽州贤媛中的思想开放者步入社会的表现，一在于诗词供世人欣赏，写作诗文图画，不仅是自赏、亲友间小范围观赏，更加刻印问世，同意选家选进诗词汇编刊印流传，而不惧怕世俗的非议；二是做闺塾师、堪舆师，与男子一样从事正当的谋生职业；三为将绘画投入艺术品市场。此种闺秀，业已迈出闺房，走向社会。她们思想开放，走在时代的前面。

(2)前进路上思想障碍有待克服及需要的社会条件。三从四德、内外有别的思想束缚，令徽州女诗人在走向社会上受到诸多制约。其一，徽州才女中有人信守内言不出闺阃女教，谨防作品外传——不刻印诗集，不让选家选辑她们的作品。她们思想，无疑受传统社会主流意识束缚，是守旧的。其二，开通与守旧两者妇职观念一致，都认为写作是女性业余之事，是妇职之外的闲暇爱好，故将诗集称为"绣余吟"，这是传统社会主流观念的反映，她们的思想意识不可能没有时代的烙印。女诗人以诗赋问世，是走向社会的重要一步，很不容易，值得充分肯定，然以"绣余"视之，表明前进路上需要继续思想开放，提升思想境界。其三，妻子容忍一夫多妻制，甚至乐于容纳侍妾，这是思想上受三从四德的支配，也是人性的扭曲。其四，女诗人总有"劬劳恨未报双亲"的负疚感。女子于归，脱离娘家，对父母生身抚养的恩情，即使有了很好的报答，仍然因为"生身为女子，骨肉何能完"?!不是一家人而感到非常不够，心怀愧疚，无从消释。这些思想障碍，在传统社会是无法摆脱的，是以女性全面走向社会与思想解放是非常长的过程。

女子全面走向社会，最主要是改变社会地位，具有独立人格，应有社会职业，彻底消除传统意识的束缚。这些不是本文所能全面深入探讨的，这里仅仅指出：君主专制社会，女子三从，没有独立人格，只有改变这种状况，真正成为

独立的人,她们的创作权、出版权、工作权、社交权才能真正获得;传统社会,女子在娘家也没有继承权,只有现代社会的核心家庭,男女平等,女性改变家庭角色,走向社会,不再是、不仅仅是全职家庭主妇,而是有社会职业的家庭女主人,女子在娘家、婆家都有继承权和相应的义务,劬劳未报感才可能消失。目前中国法律子女要尽赡养父母义务,从理论上讲女子再不会有"劬劳恨未报双亲"的负疚感了。而在西方的许多国家,子女都没有赡养父母义务,女儿更不会产生负疚感。由此可知,清代徽州女子要走出内言不出闺阃、"劬劳恨未报双亲"思想困境,必须随着社会的进化,家庭结构和职能的演变,女性社会角色的全面社会化,同步进行,才有可能。①

(2015 年 4 月 16 日草就,载安徽大学徽学研究中心编《徽学》2017 年卷,安徽人民出版社,2018 年)

---

① 笔者对徽州才女的"感情世界",未能拓广深掘,未及深入分析她们的心理与思辨活动、价值取向、审美情趣等多个层面;大体而言,女性重情感,男性重理性,女性诗词所抒发的情感往往比男性更加精微细腻,感人尤深,笔者亦未涉及两者对比性研究,对徽州才媛诗赋感情的细腻性尚欠深入探讨。凡此,皆为憾事。

清代九旬女史孙旭媖顽强的生活态度

　　孙旭媖,是一位极其贫穷的女子,她为人知晓,是因为她有诗集《峡猿吟草》,被乾隆时期诗词选家汪启淑发现,将她的诗选进《撷芳集》;我是从傅瑛主编的 2010 年黄山书社印行的《明清安徽妇女文学著述辑考》获知的。一位贫穷女子,身前身后之为人所知,在于她有感人的事迹,她憎恶社会贫富不均而又积极生活的态度,还能够给后人认识古代女子谋生史开启思路。

　　孙旭媖,字晓霞,生活在康雍乾时期,享年约 90 岁。怎么得知她是活在这个时间的呢?《撷芳集》出版在乾隆五十年(1785),孙旭媖的诗既被选入,表明她是乾隆五十年以前的人,或此年以后仍在世,但不会很久。她作有《癸丑除夕》七律,此处的癸丑年,当系康熙十二年(1673),或雍正十一年(1733),或乾隆五十八年(1793),她享高年,乾隆五十八年应予排除,雍正十一年可能性最大,据此断定她生存于康雍乾年代。

　　她的父亲孙云朝是秀才,徽州歙县人,移居江苏无锡。她从乃父得到书本知识,会写诗,还懂得医术,但是家境贫乏,为生存下来,她决心不结婚,留在家中养活父母。《梁溪诗话》叙述她的身世和经历:"云朝夫子而贫,晓霞侍养不嫁。针绣所得,以供甘旨。复精岐黄术。亲殁,居邑之楼巷,颓垣斗室,吟咏自怜,年八十余卒。"俗话说"男大当婚女大当嫁",是人之常情,孙旭媖断然采取不结婚的办法,留在父母身边,侍养他们,父母亡故之后,她孤独地了结一生。

　　她的侍养父母,靠的是女红,就是用给人家缝纫、刺绣的收入,供养亲人饮食。为赶活计,生病时亦打起精神做针线,不是不难受,为的是不让双亲知道女儿有病而担忧——"针线强拈非讳疾,恐教垂白两亲知"(《偶作》)。她懂得医术,很可能兼代给人治病,辅助家庭生活费来源。她以女红养家,为父母和自身的生存,做到了自食其力,解决生计问题,表明女子可以独立谋生,但必须努力挣扎,因为在传统男性社会里女子谋生手段受到诸多限制,养家更是困难重重,必须付出沉重代价,以至不得不独身。孙旭媖为父母的生存,不仅是供给饮食,同时关心他们的身心健康,隐瞒自身病痛,就是显例,这样的为人行事,怎不令人敬重!她达到了孝的最高境界。

孙旭媖自撰的《初夏感怀》诗证实《梁溪诗话》记叙的准确,该诗咏道:"漫将针线疗奇穷,九十韶光瞬息中。事遇伤心人易瘦,诗摹变体句难工。生憎柳絮因风起,不忿桐花为雨空。过眼繁华皆火石,莫将荣落怨天工。"她的家不是一般的贫乏,而是"奇穷",如果将人们财产状况分为九等,她家应是第九等的下下户。她就是在这样困窘中度过一生,时时离不开伤心事。诗中同时表明她的人生态度是,窘迫中坚强自持,不羡慕荣华富贵,对自家的苦痛不怨天尤人。诗中透露她年逾九旬。

那么她是以安贫乐道的态度对待人生的吗?也不是,她嫉恨社会的贫富不均。孙旭媖父母弃世后,女红之外,她以吟诗作伴,借以抒发怨气,以及愤世的感情,使得心情好一点。且看她的《写怀》:"福慧难兼信不误,万千磨折我何辜。峨眉自古无才子,巾帼而今有腐儒。寂寂愁城书作伴,迢迢良夜月同孤。年来绣稿多抛却,剩有灵山大士图。"她自许有才华,是聪明智慧的人,连深奥的《黄帝内经》都懂,但是没有福气。这确有个人因贫困对世事不满的因素,但她不是不努力,是社会不允许富有才华的女子闯天下做一番事业,而混世的男人不能经邦治国,想不到今日有文化的女子也成了腐儒类人物,不懂与不能处理好世事。有才华而无福气,她的不平则鸣,抒发的是有识之愤世情绪。"福慧难兼"之说是千古话题,读书人不易饿死,但大富大贵者多非读书人。孙旭媖为什么身陷贫穷处境,有时以为是命运不济,所以《癸丑除夕》写道:"天乎命也空迟疑,流光速若风雷驰。"长久的抑郁心情,对世事的不公,有时发出怨恨不平之声,在《阅旧稿有感》写道:"不得其平便欲鸣,抚今追昔几心惊。旁人莫作闲情看,我自饥寒过一生。"当心情相当恶劣时,对备受折磨的人生有生不如死的感叹,遂在《忆亡妹》中说:"惨魂休恨招无意,犹胜生存苦备尝。"抑郁难免,她时时排解,不令它控制一生生活;不平则鸣,积郁需要抒发,有益于健康,就是这样才能使孤苦伶仃中的孙旭媖顽强地活下去,达到人生难有的人瑞之龄。

(2015 年 3 月 6 日成稿,系 2016 年天津广播电台演讲稿)

明清安徽女性文学是厚重文化积淀的表征

——傅瑛主编《明清安徽妇女文学著述辑考》序

 傅瑛教授的父亲傅安华先生,早在20世纪30年代,就是中国社会经济史专家,是我崇敬的前辈;她的姐姐傅玫教授是我的南开同事;她的姐夫许盛恒教授是我的同窗、同事和挚友。傅瑛教授让我为她精心编著的《明清安徽妇女文学著述辑考》(以下简称《辑考》)写序,情谊为重,我爽快地答应了;然而内心不安,因为我对女性文学史真正是所知极少的呀!

 汇辑考订众家文学著述之作,其品质如何,我想要考虑到几个方面:辑考者能否将选题范围内的作家汇辑齐全,是否遗漏太多;文学作者生平及其写作时代的背景资料搜集;所选诗文是否为其人的代表作或重要作品;注释准确与否。这几点将体现出辑考者的学术功力及辑考作品的学术价值。若以此考察傅教授的《辑考》,我因学识所限,不敢置喙,仅就所知,略述其一二。

 90年代初,我因给"袁家三妹"之一的袁机写小传,从袁枚的《随园诗话》得知,安徽合肥女子许燕珍赋诗为袁机的不幸婚姻鸣不平,然我对许氏所知甚少,未作深论。想不到于十几年后,在傅教授的《辑考》中看到许燕珍的大量资料,可谓"踏破铁鞋无觅处,得来全不费工夫",真是喜出望外。《辑考》为许燕珍立出专题,先是给出她的小传,接着罗列十种有关许燕珍及其家世的资料文献,最后选录许燕珍诗词二首。十种文献依次是:许燕珍之夫汪人镇侄儿汪浚为其《凊馀小草》写的序和跋,道出许燕珍的阅历、家庭生活、诗作及保存;《今世说》记叙许燕珍为少年才女;袁枚在《随园诗话》中,录入许燕珍《元夜竹枝词》和评论袁机的诗,认为"实获我心";《撷芳集》写出许燕珍小传;《见山楼墨话》谓许燕珍诗词俱佳,录其《念奴娇·咏新柳》;《名媛诗》论及许燕珍的诗词,特别评论《咏谢道韫》;光绪《庐州府志·才媛传》为许氏立传;光绪《庐州府志·文苑传》为许燕珍的祖父许孙荃立有传记,云其为进士出身,翰林院侍讲、陕西学政;沈德潜《国朝诗别裁集》亦有许孙荃的小传;嘉庆《庐州府志》、蒋元卿《合肥县著述人物考》为许燕珍之父许齐卓立传,其为贡生,出任建化县令,归田后读书写作,著述颇富。《辑考》选录许燕珍的诗词和《咏谢道韫》,分别出自《国朝闺阁诗钞》《名媛诗话》。

《辑考》给出十种传记资料,能够勾勒出许燕珍的生平和特点:她出生在官宦世家,少随先人宦游八闽,显示出诗才,二十岁与无为诸生汪人镇结婚,夫妻感情甚笃,汪人镇刻意保存她的诗作;她同情弱者、不幸者,赞扬才华出众之同类;工于诗词,著有《菁馀小草》《鹤语轩诗集》《松窗诗钞》等。傅教授关于许燕珍辑考,给我一种强烈而深刻的印象:用力极勤,搜求颇富,资料翔实,诚为文选佳作,既彰显皖省女性文学先贤,又为学术界提供足资利用的研究资料,如果当年有《辑考》,我加以检索,就会得到许燕珍的众多历史资料,就能利用她的评论去丰富我对袁机的论述。从自身体会,我认为《辑考》是成功之作,完成了编著者汇辑明清安徽妇女文学著述的初衷,实践了编著凡例的设计与要求。

《辑考》给出654位明清安徽女性文学作家的传记资料及其代表作,人数众多,一一为她们勾稽有关传记资料,尤其应当注意到傅教授为女性作家立传的别具匠心。女性作家及其家世资料,与选辑男性作家大不相同,女性的地域,不只是出生娘家父亲籍贯,更有夫家的属籍;同样,女性作家的家世,既有夫家方面的,还有娘家的。傅教授考虑及此,将父籍安徽和夫籍为安徽的妇女作家,都作为研讨对象。傅教授鉴于历史文献中有关女性文学作者的记录甚少,遂尽可能地著录她的亲属史事,以资参考,令读者能够较为丰满地理解那些女作家。唯其把握女性作家的特点,《辑考》乃成为成功之作。

我是学习和研讨历史学的,脱不出"三句话不离本行"的窠臼。《辑考》汇百多家历史文献资料,给明清两代两性关系史、社会生活史以至政治史研究提供方便,可谓功德无量。俗语"长头发,短见识",社会排斥妇女,尤其防止她们干预政事。《辑考》的资料,令人看到不少女诗人是那样关心时局和民生,对中国历史、太平天国战争、八国联军,对历史上的忠孝节义之士,对未央宫、《桃花扇》、吴梅村等等发生兴趣,在诗词中抒发她们的见解、感受,谁能说她们不关心政事。女诗人以她们细腻的观察、浓郁的感情,抒发对亲人的怀念,对远嫁的离别、婚姻不幸的愤懑情怀,甚至孤寡殉夫惨绝人寰的绝命诗,反映了家庭生活和人际关系,可以说关注家庭、观察细腻、感情丰富,是女诗人作品的特点。诗歌,或许为女性所能;女性做学问,人们往往漠然视之。然《辑考》却在不经意中表现出女学者的形象——通经史释道,有不让须眉之处。

傅教授等辛勤劳作,汇辑了如此有价值的女性作家专题资料,为此我要说:"谢谢,您们辛苦了。"

　　傅教授的辛劳有成,还在于安徽文化底蕴深厚,所蕴藏的大量文化素材,可供采集。试想"建安七子"的倡导者是安徽人,在清代学术文化史上产生皖派,桐城古文学派,执掌"五四"大旗的陈独秀、胡适恰恰是皖人,因此在明清时期涌现出大量的女性文人,是情理中的事情。傅教授的《辑考》,有力说明了安徽是文化大省,具有极大的发展潜力,愿傅教授的书在安徽省文化建设中发挥应有的积极作用。

　　《辑考》九卷,按地域方位区划著录作家,分出皖北、皖东、江淮等卷,又因桐城、歙县作家人数众多而单独立卷,给读者阅读、检索以方便,可见在编辑中尽量为使用者着想。地域排列的顺序,以皖北打头,愚意似可斟酌。我觉得以明清时代的行政区划序列为好,具体地说,不妨按《清史稿·地理志》的顺序排列那样,具有明清时期安徽地理知识的人检索起来会觉得便利。再不然,依今日安徽行政区划亦可。不知傅教授以为如何?

　　(2009年10月29日草于顾真斋,载傅瑛主编《明清安徽妇女文学著述辑考》,黄山书社,2010年)

试论清中叶皖南富裕棚民的经营方式

鸦片战争前的清代,由于商品经济的发展,在一些城市的某些手工业中已经出现资本主义萌芽,农村的阶级关系也发生了微弱的变动,在个别地区,农民分化的迹象有所显露,皖南富裕棚民的出现,就是这种分化的一个表现。因此,研究富裕棚民的经营方式,对于了解农村阶级关系的一个侧面,有着一定的意义。

一

富裕棚民,连同一般棚民的历史,都是尚待研究的问题。在进行富裕棚民的经营方式等问题的分析之前,有必要了解棚民的某些基本情况。

清代有一种"住棚垦山"的人,被称做"棚民"[1]。他们散处在全国广大地区,江西、安徽、福建、浙江、湖北、陕西、四川等省的山区尤多。棚民多半不是本地人,他们往往离开家乡数百里甚至几千里,在新的居住区形成"寄籍其间,五方杂处"的状况[2]。棚民所到的山区,多属未开垦的处女地,他们向山主人租赁,从事生产,是一种农民。棚民的集散,不利于封建秩序的稳定,引起了统治者的注意。在清中前期的官方文书中,可以看到清政府关于棚民的一些法令,如1763年(乾隆二十八年),"定稽查江西、安徽、浙江等省棚民之例"[3]。统治阶级企图通过这些法令加强对棚民的控制,表明棚民问题已成为一个社会问题了。

安徽南部,即徽州、宁国、池州、太平、广德等府州,是一个棚民聚居区。道光年间,安徽巡抚陶澍说:"徽州、宁国、池州、广德四府州属境内,深山峻岭甚

---

① 同治《宁国县通志》卷1,《风俗》。
② 严如煜:《三省边防备览·序》。
③ 《清朝文献通考》卷19,《户口》。

多,往往有外来民人租山垦种,搭棚栖止"①。比他略早一点在安徽任官的杨懋恬在处理皖南棚民与当地居民的纠纷事件时说:"棚民租垦山场由来已久,大约始于前明,沿于国初,盛于乾隆年间"②。这两个地方官的话,说明皖南棚民产生很早,但是构成一种社会力量则是在清朝中期。

"棚民"的称谓,同清朝政府户籍登记中的"军""民""商""灶"等名称一样,不能反映这种居民的社会政治经济地位的全貌,它仅仅是一种居民的称呼,而不是一个阶级的概念,我们要弄清这种人的社会身份,就必须研究它在生产关系中的地位。

棚民与山主的关系,在各个地方以及同一个地区是不一样的。皖南的棚民也是"租佃情形各有不同"(《杨文》),存在着经济政治地位大相径庭的状况。有的本身雇有工人,向山主交纳货币地租,是富裕棚民;有的"并无银本","与山主分收花利"(《杨文》),即以分成制的办法向地主交纳实物地租,是贫苦棚民。因此,我们不能把棚民当作一个阶级或一个阶层来看待,而应当把棚民"按照经营性质(经营性质不是指技术上的特点,而是指经济上的特点)的差别予以分类。"③分别加以研究。贫苦棚民是在家乡无法生活的"无业穷民",不得已"携老挈幼"(《陶文毅公全集》卷 26《查办皖省棚民编设保甲附片》),离乡背井,他们赁山垦荒,与山主构成纯粹的封建租佃关系,本文不作讨论。而富裕棚民的经营方式则具有某些新的社会因素,本文将对此试作分析。

二

清中叶的人们对于富裕棚民很不理解,方椿说棚民"奈作苦,似甚贫;挟重赀,又似甚富"④,看棚民那样勤劳像是穷人,而他们有许多银钱,又像是富人,是穷是富,迷惘不解。似贫非贫,似富非富,倒一定程度反映了富裕棚民的状况——他们是劳动者,又有一定资财。下面,分析富裕棚民的一些具体情况。

①《陶文毅公全集》卷 26,《查办皖省棚民编设保甲附片》。
② 道光《徽州府志》卷 4 之 2,《道宪杨懋恬查禁棚民案稿》,下引该文,简称《杨文》。
③《列宁全集》第一卷,第 31 页。
④ 道光《徽州府志》卷 4 之 2,《楚颂山房杂著》。

(一)富裕棚民向山主交纳货币地租

"租山棚民各立召约","约有载明价银、年限、年满退山者,亦有不载年限者"(《杨文》)。这个租佃文约中的价银是指什么?因为是租山契约,当然不会是买地价。是典山价吗?是押租(即获得租佃权的顶银)吗?都不是,它是地租。杨懋恬在拟定处理棚民、山主纠纷的办法中规定,若山主在租佃期限未满之前退佃,要依租期退还租银:"所有租价银两,按年分摊,如原限二十年,租价一千两,已种十年,即扣除五百两,仍还银五百两,饬令拆棚退山"(《杨文》)。扣除部分,就是每年的地租,退还的部分,是因契约破坏,未能实现租佃,退回事先交纳的地租。杨懋恬这样规定,也这样执行。棚民方会中等租佃休宁县山田,出租价银二千六百多两,后因人命案件,被勒令退佃,只领回价银一千四百两,其余一千一百多两"因承租数年,俱经得有利息"而被扣除。清朝政府采取这种"饬退租价,按年分摊"①的办法,说明棚民所出的价银,是一次交清租佃期限的地租。这里有两点值得注意:一是棚民向业主交纳的不是他的生产物,而是生产物的价格——货币,它是货币地租。二是地租交纳在生产之前,是一种预付地租。预租,地主早收一二年的情形常有,如同《红楼梦》所描写的"寅年吃了卯年粮",但预收若干年的则很少。

棚民预付地租,表明地租不轻,就地租绝对量看也不小。记载说"荒山百亩,所值无多,而棚民可出千金、数百金租种"(《杨文》)。有的记载还说棚民"向向业主租取荒山,租价反倍于买价"②,这样高额地租,反映了地租剥削的野蛮。

棚民以超过买价租地的现象也不难理解。清朝自康熙中期以后,地主阶级大肆兼并土地,造成土地高度集中,随之产生的是租地困难和地租极度沉重。棚民为取得租地,离开家乡,来到山区,不租熟地,佃垦荒山,所受剥削虽亦很重,但获取租地却较为容易。

能够预先交纳相当数量租银的棚民,自然不会是极其贫苦的农民,所以官僚汪梅鼎说:"此种棚民本与贫无所归者悬殊"。③他们是富裕农民,因其富裕,才能够预付地租,同业主实现货币地租关系。

---

① 《陶文毅公全集》卷 26,《会同皖抚查禁棚民开垦折子》。

② 《野语》卷 10,转引自《明清笔记丛谈·野语》。

③ 道光《徽州府志》卷 4 之 2,《国朝汪梅鼎驱逐棚民案稿》。

(二)富裕棚民与业主基本上是契约关系

前已说到棚民租山与业主定有契约。契约规定租佃的地块,如棚民方会中等在休宁县开垦滔田、江田等山岭,"约周二十余里,均系照约耕种"(《杨文》)。租约规定租佃期限,"或十年,或十五年,或二十年至三十年"(《杨文》)。契约期满后,定约双方解除了契约关系,棚民即"弃而之他"①,除"又复别租他山"(《杨文》),山主不能强迫棚民继续承担契约义务。所以棚民与山主之间是一种契约关系,而不存在强烈的人身依附关系。

农民与地主订立租佃契约,在中国历史上出现很早,至迟在唐代就有了,但那是在实物地租下,所以长期以来农民仍遭受地主及其国家的强烈的人身控制,不能随意离开地主。清中叶的皖南棚民已经有了一定的迁徙自由,这是伴随货币地租的实行而发生的。马克思指出:"在货币地租通行时,占有并耕作一部分土地的下属农民和地主之间的传统的合乎习惯法的关系,必然会转化为一种契约的、按明文法的固定规则来确定的、纯粹的货币关系。因此,从事耕作的土地占有者,就在性质上变成了单纯的租地人。"②当然,清中叶,货币地租远没有发展成为通行的地租形态,富裕棚民也还没有取得单纯租地人的地位,但同业主已不是依附关系。同时,包括棚民在内的农民获得一定的迁徙自由,已经为清朝政府所承认。雍正初年,清朝政府实行摊丁入亩的赋役制度,从而保证了对民人的丁役征收,不再像以前那样需要对农民进行极端严密的控制了,所以在这项政策实行的同时,就停止对户口的编审,至乾隆中期,干脆永停编审造册,有人说它造成了"民轻去其乡,五方杂处,逋逃为薮"③的不利于维持社会秩序的结果,也就是说民众获得了某种程度的迁徙自由。棚民正是在这样情况下,才能比较少受阻拦地离乡背井到陌生的地区寻找租地。

我们知道,在明代和清初,徽州、宁国、池州三府世仆制盛行,租山的农民往往成为业主世代相沿的农奴,而这时租山的棚民与业主基本上是契约关系,这是何等巨大的变化呀!

---

① 《野语》卷 10,转引《明清笔记丛谈·野语》。

② 《资本论》第三卷,第 933—934 页。

③ 冯桂芬:《校邠庐抗议·稽户口议》。

(三)富裕棚民少许雇工生产

交纳货币地租的富裕棚民所经营的规模,大多超过他本人或其家庭劳动力所能担任的规模,要雇用一定数量的工人。嘉庆时,徽州府黟县知县吴甸华说,该地"棚民种植山场,雇用工人"[1],明确地告诉我们棚民内部有着阶级的分化,即一部分棚民雇用另一部分棚民做工人。不过在用词上,吴甸华所说的棚民,实指富裕棚民,而将那些雇工排斥在棚民概念之外。富裕棚民雇工多少,尚缺乏确切资料。据方楘说"一棚之人不下数十"[2],杨懋恬驱逐休宁县九十多棚六百余人,则平均每棚约有六七人。富裕棚民即使家庭人口较多,一般也达不到数十人,而且此种棚民多半不是携带全家外出的,所以每棚有六七人至数十人,会有一名或数名雇工。这里所说的雇工,实指终年受雇的长工。长工之外,富裕棚民还雇用短工。杨懋恬说徽州棚民中,"其随时短雇帮伙工人,春来秋去,往返无定,多少不一"(《杨文》)。"春来秋去",正是农业中短工的特点;"多少不一",则指每年短工人数不固定,虽是时有变动,但总有一定人数存在。

富裕棚民的雇工,"均系外籍流民"(《吴文》),即和他们的雇主一样是外地人,具有着一定的迁徙自由。雇工与富裕棚民的关系,雍正皇帝曾经对浙江棚民有所规定:"以棚民之奸良,责成租地之山主,工伴之好歹,责成于招佃之垦户"[3]。即雇工要受棚民雇主的管束。在徽州,也基本是这样,杨懋恬在驱逐棚民时,"饬各棚民率领丁属工伙下山,分投回籍"(《杨文》)。吴甸华说雇工"或结党逞凶,或纠伙肆窃,该棚民不能约束,明知故纵,且有助恶肆横,窝窃分赃者"(《吴文》),表明雇工受富裕棚民的一定控制。

(四)部分是为出卖而生产

讲到棚民的生产,一般都说他们从事经济作物的种植。雍正时期,浙江官员王国栋、李卫说棚民"皆以种麻、种菁、栽烟、烧炭、造纸张、作香菰等务为业"[4],或说棚民"艺麻、种菁、开炉煽铁、造纸、制菰为业"[5]。皖南棚民是否也是如此?几乎所有资料都只说他们"垦种包芦",如同治《宁国县通志》卷9《艺

---

① 嘉庆《黟县志》卷11,《知县吴甸华禁租山开垦示》,下引该文,简称《吴文》。

② 《楚颂山房杂著》。

③④ 雍正《朱批谕旨·李卫奏折二》。

⑤ 《清史稿》卷120,《食货志·户口》。

224

文》,同治《祁门县志》卷 12《水利》,嘉庆《旌德县志》卷 5《物产》,等等,到了近代,才说"栽种烟、靛、白麻、包芦、薯蓣等物"①,即经济作物和粮食作物兼种。看来皖南的棚民从种植杂粮开始,逐渐向培植经济作物过渡,不过我们所研究的这个时期是粮食生产时期。

经济作物的生产是要将产品送到市场上进行交换,是为出卖而生产。皖南棚民不生产经济作物,很难由此断定他们的生产与市场的关系。但是即使在粮食生产中,也可以从棚民的生产力和经营规模判断这种生产与交换的关系。嘉道时期,皖南泾县人包世臣曾经总结过棚民开山生产的经验:山田适宜于种植经济作物和杂粮;要在农业生产的同时,兼顾养猪和家禽,特别要注意积肥和施肥,他说:"山棚人多,粪非所乏,故宜多备区种","凡棚须备二三间养猪","收利既重,又资其粪"②。他的总结,反映出棚民拥有较多的劳动力;注意生产技术和经营管理,有较高的生产能力。在此情况下,棚民生产包芦等杂粮,也"获利倍蓰"(《杨文》),也就是说棚民的生产量是比较多的,除了他本身和雇工食用之外,一定会有一部分粮食要拿到市场去交换,而且为了交纳货币地租,也必须这样做,所以说他们的生产部分是为了出卖,所以才能"获利倍蓰"。

三

富裕棚民经营方式的实质是什么,是否已是资本主义的了? 要弄清这个问题,必须明确什么是农村中的资本主义关系。列宁指出,发生资产阶级农业制度的过程,原因有两个:(1)商品生产(2)不仅是产品,而且劳动力也成为商品。③根据列宁和马克思的一些论断,我们认为农业中资本主义生产关系有以下特点:

(1)农业经营者是为出卖而生产,因此,农业就成为商业性行业,而不是封建的自然经济的农业。它的标志就是农业的专业化。

(2)农业经营者雇工生产,这种雇工既要一无所有,又要有人身的自由,

---

① 光绪《宣城县志》卷 2,《疆域形势》。

②《安吴四种》卷 25 上,《齐民四术》。

③《列宁全集》第六卷,第 304 页。

但是不出卖自己的劳动力就不能生存。

（3）农业生产者有较多的生产资金，生产规模比一般农户要大，能够改良工具和改进耕作技术。

从这几个特点看富裕棚民，其还构不成资本主义租地农业家，经营方式还不是资本主义的。这是因为：

第一，富裕棚民的生产虽已有一部分是为了出卖，但是还不占主导地位，这就是说他们的生产并没有发展为商品性农业生产，没有形成农业专业化。

第二，富裕棚民交纳的地租，不是"除去资本的平均利润所剩下的一部分剩余价值"①，即不是资本主义地租。同时，富裕棚民预交的相当数量的租金，本来可以用来发展生产，提高产量，增殖财富，发展其经济，但是由于中国封建土地私有制发达，农民租赁土地条件苛刻，富裕棚民为取得租地，不得不付出沉重代价，从而很大程度上削弱了他们发展生产的能力。

第三，包括富裕棚民在内的所有棚民，虽然取得了某种程度的迁徙自由，但还都受着封建政府和地主的一定人身控制。封建政府和地主认为棚民经济"病农藏奸"②，即害怕农民造反者隐藏在富有流动性的棚民中，影响封建秩序的稳定。为此官方在棚民中推行保甲法。摊丁入亩后，清朝统治者控制人民的日常办法就是保甲制，雍正皇帝说："弥盗之法，莫良于保甲"。③雍正四年（1726）推行保甲制的时候，雍正帝特地命令地方官将江苏、安徽、浙江、福建的棚民"照保甲之例，按户编查入册"④。乾隆二十二年（1757），清朝政府改定保甲法，于土著居民、商贾等客民编排保甲办法之外，提出"山居棚民责成地主"的条例⑤，二十八年（1763）又规定带有家属的棚民隶籍编保甲，单身棚民只有取得指定保结之后才准许寄籍编入保甲。⑥道光四年（1824），道光帝下令整顿棚民保甲，严令"查有不安本分斗狠健讼之徒，立即严拿示惩"⑦。

统治者控制棚民的另一种手段是驱逐棚民。皖南是封建族权盛行的地区，山地往往为一个宗族所公有，棚民只是向宗族中个人租山，交纳租银。宗

---

① 《列宁全集》第十三卷，第 273 页。

② 道光十七年御史陶士霖奏疏，见《陶文毅公全集》卷 26，《会同皖抚查禁棚民开垦折子》。

③ 王先谦：《东华录》雍正朝卷 8，雍正四年四月甲申。

④⑥ 《清朝通典》卷 9，《户口丁中》。

⑤ 《清朝通志》卷 85，《户口丁中》。

⑦ 《陶文毅公全集》卷 26，《查办皖省棚民编设保甲附片》。

法性族长往往从宗族内的出租人那里分得租银，但却不承认棚民的租佃权，他们或自行"焚棚抢苗"，迫害棚民，或者给棚民捏造罪名，呈请清朝政府惩治。企图以此"自得价银"（《杨文》）。清朝政府总是支持土著地主的要求，以行政手段解除棚民与山主的契约，勒令棚民退还租地，返回原籍。嘉庆十二年（1807），清朝政府规定：若将公共山场出租给棚民的人"照子孙盗卖祖遗祀产至五十亩例，发边远充军，不及五十亩者减一等"；承租之棚民，"不论山数多寡，照强占官民山场律，杖一百，流三千里"[1]，棚民出价承租，却照强占他人土地法律治罪，其残暴到了何等严重的地步。

第四，当时手工业中资本主义生产关系还只处于萌芽状态，手工业生产没有大发展，不可能吸收大量农业人口，以促进农村两极分化和商品经济的发展。一般来说，农业中的资本主义关系，发生在手工业和商业之后，这就决定清中叶很难有资本主义的农业生产关系。

马克思主义辩证法看问题要有发展观点，哪怕是微弱的差异；要善于发现新事物，哪怕是处于萌芽状态的东西。富裕棚民的经营方式，尽管还没有脱出封建的窠臼，但新的社会因素已经出现了。小量雇工与部分地为出卖而生产相结合，是农业中资本主义生产关系的始发点；货币地租虽然是封建地租形式，但它却是这种地租的"最后形式，同时又是它的解体的形式"[2]，是资本主义地租发生的先兆。根据这些因素，可以说富裕棚民的经营方式中已经孕育着资本主义萌芽。

我们认为孕育着资本主义萌芽与资本主义萌芽不是一回事，两者有很大程度的不同。马克思指出："资本主义生产的最初萌芽，虽然在14世纪15世纪已经可以稀疏地在地中海沿岸某些城市看到，但资本主义时期只是从16世纪开始。在它出现的地方，农奴制度的废止早已实行，作为中世纪光辉顶点的主权城市也早成过去了。"[3]我们理解的资本主义萌芽是资本主义生产方式的萌芽，它有两重意义：其一，生产关系已经基本上属于资本主义性质，但保留许多封建因素，因而资本主义关系有待进一步发展，其二，这种关系只出现在个别地区或某些行业，很不普遍，不可能在全国范围取代封建制，所以那个

---

① 《大清会典事例》卷755，《刑部·户律田宅》。

② 《资本论》第三卷，第933页。

③ 《资本论》第一卷，第790页。

时代还是封建主义的。至于孕育着资本主义萌芽,则是指资本主义萌芽发生的条件、因素的集聚,只有这些条件、因素具备了,资本主义萌芽才能脱颖而出。我们认为富裕棚民经营方式只是孕育着资本主义萌芽,还没有发展到资本主义萌芽的程度。

富裕棚民的经营方式所孕育的资本主义萌芽的因素,如果在正常的社会情况下,将会得到发展。因为雇工和货币地租,对发展富裕棚民的经济是有利条件,他们在租地契约期间,给业主的租金是固定不变的,而货币价值随着时间的推移不断下降,粮价不断上涨,因而他们的支付就相对减少,而收入相对增多,加上他们剥削雇工,所以他们将会沿着"同时牺牲工资雇佣劳动者和地主两方面的利益,而使自己变得富裕"[①]的道路,发展成为资本主义租地人,从这个意义上讲,富裕棚民是资本主义租地人的先驱。

(原载《南开大学学报》1978 年第 4 期)

[①]《资本论》第一卷,第 820—821 页。

清代前期安徽天主教史三题

　　笔者阅读中国天主教史论著和史籍,偶亦写点小文,获知时彦有些论述地区天主教史的,如黄一农对山西绛州、康志杰对鄂北磨盘山、吴旻对福建福安天主教史研究,张西平对黄一农、康志杰的研究说是"令人耳目一新"[1],非常可喜。笔者写过《清代前期江南天主教徒宗教活动点滴谈》[2],亦留心地区天主教史。近日研讨乾隆四十九年(1784)全国性搜捕潜入西洋传教士、中国神父及接引伴送教徒,得知广东、江西、福建、湖南、湖北、陕西、山西、河南、直隶、山东、四川、贵州、甘肃等省都遵奉乾隆帝谕旨,奏报该省缉捕天主教徒情形,就中,安徽巡抚书麟在乾隆四十九年(1784)十二月二十五日专门奏报,遵旨查拿陕西教徒从广东招引西洋人在湖北被捕中的逸犯,因此在与湖北、江西交界处更其大力搜缉,然而未及本省有无教徒情事。[3]似乎该省没有天主教活动。笔者也未见江苏巡抚报告稽查情况,但是江苏是天主教主要活动地区之一,而安徽不然,于是给人一种印象——天主教在安徽较为沉寂。是否如此? 因此在阅览史籍中注意有关安徽天主教徒的活动。

　　笔者阅读中国第一历史档案馆编《清中前期西洋天主教在华传教活动档案》,法国杜赫德编《耶稣会士中国书简集——中国回忆录》[4],吴旻、韩琦编校《欧洲所藏雍正乾隆朝天主教文献汇编》[5],荣振华著在华耶稣会士列传

---

① 高华士著:《清初耶稣会士鲁日满常熟账本及修灵笔记研究》,赵殿红译,张西平序,第5页,大象出版社,2007年。福建福安天主教史,另有学者的专题论文。

② 载于《历史教学》2013年9月下。

③ 中国第一历史档案馆:《清中前期西洋天主教在华传教活动档案》,第二册,中华书局,2003年,第646页。下引该书资料,简单注作:一史馆档案及册数、页码。

④ 法国杜赫德编:《耶稣会士中国书简集——中国回忆录》,郑德弟、耿升、朱静等译,大象出版社,2005年。下引该书资料,简单注作:书简集及卷数、页码。

⑤ 吴旻、韩琦编校:《欧洲所藏雍正乾隆朝天主教文献汇编》,上海人民出版社,2008年。下引该书资料,简单注作:吴旻、韩琦编校书及页码。

及书目补编》①四部书,以及同治《五河县志》所得的清代前期②安徽天主教史点点滴滴资料,是以稍加钩稽,拟出三个小题,进行一般性而非深入系统的描述。

一、安徽天主教活动区域钩沉

上述五部书的信息,表明天主教教堂分布在徽州府婺源县、池州府城、淮南府、太平府芜湖县、滁州直隶州、泗州直隶州五河县的六个府州县辖地。

安徽最早出现的天主教堂,是万历四十四年(1616)在滁州直隶州建立的;顺治元年(崇祯十七年、1644)前后,徽州府婺源县东门村有了教堂③。笔者揣测在滁州建堂的可能是从南京传教区来的传教士,而在婺源传教的可能是从杭州传教区来的, 因为明末清初传教士来到中国, 在江浙立足, 利玛窦(Matteo Ricci,1552—1610)在南京,金尼阁(Nicolas Trigault,1577—1628)、艾儒略(Giulio Aleni,1582—1649)在杭州活动。

传教士成际理(Feliciano Pacheco,1622—1687),在顺治十七年(1660)到淮南府,以后多次来到这里。淮南府有住院,且有一定的规模,应当是他建立的④。按照荣振华的说法,"一所'住院'是属于传教区所有的一所房子,它或由一名或由数名会士占据,或者是在这一年没有神父占据"。"所有住院都拥有一个教堂或祈祷室。"⑤笔者理解,住院归属传教区所有,规模比一般教堂要大一些。成际理之后,有中国人神父江纳爵(1669—1718)来淮南传教,他出生于江西,二十九年(1690)到澳门接受神学教育,几年后回到内地传教

---

① 荣振华著:《在华耶稣会士列传及书目补编》,耿升译,中华书局,1995 年。下引该书资料,简单注作:荣振华书及册数、页码。

② 此处所说"清代前期",是指鸦片战争前的清代。

③ 荣振华书,下册,第 858 页。查道光七年《徽州府志》卷 2 之 6《舆地志·古迹》婺源县无天主堂记录,卷 4《营建志·寺观》,载佛道寺庙,未及天主堂及清真寺,卷 14《人物志·仙释》有佛道人物,无天主教徒。又,乾隆三十六年《歙县志》,无天主教信息。康熙十二年《太平府志》卷 25《古迹·寺庙》无天主堂记录。方志中很难见到关于清代前期天主教的记叙,影响笔者查阅更多的安徽方志,书此,亦有歉疚感。

④ 荣振华书,下册,第 474—475 页。

⑤ 荣振华书,下册,第 854 页。

230

区,四十九年(1700)到淮南,次年转移到松江和上海①,延续成际理在淮南的传教活动。

康熙中期池州府城和太平府芜湖县天主教堂面世。《欧洲所藏雍正乾隆朝天主教文献汇编》收入法国巴黎外方传教会在中国多个省份买地建堂的两份文件,一份是"雍正十一年带至暹罗主教大堂留存永记",内中记有:"江南池州府郭西街天主堂,康熙三十四年梁主教买,现有约在暹罗。江南太平府芜湖县河南来远坊西街天主堂,康熙三十五年梁主教买,现有约在暹罗。"②文内所说的"约",是指购买房地的契约文书。另一份是雍正十二年买地建堂登记,中有上述记录的那两所教堂资产:"江南池州府郭西街天主堂一座;江南太平府芜湖县河南来远坊西街天主堂一所。"③雍正二年(1724)驱逐西洋传教士至广州,十年(1732)逐往澳门,巴黎外方传教会士在离开中国时将购买土地建筑教堂房地产契约文书带往暹罗,存放在主教堂,并将各件契约文书作了登记,形成上述的两个文件。记录说明,在康熙三十四年(1695),梁主教购地,在江南省④辖下的池州府城西街建设天主堂,池州府的首县是贵池,所谓府郭,就是贵池县城;次年(1696),又在江南省太平府芜湖县河南来远坊西街建立一所天主堂。"河南来远坊西街"的教堂,"河南"是个市集,在县治南部,东西十里长。⑤梁主教(Loeng-Hongin),中文名字是梁弘仁。这两处教堂,芜湖的更有名气。耶稣会士魏方济(卫方济,Francois Noel,1651—1729)于康熙四十二年(1703)在罗马写给耶稣会总会会长的报告信中,讲述北京等地建立教堂之外,特地提到"江南省的芜湖和无锡的教堂",他说由于在芜湖传教成功,"使我决定在这个小城建造一座教堂,并在周围乡村又造了另外两座规模较小的教堂和其他若干所小教堂"⑥。依照他的说法,他在芜湖县城建造教堂之外,在乡村另建立两座,还有若干所小教堂,于是芜湖城乡有了几座大小教堂。从魏方济的说明中, 他在芜湖建设的教堂应与梁弘仁买地建筑的不是一回事,是

---

① 荣振华书,上册,第 314 页。

② 吴旻、韩琦编校书,第 47 页。

③ 吴旻、韩琦编校书,第 50 页。

④ 康熙年间,江南省辖区包含后来的江苏、安徽二省,各设布政使。

⑤ 康熙十二年《太平府志》卷 4,《地理志·乡社》,台北成文出版社"中国方志丛书"本,第一册,第 83 页;遗憾的是,府志记录芜湖县的坊巷,却没有著录来远坊。

⑥ 书简集,第一卷,第 232、237—238 页。

不同的教堂。

　　泗州直隶州的五河县有几座教堂。同治《五河县志》云,利玛窦、比利时人南怀仁来到中国,"自是天主教流传浸广。五河城乡亦建教堂数处。雍正、乾隆间各直省奉旨,一再查禁,五邑教堂遂废"[①]。雍乾年间五河县的几间教堂,其中的一所, 可能是奥地利人南怀仁 (Laimbeckhoven,Gottfried Xaver,1707—1787)建立的。他在乾隆十七年(1752)出任南京教区主教,三十七年(1772)在五河,四十三年(1778)在崇明岛。[②]在五河居停过期间,以他在教会中的地位,不难在此建设教堂。

　　从地域来看,安徽的天主教徒集中在皖南的太平、池州、徽州三府和淮南府及其附近的泗州、滁州。

二、在安徽的西洋传教士和安徽人神职人员在外省传教

　　前面的叙述业已表明,到安徽传教的主要是西洋人,也有中国人,这个子目里介绍前述那几位西洋人在安徽的活动;与此不同,却有着几名安徽人在外省布道。

　　成际理,葡萄牙人,有记载说他是茨冈人(吉普赛人),出生于欧洲,"善于计算和具有神性"。顺治八年(1651)到江南上海,十七年(1660)到淮南,康熙初年历案中流放广州,在五年(1666)年底,他召集同被监禁的二十五名传教士讨论"有关仪礼和本地神职人员大会",历案后返回南京,于十三年至十六年(1674—1677)任副省会长,二十二年(1683)再次到淮南,四年后病故于此。撰有《学院教规》。[③]

　　康熙帝于三十一年(1692)颁布容教令,准许西洋人在中国传教和中国人信教,西洋传教士利用这一有利时机,大力开展传教活动,梁弘仁适时地在芜湖、池州建立天主堂,他就是西方文献纪录中的罗萨里主教德·里奥纳。三十

---

　　① 同治《五河县志》卷19,《杂志五·轶事·天主堂》,第四册,第 27 页,"中国方志丛书"华中地方第 223 号,1974 年。第二次鸦片战争之后,允许传教,同治间,"教士刘德辉于大兴街北首购地两处,建天主堂一、育婴堂一。马其苏、金缄默两教士复与张家滩、黄家嘴、石家嘴、武家桥……各处,次第踵建"。

　　② 荣振华书,上册,第 348 页。

　　③ 荣振华书,下册,第 474—475 页。

五年(1696),他在浙江严州府建德县纯孝坊右边买地建天主堂。①几年后,法国人耶稣会士利圣学(Jean-Charles de Broissia,1660—1704)、郭中传(Jean-Alexis,1664—1741)于四十年(1701)到宁波买地建堂,新任宁波官员和浙江巡抚禁止建造,利圣学等以梁弘仁在严州建德县建成教堂为例,说是礼部批准的,巡抚仍是不准,后因服务宫廷的张诚(Jean-Francois Gerbillon,1654-1707)在北京运作,找到礼部尚书获得批准,郭中传始得继续施工建堂。②即此一事,可见梁弘仁活动能量之大,能够在京城找礼部批准在严州建堂,由此可知他是有能力在安徽芜湖、池州建堂的。

魏方济,比利时人,康熙二十六年(1687)到广州,次年至上海,三十一年至三十九年(1692—1700)在南昌,四十二年(1703)因任职司库去罗马,四十六年(1707)返回澳门,次年与受康熙帝派遣出使教廷的传教士艾勋爵(AnToniv Francesco Giuseppe Provana,1662—1720,艾若瑟)、中国教徒樊守义(1682—1753)等人一同前往罗马,五十年(1711)用拉丁语翻译出版了《中国六大经典》(《大学》《中庸》《论语》《孟子》《孝经》和《三字经》),五十五年(1716)试图再往中国,未果。③魏方济的传教经验是在乡村比城市容易,在芜湖的经历更强化了这种认识。他说:"宗教的传播在乡村比城市更容易,因为乡村比城市更自由。""在乡村,人们的活动自由自在,不必经过任何人的批准。基督徒的热情也很高,尤其是在开始阶段。因此我们一定要利用这一有利时机。我不止一次地体会到这一点,特别是在小城芜湖的乡下和在芜湖。"他第一次到芜湖,为一百一十六人施洗礼,第二次就多达五百六十人,其内有十八至二十名读书人,另有一位在其他县城做过十年的官吏。他因此而欣慰,更热衷在这里建立大小教堂。④

奥地利人南怀仁,生于维也纳,字茇德,乾隆四年(1739)到湖广传教,先后出任巡按使、南京主教、北京教区圣事施行人,在松江故世。传教士晁俊秀(Bourgeois,Francois,1723—1792年)说:"他实际上是在各方面都具有首屈一指的有功德之士"。⑤

---

① 吴旻、韩琦编校书,第47页。

② 书简集,第一卷,第314—317页。

③ 荣振华书,下册,第460页。

④ 书简集,第一卷,第237—238页。

⑤ 荣振华书,上册,第348页。

西洋传教士到安徽来传教,另一种现象是安徽省籍的神职人员在外省传教。姚若翰(1722—1796),署名 Yao,Jean,中国人神父,荣振华书中作有他的小传,对于他的出生和职业写道:"诞生:可能为 1722 年于徽州府(安徽省)的歙县。他是受钣化的商人。"或云"他诞生于江西","他在那里度过了自己的童年"。明确道出他出生于 1722 年,即康熙六十一年,他的职业是经商,同时是教徒,一个不确定的事情是出生地,是否就是歙县,还是江西。他是商人家庭出身,诞生在家乡或者父亲经商之地都有可能。他钣依天主教,于乾隆二十八年(1763)在北京进入初修院,三十一年(1766),由奥地利人南怀仁主教授予神父,次年(1767)5 月 17 日发愿。前往"河南传教区,又在北京,从 1775 年起在江南,1790—1792 年在江苏创建了海门传教区。"嘉庆元年(1796)在苏州府故世。[1]他所创建的海门传教区,令天主教在此流传,嘉庆十九年(1814)发生教民袁昌传习天主教案,袁昌被捕惩治,而民间信仰不绝,丁驾凡、龚忝宝等仍然念经,刻卖瞻礼单,在二十四年(1819)又被官方发觉审办。[2]

　　石埭人沈方济各在湖北谷城传教。沈方济各,本名沈谷瑞,安徽池州府石埭县人,教名方济各,乃父信仰天主教,念十诫经。嘉庆元年(1796)到北京,行医并做裁缝,三年(1798),由浙江人杨老大引入天主北堂信教,为西洋人吉德明服役,学习了西洋语文,十七年(1812)吉德明故世,乃离开北堂,二十一年(1816)九月从北京到谷城,投奔西洋传教士刘方济各,在他随时指点下会讲经卷,与刘方济各在一起的还有直隶宛平人何伊纳爵,于是三人分头向信众讲说西洋经卷,每月四次坐瞻(即星期天做礼拜)。二十四年(1819)闰四月刘方济各、沈方济各被捕,所以刘方济各供词中"有安徽人沈方济各也在湖广传教"的话。沈方济各开始的口供说离京来湖北时,在钦天监做事的喇弥约(南弥德)交给一封书信转投刘方济各。刘方济各供认有这封信,是用西洋字写的,内容除了问候,就是让关照沈方济各。及至喇弥约被押到湖北对质,喇弥约不承认写过这封信,沈方济各改口,说那封信是自己伪造的,为的是好让刘方济各接纳他。为让人相信他后来说的是真话,强调喇弥约(南弥德)是有身份的人,不能随便与他交谈,而且他在十七年(1812)离开北堂,就不能进去,如何能让喇弥约给他写推荐信。喇弥约只承认与刘方济各同船来澳门,分手

---

　　① 荣振华书,下册,第 751—752 页。
　　② 一史馆档案,第三册,第 1131—1136 页。

后不知他来湖北,从无往来,没有写过信。官方审案认为喇弥约说得有理,相信书信是沈方济各伪造的。喇弥约供职钦天监,不得传教,不得与外省传教士联络,否则有罪,喇弥约与刘方济各若无交往事,自然无罪。嘉庆二十四年(1819)十一月二十一日,鄂抚张映汉上奏折,请求将刘方济各拟绞立决;沈方济各等二十六人,按照乾隆朝的发往新疆给厄鲁特为奴例,改发回城,分给大小伯克及力能管束之回子为奴,均照例分别刺字发配。①

　　四名西洋人到安徽传教,两名安徽人到外省传教,就安徽天主教讲,也是一种内外交流。不过,四位西洋人中没有一个人是专门以安徽为活动中心的,除了成际理,都是短期在此活动,似乎天主教传教士没有将安徽作为重点传教区。

三、安徽天主教徒在外省

　　安徽人天主教徒在外省活动的,前述姚若翰、沈方济各之外,笔者知道的有许伯多禄、汪钦一、鲍天衢、顾行周、汪伊纳小、沈联升、程旭刚、陈庆,以及在饶州的徽州人信徒。其中徽州人六名,太平县、石埭县各二人,五河县一人。下面将对许伯多禄、汪钦一、鲍天衢等人生平一一道来。

　　许伯多禄,泗州五河县人,以教名行世,埋没了真名,无疑是虔诚天主教徒。他至少有一部分时间生活在广东。他是乾隆十二年(1747)江南教案中人,只是案发时已故世。此案的主角是西洋传教士王多安尼 (黄安多,Antoine-Joseph-Henriquez,1707—1748),于乾隆二年(1737)六月到澳门,十月动身往江南苏州府昭文县戈庄,许伯多禄和江西南安府人谢伊纳爵、澳门人谈文多拉带路,十一月到目的地,许伯多禄等人返回广东。到十二年(1747)十一月王安多尼被捕,口供"那许伯多禄如今已死过了"。许伯多禄的故世当不晚于这一年。他伴送王安多尼至此时已经十年了,王安多尼不仅记住他,还知道他已辞世。死前他们之间或有来往? 或王安多尼对他尚有关切而得到他人提供的

---

① 一史馆档案,第三册,第 1137—1170 页。南弥德的信是否为沈方济各伪造,其实仍有疑问,沈方济各是懂得一些西文,能写信,但很难写得流畅、优雅,能让刘方济各相信,同时刘方济各并未改供,而钦天监的西洋人哪有不参与传教的?!南弥德与刘方济各同船而来,同在澳门生活一段时间,同是西洋人在中国,怎能毫不关切?!设若南弥德与刘方济各毫无关系,沈方济各怎么会想到假造南弥德给刘方济各的书信?

信息？就此而言,许伯多禄是西洋传教士心目中一个在意的人物。①许伯多禄很可能是往来广东的商人,伴送西洋人进入内地为辅助谋生的手段,因为与他同行的谈文多拉、谢伊纳爵,在乾隆九年(1744)九月又伴送传教士谈方济各(谭方济,Tristan de Athemis 1707—1744)从澳门到昭文,后来案发,谢伊纳爵供称"当年往来广苏贩卖,贪得盘费引送,随即回籍"②。当然,乐于伴送还有宗教信仰的因素。

汪钦一,徽州歙县人,生于康熙三十七年(1698),多年寄居苏州常熟县,他也是王安多尼案中人。他可能认识许伯多禄,不过他的经历要比后者复杂得多。他起先跟随王安多尼,不久为王安多尼的同事谈方济各服役,而后又跟从新来的西洋传教士张若瑟。他在雍正五年(1727)接受传教士德马诺③的布道入教,乾隆二年(1737)王安多尼到来,他就跟着"各处行走",王安多尼活动在江苏的苏松常镇和浙江的嘉兴、湖州诸府,汪钦一充当向导。九年(1744)十一月,意大利人谈方济各来与王安多尼会合,汪钦一改随谈方济各,四出活动。十一年(1747)朝廷禁教,谈方济各和汪钦一四处躲藏,如同苏州长洲人、开洋画店的教徒管信德口供所说:"五月初四日, 有汪钦一领了谈方济各来,说出城迟了,借小的家住了一宿,次日就去的。"又如长洲教徒顾有才供出,五月二十日谈方济各和汪钦一来住一宿。十一月,汪钦一、谈方济各、王安多尼先后被捕。审判情形,耶稣会士傅安德于1750年12月2日在澳门写的信中有些细节的描述。信中说汪钦一是谈方济仆人,与教徒、会首唐德光(唐若瑟)表现出坚贞态度,审讯中唐德光不怕拷打,死在狱中,"为宗教真谛增光"。"汪钦一在同样的(第一次)审讯中,也作出了相同的回答,以同样的坚定态度接受同样的虐待。"再次审讯,汪钦一因"过去曾遭到过严重拷打,以至于他只能勉强支撑起身体来……表现出某种脆弱……(最终)以一种不可战胜的坚定性抵御着种种诱惑。""(第)三次遭到严酷的拷打,他始终以同样顽固的毅力而维护宗教及其信仰者们的利益。"④十三年(1748),王安多尼、谈方济各被判

---

① 吴旻、韩琦编校书,第202—204页。

② 吴旻、韩琦编校书,第240页。

③ 德玛诺,在浙江嘉兴等地传教,死于雍正间,被其徒弟唐德光安葬于海宁县碛石地方。见吴旻、韩琦编校书,第220、226页。

④ 书简集,第四卷,第359—362页。

处绞刑,汪钦一以"附教载运"罪,依律例杖一百。①几年之后,汪钦一再次为信仰天主教进行活动,并陷入新教案。乾隆十七年(1752)二月,传教士张若瑟,在引领王安多尼、谈方济各到昭文的江西人谢文山(谢因纳爵)②等带领下出发,三月由水路到镇江,受过杖刑、五十七岁的汪钦一前来迎接,将张若瑟送到松江周景云家,又领他到常熟、昭文倪德载、邹汉三家。汪钦一略懂西洋话,跟随张若瑟传教,每年六两银子工钱,银子系由澳门寄出,十八年(1753)的工银是苏州教徒沈马窦从广东带来。十九年(1754)汪钦一与张若瑟等被捕,张若瑟于二十年(1755)被驱逐澳门,汪钦一、邹汉三等人是王安多尼案中人,此次再犯案,被两江总督鄂容安、江苏巡抚庄有恭视为"怙恶不悛,情犹可恶",应照左道惑众为从律,杖一百流三千里处刑。③在此次判案审讯中,汪钦一供词:"小的是常熟县人,今年五十七岁。"④说他是常熟人。其年龄与上次案中所说五十岁合辙,而籍属有徽州歙县与常熟县之异,他应是原籍徽州歙县,寄籍或寄居(侨寓)于常熟。⑤

鲍天衢,又名鲍天球,徽州歙县人,生于康熙五十一年(1711)自幼信天主教,教名伊雅伯。乾隆五年(1740)到苏州常熟贩卖棉花,在常州昭文县戈庄遇见王安多尼,就跟随他服侍,眼见他各处传教,每月得五钱银子工钱。⑥乾隆十一年(1746)禁教,政府查拿,王安多尼雇船,鲍天衢和他一起逃往浙江嘉兴府海盐县教徒孙敬三家,被捕,表示愿意出教,判刑杖一百。⑦

顾行周,徽州人⑧,生于康熙十五年(1676),自幼信教,教名非理伯,长期

---

① 吴旻、韩琦编校书,第219—220、234页。

② 谢文山,王安多尼案件中被判刑,乾隆十四年(1749)年五月遇赦出狱。一史馆档案,第一册,第214页。

③ 一史馆档案,第一册,第214—216、221、226、236页。

④ 一史馆档案,第一册,第230页。

⑤ 徽州人外出经商或从事其他职业的人很多,而在江苏、浙江尤多。他们在外乡生活时间长了,有的就在寄居地入籍,于是有原籍、寄籍的两种情况。虽是寄籍了,可是对原籍仍然认同,所以说到籍贯,或说原籍,或云寄籍,如有名的出使琉球正使汪楫,原籍徽州休宁,寄籍扬州江都,参加康熙博学鸿词科考试是以寄籍的名义,而有关此次特科的文献又说他是休宁人。这种情形在清代较普遍,很平常,人们很理解。因此汪钦一的歙县人、常熟人两地说法都对。

⑥ 吴旻、韩琦编校书,第203—204页。

⑦ 吴旻、韩琦编校书,第216—217、234页。

⑧ 王安多尼口供,说在常、昭二县招收入教者中有顾行周,似乎他是苏州常熟、昭文人,顾行周的口供说他是徽州人,应以其口供为准:他是徽州人,侨寓昭文行医。见吴旻、韩琦编校书,第202、211页。

住在昭文县小东门外,行医为生,没有家属,常在外看病,因为医务繁忙,不能念经礼拜,王多安尼来到之后,听他讲"不要冷淡了教规",所以恢复念经,住所供教徒使用。十二年(1747)被捕,表示愿意出教,亦判刑杖一百,因年过七旬,按律收赎。[①]

汪伊纳小,陷入乾隆十九年(1754)江南教案。在张若瑟案件中,松江府南汇、青浦逮捕传教士刘马诺、李若瑟(李若瑟)、龚安多尼、费地窝尼小四人。费地窝尼小,于十六年(1751)八月从澳门出发,会长季类斯让他去北京,护送的"徽州人汪伊纳小""说不如去江南",遂领着于十月到松江吴西周家;吴西周供词亦云,"费地窝尼小是徽州人汪伊纳小领到小的家"。可是张若瑟、刘马诺、李若瑟等人口供,谓"费地窝尼小系苏州人汪伊纳小伴送"[②]。汪伊纳小与汪钦一一样,即原籍徽州,寄籍或寄居苏州。

沈联昇、程旭刚、陈庆在京习教。沈联昇,乾隆四十五年(1780)出生,池州石埭人,与沈方济各同姓、同地,不知是否同宗。十六岁(嘉庆元年,1796)到北京,挑剃头担理发为生,住在西四牌楼后泥洼,后来在报子街太平县人程旭刚剃头铺居住,十年(1804),在熟人何姓引领下信教,进天主堂念经,后因官府禁止出入教堂,沈联昇就与同教的程旭刚、太平县人陈庆等人在剃头铺内念经,铺内有十字架牌位、《要理问答》书。程旭刚、陈庆都是祖父以来入教的。二十五年(1820)七月,沈联昇因形迹可疑被捕,供出程旭刚、陈庆等人,在审问中,他们一致表示不愿出教。二十二日,管理西洋堂事务大臣英和、穆彰阿上奏,以沈联昇等人,敢于"习教念经,实属不法",或许还有传徒惑众情事,请"交刑部严审定拟"[③]。沈联昇、程旭刚、陈庆都是天主教的忠实信徒。

居住饶州的徽州人教徒。关于他的资料太少,只有点滴信息。耶稣会士殷弘绪(Francois-Xavier Dentrecolles,？—1760)到饶州,在"这个城市里只找到惟一一名基督教徒",他就是来自江南徽州的年轻人,这位徽州人是在此地新教堂接受利圣学神父[④]的施行洗礼。作为外乡人,不久他回家乡去了。这位徽

① 吴旻、韩琦编校书,第211、234页。

② 一史馆档案,第一册,第217、221、229、231页。

③ 一史馆档案,第三册,第1173—1174页。

④ 利圣学在中国建立六个传教区,长期在江西传教,前面已经说到,一度与郭中传到宁波建堂。山西宗座代牧张安当让他去山西,将来接替他,到山西,张安当与利圣学应先去北京,在离开北京两天路程的地方去死。总会长张诚特意从北京来迎接,尸体安葬北京神父墓区。书简集,第二卷,第21—25页;荣振华书,上册,第90—91页。

州教徒,对新来的殷弘绪应当有所助益,如介绍饶州情况,提供生活方面的帮助,但不会多,因他离开了。①

在外乡活动的安徽人教徒,徽州人远远多于其他府州,而且有神父,有接引伴送人员,比较活跃,能量也比较大,展现出他们与徽商之开拓精神,外向发展精神恰相一致。与此相反,似乎在徽州当地,天主教不兴盛,给人一种反差感,值得玩味与深思,是这里的宗族势力强大、理学观念强烈有以致之? 笔者有了疑惑,认为是值得探讨的问题。

总起来说,需要开展安徽天主教史的研讨。拙文倘能引出研究安徽天主教史的美玉佳作,笔者幸甚!

附言:前文讲到乾隆十三年(1748)王安多尼、谈方济各被判处绞刑,令我想到刊登在《安徽大学学报》(哲学社会科学版)2014 年第 1 期上的拙文《康雍乾三帝天主教非"伪教"观与相应政策》所留的遗憾。文章说到王安多尼、谈方济各被江苏巡抚安宁拟刑:"'王安多尼、谈方济各各依左道异端煽惑人民为首律,拟绞监候。'②乾隆帝是否予以批准,笔者阅览不广,尚不知晓。"现今从《耶稣会士书简集》第四卷《耶稣会士傅安德神父致同一耶稣会的帕图耶神父的信》(1750 年 12 月 2 日于澳门)得知,王安多尼(黄安多)、谈方济各(谭方济)的处刑及遗骸下落。信中说,江苏巡抚的报告"获得了钦准",便在 1748 年 9 月 12 日执行了,行刑是在监牢中进行的,二人被绳索勒死,尸体入棺,安葬在穷人的乱葬岗,教徒以几块石头给两个墓葬作出标志,1751 年乾隆帝南巡,乱葬岗在官道边,碍眼,官员迁移乱葬岗尸骨,教徒凑六十两银子,贿赂胥吏,将黄安多、谭方济尸骨赎出。③今说明原委,以补前愆。

(写于 2014 年 12 月 13 日,载《安徽史学》2015 年第 1 期)

---

① 书简集,第一卷,第 207 页。
② 吴旻、韩琦编校书,第 233 页。
③ 书简集,第四卷,第 362—363 页。

明清时期扬州的徽商及其后裔述略

1996 年笔者撰文《清代仪征人才的兴起及原因》,论述到仪征人才兴起的一个缘由,是移民的徽州盐商致力于当地文教事业,然所述甚浅,因而有进一步研究的愿望,故在文末云:"笔者拟另撰《盐商·移民与扬州》,作专题探讨。"①今乘安徽大学召开徽学研讨盛会之机,作此小文,探讨徽商与扬州关系的某些方面:经商扬州及定居,协助盐衙和地方官兴办地方公益和福利事业,以就教于方家。

一、徽州人经商扬州及定居简况

徽州人到扬州经商及定居的情况,以及在扬州的外来商人中的地位,已有一些著述提出予人启发的见解,如王廷元等在《徽州商帮》文中同意陈去病的扬州之盛,"实徽商开之"的说法,认为在扬州的山西、陕西、徽州的商人中,到明朝嘉靖、万历时期,山陕商人已"不得不屈居于徽商之下"②。田培栋不约而同地持有类似观点,在《陕西商帮》论文中说,明中叶以后,山陕商人经营淮盐,"保持了相当的经济实力,大约仅次于徽商"③。徽商在扬州的地位究竟如何,笔者尚难深入论及,不过想做点基础工作:了解徽州人落脚扬州的情形。笔者对这方面的资料,受客观条件的限制,所掌握的多属在扬州寄居、入籍或占籍而获取科举功名的徽州人的情况,最早移居的商人材料相当贫乏,这种不理想状况,迫使笔者拟先作有关,或者说主要是功名拥有者的六个统计图表,然后有所归纳分析。

---

① 冯尔康等编:《扬州研究——江都陈轶群先生百龄冥诞纪念论文集》,台湾联经出版事业公司,1996 年,第 592 页。

② 张海鹏等主编:《中国十大商帮》,黄山书社,1993 年,第 450、454 页。

③《中国十大商帮》,第 61 页。

江都是扬州首县,雍正年间将它一分为二,析出甘泉,均为首县。然而乾隆以前的江都人的文献资料,是不可能准确区分出江都、甘泉二县的,故这里依据乾嘉时期的图书,制作《徽州祖籍江都人功名、善举表》,反映生活在江都、甘泉二县的原籍徽州人及其后裔的科举状况。所据的载籍是乾隆《江都县志》卷12《选举》、嘉庆《江都县续志》卷4《选举》和《光绪江都县续志》卷4《选举》,版本均是台北成文出版社"中国方志丛书"本,分别是华中地方第383号、第394号、第26号,下述资料仅注某书某册某页。

表1　徽州祖籍江都人功名、善举表

姓　名	原籍	中式时间	科别	职业、特征	资料出处
范伯荣	休宁	1558	举人	永平同知	乾隆志卷12,2册541页
金淑兹	休宁	1561	举人		同上
胡文衢	歙县	1567	举人	磁州同知	542页
程德新	歙县	1576	举人		同上
李大畏	歙县	1585	举人		543页
姚之典	歙县	1597	举人		同上
汪献忠	歙县	1597	举人		同上
赵时用	休宁	1597	举人	后成进士	同上
罗光荣	歙县	1692		康熙帝召见,赐号"寻真子"	嘉庆志卷6,240页
吴蔚起	歙县	1696	举人	1703进士	乾隆志552页;528页
程　嗒	歙县	1699	举人	1709进士	553页;529页
程　鉴	歙县	1708	举人	1713进士	554页;529页
吴安国	歙县	1711	举人		554页
程大英	歙县	1711	举人		同上
程梦星	歙县	1712	进士	工部主事	嘉庆志卷6,197页
程晋芳	歙县	1762		乾隆帝召试,编修	光绪志卷24下,1121页
徐璟庆	歙县	1770	亡故	乐善好施	嘉庆志,220页
程名世	歙县			程梦星族人、学者	224页
鲍勋茂	歙县	1784	举人	御史	嘉庆志卷4,148页
吴　椿	歙县	1792	举人	1802进士、御史	149页;144页
洪　莹	歙县	1809	进士	状元,修撰	145页
鲍继培	歙县	1812	举人		光绪志卷4,96页
汪承璧	歙县			恩旨议叙道员	嘉庆志163页
洪　筹	歙县			恩旨议叙盐运使	同上

姓　名	原籍	中式时间	科别	职业、特征	资料出处
江立礼	歙县			恩旨议叙知州	164 页
王恒镇	歙县			恩旨议叙知府	同上
程大煊	歙县			恩旨议叙道员	同上
吴尊福	歙县			恩旨议叙道员	同上
汪承基	歙县			恩旨议叙盐运使	同上
洪　煜	歙县			恩旨议叙道员	同上
吴元泽	歙县			恩旨议叙提举	同上
汪文德	祁门			1640 年赈济,1645 迎清军	乾隆志卷 22,1155 页
黄家埆	歙县			1665 年修水堤,赈济	1156 页

　　两淮盐政设于扬州,其下属机构淮南监掣同知署、批验所设在仪征,徽州来两淮的盐商,有的到仪征贸易,有的先到扬州或其他地方,转而至仪征,或者家住扬州,而占籍仪征,因使该地有不少祖籍徽州人,今据道光《仪征县志》卷 9《舆地》,卷 12《食货·户口》,卷 15《食货·盐法》,卷 31、36、37、38、42《人物》,卷 46《祥异》,制作《祖籍徽州人侨寓、入籍仪征表》。

表 2　祖籍徽州人侨寓、入籍仪征表

姓　名	至仪时间	是否入籍	先世或本身职业	备注
汪景贞	嘉靖		盐商	设义冢
吴士英	嘉靖	入籍	士,光禄寺署正	
汪逢年	嘉靖	入籍	盐商	其祖父到达
吴　德	万历			设义冢
吴一澜	万历		盐商	
汪宗文	万历		盐商	修监署
汪　镰	万历			
程贞康	明末	入籍	商	
郑之彦	明代	入籍		先人至扬州,五世同居
王　璋	明代			
汪　辑	明代	入籍	康熙博学宏词中式	先人至扬州
黄　对	明代	入籍	盐商	先人至扬州
汪　桓	明代	入籍	士	
程思训	明代	入籍	盐商	先人至扬州
刘正实	明代	入籍	武官	
许承远	明末清初	入籍		世家

242

姓 名	至仪时间	是否入籍	先世或本身职业	备注
吴 爱	明末清初	入籍	监生	
吴绍灿	清代	入籍	进士	先世至扬州,盐商
吴之驿	清代	入籍	士	
方 坦	清代	入籍		曾祖至扬州,盐商
巴树保	清代	入籍		其父迁入
汪还溥	清代	入籍	盐商	
洪德常	清代	入籍	士	
汪从晋	清代	入籍	士	先世至扬州
程人荣	清代	入籍	商	其父迁入
程文次	清代	入籍	士	先世至扬州
戴 清	清代	入籍	士	乃祖至扬州
汪文芷	清代			捐修学宫
郑文明	清代	入籍		
许 瑗				修缮文昌阁

　　此表曾载于《清代仪征人才的兴起及原因》一文,鉴于本文的需要,转录于此。当然,就笔者所知,徽州人入籍或定居于仪征的,远不止表上的那一些,如李怀阳,生活于明末清初,入籍仪征。[1]再如江煜、程鸣等人,均占籍仪征,而居住江都。[2]因资料不是出于仪征县志,而未列入表内。

　　嘉庆《两淮盐法志》卷 49《仕宦表》记录扬州人的史事,其有关居住扬州的徽州仕宦者的情形,制表于下。

表 3　徽州祖籍扬州人仕宦表

姓 名	原籍	时间	官职	姓 名	原籍	时间	官职
程大功	歙县	天启崇祯	内阁中书	洪 澜	歙县	天启崇祯	蜀王府典仪
赵景从	休宁	康熙	兵部郎中	吴允森	歙县	康熙	户部郎中
程 澎	歙县	康熙	刑部员外郎	吴 鹄	休宁	康熙	国子监典簿
吴敦仪	休宁	康熙	内阁中书舍人	许昌龄	歙县	康熙	刑部主事
程 汲	歙县	康熙	道员	程 健	歙县	康熙	户部郎中
吴征诰	歙县	康熙	工部侍郎	王琳征	歙县	康熙	知县

---

　　① 盛成:《我的母亲》,华夏出版社,1994 年,第 135 页。
　　② 嘉庆《江都县续志》卷 6,《人物》,台北成文出版社"中国方志丛书"本,华中地方第 394 号,第 230、242 页。

姓　名	原籍	时间	官职	姓　名	原籍	时间	官职
吴荣苑	歙县	康熙	府通判	许恒龄	歙县	康熙	盐运使
汪晋锡	歙县	康熙	知府	汪功成	歙县	康熙	知县
许锡龄	歙县	康熙	知府	张曰任	歙县	康熙	知府
程　封	歙县	康熙	知县	汪源泽	歙县	康熙	知州
王　鉴	歙县	康熙	知州	方光黻	歙县	康熙	知府
吴　征	歙县	康熙	知州	金人望	休宁	康熙	知县
程　藻	歙县	康熙	知县	程　堪	歙县	康熙	知府
吴乔龄	歙县	康熙	县丞	程式伊	歙县	康熙	判官
闵本元	歙县	康熙	知县	程起周	歙县	康熙	知州
项　纲	歙县	康熙	同知	汪宗豫	祁门	康熙	同知
吴　壆	歙县	康熙	府通判	程　坝	歙县	康熙	知府
程　堦	歙县	康熙	府同知	吕士鹢	歙县	康熙	知县
吴国士	歙县	康熙	道员	程　均	歙县	康熙	训导
吴　柯	歙县	康熙	知府	方愿善	歙县	康熙	同知
郑世表	歙县	康熙	同知	姚际离	休宁	康熙	知府
黄吉星	歙县	康熙	通判	程　溥	歙县	康熙	知州
闵本贞	歙县	康熙	知府	黄吉迪	歙县	康熙	府教授
黄吉暹	歙县	康熙	知县	吴煜吉	歙县	康熙	知县
余　山	歙县	雍正	知县	吴　迈	歙县	雍正	兵马司副指挥
汪天兴	歙县	雍正	刑部郎中	洪　理	歙县	雍正	刑部郎中
吴　巽	歙县	雍正	刑部郎中	程　哲	歙县	雍正	户部员外郎
黄正图	歙县	雍正	知县	江宣儒	歙县	雍正	知州
孙兰芬	休宁	雍正	道员	鲍　涟	歙县	雍正	知县
巴　镇	歙县	雍正	知县	巴　鉴	歙县	雍正	知县
巴　潮	歙县	雍正	同知	程梦蛟	歙县	雍正	通判
汪元祐	歙县	雍正	知州	吴仕遴	歙县	乾隆	国子监典簿
吴　濂	歙县	乾隆	兵部员外郎	汪　起	歙县	乾隆	知府
洪鹤奇	歙县	乾隆	刑部主事	黄　元	歙县	乾隆	户部员外郎
陆钟辉	歙县	乾隆	刑部主事	许之宸	歙县	乾隆	兵马司指挥
汪　棣	歙县	乾隆	刑部员外郎	程凤文	歙县	乾隆	知府
许佩璜	歙县	乾隆	同知	江　洪	歙县	乾隆	知府
洪景行	歙县	乾隆	知县	洪云行	歙县	乾隆	县丞

244

姓　名	原籍	时间	官职	姓　名	原籍	时间	官职
吴家龙	歙县	乾隆	同知	洪时行	歙县	乾隆	判官
洪公安	歙县	乾隆	判官	黄尔类	歙县	乾隆	知州
汪淳修	歙县	乾隆	同知	汪锡龄	歙县	乾隆	河道
方一煌	歙县	乾隆	同知	黄履旻	歙县	乾隆	知府
毕本恕	歙县	乾隆	知府	江允枏	歙县	乾隆	州同
江　淳	歙县	乾隆	县丞	江　兰	歙县	嘉庆	兵部侍郎
巴国柱	歙县	嘉庆	道员				

徽州人到扬州经商,逐渐人口繁殖,加之赴扬时,有的是族人同行,或陆续到来,这样,过了若干时间,就在扬州形成新的家族,有的颇有活力,发展成为大族、望族。扬州人李斗"强识博闻"①,"以目之所见,耳之所闻,上之贤士大夫流风余韵,下之琐细猥亵之事,诙谐俚俗之谈",于乾隆末年著成《扬州画舫录》。②这是一部关于扬州史的笔记体专著,尤详于作者的时代,对生活于扬州的徽州人、原徽州籍人多所记录,笔者利用它的资料,编制一表。这里先要说明的是,表中所谓的第一代、第二代,不一定是移居扬州的第一代、二代,可能是后几代,笔者仅就《扬州画舫录》所提供的资料获知该家族世代关系,姑名之某代而已。

表4　祖籍徽州的扬州人家族举例图表

姓氏	祖籍	一世	二世	三世	四世	备注	页码
马氏	祁门	马曰琯	振伯			富藏书,结邗江吟社,招宾客	86
		马曰璐	裕			马曰琯之弟	
鲍氏	歙县	鲍志道	席芬			两淮盐商总商	148
			勋茂			鲍志道次子	
		方陶				鲍志道之弟	
郑氏	歙县	郑景濂	之彦	元嗣	为光	三世出举人,四世出进士	177
				元勋	为旭	四世列名,示世代,非与三世父子关系	
				元化	为虹		
				侠如	程起善	未婚妻	

① 《扬州画舫录·谢溶生序》,中华书局,1960年。
② 《扬州画舫录·自序》。

姓氏	祖籍	一世	二世	三世	四世	备注	页码
		郑潮柏				可能是郑景濂族人,工诗;柏,举人	182
		沄				举人,郑潮柏之弟	
巴氏	歙县	巴源绶	树恒			业盐起家,子世其业	250
		慰祖				巴源绶之弟	
江氏	歙县	江春	振鸿			业盐总商,布政使衔,招宾客;世族繁衍	274
		昉	振鹭			江春之弟,工词	
		晟	振鹍			应系江春同辈;工诗画	
		立	安			李斗云江氏世族繁衍,以下江氏可能	
		兰				与江春同族	
		蕃	士相			江蕃等为江兰之弟,士相等皆江兰子侄辈	
		苾	士杙				
			士梅				
		昱				学者	
		恂	德量			江昱之弟;德量,乾隆榜眼	
黄氏	歙县	黄晟				兄弟四人,盐荚起家	290
		履暹				延叶天士于家,考订药性	
		履昊				道员	
		履昂					
黄氏	歙县	黄其林	德煦			乐施与	291
			承吉			长于诗论	
吴氏	徽州	吴尊德				世业盐法	296
		尊楣				尊德弟,工诗	
		"老典"				典当起家,一度为江北首富	
		景和	秘			要文起家,富至百万	
		楷	女			召试中书;女以节孝旌表	
		家龙				好善乐施	
		志涵				副榜举人	
		重光				知州	
		承绪				道员	
		之黼				按察使	

246

姓氏	祖籍	一世	二世	三世	四世	备注	页码
		绍浤				工书	
		绍灿				翰林	
		绍浣				翰林,兄弟翰林	
		应诏				中书	
		鲁				工诗词	
		均				以诗称于时	
		应瑞				以诗称	
徐氏	歙县	徐赞侯				业盐	333
		某某	履安			赞侯兄弟之子孙,为其经营盐业	
程氏	歙县	程瑶田	培			教谕,主于扬州徐氏,子移扬州业鹾	335
程氏	歙县	程文正	梦星			父子进士,一主事,一编修,梦星招宾客	345
				名世	赞和	名世系梦星侄,工诗,有四子,皆有文名	
					赞宁		
					赞皇		
					赞普		
				志乾		梦星侄	
					沆	梦星侄孙	
					洄	沆之弟	

在扬州经营盐业的有许多外省人,而以晋、陕、徽州为多,前两者被人称作"西商",西商、徽商各有何种地位?嘉庆《重修扬州府志》卷 39《选举志》和同治《续纂扬州府志》卷 7《选举志》,记叙本地及寄居学子的科举简况,可作某种分析的资料,因作区分籍贯的《在扬州的秦晋徽人分籍科举统计表》。所使用的这两部府志,均为台北"中国方志丛书"本,分别是华中地方第 145 号、第 2 号,表内的注释,以"甲"代表进士,"乙"表示举人,a 表示嘉庆志,b 表示同治志,阿拉伯数字表示页码。

表 5 在扬州的秦晋徽人分籍科举统计表

地区 时间	陕西 姓名	陕西 原籍与居地	陕西 科别	山西 姓名	山西 原籍与居地	山西 科别	徽州 姓名	徽州 原籍与居地	徽州 科别	出处
1442	黄谏	陕西籍高邮人	甲							a2762
1454	茂彪	陕西籍江都人	甲							a2763
1460	曹英	陕西籍高邮人	甲	张颐	山西籍江都人	甲				a2763
1481	周凤	陕西籍江都人	甲							a2764
	张祺	武功卫籍仪征人	甲							a2764
1496				季春	山西籍高邮人	甲				a2765
1499	冯昊	陕西籍江都人	甲							a2765
1505				安金	江都军籍阳曲人	甲				a2765
1508				严谨	蔚州籍江都人	甲				a2766
1517				季方	山西籍高邮人	甲				a2767
1523	楚书	陕西籍江都人	甲							a2767
1552	唐朴	江都人陕西中式	乙	马多	江都人山西中式	乙				a2807
1553				李希洛	山西籍江都人	甲				a2770
1556	邹应龙	陕西籍江都人	甲	李承式	山西籍江都人	甲				a2770
1565				韩楫	山西官籍泰州人	甲				a2770
1570	王思贤	宝应人陕西中式	乙	顾溲	江都人山西中式	乙				a2809
1571				孙训	山西籍高邮人	甲				a2771
1577				李植	山西籍江都人	甲				a2772
1586				李杜	山西籍江都人	甲				a2772

248

地区\时间	陕西			山西			徽州			出处
	姓名	原籍与居地	科别	姓名	原籍与居地	科别	姓名	原籍与居地	科别	
1588				李楷	江都人山西中式	乙				a2811
1592				韩廣	山西籍泰州人	甲				a2772
1597				何龙图	江都人山西中式	乙				a2811
1604				马呈秀	山西籍江都人	甲				a2773
1610				马呈德	江都籍大同人	甲				a2773
1619	倪启祚	江都籍咸宁人	甲							a2774
1622				李柄	山西籍江都人	甲				a2774
1628							姚思孝	江都籍歙县人	甲	a2774
1631							韩如愈	兴化籍歙县人	甲	a2775
1634				韩承宣	山西官籍泰州人	甲				a2775
1643							郑元勋	扬州籍歙县人	甲	a2775
1679	孙枝蔚	江都籍三原人	宏博				汪楫	歙县人仪征籍	宏博	a2745
1711							吴安国	歙县籍江都人	乙	a2826
							程大英	歙县籍江都人	乙	a2826
1833							程篯	仪征人歙县籍	甲	b379
1836							江健	甘泉人歙县籍	甲	b379
1837							鲍继培	江都人歙县籍	乙	b387
小计 41人	陕西 12 人			山西 20 人			徽州 9 人			
合计										
百分比	29.2%			48.8%			22%			

嘉庆《两淮盐法志》提供的资料,涵盖两淮地区史事,而非扬州府志那样只是扬州地区的,兹据其卷47、48《科第表》材料(同治九年扬州书局版),再为制作一个统计表。

表6 在两淮的秦晋徽人科举职官统计表

地区 时间	陕西 姓 名	原籍	科别职官	山西 姓 名	原籍	科别职官	徽州 姓 名	原籍	科别职官
1391							郑道同	歙县	进士御史
1406							汪 善	歙县	进士同知
1414	申 春	三原	举人知县				郑 安	歙县	举人知府
	仇 庄	三原	举人				马 锡	祁门	举人通判
1423	雒守一	三原	举人						
1430							吴 宁	歙县	进士侍郎
1436							方贵文	歙县	进士御史
1445							许仕达	歙县	进士布政
1448	王 恕	三原	进士尚书						
1450	韩 清	泾阳	举人				吴 绅	歙县	举人同知
	孙 佐	三原	举人				洪 宽	歙县	举人知州
1451	赵 谧	泾阳	进士参议						
1452							程 熙	歙县	举人同知
1457							吴 真	歙县	进士御史
1462	寇 恕	泾阳	举人知县				马 嘉	祁门	举人员外郎
	申 琼	三原	举人知县				詹 熙	歙县	举人
	马 祯	三原	举人知县						
1466	魏 秉	蒲城	进士副使						
1469	梁 泽	三原	进士参政						
1471	杨九皋	泾阳	举人知县				程 仪	歙县	举人知府
	牛 昭	泾阳	举人知县				曹 观	歙县	举人
	来 贺	泾阳	举人						
1472	赵 兰	泾阳	进士知府						
1474	康 谓	泾阳	举人知县				江 昌	歙县	举人知府
	马 栻	三原	举人				程 宽	歙县	举人同知
							郑 庄	歙县	举人知县

250

地区 时间	姓 名	陕西 原籍	科别职官	姓 名	山西 原籍	科别职官	姓 名	徽州 原籍	科别职官
1477	强书	泾阳	举人同知						
1480	茹巨鳌	泾阳	举人知县				徐相	歙县	举人
1481							黄华	歙县	进士参议
1482							郑时	歙县	举人知县
							汪亨	歙县	举人知县
1484	何宗贤	泾阳	进士金事				曹祥	歙县	进士副都御史
							程珍	歙县	进士知府
1486							汪濂	歙县	举人知县
1487							汪侃	歙县	进士行人
1489							曹绮	歙县	举人知县
1490							汪渊	歙县	进士知府
1492							程隆	歙县	举人
1493	王承裕	三原	进士尚书						
1498							江贤	歙县	举人教授
1504							洪伊	歙县	举人
1505	秦伟	三原	进士参政						
1509							曹深	歙县	进士主事
							王宠	歙县	进士员外郎
1513	黄纲	歙县	举人知县						
1514	吴继隆	歙县	进士员外郎						
1519							吴琳	歙县	举人通判
1522							汪玮	歙县	举人助教
							黄约	歙县	举人通判
1523	秦镐	三原	进士知府				程旦	歙县	进士布政使
	雒昂	三原	进士副都御史						
1525							程廉	歙县	举人
1529							程烈	歙县	进士主事
							黄训	歙县	进士副使
1531	阎傅	陕西	举人				张浚	歙县	举人知县
1532							王献芝	歙县	进士郎中
1535	来聘	三原	进士副史						

地区	陕西			山西			徽州		
时间	姓 名	原籍	科别职官	姓 名	原籍	科别职官	姓 名	原籍	科别职官
1537							方元焕	歙县	举人
1538							汪 伊	歙县	进士知府
1541	梁 木	三原	进士佥事						
1544							江 珍	歙县	进士布政使
1546				李承弼	大同	举人			
1549							汪希武	歙县	举人知县
1553							程 金	歙县	进士知府
1555	韩复礼	泾阳	举人				许 佐	歙县	举人部司务
							汪可忠	歙县	举人
1556	李世达	泾阳	进士都御史				程大宾	歙县	进士按察使
1559							程道东	歙县	进士郎中
							王天爵	歙县	进士按察使
1561							汪学训	歙县	举人
1564							仇一卿	歙县	举人
							吴希周	歙县	举人
1565	温 纯	三原	进士尚书						
1567	韩易知	泾阳	举人				胡 昉	歙县	举人教谕
	梁 茂	三原	举人				黄尧臣	歙县	举人
1568							张一桂	歙县	进士侍郎
1570							吴际可	歙县	举人知州
1571							方 扬	歙县	进士知府
							曹 楼	歙县	进士参政
1573							程子说	歙县	举人
							程子谏	歙县	举人知县
1576							程德新	歙县	举人
							汪可觉	歙县	举人
1579							黄从学	歙县	举人部司务
1582	梁 松	三原	举人				项际明	歙县	举人知府
							汪居贞	歙县	举人
							程家相	歙县	举人知州
1583	牛应元	泾阳	进士佥都御史						

地区	陕西			山西			徽州		
时间	姓名	原籍	科别职官	姓名	原籍	科别职官	姓名	原籍	科别职官
1585	张嶙	泾阳	举人				江湛然	歙县	举人知府
	阎士聪	陕西	举人				方一敬	歙县	举人知县
							汪一元	歙县	举人主事
1586				李杜	大同	进士郎中	程子金	歙县	进士推官
							江宏济	歙县	进士郎中
							吴中明	歙县	进士侍郎
							吴应明	歙县	进士少卿
1588				李楣	大同	举人	汪茂功	歙县	举人知府
							黄日昇	歙县	举人
1589							洪文衡	歙县	进士少卿
							黄全初	歙县	进士员外郎
1591	雒献书	三原	举人						
1592							吴士奇	歙县	进士太常寺卿
1594	梁应基	三原	举人				曹士鹤	歙县	举人知州
	李于奇	三原	举人				程云鹏	歙县	举人知县
1595							吴一心	歙县	进士知县
							汪元功	歙县	进士按察使
1597				亢孟桧	山西	举人太仆寺卿	吴士海	歙县	举人
							姚之典	歙县	举人
							吴应鸿	歙县	举人
1600							汪一鸾	歙县	举人
							吴时泰	歙县	举人
1601							程子鳌	歙县	进士按察使
1603	张善治	三原	举人知府				汪士震	歙县	举人
	房象乾	三原	举人同知				许元翔	歙县	举人
1604							汪有功	歙县	进士尚宝司卿
1606	石胜	三原	举人				汪元征	歙县	进士
	赵虞佐	泾阳	举人				吴士忠	歙县	举人知县
							吴逵	歙县	举人
1607	秦一鹏	三原	布政使				汪三益	歙县	进士行人
	焦源清	三原	进士都御史						

地区 时间	陕西 姓名	原籍	科别职官	山西 姓名	原籍	科别职官	徽州 姓名	原籍	科别职官
1612							洪应绍	歙县	举人教谕
							黄安世	歙县	举人
1613	韩继思	泾阳	进士修撰				吴之俊	歙县	进士主事
	马逢皋	三原	进士副使						
	焦源溥	三原	进士巡抚						
1615	梁文熙	三原	举人				程明冠	歙县	举人
							程度	歙县	举人
1616	来复	三原	进士布政使				方有度	歙县	进士给事中
	韩琳	泾阳	进士参政						
1618	仇让	三原	举人				江之湘	歙县	举人知县
							许启敏	歙县	举人推官
							吕恭安	歙县	举人
							汪季舒	歙县	举人推官
							胡承熙	歙县	举人员外郎
1619							黄愿素	歙县	进士主事
							仇梦台	歙县	进士主事
1621	鱼赐绯	泾阳	举人				方国儒	歙县	举人知县
1622	武宪哲	临潼	进士副使	李柄	大同	进士巡抚			
1624	毛昌宗	泾阳	举人				程云	歙县	举人
	秦际皞	三原	举人				程绍儒	歙县	举人知州
							黄鼎	歙县	举人
1625							吴孔嘉	歙县	进士编修
							吴家周	歙县	进士尚宝司卿
1627							汪康运	歙县	举人知县
1628							姚思孝	歙县	进士大理寺卿
							王文企	歙县	进士给事中
							吴廷简	歙县	进士副使
							程子铎	歙县	进士主事
1630	王宏祚	三原	举人尚书				吴宇安	歙县	举人
							程名世	歙县	举人

地区		陕西			山西			徽州	
时间	姓 名	原籍	科别职官	姓 名	原籍	科别职官	姓 名	原籍	科别职官
1631	秦所式	三原	进士巡抚				汪 桓	休宁	进士知县
	房廷建	三原	进士主事				项人龙	歙县	进士知县
							郑元禧	歙县	进士
1634							罗 介	歙县	进士知县
1636	张 惇	泾阳	举人						
	何汉杰	泾阳	举人						
1637							王泰征	歙县	进士主事
1642							项复阳	歙县	举人教谕
							吴伯瑛	歙县	举人
1643	石 龙	三原	进士						
1645	秦养廉	三原	举人	李兆昌	山西	举人	汪 远	歙县	举人分巡道
	权持世	三原	举人						
1646	杨在陛	三原	进士主事						
	刘师峻	陕西	举人员外郎						
	张兰阶	三原	举人						
	石 朗	三原	举人						
1647							朱瑞廷	歙县	进士参议
1648				李宗说	大同	举人			
1649	员起龙	三原	进士推官				张习孔	歙县	进士提学道
							汪继昌	歙县	进士江防道
1651	孙枝蕃	三原	举人知府				吴伯琮	歙县	举人
	李彦琏	三原	举人				汪逢年	休宁	举人
	梁士骏	三原	举人						
1652	韩 望	泾阳	进士主事				洪 琮	歙县	进士道员
							吴文清	歙县	进士御史
							王仕云	歙县	进士推官
							吴晋剡	歙县	进士推官
1654	王四端	三原	举人				吴 植	歙县	举人
	李皥凤	三原	举人				汪 灿	歙县	举人
	孙枝蕊	三原	举人						

地区 时间	陕西 姓名	原籍	科别职官	山西 姓名	原籍	科别职官	徽州 姓名	原籍	科别职官
1655	梁铉	三原	侍郎				闵叙	歙县	进士提学道
	房廷祯	三原	进士都御史				郑嗣武	歙县	进士知县
1657	王民仰	三原	举人				徐冯	歙县	举人
	房廷祚	三原	举人				程鹏羽	歙县	举人
							张文运	歙县	举人
1658							程汉	歙县	进士知县
							罗苍期	歙县	进士中书
							项时亨	歙县	进士知县
1660	郭士琦	陕西	举人	李钥	大同	举人	谢廷爵	祁门	举人知县
							谢允抡	祁门	举人知县
							郑吉士	歙县	举人
1661							江皋	歙县	进士参议
							方秉页	歙县	进士
1663				韩弋	山西	举人知县	汪士裕	歙县	举人教授
1664							胡士著	祁门	进士右庶子
1665							项蕙	歙县	举人知州
							项亮臣	歙县	举人知县
							项龙章	歙县	举人知县
							程式琦	歙县	举人知县
1667				刘长发	山西	进士中书舍人	洪玕	歙县	进士主事
1669							程孟	歙县	举人教谕
							蒋彪	歙县	举人知县
							曹挺	歙县	举人知县
							程骏	歙县	举人
1670							汪享	休宁	进士郎中
							汪虬	歙县	进士主事
							谢玉成	祁门	进士知县
1672	梁佴禄	陕西	举人				汪以诚	休宁	举人郎中
							吴之骦	歙县	举人教授
							江之泗	歙县	举人学正
1673	孙星	三原	进士知县						

地区	陕西				山西			徽州		
时间	姓名	原籍	科别职官	姓名	原籍	科别职官	姓名	原籍	科别职官
1675							蒋翟	歙县	举人学正
							汪燮	休宁	举人
							黄封	歙县	举人
1676	刘芳世	陕西	进士员外郎	李锦	大同	进士给事中	汪霶	歙县	进士祭酒
							程浚	歙县	进士知府
1677							戴梦麟	休宁	举人府尹
							汪治	歙县	举人
							黄图泰	歙县	举人
							吴之骐	歙县	举人
							吴陛芝	歙县	举人知县
1678				乔鹤征	山西	举人	汪舟	歙县	举人教谕
							江笔	歙县	举人
							吴侯度	歙县	举人
							汪骐孙	歙县	举人
1679							汪晋征	休宁	进士侍郎
1681	孙怡清	三原	举人	乔卫圣	山西	举人	程淞	歙县	举人知县
							方名	歙县	举人知县
1682	李涓仁	陕西	进士郎中				汪兆琪	休宁	进士中书舍人
1684							张旦	歙县	举人评事
							吴宁谧	歙县	举人学正
1685							黄梦麟	歙县探花	左中允
							汪薇	歙县	进士提学道
							江朝宗	歙县	知府
							江广誉	歙县	进士知县
1687				李肇轸	大同	举人	吴梦龙	歙县	举人
							赵景行	休宁	举人
1690	陆应几	陕西	举人知州						
1691							张瑗	祁门	进士御史
1694							吴岳	歙县	进士
							程湜	歙县	进士知县
							程湄	歙县	进士知县

地区	陕西			山西			徽州		
时间	姓 名	原籍	科别职官	姓 名	原籍	科别职官	姓 名	原籍	科别职官
1696							方愿仁	歙县	举人
							方天育	歙县	举人
1697							朱起昆	休宁	进士侍讲
1700	梁棠荫	陕西	进士知县	李梦晁	大同	进士知府			
1705							孙兰芯	休宁	举人驿盐道
							金时芳	休宁	举人
							金殿诏	休宁	举人
1708							张曰伟	歙县	举人
							洪濯	歙县	举人中书舍人
1709				李同声	山西	进士主事	程暗	歙县	进士
							乔儆	山西	进士知县
1711							程大英	休宁	举人中书
							吴安国	歙县	举人中书舍人
							汪正钧	歙县	举人
							汪玉珩	歙县	举人
							洪立进	歙县	举人
1712							程梦星	歙县	进士主事
							汪橚	休宁	进士道员
							洪泽	歙县	进士员外郎
1713	郭耕礼	陕西	举人知县				程鉴	歙县	进士郎中
							洪书	歙县	举人
1714	梁承祐	陕西	举人教谕				吴公淳	歙县	举人典簿
1715							洪勋	歙县	进士知县
1717				李圻	山西	举人教谕	洪比学	休宁	举人知县
							田有伊	歙县	举人知府
							江鉴	歙县	举人知州
1720	申泷	陕西	举人				刘正宷	歙县	举人知府
							吴淞	歙县	举人
							吴枚	歙县	举人
							吴为瀚	歙县	举人

地区 时间	陕西 姓名	原籍	科别职官	姓名	山西 原籍	科别职官	姓名	徽州 原籍	科别职官
1723	申澍	陕西	举人				罗人杰	歙县	举人
							洪肇楙	歙县	进士知府
1724							洪之霈	歙县	举人
							方愉	歙县	举人国子监助教
							谢朋庚	休宁	进士庶吉事
1725				李松	山西	举人	汪宸宷	歙县	举人
				张皓	山西	举人	程瑸	歙县	举人
1732							项樟	歙县	举人知府
1735							洪逊	歙县	举人学正
1736							金门诏	休宁	进士庶吉事
							洪涟	歙县	举人知县
1737							洪本仁	歙县	进士主事
1742							郑捷甲	歙县	进士知县
1745	张馨	陕西	进士给事中				谢溶生	歙县	进士侍郎
1737				郭启升	山西	举人	戴汝榕	休宁	举人
							毕怀图	歙县	举人教谕
							吴本锡	歙县	举人
							程绾	歙县	举人
1748							张文	歙县	进士知县
1752	张坦	临潼	进士编修				吴以镇	歙县	进士编修
							程瑄	歙县	进士知县
							刘标	歙县	进士知府
1753							汪元	歙县	举人教谕
1754							吴玉镕	歙县	进士
1757							郑爔	歙县	进士御史
							江廷泰	歙县	进士知州
1761							洪锡璋	歙县	进士
1762							吴应辰	歙县	举人中书舍人
1763							程沆	歙县	进士庶吉事
1764							吴楷	歙县	举人中书
							吴绍沄	歙县	举人

地区 时间	陕西			山西			徽州		
	姓 名	原籍	科别职官	姓 名	原籍	科别职官	姓 名	原籍	科别职官
1770							郑奇树	歙县	举人知府
							吴 钜	歙县	举人
							吴绍灿	歙县	举人进士
1772							郑宗彝	歙县	进士盐商
1778							吴绍浣	歙县	进士中书舍人
1779							程固安	歙县	举人训导
1780							江 涟	歙县	举人员外郎
1784							郑宗洛	歙县	举人中书
							黄文辉	歙县	举人中书
							鲍勋茂	歙县	举人御史
1787							郑文明	歙县	进士郎中
1788							江复初	歙县	举人知县
1789							黄 洙	歙县	进士
1795							程骏业	歙县	举人检讨
1798	张 铭	临潼	举人主事						
1801							徐 宣	歙县	举人
							汪 煜	歙县	举人
							汪 铮	歙县	举人
							江 青	歙县	举人
1802							吴 椿	歙县	进士编修
1804							洪 莹	歙县	举人
1805							程元吉	歙县	进士庶吉事
小计	陕西	96 人		山西	21 人		徽州	286 人	
合计	403 人								
百分比	23.8%			5.2%			71%		

上列六表并不能理想地说明徽州人扬州经商及移徙的情形,但是笔者就此产生下述认识:

(一)徽商、西商到达扬州甚早,文献有所反映,但比较有限

山西、陕西、徽州商人到扬州地区经商,自然是早在明代以前,不过本文

260

所说的西商、徽商是指在政府监督下以经营盐业为主体的商人,这却是明代以来的事。从表6可知,明初就有徽商到扬州,但那很难说是盐商,而明中叶起就有不少盐商了。表5中陕西籍的黄谏、茂彪、曹英,山西籍的张颐、季春等人都中式在15世纪50年代前后,可知他们的先人应当在这以前到达两淮经商,成了扬州人的一些商人子弟科举中式,表明商人就不是极少数,而会有一批了。这是我们的推论,相信是符合实际的,但毕竟证据不足,所以不满意于文献的搜求。

前面六个图表中,有四个是属于科举仕宦人物的,在新移民中,如果本人不是官员流落在异乡,一般成分的工商业者,不仅本身不会成为科举出仕者,第二代也很难做到,而会在第三代、第四代开始,或以后有了可能。另外,两个表中的人物,特别是仪征人表,所列颇有非科举仕宦的,然而他们也很难是第一代移民,因为要在地方史志中取得一席之地,得有异样行动,作为平民百姓,只能是有官方和社会所推崇的孝义行为,诸如在地方上有重大义举,非有较大财力的人做不到,而这是新移民所难于胜任的。因此,不论是哪一种情况,我们在表里所能见到的人物,所标志的时间,综合来看,在那个时间里,这个人的家庭或家族已经在扬州生活一个时期了,而不是这时才开始的,换句话说,他的先人要比他早到扬州若干年。由此可知,明代中期,图表所示人物不多,远未真实地反映当时实况:要比实际到达的盐商少一些,或者少得很多,这是不如人意的另一个方面。

笔者所利用的文献,大多产生在乾嘉时期,又多系地方史志,众所周知,此时盛行考据学,人们著书立说,提倡言必有据,要经得起考证,新移民的事,口碑多而文献少,著书人为慎重起见,对传说和某些文字记载就不敢使用。地方修志,有一些禁忌,害怕把别的地区的人和事写到本地志书里,让其他地方的人笑话,如若将外地名人写进来,为本地增光,岂不惹出"借才"之讥,在考据学流行时,这种顾虑更多。这种严肃认真的治学精神,提高了著作质量,但如果实行不善,也会有负面效应,至少是遗漏史实。笔者所利用的嘉庆《江都县续志·凡例》,有意识地规定:"邑虽分甘泉,其人物彼此互入,不能划然,凡已见续甘志者不复复出,至近而仪征,远而歙县,且自乾隆三十年以前未裁商籍,又多山陕流寓,实隶本邑,并非借才。"①特别交代本县人物与甘泉、仪征、

---

① 嘉庆《江都县续志·凡例》,第1册,第7页。

歙县、山西、陕西人的某种不可分割的联系，因而有关系的就要写进来，请外地人不要以为是乱拉人，借才沾光。看来，他们的担心并非是多余的，因为当地移民多，籍属关系复杂，弄不清楚，就会让人看笑话。嘉庆《重修扬州府志》，可能就因为过分小心，就遗漏了不少史实。据乾隆《江都县志》卷 12《选举》记载，1526 年中式的山西籍蒋应奎，[①]1532 年中式的陕西榆林籍何诚，[②]1658 年中式的山西籍高晫，[③]1700 年中式的陕西籍梁棠荫和山西大同籍李梦昺，[④]1703 年中式的歙县籍吴蔚起，[⑤]1746 年中式的山西籍史宏义，[⑥]1709 年中式的大同籍李同声、歙县籍程喈，[⑦]均不见于嘉庆扬州府志，对其中的某些人，府志特意作出不载的说明，如康熙庚辰榜下注云："案：旧志有江都人李梦昺、李珍、梁棠荫三人，考题名碑录，梦昺山西人，棠荫陕西人，故俱不录。"[⑧]其实这三人在嘉庆《两淮盐法志》里有著录，笔者也将他们移植在表六中了，嘉庆府志是没有下功夫考证他们的居地和籍贯，因他们回原籍应试，以为他们与扬州没有关系，怕写出来被人讪笑，精神可嘉，而漏载是事实。又如康熙癸巳榜，府志有按语云："旧志有江都人程釜、景考祥，考题名碑录，釜，歙县人；考祥，河南人，故皆不录。"[⑨]程釜是歙县籍的扬州人，应当记录在府志里。乾隆的扬州府志，审慎精到，然不无遗珠之憾，致使山陕徽州赴扬经商及移民的资料有了不应有的欠缺。

(二)西商先至两淮，徽商后来居上，且多集中在扬州

看表 5 科举中式者的籍贯和时间，15、16 世纪是山陕商人为多，而见不到徽州学子的身影，这当然不能说在这两个世纪中扬州没有徽商，而是表明，至少在 15 世纪他们要比西商少得多。从表 2 看，嘉靖时徽商已不止一人定居仪征，而这时是 16 世纪中叶，此后的万历及明末徽商到了一批。再看表 1，前面八位都是在 16 世纪下半叶中举，证明 16 世纪是徽商涌入扬州的时代。据嘉

---

①② 乾隆《江都县志》卷 12，《选举表》，台北成文出版社"中国方志丛书"本，华中地方第 393 号，第 2 册，第 522 页。

③ 乾隆《江都县志》卷 12，《选举表》，第 2 册，第 526 页。

④⑤⑥ 乾隆《江都县志》卷 12，《选举表》，第 2 册，第 528 页。

⑦ 乾隆《江都县志》卷 12，《选举表》，第 2 册，第 529 页。

⑧ 嘉庆《重修扬州府志》卷 39，《选举》，台北成文出版社"中国方志丛书"本，华中地方第 145 号，第 8 册，第 2781 页。

⑨ 嘉庆《重修扬州府志》卷 39，《选举》，第 8 册，第 2783 页。

庆《两淮盐法志》卷49《仕宦表》制作的表3,徽州籍两淮人出仕的第一人是在天启崇祯时,其实此书同时记载,就有大同人李扆举贤良方正,官知县。而在嘉靖时绥德人阎琮流落扬州,占籍江都,其子阎金任侠好义,1558年倭寇骚扰江淮,知府发动民众守城,"时西北贾客扬州者数百人,金召其豪,共登陴,射杀其渠魁",倭退去。故乾隆时修江都县志,为阎金立传。①其时扬州有西北商人数百人,难怪会出科举人才和官员,如阎金子九德于万历年间出任府照磨。可知两淮的山陕籍人出仕早于或至少不晚于徽州籍的两淮人。西商先到两淮,应当不成问题,可是表6显示,两淮西商子弟科举的出现,远远晚于徽商,这同我们的西商早到的说法是不协调的,或者说是矛盾的,对此笔者理解尚浅,估计的一种可能是文献本身的不完善。《两淮盐法志》的编者在作《科第表》时就预计到遗漏、差错及其原因:"明万历中定商灶籍,两淮不立运学,附入扬州府学,故盐务无册籍可稽,且有西商,无徽商,亦偏而不全。我朝相沿明制,嗣于乾隆四十四年商灶裁归民籍,更无区别。"②关于西商的文献较少,其子弟中式了却可能失于记录,而徽州人这方面损失要少一些,因为他们"贾而好儒",自身文献多,失载的情况相对要少,这是就双方的情形讲的;再从扬州地方看,人文之盛,是出在清代,而明朝不行,很少有进士面世,而在清代,鼎甲之人已是屡见不鲜了。拙文《清代仪征人才的兴起及原因》已有所涉及,这里不再复述。徽州人后到,地方文化也发达了,自身再重视,故而显得人文盛于山陕。

　　以上是就某些历史资料作出的辨析,再从盐商特点来看。两淮盐商之盛,起于明朝政府实行的"开中盐法",即商人运粮北部和西部边疆,作为军储,政府给予淮盐,以为交换。正统间,政府因西北边军缺马,又令商人纳马中盐。③山陕商人地处边境,出入交粮地区方便,而且易于把握边境情势,所以有条件应政府之征,纳粮戍边,取得盐引,成为两淮盐商。相较而言,徽商就不如西商有那样的便利条件,及至看到山陕商人的牟利,才会参与这种商务,这自然要在时间上比山陕商人晚一个阶段,成为两淮后到的盐商。弘治中户部尚书叶

---

① 乾隆《江都县志》卷22,《尚义》,第3册,第1152页。
② 嘉庆《两淮盐法志》卷47,《科第表上·又按》,同治九年扬州书局版。
③ 《明史》卷80,《食货·盐法》,中华书局点校本,第7册,第1535—1536页。以下所引"二十五史",均为中华书局点校本,不再一一注明。

淇改变开中盐法,"召商纳银运司,类解太仓,分给各边",而给商人盐引,这样商人可以不用将沉重的粮食运到边境，或者也不必雇人在边地种粮食交纳,交银子就可以了。①此种办法,令边地商人失去优势,内地商人则得到交银的便利,这就有利于徽州两淮盐商的发展了。

总之,笔者同意王廷元、田培栋等先生的观点,认为西商早于徽商到达两淮,15 世纪及 16 世纪上半叶他们是两淮盐商的主角,而 16 世纪下半叶角色的变化,徽商日益起主要作用,至 17、18 世纪,后者占据绝对主导地位了。

(三)徽商在扬州以业盐为主,成为当地社会新成员、新的社会活泼因素

扬州与盐有不解之缘,在扬州的徽商亦然。历史上,人们讲到扬州,往往提到盐业,似乎不说盐业就不能说明扬州的特点。《汉书》吴王刘濞传,说到他的包括扬州在内的辖区有铜可以铸钱,又"东煮海水为盐,以故无赋,国用饶足"。②扬州拥有盐利,此后的文献是史不绝书。元人鲜于枢在《扬州五言四十韵》中颂扬"国有鱼盐利"。③明人王世贞的《张孟奇广陵怀古诗序》,认为扬州之繁盛尚未达到先前地步,所谓"然而一盐客薮耳,其于大雅未复也"。④乾隆时一度客居扬州的吴锡麒作《广陵赋》,儆戒当地人的奢华,不能只凭借"富擅鱼盐"之利。⑤嘉庆间监修扬州府志的两淮盐政阿克当阿,谓扬州"盐荚之利,邦赋攸赖"。⑥盐利不仅对扬州,更对国家财政有重大意义。他的同僚德庆则云:"东南三大政,曰漕,曰盐,曰河,广陵本盐荚要区,北距河淮,乃转输之咽吭,实兼三者之难,其视江南北他郡尤雄剧。"⑦说明了扬州在盐政、漕政、河政中的地位。话休絮烦,从古代到明清,扬州的繁荣,离不开盐利和盐政,这是人们的共识。

在广陵盐商中,徽商逐渐占居主体地位;在徽商中,又以业盐为主。表 1、表 2 及表 4 中的商人,有不少已注明为盐商,其他未注出的,系身份不明,也

---

① 《明史》卷 80,第 7 册,第 1939 页。
② 《汉书》卷 35,《荆燕吴传》,第 7 册,第 1904 页。
③ 同治《续纂扬州府志》卷 23,《艺文志》,台北成文出版社"中国方志丛书"本,华中地方第 2 号,第 3 册,第 1343 页。
④ 嘉庆《江都县续志》卷 9,《艺文》,第 2 册,第 349 页。
⑤ 同治《续纂扬州府志》卷 23,第 3 册,第 1350 页。
⑥ 嘉庆《重修扬州府志》阿克当阿《序》。
⑦ 嘉庆《重修扬州府志》德庆《序》。

许他们的父兄就是盐商,只是所据之资料未载耳。如表4中的有些家族,李斗只瞩目于其家族的文化艺术成就和社交活动,而未及其职业和经济来源,参以其他载籍,不难获知他们中多数是盐商出身,如程鉴,1713年进士,任职部郎,其兄程銮,出仕道员,"先世歙人,商于扬",这个家族的次等人才,"亦为两淮总商,家门鼎盛"①。可知他的家族是以经营盐业为主的。表5中的程葰,乃父程鼎,弃儒从贾,营销的就是盐业。②这些是一个个事例,不妨看一看概括的叙述。乾隆五十年代理盐政全德说:"歙在山谷间,垦田盖寡,处者以学,行者以商。……商之地,海内无不至,以业盐于两淮为著。"③行商在外的徽州人,虽然遍布各地,但是以在两淮的盐商为最多,也最出名。惺庵居士在《望江南百调》咏商人:"扬州好,侨寓半官场,购买园亭宾亦主,经营盐典仕而商,富贵不归乡。"④扬州是侨寓商人荟萃之地,其人亦官亦商,并以经营盐业典业为主。文中没有说商人的原籍,以绅商合一来讲,当指徽商,而他们以盐、典为重头产业。嘉庆《两淮盐法志》写到,侨寓扬州的休宁人,"多以盐䇲起家"⑤。王廷元等人说:"扬州是两淮盐业的经营中心,也是徽州盐商最集中的地方。"⑥笔者亦是如此认识的,不过想补充一句:在扬州的徽州盐商是徽商的主体成分。因此在本文中所说的扬州徽商与在扬州的徽州盐商,可以视为同意语。徽商在扬州人数日多,势利日增,成为重要的社会成员和社会变动的活泼因素,对此下面将有机会作出某种交代,这里不赘。

(四)对于商人,考察其籍,重要的是把握其落脚于何方

明清时期行商的籍里问题,同古代一样是非常重要的,它涉及到户口制度、科举制度和籍贯观念,研究商人的历史,不能不留意于他们的籍里。然而要想弄明白,却颇不易。人们有很强烈的家乡意识,可是子弟回乡里科举考试不容易,在寄居地报考,就要入籍,或拥有商籍,再或者人住一地,到非原籍的另一地占籍,这样,自然使人的籍里复杂起来,记载也难于周详,后世研究者就不易掌握其原籍、寄籍、占籍的变化情形了。前述《两淮盐法志·科第

① 嘉庆《江都县续志》卷6,《人物》,第198页。
② 同治《续纂扬州府志》卷15,《人物》,第2册,第840页。
③ 嘉庆《两淮盐法志》卷55,《碑刻·徽州紫阳书院岁供资用记》。
④ 陈恒和编刻《扬州丛刻》,"中国方志丛书"本,华中地方第3号,第3册,第1048页。
⑤ 嘉庆《两淮盐法志》卷46,《人物·孙默传》。
⑥《中国十大商帮》,第450页。

表》按语已道出其难度,嘉庆《江都县续志》亦讲到类似的事情:"扬以流寓,入籍者甚多,虽世居扬而仍系故籍者亦不少。明中盐法行,山陕之商麇至,三原之梁,山西之阎、李,科第历二百余年。至于河津、兰州之刘,襄陵之乔、高,泾阳之张、郭,西安之申,临潼之张,兼籍故土,实皆居扬,往往父子兄弟分属两地……此外如歙之程、汪、方、吴诸大姓,累世居扬,而终贯本籍者,尤不可胜数。若但以《题名碑》为据,而于历《志》相沿之旧,概行删去,且或载其父而遗其子,录其弟而外其兄,于情事不合,未便轻为附和也。"意思是对于流寓人员,不能单看他们科举《题名碑》上的籍贯,以为那是唯一准确的,其实他们有入籍的,有保留原籍的,情况不同,要根据多种载籍加以鉴定,不要仅据《题名碑》,而使本地志书漏载已是本地人的学子。比如汪楫,官方史籍说他是"安徽休宁人,寄籍江苏江都县"①。《扬州画舫录》谓汪楫是"江都人"②。嘉庆《重修扬州府志》云其为"江都人,仪征籍"③。嘉庆《两淮盐法志》说他"休宁人,以盐荚占籍仪征",他做官之前生活在扬州,世人所称的"邗上三先生"之一。④看来,汪楫原籍休宁,寄居扬州,占籍仪征,说他寄籍江都,并不确切。一个人的籍贯,关系他的身份、科举、仕进、职业、发展前途和生活道路,非常重要,但是对于一个流动的商人,一般来讲,寄居的地方可能有更为特殊的意义,他生活于此,事业在这里,如果慢慢地扎下根来,这儿自然要比原籍更有价值。所以我们研究流寓商人的历史,应当明白他的原籍,寄居与占籍的状况更不可忽视,在一定意义上说,对于后一种情况的了解比前者尤为重要。

(五)笔者用这样大的篇幅制作图表,意在做点资料整理工作

笔者作出六个表,其中一个表含有四百余人,如此不惜篇幅,将在扬州的徽州人最基本的情况清理一下,究竟有哪些人,要有一点底,目的就是如此单纯。但是做得并不好,考证功夫下得不够,未将业已寓目的各书中的表传进行比照研究,更没有扩大资料线索,除了阅读扬州地区的史志,还需要浏览徽州的史籍,特别是扬州、徽州以及与这两地有关的人的文集,移民家族的谱书,有关的专书,如关于淮盐的书籍,综合各类图籍的资料,尽可能地把事情考证明白。

---

① 《清史列传》,第18册,第5783页。

② 《扬州画舫录》,第50页。

③ 嘉庆《重修扬州府志》卷39,第8册,第2745页。

④ 嘉庆《两淮盐法志》卷46,《人物·文艺》。

二、盐商协办文教事业与开展文化活动

外来的商人要能事业兴旺,在新居地扎下根,安家置业,长子育孙,除了要会做买卖,要按政府的规定置有不动产和居住年限,如清朝政府对于客户的入籍规定是:"于寄籍之地,置有坟庐二十年者,准入籍出仕。"①仪征县执行办法是:"其客户、外户,有田地坟墓者二十年,准其入籍,俱为民户,无田地者曰'白水人丁'。"②这是政府允许入籍的条件,但外来户要想被当地民众乐于接受,必须融入社会,为地方多做好事,以取悦于土著。所谓好事,主要是大力参与地方社会建设,投入社会公益事业具体来是两大项,即文化教育、城乡建设、水陆交通建设,社会慈善救济。在这个子目,我们来了解徽商在扬州进行的文化教育建设活动,及其成效。

(一)兴办学校

文教事业,徽商在扬州围绕科举进行的教育投资和学术投资,在前一方面,协助盐政衙门和地方政府修缮官办的文庙,兴办书院和义学,奖励学生和考生,乃至修建士子所崇尚的文昌阁。

维修文庙。府州县都有官方建设的文庙,以教育生员。文庙需要不断地维修,教育经费又极其有限,要能有效地维持,需要各方面的赞助,扬州有个优势,就是有中央派出的盐政衙门,该衙与其所管理的盐商可以资助。仪征文庙的修缮,即为县官、盐衙、盐商和仪征籍的原徽州人合力进行的。1653 年两淮盐运司运副朱懋文捐出商人公费修葺学宫明伦堂,1675 年,原徽州人许承远修缮大成殿;1684 年其子松龄与乃舅吴爱重重修明伦堂,1689 年知县马章玉会同原徽州人、乡绅郑为旭、许松龄、桓龄等捐银 1550 两,徽商捐银 1600 两,重建大成殿;1708 年原徽州人汪文芷修葺倾圮的居仁、由义二学斋;1714 年许松龄之子许彪重建尊经阁;1735 年松龄孙华生重修学宫;1790 年众商捐银大修文庙,旋因岁修经费不足,又捐 1000 两生息资补;1805 年商人捐银 1000 两重葺大成殿。在历次维修中,令人注目的是许承远家族,以维修文庙为己任,不只为教育事业尽力,且将仪征视为家乡,成为仪征绅士的表率,所以县

---

① 《清史稿》卷 120,《食货·户口》,第 13 册,第 3480 页。
② 康熙《仪征县志》卷 10,《民赋》,清刻本。

令戴仁行表彰许氏"诚大有造于仪邑也"①。东台文庙,1752年盐官劝商衿重修成功,1792年商灶再修。②

兴办书院。此项商人出力多,造士甚夥,成就独多。书院主要是三所,即府城的安定、梅花和仪征的乐仪。梅花书院,创办于明中期,由地方官和盐官主持,先后名甘泉山书馆、崇雅书院,明末废。1734年祖籍徽州的绅商马曰琯出资重建,所谓"独任其事,减衣节食,鸠材命工……不期月而落成"③,定名梅花书院,1739年由盐衙支给诸生膏火费,书院收留学生60名,分正课、附课、随课三种,正课生每年给膏火银36两,附课生12两。1777年马曰琯的儿子振伯呈请完全归盐院管理,运使朱孝纯劝告商人捐修,并定每年经费数额。书院平时有考试,由地方官主持的为官课,由书院掌院进行的为院课,都是每月举行一次,奖励优等者银两,连续获奖者升等。

安定书院,系巡盐御史胡文学创办于1662年,1733年巡盐御史高斌、运使尹会一,"以广陵名郡,人文渊薮,亟宜振兴,议即旧址重建,谕商公捐"④,商人和士人也希望仿照省会的书院规制办好书院,众商乃捐银7400两修葺一新。所收学生人数先后有所不同,初期定额60名,亦分正课、附课、随课三等,给膏火费同于梅花书院,住院学习的,于常额外日增膏火三分,此外参加乡试,资送路费,中举者,则予树旗杆,送匾额的荣誉。两个书院的掌院,据李斗说,"皆知名有道之士",确系康雍乾嘉时期的著名学者,如储大文,翰林院编修;陈祖范,国子监司业;沈起元,光禄寺卿;杭世骏,编修;蒋士铨,编修;赵翼,探花,道员;吴锡麒,国子监祭酒;姚鼐,刑部郎中;茅元铭,内阁学士;等等。这些人中,有的是诗坛领袖,有的是史学大家,有的是桐城派古文集大成者,几乎在《清史列传》《清史稿》中立有传记,文章被收在《皇朝(清)经世文编》中。书院有明师,又给膏火费,尤其是发放岁科两试及乡试路费,颇能吸引学子就学,所谓"来学者,四远麇至"⑤。

两所书院,均以诸生、监生为教育对象,培养出一批科举人才和学者,诚

① 道光《仪征县志》卷16,《学校》,清刻本;嘉庆《两淮盐法志》卷52《祠庙》。

② 嘉庆《两淮盐法志》卷52,《祠庙》。

③ 光绪《增修甘泉县志》卷16,《学校》,成文出版社"中国方志丛书"本,华中地方第408号,第3册,第1074页。

④ 嘉庆《两淮盐法志》卷53,《书院·安定书院》。

⑤ 嘉庆《两淮盐法志》卷53,《书院》;卷55,《碑刻·尹会一〈安定书院碑记〉》。

如李斗所说,"能文通艺之士萃于两院者极盛",他们中有管一清,进士,善属文,工诗;梁国治,少时肄业于此,官至大学士;秦黉、秦恩复父子,皆进士、编修;任大椿,及其弟子汪廷珍,均进士,经学家;谢溶生,刑部侍郎,段玉裁,古文字学家;王念孙、王引之父子经学大家;汪中,经学家;刘台拱,精于三礼;洪亮吉,博通经史,今世以人口论著称;孙星衍经学、音韵学家;等等。①上面说的基本上是嘉庆及其以前的事,咸丰间扬州各书院毁于战火,同治中恢复安定、梅花以及广陵书院,由盐衙将专门犒赏军队的一部分银子,经过两江总督曾国藩的批准,移作这三个书院的经费。②

比起安定、梅花两个书院,设在仪征的乐仪书院开办得晚一些,始建于1768年,倡议者为知县,助成的是盐官和盐商。时盐商首领张东冈等,以子弟将进书院就读,申请捐助,每年补助膏火银857两,得到盐政批准,以后又增捐生徒盘费银300两。书院所收学生,名额逐渐扩大,至道光中,收生员正、附、随课生及童生正、附、随课生,计为240名。掌院也多是名家,如秦黉、赵翼、吴锡麒、王芑孙等。与府城二院一样,给正、附生膏火银。书院经费,自1794年至1800年,每年开支在1800两至1900两之间,盐商原定额捐不足运用,即据实给予新的赞助,以满足书院的实际需求。③"四方来试者,与安定、梅花同,并刊三书院课艺,以程多士。"④这三所盐政和地方官主办、盐衙和盐商出资的书院,成为当时的著名学校。盐商,不仅是徽商,还有西商,但17世纪以来,徽商早成为两淮盐商的主体,他们要送子弟上学,又要"回报"社会,乐于建设书院,所以才有盐商申请捐助的事,而从乐仪书院的建立的事实看,赞助者主要是徽州盐商。

盐商所建设、资助的书院,在三所之外,还有维扬书院,1526年巡盐御史雷应龙创建,后废;敬亭书院,两淮商人于1683年建立,令士子诵读其中,后废毁。⑤

---

① 以上资料并见《扬州画舫录》,第60—72页;嘉庆《两淮盐法志》卷53,《书院》;光绪《增修甘泉县志》卷16,《学校·甘泉书院》,台北成文出版社"中国方志丛书"本,第1078—1085页。

②《光绪江都县续志》卷16,《学校》。

③ 道光《仪征县志》卷18,《学校》。

④ 嘉庆《两淮盐法志》卷53,《书院·乐仪书院》。

⑤《扬州画舫录》,第62—63页;嘉庆《两淮盐法志》卷53,《书院》。

开办义学。盐商同时资助开蒙的义学,扬州府城原有义学 3 间,后增为 5 所,1800 年商人洪箴远等,因郡城广大,义学太少,愿意资助,于 12 门各设一所,得到盐衙允准。①

盐商在扬州资助开办的学校不少,且有不同类型,唯以安定、梅花、乐仪三书院最有成就。

两淮的徽州盐商,不仅在扬州办学,还关心原籍的文化事业。徽州有两个紫阳书院,乾隆时,一个已废,一个经费不足,总商鲍志道念及乡梓,求得两淮盐政的同意,每年从淮南杂项中拨银 3720 两资助设在徽州城里的紫阳书院,又出己财 3000 两,修复书院房舍;同时拿出 8000 两银子存放在两淮官库,收利息援助城外的紫阳书院,"由是两书院不复告匮,而(徽州)六县之来学者,咸给其求,自宋以来,于斯为盛"②。

(二)开展学术文化活动

办学之外,盐商以其资力从事学术活动,延揽学者,进行学术研讨,搜集图书和编辑出版。

李斗说:"扬州诗文之会,以马氏小玲珑山馆、程氏篠园及郑氏休园为最盛。"③所谓诗文之会,实际是讲的一些绅商招募宾客,研究学术和文艺,下面按照李斗说的讲几个事例,然后作一点小结。

小玲珑山馆是马曰琯家的,马曰琯为"祁门诸生,居扬州新城东关街,好学博古,考校文艺评骘史传,旁逮金石文字",著有《沙河逸老诗集》,本身就是一位力学的学者,康熙帝南巡,两次赐予御书。其弟马曰璐,工诗,著作《南斋集》,不应博学宏词的召试,兄弟二人被人称为"扬州二马"。建有别墅,为有名的"小玲珑山馆",拥有两栋藏书楼。马曰琯热情接待士人,研讨诗文,"所与游皆当世名家,四方之士过之,适馆授餐,终身无倦色"。比如杭州人厉鹗诗文颇受名家欣赏,"搜奇嗜博,馆于扬州马曰琯小玲珑山馆者数年,肆意探讨,所见宋人集最多,而又求之诗话、说部、山经、地制,为《宋诗纪事》100 卷、《南宋院画录》8 卷"④。马曰琯对他多方照顾,因 60 岁尚未生子,特辟住宅为他纳妾。及

---

① 嘉庆《两淮盐法志》卷 53,《书院·义学》。
② 嘉庆《两淮盐法志》卷 55,《碑刻·徽州紫阳书院岁供资用记》。
③《扬州画舫录》,第 180 页。
④《清史列传》卷 71,《厉鹗传》,第 18 册,第 5833 页。

至他回乡亡故,消息传来,又为他设灵位祭奠。^①马曰琯刊刻古人文字学著作,如许慎《说文》及《玉篇》《广韵》,世人称为"马版",给朱彝尊刻印《经义考》,用银1000两装潢蒋衡书写的"十三经"。乾隆中编修《四库全书》,其时马曰琯已故世,其子振伯进呈藏书,可备采择的776种,成为民间四大进呈图书者之一,受到赏赐《古今图书集成》一部的奖励。^②

刚刚说过马氏的聚集文人学士,现在看程氏的作为。筱园主人程梦星,1712年进士,官编修,"于艺事无所不能,尤工书画弹琴,肆情吟咏。每园花报放,辄携诗牌酒盏,偕同社游赏,以是推为一时风雅之宗。"受他延揽的有韦谦恒,探花出身,程氏"于家中构玉山心室,延之校书"。他的常客之一陈撰,中乾隆博学宏词科,一度馆于筱园。盛唐,布衣,工书,"馆于筱园最久"。张铨,诸生,喜游山水,足迹遍天下,精于鉴别古人书画,主程氏,绘扬州二十四景及金、焦二山图画。^③程氏负时望,"江淮冠盖之衢,往来投赠殆无虚日"。^④招徕之众,可以想见。程梦星族人程峑从游,程峑进士出身,辞官后,"选定明代及本朝古文,次第付梓"。少与桐城派开创人方苞接近,后为其刊刻《望溪全集》。^⑤

总商江春,迎接乾隆帝南巡,报效甚多,得到君主的欢心,借国帑30万作资金的周转,出席千叟宴,赐布政使秩衔。他诸生出身,工制艺,精于诗,广结宾客,建随月读书楼,请人选时文付梓行世,名《随月读书楼时文》。他死后,每日来祭灵而不报姓名的有十多人,所以有人将他比作孟尝君。^⑥

总商鲍志道,在徽州时贫苦,业盐扬州致富,其弟方陶,好宾客,多慷慨,幼时读《论语》《孟子》,无善本,至是细加校正付梓,藏诸家塾。^⑦

这几家的文化活动,令我们产生三种印象:

其一,徽商本人,特别是他们的子弟成为文化人和学者。

其二,招致各地的文化名人汇聚扬州,研讨学问,使扬州在清代成为文化重镇。前述三大书院的掌院,大多是流寓学者,此外的金农、吴敬梓、魏源、凌

---

① 《扬州画舫录》,第90页。

② 《扬州画舫录》,第86—91页。

③ 《扬州画舫录》,第343—348页。

④ 嘉庆《江都县续志》卷6,《人物》,第197页。

⑤ 嘉庆《江都县续志》卷6,《人物》,第198页。

⑥ 《扬州画舫录》,第274页。

⑦ 《扬州画舫录》,第148—150页。

廷堪等名家,无不是广陵的屡次重游者。当然,招募宾客的不仅是绅商,盐政的养贤馆,也是不宜忽视的,然而绅商的作用似乎是主要的。正是扬州本地学者与流寓学者的结合,才使扬州在文化上大放异彩,产生思想方面的"泰州学派""泰谷学派""黄崖教",以及今人所称的"扬州学派",书画艺术方面的"扬州八怪",表演艺术上的扬州评话。

其三,造成扬州图书印刷事业的兴盛。文化的发达,还表现在藏书和刻书方面。今日扬州有广陵古籍刻印社,线装出版名贵古籍,可能是全国线装图书出版业的第一家,这是继承清代扬州出版事业的传统。康熙年间编纂、整理的几部巨著,多在广陵印刷,如江宁织造、两淮巡盐御史曹寅督刻《全唐诗》,新编的《渊鉴类函》《律吕正义》,边刻边进呈康熙帝御览,满意了,继续雕版,所以是精益求精,刻板技艺高超。官方在广陵设立扬州书局,推进了扬州图书事业的发展。所有这些,同原徽州人在扬州聚书、刻书不无一定的关系。扬州绅商藏书多,才有马氏那样向皇家进呈那么多的图籍。正因这里文人荟萃,文化发达,所以乾隆帝将《四库全书》一部置放于扬州,以便士人观览。

(三)修建祠庙

兹将嘉庆《两淮盐法志》所载,商人兴建、修缮各类祠宇罗列于次:

天后宫:明代建设,1666 年,商人程有容重建。

欧阳文忠祠:纪念欧阳修,1730 年商人汪应庚修缮,1751 年众商重修。

五贤祠:纪念宋、明人,1746 年盐政允许众商捐修。

双忠祠:祭祀南宋守扬州的李庭芝和姜才,1734 年绅商马曰琯修缮。

萧孝子祠:祀 1667 年为病母而死的本地人,1734 年马曰琯重建。

金龙四大王庙:众商供奉香火之地,1664 年淮商公建,1773 年、1776 年先后修葺。

重宁寺:1783 年两淮商人兴建。

观音山寺:1756 年商人建造,以备乾隆南巡休憩。

法净寺:雍正间汪应庚重修慧音寺,1738 年淮商汪宜晋创建丛林,1751 年众商修之。

上方寺:1775 年淮商复修。

建隆寺:古刹,1746 年绅商黄晟独立捐资重建。以上祠宇均在扬州府城。

仪征关帝庙:1792 年,盐政允众商请求,捐资重修。

仪征奎光楼:久已倾颓,1773 年绅商郑宗彝捐修,1792 年,其叔鉴元重茸,增建后殿。

五烈祠:1733年甘泉知县偕淮商汪应庚改建。

三汊河关帝庙:乾隆历次南巡,众商修葺。

三汊河高旻寺:1703年淮商加建行殿,供康熙帝巡幸之用,1730年众商重修。

仙女庙河神庙:盐船往来停泊之地,1701年众商创建,1742年重修。

邵伯镇露筋祠:1780年、1784年乾隆两次南巡过此,两淮商人重葺。

宝应神龙祠:1761年建造,乾隆历次南巡淮商捐资修葺。

宝应湖神庙:1765年修建,1780年、1784年乾隆南巡,淮商先后修缮。

淮商还因康熙帝、乾隆帝南巡,到两淮境外修葺祠宇,如1699年、1761年两淮商人在焦山定慧寺建造行宫,1751年淮商在镇江江天寺恭建行宫等,不俱述。

绅商创建、修缮的祠庙,与下述四种理念有关,一是崇敬忠臣、名贤、孝子、节妇,这是遵循纲常伦理进行的,表明商人的基本观念与众人是一致的;二是礼佛,真正的佛徒不一定多,但人们对佛是又敬又畏;三是对行业神和近似行业神的礼拜,天后、河神与水运安全有关,即同运盐有关,故求其保佑,关帝具有财神的身份,商人更是信仰他;四是效忠皇帝,特别是康熙帝、乾隆帝历次南巡,盐商修葺寺宇、行宫,表示忠诚,以讨好皇帝,因为他们是从官府获得盐引经营,更应为天子巡幸效力。这四种理念,敬畏神灵,崇拜佛祖,忠诚君王,是同全国官民一致的,不过亦有反映盐商特点之处。由此可见,盐商的祠庙建设表现的是民间社会信仰,是社区建设的一部分,代表了民众的愿望。作为外籍人,或入籍不久的人,这样与土著观念取得一致的行动,使他们进一步取得土著的信任,有利于他们融入社会,发展生意。

三、盐商协办地方公益和福利事业

人们的生活,会遇到许许多多的难题,贫病之人难于度日,即使一般人家遇上灾荒、瘟疫,都是困难重重,惶惶不可终日,怎么办?政府的传统办法是设立义仓,在灾荒或青黄不接之时低价出售仓粮,但是义仓难得有办得好的,就是义仓本身也是时有时无。宋代以降,社会上出现养济院、育婴堂之类组织,收养孤老、弃婴,到明清时期,尤其是清代,善堂增多,扬州又是比较突出的,这除了地方官和本地人的努力,也得力于盐政衙门和盐商。地方上的公益事业,本应是地方政府的事情,但是政府并没有这笔预算,基本上是经费无着,一切靠民间力量,这就要视地区经济状况和民众意向为转移了,扬州因有盐业和漕运孔道之利,经济状况较好,又有盐商乐于从事,故公益建设较多。现将盐商协助盐衙和地方政府办理的公益建设和慈善事务,分建设机构和个人善举两项作出说明,然后略作分析。

(一)协助建设慈善机构

扬州出现的善堂类型较多,现依类别,凡与盐商有关系的,据嘉庆《两淮盐法志》一一列出:

扬州普济堂:收养无告老民、贫民,1700年创立,1744年因经费不敷,遂于商捐项内每年拨银120两,后增给60两,计180两。瓜洲普济堂,1724年江都贡生耿兆组捐建,随后知府陈宏谋捐俸及募金扩建,耿氏陆续捐田300亩、银万两,1731年盐运使改令淮商经管,每年给银1200两,乾隆中岁支银2580两。两淮盐商与到境外建设行宫一样,在两淮之外,赞助江宁普济堂、苏州普济堂,1734年盐政高斌允准众商建议,每年支援江宁堂1600两银子;1739年定议,每年给予苏州堂1000两。①

育婴堂。扬州育婴堂:明代末年毁于兵燹,清初西商员洪庥和徽商吴自亮、方如珽创其事,1655年建成,每年需银二千两,郡绅李宗孔暨商人闵世璋、郑元化、程有容、吴必长、许承宗等捐助,后来难于为继,1711年运使李陈常接受闵世璋之子闵宽和余士觐、汪光元、吴国士、程莲等请求,月给银百两。盐政佥派商人管理,时间一久,经管商人以有赔垫,请求退出,运使卢见曾乃于1755年令众商议购菜田,作为育婴堂的固定资产和收入,旋于淮南总商内派出二人经理其事,1791年盐政全德将两淮归公田房统交商人承管,补充育婴堂经费。1795年盐政扩建乳婴室,盐官与"商人之有力者皆乐输",由知县和总商董其事。瓜洲育婴堂:因经费不足,众商于1752年公捐银1200两。仪征育婴堂:1662年建立,1741年重建,淮商汪应庚助给经费。②

扬州药局:1729年总商黄光德等公捐设立,1756年大疫,盐政令商人江助周等增设一个药局,请医生救治,数月后瘟疫消灭,裁撤,原有的药局于每

---

① 嘉庆《两淮盐法志》卷56,《杂纪·普济堂》。
② 嘉庆《两淮盐法志》卷56,《杂纪·育婴堂》;卷55,《碑刻·苏楞额〈育婴堂记〉》。

年的五月至八月施舍丸散。①

救生红船：江宁至扬州的长江水面，行船常有危险，因设置救生船进行抢救。船舶设于江都史家港、双港口、大沙洲、大江镇、瓜洲江口、瓜洲江神庙、仪征天池、仪征沙漫洲、金山、焦山、高邮甓社湖、镇江避风馆等处。救生船要经常维修，水手要有工钱，均由众商渐次修补，并不断增加船只，水手工食银亦有定额。②

义渡：扬州河流多，有的地方不便造桥，为了行人的方便，设立义渡，备置船只和渡夫，无偿载渡行人，义渡每年的费用，由商人捐助的，在江都和仪征有十余个，如徐宁门外二严庵万松义渡，即由商人汪勤裕捐建，钞关门外义渡始由诸生耿兆组捐田供费用，后来耿氏子孙卖田，致使费用无着，1803年改规盐务支银。③

救火器具：扬州府城人烟稠密，常有回禄之灾，为了救火，城厢设置水仓，备有水炮、水缸及救生用具，并动用水兵服役，所有"修理器具及各处救火兵役，岁需银两，皆出商捐"。也就是说商人承担了城市消防救火的费用。④

官沟官井：府城水沟易于淤塞，1737年淮南总商创意修浚，绅商马曰琯自任其住宅所在的广储门至便益门段的疏通，其余14段众商公修。城内官井亦相继疏浚。1755年商人程可正等重新疏理，1792年总商洪箴远等公捐重浚。⑤

桥梁街道：郡城西北孔道的扬州古雷塘，1798年淮商汪应庚建造石桥，以便行旅；乾隆中，淮商罗琦重修东关大街和城外石码头；总商鲍志道重修新城街道；1715年淮商汪文学重造仪征龙门桥。⑥

义冢：1734年，商人黄仁德等奉两江总督之命，捐资于四郊买地16处作义冢。商人汪应庚置义冢于徐宁门外；1759年商人黄源德等捐资，分别于南门外、北门外购置义地；1778年商人江广达等捐资买西山空地70亩作义冢，20亩给僧人耕种纳粮，以维持义冢。⑦

---

② 嘉庆《两淮盐法志》卷56，《杂纪·救生红船》。
③ 嘉庆《两淮盐法志》卷56，《杂纪·义渡》。
④ 嘉庆《两淮盐法志》卷56，《杂纪·救火器具》。
⑤ 嘉庆《两淮盐法志》卷56，《杂纪·官沟官井》。
⑥ 嘉庆《两淮盐法志》卷56，《杂纪·桥梁街道》。
⑦ 嘉庆《两淮盐法志》卷56，《杂纪·义冢》。

盐义仓:此仓不是储存食盐而是粮食,为赈济灶丁。扬州东关附近一仓,1726年建立,至1746年贮存粮食6万石,金商二人管理,嘉庆间经管人为商人江广达、王履泰;广储门外三仓,亦是1726年建,1746年储粮18万石,管仓商人为洪恒裕、黄恒茂、汪肇泰、郑旅吉等。盐政金派的是所谓"老成殷实商人",他们在1734年建仓时,捐银20万两购买仓米。①

河工城工:扬州护城河和城内市河淤塞,1759年,众商情愿出银17600两挑河疏通,竣工后,为不令杂物堵塞河道,设专船清除垃圾。另外,1782年河南商丘等处修河,商人江广达等公捐200万两。1803年湖北归州等三州县修城墙,淮南商人洪箴远等公捐银10万两。②

灾济:1671年维扬被灾,众商陈恒升等捐银22670两买米赈济,在扬州城外设立四个粥厂,每日煮粥,约赈男女4.5万人,泰州、兴化、高邮等处则每日发米数百石,又给灾民棉衣1万件。捐银在500两以上的,清朝政府给予九品顶带,陈恒升等八人获得这种荣誉。1679年旱灾,众商捐银3.3万余两,救济饥民816万余。1738年扬州旱灾,众商捐银12.7万两,汪应庚独捐4.7万两救灾。1741年秋雨过多,淮南商人黄仁德等设厂煮粥赈济两月;次年维扬水灾,汪应庚捐银6万,黄仁德等公捐24万两;1746年淮南众商程可正等因灾公捐20万两;1753年两淮灾,商人捐助30万两,等等。③

(二)商人个人义举

上面说到的一些社会公益事业,有的就是从商人开始做起的,如救生红船的缘起,是淮商吴自牧设救生船于金山,又雇渔舟协助救生;方如珽设救生船于避风馆,悬赏格,每救一活人,奖银一两,获死亡者给一半,并营建墓地一区,安葬遇难者;汪文学设救生船于燕子矶,另置田百余亩,充常年经费;汪应庚在镇江、焦山、瓜洲,也立赏格。嘉庆《两淮盐法志》说救生红船就是仿照这些事例、办法建立的:"救生船故事,后所设立,盖仿于此。"④

徽州盐商及其后裔参与盐政衙门和地方政府所主持或倡导的地方公益和慈善事业之外,是个人的乐善好施,援助贫苦人,如汪文德,先世休宁人,家

---

① 嘉庆《两淮盐法志》卷41,《优恤·盐义仓》。
② 嘉庆《两淮盐法志》卷42,《捐输·河工》。
③ 嘉庆《两淮盐法志》卷42,《捐输·灾济》。
④ 嘉庆《两淮盐法志》卷56,《杂纪·救生红船》。

于江都,1640年岁饥,"捐赀倡赈,多所存活"。①黄家珮,歙县人,徙居江都,"居货而能施",大水成灾,多方设赈,救活人甚多。②徐璟庆,先世歙人,久家于扬,"慷慨好义,挥万金无德色,兴义学,修宗祠,助婚丧,及恤贫乏,先后所废巨万,常若不足"。其妻方氏,与他同心,助其行善。③汪煜,先世歙县人,仪征籍,"乐善好施,有'善人'称"④。其子梦桂,举人,有父风,乡里中有贫不能婚嫁的一个人无力资助,则集合同道,共同设法补助,对贫困寡妇尤加同情,"笔耕所入,半为周恤之用"⑤,等等,不必胪陈。

(三)社会公益事业中盐商与土著的结合

扬州地区的社会公益与社会救济事业,土著也在做,前述瓜洲普济堂的肇兴者耿兆组就是江都土著,他还帮助贫民交纳拖欠的钱粮,捐田资助监狱犯人的饮食,设立义塾,教育乡邻子弟。其兄兆绅,"倜傥好施与",设义渡,置义冢,荒年出粟赈饥。⑥晏德宝,世居仪征南门外,濒临大江,附近是淮南掣盐所,船舶往来如织,每遇风浪,多有复溺,他乃捐资设立救生船局,乡里称为"善人";其子行忠,夙承父训,乐于助人,料理仪征所设立的善堂同仁堂,仿照苏州同仁堂规则,严定章程,所司之事,历久不懈。⑦由此可见,移民与土著合作进行地区的建设,以维护公益事业,救济贫病民众。这是他们的共同事业,这样徽州移民、盐商就会得到土著的理解,欢迎他们进入当地社会。不仅如此,徽商还以其雄厚的财力,实现其生活方式,特别是豪奢的生活,影响到土著,形成新的地方风习,打上了徽商和徽州人的文化烙印。

总起来看,扬州的社会公益和救济事业,虽比不上苏州,但在全国,属于上好地区之列,它的城市、道路、水路交通、消防、善堂等等的基本建设,临灾的救助,既有组织机构的保障,又有活钱的调用,所以提供了居民生活的某种方便,同时因救灾能力较强,以利于民众的摆脱灾难。不能不说,在那时,扬州人的生活质量,可能高于苏州以外地区的人。致此之由,盐商出了一份力。巡漕御史陈科捷在讲到扬州育婴堂的建设时说到两种因素:"当道诸公爱人励

① 乾隆《江都县志》卷32,《人物·尚义》,第3册,第1155页。
② 乾隆《江都县志》卷32,《人物·尚义》,第1156页。
③④ 嘉庆《江都县续志》卷6,《人物》,第220页。
⑤ 同治《续纂扬州府志》卷14,《人物·笃行》,第2册,第810页。
⑥ 乾隆《江都县志》卷22,《尚义》,第1157页。
⑦ 同治《续纂扬州府志》卷14,《人物·笃行》,第2册,第811页。

俗之意,商人乐义奉公之举。"①肯定了商人的义举。

商人的乐于义举,未必是他们的生性好善,当同他们的特殊商人身份有关,有着多种社会原因:报效国家,这有直接孝敬皇帝的,贡献政府的,如国家打仗,捐献经费,又有间接的,即为地方做好事,有利地区社会的稳定,令皇帝放心于地方的安宁和盐税的有保证;与盐务主管部门保持良好关系,两淮盐商是官督商办制度下的盐业商人,其经营受盐衙控制,人身上对政府和盐衙有所依附,按照盐衙指令、劝谕进行社会公益和救助活动,才便于同盐衙搞好关系,使业务维持、发展下去;建设社区,为地方做好事,以取悦于土著,更好地立足于当地社会,同时,公益的建设,也有利于其商务的运营,如水上航道的疏浚和维护,以保障其盐船的通行。有了这些因素的权衡,也才有了动力,去进行地方公益建设、作好救济,既报效国家,又回报社会,一举而数得,何乐而不为。

文章写到这里,笔者就徽商及其后裔在扬州的经营和移民的历史问题,有一点感想,三点遗憾。这感想是扬州社会经济、文化的发展,一个重要原因是得力于盐商的经济支持和人力的尽心,就中清代比明代要兴旺得多;至于说到尽力的两淮盐商,则主要是徽商,他们及其后裔在扬州社会文化教育、社会公益和社会经济事业中的重大作用,是不宜忽视的历史事实。由此可知,商人、移民在一定条件下是社会变革的活泼因素。

遗憾之一是,在本文的原设计中尚有扬州徽商的生活方式一目,将要描述移民与土著生活文化的交融,事情生动而具体,是很有趣味的问题,如《望江南百调》所咏的徽州人家族祭祀生活,融合了徽州、扬州两地的习俗:"扬州好,家祭夹徽扬,鼓发三通呼就位,灯持五色学跑方,亭设纸猪羊。"②对于商人的豪奢生活及被人奉承,《百调》不满地唱道:"扬州好,商界势薰天,食客盈门工献策,财神大会广开宴,满座总貂蝉。"③至于徽州人的婚礼,董伟业《扬州竹枝词》歌道:"徽州火把红油刷,翰林灯笼紫纸糊,抢过花冠传过袋,进房先看伴娘姑。"④可惜笔者掌握的这类资料太少,加之现在写出的文字已多,就不能

---

① 嘉庆《两淮盐法志》卷 55,《碑刻·陈科捷〈育婴堂记〉》。
② 《望江南百调》,《扬州丛刻》本,第 3 册,第 1053 页。
③ 《望江南百调》,《扬州丛刻》本,第 3 册,第 1048 页。
④ 《扬州竹枝词》,《扬州丛刻》本,第 3 册,第 1027 页。

再写下去了。

遗憾之二是,扬州移民来源地、时代变迁同盐业政策变化的关系,文章几乎完全没有涉及,而这是不可忽略的问题,因为扬州得益于盐业,而它是官方控制的行业,不将政府政策清理清楚,对于盐业与移民扬州的外乡人的关系,是很难弄清的,然而笔者现时尚无能力对这一问题进行探讨。

遗憾之三是,已经写出的事情也没有完全理清,如盐商在扬州公益事业中的活动,徽商和西商各自作用如何,尚未分别清楚;有的事实也可能说得不准确,总祈方家教正。

(2000 年 8 月 5 日草就,载安徽大学徽学研究中心编《徽学》2000 年卷,安徽大学出版社,2001 年)

从反映社会风貌观察徽州契约文书的史料价值

如同敦煌文书被发现而形成敦煌学,徽州契约文书保存与被发现,遂有徽学的产生。笔者在研读徽州契约文书以及其他地方同类文献的基础上,写成这篇读书笔记,且为提纲式的文字,意在解读契约文书的史料意义。

契约文书是史学研究史源之一种,并有其独特之处。本文将从反映社会风貌,特别是民间社会风貌的侧面了解徽州契约文书的史料价值,也是探讨它的史料特点。

一、契约文书揭示买卖双方(尤其是土地房屋买卖双方)交易行为中的心态和社会风气

交易双方或者能以公平心理进行合理交易;或者买产者以贪婪心理,乘人之危,低价收买,从事无情的掠夺;或者卖产者也以贪婪心理卖产,虽是出于无奈,然而耍尽穷横无赖行径,买卖契约中的找赎、再找赎、绝卖、叹契因此而生,卖方或将病人抬到买方家中,希图嫁祸于人,进行讹诈,买方忍让,认可找赎之外的施与。财产买卖中还有盗卖、转卖、典当产业作完全产权出卖行为,契约文书中就有相关防范内容。契约文书中还有卖田者不得承佃的内容,是为防止卖田霸佃现象的发生。由此可见契约文书将财产买卖中欺诈百端、市井百态毕呈。康熙帝的"圣谕十六条"与雍正帝的《圣谕广训》希望百姓"共勉为谨身节用之庶人,尽除浮薄嚣凌之陋习"。是针对世风陋习而言,反对人情诈伪、歪风邪气。众多历史文献中有世豪霸占他人田地、强买强卖、欺男霸女记载,同情弱者是当时人、后世人的普遍心理,但若将契约文书与其他载籍的记录对照阅读,全面理解各种人(穷人、富人等)在买卖中的心态和表现,研究结论可能会准确一些,可能会看清社会风貌,世风之淳薄,准确评论各种人的历史状态,避免出现偏颇之论。

二、契约文书记录个人、社会诚信度状况

契约文书是防治背信弃义小人的具有法律意义的证据,实为倡导人间诚信的工具,是否遵守合约,乃是个人、群体、社会、政权诚信度的测量器。人类社会必须有契约约束,社会才能正常运转,人们社会生活才能正常进行。

人无信不立,传统社会讲究人伦孝悌忠信,讲求做人五德的仁义礼智信,做人离不开一个"信"字。人们懂得无征不信,办事要有凭证、凭据,才能使人相信,促使人守信。是以民间的经济交易、经济合作、人口买卖,以致立嗣、招婿承祀,通常都要立有字据,形成契约文书,以便按协议执行。这就要求当事人双方都要遵守协议,否则是违约,成为没有信誉的人,为众人、为社会所不齿,甚至会被对方告到官府,成为犯法之人。

为昭守信誉,契约文本中总有卖主作出实有产权的保证、违约的处置,作为买主提请仲裁、告官诉讼的依据;借贷者要提供抵押物品。还有卖方、借贷方保证信守合约的下述字样:"口说无凭、立此存照","恐后无凭,立此存照","恐口无凭,立借字存照"。讲诚信,履行合约,田房买卖就完成产权转移,人口买卖为主奴关系的确立。

实际上契约的执行存在违约问题,所以土地买卖、借贷、租佃等纠纷屡见不鲜,案件不断出现,这里仅举一例,以见诉讼的频繁。乾隆十七年(1752年),安徽祁门县张姓贻光堂,将族产坟山出卖给朱良存,立有字据,四至钉界,次年,卖方经手人的弟弟张润保状告朱良存,说所卖之地内有他一股,他因外出佣工,所以那一股没有出卖,现在因无钱缴纳钱粮,要求地豪朱良存承买,他故意不买,以图霸占。署理知县相信他有一股之说,要他找中人调解:"自邀前契原中,理言向卖,不得藉粮混渎。"及至张知县回任,张润保几次上告,知县仍是和解态度:"所禀如果实情,该签差饬谕成买。"又认为朱良存不买并没有错,不接受呈词:"朱良存既未占尔未卖股份,伊止不肯承买,有何不是之处,混称法所难究,不准。"张润保接二连三的控告,引出乾隆十九年朱良存的反控,说明承买的是全份坟山,"身照契四至受管厝棺,历今无异"。知县遂批道:"张润保逞刁耸控,甚属可恶,准拘讯究。"笔者未见结案文献,但据已有的材料可以说明三个问题,一是两位知县开始都相信张润保据有一份股权,所以主张调解,而后张县令认定是张润保逞刁兴讼,是理屈一方,拘拿审理。起初

相信张润保,可能因他是佣工的贫民,一般不敢刁蛮,故而让调解,希望朱良存承买。二是两造被对方视为"地豪"或"刁中又刁"的"横棍",即使不知究竟,毫无疑问,两造必有一方是横棍或地豪,不守买卖契约,是不讲诚信的人,是刁民。三是这是一个一方违约的案件,原告、被告互相倒换位置,经年不解,而此案案情并不复杂,何以延宕时日,是因张润保一控再控,作为贫民的他倒"有恃无恐",是穷而无赖,根本不把诚信当作一回事。仓廪实而后知礼义,衣食足而后知荣辱,看来他不知礼义、荣辱。世间多贫穷之人,自然容易不顾荣辱廉耻,不讲诚信;世间富人又多为富不仁,自然容易不顾礼义廉耻,不讲诚信。纠纷诉讼多,表明许多人不讲诚信,社会诚信度大有问题。

三、契约文书含有社会人际关系、社会群体、等级和社会结构某些因素的记录

社会结构论说的是构成社会本质的那些成分,等级关系是古代社会最重要的特征,换句话说古代社会就是等级社会,缔结契约文书的当事人(双方或多方)、中人、保人、见证、代书之间的社会关系,反映某些社会群体及其相互关系。

宗族群体在契约文书中得到充分的反映。土地买卖双方、租佃双方是族亲关系,在契约文书中屡见不鲜。有的是族人个人之间的产权转移,或兄弟共同卖产给族人,还有房支公产出卖给族人;有的是族人之间的田地、住房租赁,房支铺面房在族内出租。产权变动,无论是在宗族内部,还是同外人交易,卖产一方会必定写出他的近亲,即兄弟伯叔,表示他们认可这一成交,中证、担保人,也是族亲或其他亲戚,或者是买方的亲属,也是认可态度的表白。合约将宗亲关系写明,如乾隆十二年(1747)徽州祁门县三都一图姚村一份卖田契约就是如此,该村寡妇汪阿方因贫穷难以为生,将丈夫遗留的税田一亩,以得价银五两三钱出卖,卖田赤契上除了她名字和按手印,还有"中见亲叔汪元璠侄汪为铉"的花押。① 又如雍正五年(1727年)福建永安冯九珠租佃族兄冯上玉耕田,佃约如此写道:"立承佃人族弟九珠,今来要田耕作,托保前在上玉兄佃得谷田一段……(租)谷递年到秋熟之日,备办好谷,送至兄家下风扇交

---

① 刘伯山辑:《徽州文书》,广西师范大学出版社,2011年,第4辑,第61页。

量明白,不敢拖欠升合,卖弄界至,抛荒丘确水浆等情,如有此色,应兄改佃,弟不敢阻占,今来二家甘心,立承佃为照。雍正丁未五年十一月□日。立承佃弟九珠(押),代字保佃九环(押)。"既然是租佃合同,佃户保证交租及田主田业的完好,不敢欺诈,这是不讲情谊的,但是亲族关系明明白白,一口一声弟呀、兄呀,显得那么亲热。财产转移在亲族内进行,合乎伦理,这是不让产业流出本家,以维护家族利益和面子,是没有给祖宗丢脸,卖产者的失落感、沮丧情绪多少得到缓解。社会有"卖产问亲邻"的习俗,在契约文书中得到验证。财产交易族人中进行,充分表明宗族群体的存在,是人们社会生活中不可忽视的因素。此外,过继、入赘、收养义子也是宗族制度的产物,有关契约验证宗族活动范围的广阔。

社会等级制度,从人口买卖的契约中部分地表现出来。卖身契写明卖身原因、籍贯、年龄,若有家属随同卖身则有他们的性别、年龄,卖身价,身份变为仆人,由主家更名,保证听从使唤和不逃亡,亲人及中保人姓名,以及主家姓氏。卖身实现,与主家形成主奴关系,卖身者成为奴仆。明清时期社会等级构成是皇帝—贵族—百官—衿士—平民(良人)—半贱民—奴仆,奴仆在等级制度里处于最底层地位,衿士以上是特权等级,既然奴仆如同物件一样可以买卖,法律上几乎不被当作人来对待,不仅与主人不平等,与平民以上等级的成员发生纠纷,要受到加重的刑罚,而良人、特权等级成员则要减刑,奴仆成为社会性贱民。

四、契约文书表达契约当事人与政府的某种"合同"关系

土地买卖、典当、租赁文书、人口买卖合同都是私家契约,但是买卖成交后,买方要向政府缴纳过割税,取得税契收据,确认其财产权,此外纳税收据,都在发生纠纷案件中,被官府作为判案的证据,从而具有某种法律效用。土地所有权在农业社会是人们生活中的依据,是命根子,政府尊重、保护这种所有权。

政府出卖学位,有捐纳监生、捐纳贡生,政府给予凭照,遂有捐监"户部执照",说明持照人业已交纳足额四十三两二钱纹银和附加银钱,由其收执,该人就成为监生,可以凭这种资格参加乡试——考举人。户部执照实际是政府与监生的"合同",是政府与治民的"合同"。可见契约文书反映百姓与政权的

某种合同关系。

此外，众所周知，契约文书是经济史、社会经济史研究重要史料，无需赘述。

传统史书有编年、纪传、政书、档案、方志、文集、家乘、传记、笔记、纪事本末、类书、丛书等体裁，契约文书也是一种体裁，是一种特殊文体的历史记录，是各种文体的史料载体的一种形式，同样是重要史源，并且以反映社会经济史、社会风情、市井百态、心态史为史料特点。

徽州契约文书所反映的清代社会的买卖风情，遗憾的是遗风未熄，令人深思：今世农村出卖宅基地给人（成为"小产权"），而后要求加价；有人花钱买楼之后，得知卖方因行市关系而减价，遂要求一同减价。此类现象，是传统社会找赎风习的延续，观念类同。

（2013 年 6 月 23 日）

感受"徽学"

——卞利著《徽学与明清徽州社会史研究》序

　　同卞利教授相交十几年,我感到他的治学是那样勤奋,又是那样探求真知,向往学术上的新境界。今日有新作,要我写序,我为他的新成就而高兴,乐于下笔。及至展卷,进入眼帘的目录,立刻令我兴奋起来。我的兴奋点有三个方面,首先是第一编"徽学的形成与发展",我忝为安徽大学徽学研究中心学术委员会委员,可是什么是徽学,在脑际并没有完整的、明确的概念,不无愧焉!其次是祁门程氏、谢氏两个家族的个案研究和法律社会史研究,因为我在前一个时期致力于家族史的探讨,和卞利教授共同去过祁门田野调查,虽然仅仅一天,但印象深刻,今见他进行祁门家族史个案研究成果,自然倍感亲切,又知法律社会史是他的研治课题之一,一定会有新见解贡献给读者。第三是关于徽州文书文献资料的讨论,徽州文书是徽学产生的基点,要真正认识徽学,是不可以不知的,加之我历来又是以史料学研治为求知方向之一,对徽学史料学的研究成果焉能不感到兴趣!

　　我就是抱着这些求知的欲望,兴致勃勃地,对书中有的地方认真,有的部分略作关注,读罢,闭目沉思:感受何在?曰"惠我良多,亦有不解渴之处";再思之:这是什么样的书?曰"是有学术贡献之作,然留有深入研讨的余地";曰"能做到此,诚属难得,'人无完人','金无足赤',书无完书,概莫能外也"。

　　学术界没有"苏州学",却有那么多的江南历史研究的著作;没有徽学,同样可以写徽州社会史的作品,似乎徽州社会史研究与徽学并无必然的关系,但是既然有了徽学,徽州社会史研究与徽学就必然地联系在一起了,所以卞利教授以"徽学与明清徽州社会史研究"命题,我想是异常准确的了。全书三大部分,首尾分别是徽学理论和徽学资料,中间是明清徽州社会史,首尾其实都是在说明什么是徽学,中间是实证研究,进一步令人明了什么是徽学,我理解他的用意还是为了说明徽学而写此书,故而我也以"感受徽学"来谈我的阅读体会。

何谓"徽学"，卞利教授在书中列出学术界已有的五种说法："徽州历史说""徽州文化说""徽州社会经济史说""徽州契约文书说"和"综合学科说"，他则别立一说，认为徽学："主要是指利用徽州契约文书、家谱、方志、文集和杂记等珍稀资料，以徽州社会经济史特别是宋元明清社会经济史为主体，综合研究徽州历史文化和受徽州历史文化影响较深地区并与徽州文化密切相关的历史文化事象的一门历史学科，徽学属于历史学研究中的专门史或历史文献学范畴。徽学研究的意义在于，通过其研究成果，以重新反省和认识中国封建社会后期社会经济与文化发展的历程和特征，并从整体上把握中国封建社会发展的脉络和规律。"(第二章)这个界定文字多，所以在《前言》中的概括要简练得多："徽学主要以徽州社会经济史特别是明清社会经济史研究为主，综合研究整体徽州历史文化以及徽州人活动(含徽州本土和域外)为对象的一门历史学科。"

我理解他的界定的要义在于：一是徽学有其特有的资料——徽州契约文书等；二是徽学主要是研究明清社会经济史；三是扩展及于综合性的徽州历史文化和徽州人在外乡的历史及影响；四是它属于历史学科，乃系历史学的一个专门史；五是徽学研究的意义是为总结中国封建社会的发展规律，提供最为直接的结论性的素材。我觉得他的界定是从徽学研究实际出发的，是合理的，较为理想的(因为人文学科任何领域的界定都不会是绝对准确的、理想的)，没有徽州契约文书就不可能产生徽学，以徽州契约文书为徽学的基点无疑是有说服力的；这些契约文书是在明清时期形成的，故而用以研讨明清社会经济是顺理成章的事情；徽州与徽商是连为一体的，"大徽州"与"小徽学"的关系，已成为人们的共识，因此徽州境外的徽州人的历史纳入徽学之内，显然并不"越界"，而是必须的；徽学研究的价值，不仅是让人们认识徽州，更是由此去理解前近代中国社会的特征。我在这里愿意给卞利教授下述建议：将徽州契约文书内容与学科特点联系起来，作为作出这样的界定的一种根据，因为徽州契约文书主要反映人们之间的经济关系和经济生活，这一特色，应当成为给徽学定性的言之有据的理由。

卞利教授基于徽学的界定，认为徽学研究的主体是徽商、徽州宗族和新安理学。这个问题的提出，我想是必要的，有益于围绕着核心问题开展深入的研究，三方面的要点是令人信服的。这里我想给卞利教授补充一个研究要点，即是对徽州契约文书本身的研究,这是对其内容的社会性说明的前提,其实卞利教授就徽学的研究内容,讲到了徽学史料学,我的意思需要将徽学史料学的研究,摆在核心研究问题的地位上,这也是对徽学是"徽州契约文书说"的回应,不知卞利教授以为然否?一个学科有没有发展前途,要看其自身的蕴藏,以此而言,我以为徽学是有生命力的,其第一阶段,诚如卞利教授所界定的,主要研究徽商、徽州宗族和新安理学等,第二阶段可能是以综合研究徽州历史文化及其同中国历史文化之关系的中心议题。当然这种阶段之分,不过是一说而已,对什么课题有兴趣是研究者自己的事情。

徽学属于何种学科是现实问题,关乎它健康有序的发展和前途,也关乎徽学研究单位资源的分配问题。有鉴于此,卞利教授进行关于徽学理论的探讨,并有针对性地说:"由于将徽学定为综合学科研究领域的影响,徽学研究的真正主体与核心地位开始下降。表面上看,徽学研究出现了队伍增加、领域扩大和成果众多等繁荣景象,但是隐藏在这门新兴学科内部的危机,正在不知不觉中降临。特别是在对外交流方面,原先以社会经济史特别是以明清社会经济史为主体,在海内外学者中取得共识的徽学研究对象,因为突然的人为改变,使得海内外学者对徽学能否作为一门学科提出了质疑。"如此提出学科属性问题的讨论,我佩服他学术目光的敏锐性,更佩服他的学术勇气、学者良知和高度敬业精神。由此看来,卞利教授不只是从事徽学的具体研究,更是徽学命运的虔诚关注者,并努力去促进它的健康成长。这样的学者,在学术界并不多见,我想社会是应该予以肯定和欢迎的。

关于学科定位问题的研讨,我还要说,卞利教授的说明是开门见山的,由徽学的形成谈他的观点,次后交待徽学形成的文化根源和徽学研究简史,抓住主旨,给人以明快之感。

因徽州契约文书而引出的徽学,在关于徽学的著作中是应予契约文书浓墨重彩的。果然,卞利教授在第八编的六章中,对于徽州契约文书及其他文献、碑刻资料,从文献种类及其史料价值作出说明,值得注意的是,他不仅是利用公藏的文书文献资料,更重要的是披露了自己所精心搜集的契约文书和抄录的碑刻资料,令读者获得在其他著述中不可能得到的宝贵的学术信息。我特别感兴趣的自然是他的收藏品及其学术价值。卞利教授负责教育部的"徽州文化遗存的调查与研究""徽州法律文书与民间法研究" 两个重大课题研究,进行田野调查,从文物小商人手中选取契约文书和古籍,实乃探宝淘宝;在野地里挖掘石碑,洗刷碑身,临摹、抄录碑文,辨识斑驳漫漶的文字。做这项工作,虽非风餐露宿,然也是日晒雨淋,真是辛辛苦苦得来的文书和抄件啊!我们今日得见这种状况获取的资料研究成果,应当向卞利教授和他的合作者道声"辛苦",表示谢意!

卞利教授将在屯溪老街收集和购买的数十张徽州契约文书,依其内容区分为五类,即县令正堂税票和推税票、归户票和签业票、土地买卖契约、土地房屋典当契约、串票,一一说明文书的形成年代、形式、内容和史料价值,如休宁县天启二年(1622年)正堂税票,是迄今所见徽州最早的攒造黄册的原始文书。对乾隆十四年(1749年)至光绪二十二年(1896年)形成的十二份休宁、歙县土地房屋典当契约,列表反映其资料价值,令我们获知其时徽州地区"一田二主"制度的盛行,佃户成为"一主",可以任意出租、典当所承租的田地,地主土地所有制的土地所有权割裂为田骨(田底)、田皮(田面),丧失其完整性,这个制度还能长期维持下去吗?人们不能不打个重重的问号了。二十年前我写过清代押租和"一田二主"的论文,当时不可能知道卞利教授所掌握的契约文书所能提供的史料,今日观之,益知疏漏得很。这得感谢卞利教授的无言指教了。

对于现存的徽州碑刻,卞利教授同他的合作者进行了全面的清查、发掘、过录,在书中扼要地公布了363通碑文的部分内容,归类为关于宗族建设、社区建设、林木保护、社会治安诸方面。令我们耳目一新的是关于保护林木的碑刻,有27通,如《乾隆五十一年十一月婺源汪口村奉邑尊示禁碑》《乾隆五十九年四月休宁浯田岭严禁召棚民种山碑》《嘉庆十八年仲夏月祁门叶源村勒石永禁碑》等。这类碑刻,反映人们在风水观念主导下为保护祖坟,为保护山林,为水土保持和粮食作物的生产,为河流的通航,反对随意砍伐林木,反对棚民的垦山种地。卞利教授就这类碑刻指出:"自宋以来,林业经济一直是徽州的支柱性产业。加强对森林植被的保护,以维持生态平衡,维持当地居民最基本的生存和生产条件,就成为了各级官府和村庄宗族、会社、乡约等乡村基层组织的重要任务。"所以才有众多这类碑刻的产生。留意于生态环境史,是当今海内外学术界的共识,不过在我国是近期才意识到的,赵华富教授在他

288

的徽学研究和田野调查中即赋予了热情,卞利教授继其后,相信安徽大学徽学研究中心一定会在这方面做出贡献。

学术界为了很好地利用法律方面的文书,从不同的角度进行分类,有从历史学视角区分为九类的,有从档案学出发分为七类的,卞利教授则从法律社会史研究着眼,区划为四类:诉状文书、官府司法文书、乡规民约(民间习惯法)和讼师秘本。这不是别出心裁,实在是有见地的分类。如此将法律制度与司法运行、实行状况结合起来,让人们可以看到法令在民间的实行情况,故而能将法律社会史呈现在人们面前。

卞利教授在书中批评某些文献收藏单位和个人搞"人为封锁",垄断资料,不让研究者利用。他以身作则,公布个人搜集的文书和碑刻资料,体现出优良的学风。

前面说到,读竟全书,我是既感到受惠良多,又有不满足的地方,主要是觉得卞利教授对有的事象的分析,似乎尚未深入,未能切中肯綮。如个案研究的祁门六都程氏家族的历史走向问题,由于没有同社会大背景紧密联系起来进行考察,显得分析缺乏深度。再如,徽州为什么能够保存千年、数百年的几十万件契约文书,书中讲到一些原因,像没有战争的破坏,因经商、诉讼而有保藏契约文书的意识等,都有道理,然而并没有消除人们的疑问,似乎解释还没有完全到位。他如在引出经典著作的一段话之后,紧接着是:"是的,把徽学当作综合学科的人,他们所抓住的仅仅是徽学的表象。"这样简单地批评对方,是让人难以折服的,如此等等。此外,在写作技术方面,有的地方有重复现象,有的用语仍可斟酌。一部著作,难以尽如人意,读者也不会苛求于作者,我在这里提出,相信卞利教授本来就是考虑过的,只是时间不够,假以时日,定会让我们得到更多的知识,更好地揭示徽学和徽州史及其在中国历史中的地位。徽学的研究任重而道远,徽学开创者和做出重要贡献的学者,以国人而言,我知道的有:傅衣凌、方豪、叶显恩、张海鹏、周绍泉、赵华富、栾成显、唐力行,以及中青年学者王振忠,卞利教授能否脱颖而出,我们期待着!

以我浅陋的徽学知识来看《徽学与明清徽州社会史研究》,觉得它是关于徽学理论的第一部较系统的学术专著,将徽学理论、徽学史料学和徽州社会史融为一炉,告诉我们什么是徽学,它的研究法有何特色,它的功能何在,研

究者怎样才能让它起到应有的作用。作者的观点明确,分析颇有条理。这样的
著述有益于推动徽学研究的发展,但是因系首创之作,可资借鉴的素材不多,
因而难度甚大,很难指望它是十全十美的著作,所以虽有不完善之处,有粗糙
的地方,不过那是俟诸异日予以改进的事情了,不妨碍它是一部成功之作的
价值。这部著作,令我认识徽学,所以热忱欢迎它的问世,是以为序。

(2004 年 4 月 2 日于顾真斋,载卞利著《徽学与明清徽州社会史研究》,安
徽大学出版社,2004 年)

喜读一部徽州人口史专著
——胡中生著《明清徽州人口与社会研究》序

    中生贤弟要我给他的《明清徽州人口与社会研究》写序,我愉快地答应了。他参与编辑我主编的《清代宗族资料选辑》(天津古籍出版社,2013年),提供了大量的徽州清代宗族资料。我早就读过他对徽州下层社会非常态婚姻、徽州族谱对女性上谱的规范、徽州族会与宗族建设、徽州收族理念的转变、徽州民间钱会等专题论文,是徽学研究专家。如今有新著,为他高兴,于是欣然命笔。

    专著开篇回顾学术界对包括徽州人口史在内的人口史研究状况,指出"对生存压力和社会问题的关注一直是人口研究的传统";"人口研究始终渗透着强烈的生存意识和问题意识"。诚然,强烈的生存意识,是人口史、徽州人口史研究者关注点;"问题意识",中生指的是关注人口史研究中的得与失,特别是有哪些不足,需要提出什么样的新课题,新研究方向,以便将研究推向新的境界,新的高度。中生强调"问题意识",正反映了他自身对徽州人口史研究的高标准追求。对此,欣慰之感,佩服之情,油然而生。

    "问题意识",在中生的书中,表现为对徽州人口史的整体性关照,力图对徽州人口与社会作出全方位的、立体的研讨和说明。他说:"人口史研究最为主要的目的是为了解释社会经济和文化的变迁,不可能仅仅是作纯粹人口学意义上的探讨。因此必然要与制度史和经济史相结合,也必然要在特定的时空下,在特定的历史和社会经济文化背景中进行微观和宏观的结合,这样就更容易把握人口与社会之间的互动关系,同时深入人口史和社会史研究。徽州人口在群体性、身份性和重合性等方面具有鲜明的特征,由于人口在不同的生命阶段具有不同的身份, 人口分流是生态和人文环境共同作用的结果,徽州人口与社会的互动关系更为密切,徽州人口分流应放在徽州整体社会的框架内进行探讨,社会学的视角是必不可少的。"("导论"第10页)讲的"整体性关照",我理解有两个意思,一是对徽州人口史进行"人口与社会"整体性讨论,这很符合于历史学界"整体史"研究的愿景,因此我想中生的徽州人口史研讨,在一个不大的领域从事整体史研治,对历史学而言是非常有意义的探索。二是将徽州人口分流放在徽州整体社会框架内进行。关注徽州人口分流,应当说抓住了徽州人口史的主要问题,这是完成论题目标的关键所在。

"徽州人口分流"顺理成章地成为这部专著的着力所在,即在严重的生存压力下,人口向三方面分流:改变传统的农本观念,变更职业,由务农而经商,形成强势的徽商群体;以身份换取生存权利,从良人地位的农民,卖身投靠主家,下降为依然务农的世仆贱民;为更好发挥谋生的主动性和获取某种生存保障,大家庭分化为小家庭,同时组合成大宗族。说明了徽州人口分流史,无异于道出了徽州的历史特点——一度执商界牛耳的徽商,引起皇帝瞩目与同情的世仆命运,强化建设的徽州宗族,有意无意间勾勒出徽州社会简图。

此书的另一个特色是运用徽州契约文书资料。研治地方史,方志无疑应是首选参考资料,有关的政书、文集、笔记亦为不可缺少的史源,幸运的是徽州契约文书的大量存世,给予中生索取资源,他不辜负天然的有利条件,利用它进行论证,增强了论点的说服力。

道贺的话就说到这里,期盼中生学术新著赓续面世。

(2014年11月5日写于安徽大学鹅池之畔,载胡中生著《明清徽州人口与社会研究》,安徽大学出版社,2016年)

搜集徽学研究资料点滴谈

徽学之所以成为专门的学问,巨量的徽州文书的存世显然是其重要的根据,因此对徽州文书的搜集、整理、出版与研究,是徽学研究的中心任务,这一点大约是学术界的共识,问题是搜集、整理、出版、研究四事,各置于何种位置,工作程序上的轻重缓急如何摆法。巨型图籍《徽州千年契约文书》的印行,表明整理、出版方面取得了重大成就,搜集工作是否仍有可为,我原来是有点疑惑的。

2000 年 8 月在"2000 国际徽学研讨会"期间,得读《'98 国际徽学学术讨论会论文集》所载周绍泉教授的《徽州文书与徽学》一文,得知近年徽州文书又有发现,数量可观,及至参观安徽大学徽学研究中心"伯山书屋"的万余件文书收藏,颇令我吃惊。会间在与刘伯山先生交谈中,获知他有信心在近期内再收集数以万计的文书,更使我心扉大开。但是这些对我来讲尚属于信息性的感知,印象虽深,体会未见真切。迨后在歙县、黟县作学术考察,见到市面上流传的少量文书,而在同下利教授、祁门县博物馆章望南馆长在祁门进行家族史的田野调查时,对于徽州传世文书有了意外的认识。

原来,我们在乡间路边的一个小村落,进了一个文物小贩的家,他从里屋端出一纸箱的历史文书,接着又拿出一纸箱,我们三人各有研究课题,各自找到有用的文书,可知小贩手里的文书有着学术研究的价值。这个小贩究竟收购了多少文书,我们不知道,但是我们发现他并不懂历史文书,他不是有意识地拿那些给我们看的,因此可以想见,他的收购带有随机性,如此竟能获得珍品。如果我们研究者去搜求,只要方法得当,想来会得到更多更理想的历史文书。这一亲身实践,让我真正认识到民间还有大量的徽州文书,研究机构和学者仍然有着不可忽视的征集收藏任务,而且是刻不容缓的事情,因为散落在民众手中的文书,容易损坏和散失。要之,收集徽州文书依然是学术机构和学术界同仁的一项任务,筹措必要的经费,投入一定的人力,看来是势在必行的事情。

一桩有趣的事情,在我们的祁门田野调查中发生了。我们在历溪村考察王氏家族祠堂时,一位老者指着祠堂享堂和寝堂东西几个侧门说,这是那一房人的灵柩进的门,那是另一房灵柩进的门。这话我是听明白了,可没有产生多少联想。接着去看环砂村程氏祠堂,在其寝堂的墙壁上贴有许多对联,有红纸、白纸,还有单书一个"奠"字的,原来寝堂成了程氏族人停放灵柩的灵堂。见此情景,我们马上想到农村没有殡仪馆,祠堂岂不起了殡仪馆的作用!家族祠堂的陈旧老屋,显然被赋予了新的社会功能,怎不让人惊异!不作此种实地考察,如何能想象得出?

由此我想到历史研究的史料搜集、徽学研究素材的探求,不宜忽视实物资料。现在学术界注意到"老照片",逐渐认识到它作为历史资料的珍贵性,因此相继有出版物问世。碑刻资料,自从20世纪50年代《江苏省明清以来碑刻资料选集》剞劂之后,陆续有其他碑刻资料选辑的椠刻。我们在行程中,卞利教授与章望南馆长就不时交谈他们正在进行中的访查刻碑和汇编成书的事情,听了令人兴奋,在此预祝他们成功。然而徽州有那么多的祠堂,虽已有学者作了某种调查,但如果能像对碑刻那样一一进行清查,摄成图片,作出相应的说明,岂不是形象的徽学研究材料。这也是一项搜集资料的工作,如果已经有科研机构和学者给予了关注,那是令人高兴的,倘若未有人着手,似乎就需要开展起来了。

徽学因有文书而成为专门之学,而研究也正在蓬勃开展。我想,徽州文书的搜集仍然是需要大力进行的,其实,这也是徽学研究的一项任务。

(原载安徽大学徽学研究中心编《徽学》2000年卷,安徽大学出版社,2001年)